马克思主义理论研究和建设工程重点教材

马克思主义哲学

（第二版）

《马克思主义哲学》编写组

高等教育出版社

人民出版社

二维码资源访问

使用微信扫描本书内的二维码,输入封底防伪二维码下的 20 位数字,进行微信绑定,即可免费访问相关资源。注意:微信绑定只可操作一次,为避免不必要的损失,请您刮开防伪码后立即进行绑定操作!

教学课件下载

本书有配套教学课件,供教师免费下载使用,请访问 xuanshu.hep.com.cn,经注册认证后,搜索书名进入具体图书页面,即可下载。

图书在版编目(CIP)数据

马克思主义哲学/《马克思主义哲学》编写组编
. -- 2 版. -- 北京:高等教育出版社,2020.9(2025.8 重印)
马克思主义理论研究和建设工程重点教材
ISBN 978-7-04-054042-0

Ⅰ.①马… Ⅱ.①马… Ⅲ.①马克思主义哲学-高等
学校-教材 Ⅳ.①B0-0

中国版本图书馆 CIP 数据核字(2020)第 069504 号

责任编辑 孙海芳　　封面设计 王　洋　　版式设计 童　丹
责任校对 胡美萍　　责任印制 赵　佳

出版发行	高等教育出版社	网　址	http://www.hep.edu.cn
社　址	北京市西城区德外大街 4 号		http://www.hep.com.cn
邮政编码	100120	网上订购	http://www.hepmall.com.cn
印　刷	涿州市星河印刷有限公司		http://www.hepmall.com
开　本	787mm×1092mm　1/16		http://www.hepmall.cn
印　张	21.5	版　次	2009 年 9 月第 1 版
字　数	360 千字		2020 年 9 月第 2 版
购书热线	010-58581118	印　次	2025 年 8 月第 17 次印刷
咨询电话	400-810-0598	定　价	42.00 元

本书如有缺页、倒页、脱页等质量问题,请到所购图书销售部门联系调换
版权所有　侵权必究
物 料 号　54042-00

• 马克思主义理论研究和建设工程重点教材 •

马克思主义理论研究和建设工程咨询委员会委员、审议专家

（以姓氏笔画为序）

《马克思主义哲学》教材编写课题组

首席专家　袁贵仁　　杨春贵　　李景源　　丰子义

主要成员　（以姓氏笔画为序）

王　霁　　王南湜　　卢冀宁　　孙正聿

任　平　　汝　信　　衣俊卿　　杨　耕

吴向东　　吴晓明　　汪信砚　　张一兵

张晓林　　陈先达　　罗国杰　　侯树栋

陶德麟

《马克思主义哲学》教材修订课题组(第二版)

首席专家　袁贵仁　　李景源　　丰子义

主要成员　（以姓氏笔画为序）

王南湜　　王新生　　邢云文　　孙正聿

杨春贵　　杨　耕　　吴向东　　吴晓明

张　亮　　陈先达

目　录

第一章 马克思主义的哲学观

人类的哲学思想源远流长。马克思主义哲学的产生，实现了思想史上的伟大革命。"在人类思想史上，就科学性、真理性、影响力、传播面而言，没有一种思想理论能达到马克思主义的高度，也没有一种学说能像马克思主义那样对世界产生了如此巨大的影响。"① 马克思主义哲学是全部马克思主义学说的世界观和方法论基础，为人类认识和改造世界提供了日用日新、永不枯竭的理论宝库。学习马克思主义哲学，树立科学的世界观、人生观、价值观，坚定共产主义信念，为建设和发展中国特色社会主义而不懈奋斗，是时代赋予我们的神圣使命。

第一节 哲学是理论形态的世界观

哲学观是关于哲学本身的根本观点。自有哲学以来，不同的哲学流派对什么是哲学及哲学的社会功能作出了不同的回答。学习马克思主义哲学，首先要掌握马克思主义的哲学观。

一、哲学与世界观

哲学是一种从总体上把握世界的人类智慧。尽管哲学家们对哲学的解释不同，但是哲学问题总是关于人与世界关系的重大问题、根本问题。中国传统哲学究天人之际、探寻"宇宙万物之道"，古希腊哲学求索万物本原、追究"最高原因的基本原理"，都表现了从总体上把握世界的人类智慧，是一种理论形态的世界观。

世界观是人们关于世界的根本看法。人们在认识世界和改造世界的活动中，必然形成关于世界各种事物的看法，进而形成关于世界的总体理解和根本看法。哲学是通过一系列概念、范畴、命题和理论论证而形成的关于世界总体

---

① 习近平：《在第十八届中央政治局第 43 次集体学习时的讲话》，《人民日报》2017 年 9 月 30 日。

的思想体系，是理论化、系统化的世界观。

每个人在生活中都有自己对世界的看法，但是这些看法往往是常识性的。常识是人类世世代代经验的产物，它的本质特性是自发的、零散的和非理论性的。常识在日常生活中是宝贵的，有些常识也包含对世界的总体性理解，具有某种世界观的意义。然而，"常识在日常应用的范围内虽然是极可尊敬的东西，但它一跨入广阔的研究领域，就会碰到极为惊人的变故"①。人要自觉地规范和指导自己的思想与行为，就需要超越这种自发的、零散的和常识性的观点、看法，形成自觉的、系统化的世界观，也就是上升为哲学。

宗教也是一种世界观。宗教的本质特征是对神的信仰。宗教中的神的形象特别是一神教中的神的形象，被视为一切力量的源泉，一切智能的根据，一切情感的标准，一切价值的尺度。在这种"颠倒的世界观"中，人只有从异在的神圣形象中才能获得存在的根据和意义。与建立在信仰基础上的宗教不同，哲学通过理论的逻辑力量来表现它对人与世界关系的理解。

艺术是通过具体生动的形象来反映人与世界之间的丰富关系的。有些艺术作品也蕴含着对世界的根本性理解，并为哲学的形成和发展提供重要的思想资源。与哲学是把握世界的理论方式不同，艺术是人类把握世界的审美方式，以艺术形象表达对人与世界关系的理解和感受。哲学是通过逻辑论证以理服人，艺术则是通过艺术形象以情感人。

科学是人类运用理论思维实证地把握世界的一种基本方式。在相当长的时期内，科学以未分化的形态包含在哲学母体之中。哲学和科学的成熟过程，就是科学从哲学母体中分离出来的过程。在这个过程中，事物运动的具体规律不断地成为各门科学的研究对象，哲学则通过对各门科学的概括和总结，从总体上把握世界。哲学与具体科学的思维任务、思维方式不同，所要把握的规律在范围、层次上也不同。哲学既必须立足于具体科学，又必须保持对具体科学的超越性，揭示科学活动中所蕴含的世界观和方法论问题，总结和概括科学成果的世界观和方法论意义。在这个过程中，不仅要把科学成果转化为哲学理论，而且要随着科学的发展变革哲学自身。

二、世界观与人生观、价值观

哲学作为理论化、系统化的世界观，包括对人与自然关系、人与社会关

---

① 《马克思恩格斯文集》第 9 卷，人民出版社 2009 年版，第 24 页。

系、人与自身关系的总体理解，形成了包括自然观、历史观和人生观等在内的理论体系。哲学的世界观理论解决的实质问题，是人应当怎样认识世界、改造世界的问题。人生观是世界观的主要组成部分和集中体现。世界观从总体上规范和指导人的全部活动，有什么样的世界观，就有什么样的人生观。

人生观是关于人生问题的根本观点。它决定人们活动的目标、人生道路的方向和对待生活的态度。人生观与世界观的关系，主要表现在两个方面：一方面，世界观理论的根本意义就在于，它从总体上揭示人与世界的复杂多样的关系，论证人在世界中的地位与作用，阐发人的生命的意义与价值，激发人的理想与追求。作为世界观理论的哲学，它总是通过对人的实践活动和认识活动的规范和引导，实际地塑造人们改造世界的行为方式乃至整个生活方式。因此，人们的生活内在地要求世界观为自己的全部活动奠定基础。另一方面，哲学的世界观理论并不是凭空产生的，而是人在自己的生活实践中形成的，人对自身的理解直接关系到对世界以及人与世界关系的理解。

人生观问题根源于人的特殊的存在方式，以及由此构成的特殊的矛盾。这主要表现在：其一，人是源于自然的存在，然而源于自然的人类又是超越自然寻求自由的社会存在，这就是人的存在的自由与必然的矛盾。其二，人是现实的存在，然而现实的人却不满足和不满意于人的现实，总是要把现实变成人所希望和向往的现实，这就是人的生活的理想与现实的矛盾。其三，人的个体生命是有限的，人却力图以某种追求去超越有限的人生，让生命显示其意义与价值，这就是人的生命的有限与无限的矛盾。自由与必然、理想与现实、有限与无限的矛盾，推动了人自身的发展，深化了人对自己的理解，从而形成了具有丰富内容的人生观。

人生观主要包括对人的本质、人的生存方式的认识，对人生目的、人生价值的理解，具体表现为对生死、祸福、荣辱等问题的看法。人是社会性的存在，人生观要处理的基本关系是个人与社会的关系，包括个人与他人、个人与群体、个人与人类等关系。人生的意义，正是在处理这些矛盾关系当中体现出来的。早在青年时代，马克思就提出，"在选择职业时，我们应该遵循的主要指针是人类的幸福和我们自身的完美"[①]。"为全人类而工作"，是马克思终生

————————

① 《马克思恩格斯全集》第 1 卷，人民出版社 1995 年版，第 459 页。

的座右铭。

人生观的核心问题是价值观问题。价值观在人的精神世界中处于重要地位，正确的价值观激发人的求知欲望，催化人的生命体验，引导人的理想追求，形成健全的人格。

哲学总是关注"人生在世"的大问题。求索天、地、人的人与自然之辨，探索你、我、他的人与社会之辨，反省知、情、意的人与自我之辨，追寻真、善、美的人与生活之辨，凝结成作为世界观、人生观和价值观的哲学范畴。西方哲学探讨的存在与非存在、一般与个别、主体与客体、感性与理性、经验与超验，中国哲学追究的天与人、内与外、道与器、理与欲、义与利、知与行，无不凝聚了对人与世界关系的深层把握与理解，并因而构成人生的"最高支撑点"。

人类的历史发展，在每个时代都提出新的人生观、价值观问题。人与世界关系的性质与状态，是以人的存在方式为前提的。在阶级社会中，处于不同地位的人有不同的人生观、价值观。肯定人与世界关系的历史性，我们才会自觉地提出具有时代特征的人生观、价值观问题。每个时代的人生观、价值观问题都不可能脱离自己所依存的时代和社会状况，每个时代都有自己时代的人生观、价值观问题。以当代实践活动为基础的人与世界的当代关系，以当代科学为中介的当代世界图景，以当代社会生活为基础的当代人的思维方式、价值观念、审美意识，是每一个当代人形成正确的人生观、价值观都需要思考并把握的最为现实的重大问题。

马克思主义哲学深刻地揭示了人的存在方式、人与世界关系的本质、人类历史发展的规律和人类解放的崇高理想，为人们正确认识和处理个人与社会以及自由与必然、理想与现实的关系，选择正确的人生道路和实现人生的价值，提供了科学的人生观和价值观。树立科学的人生观和价值观，对青年人尤为重要。"青年一代有理想、有本领、有担当，国家就有前途，民族就有希望。"[1]

三、世界观与方法论

哲学是世界观与方法论的统一。哲学作为关于世界的根本观点，是世界

---

[1] 习近平：《决胜全面建成小康社会　夺取新时代中国特色社会主义伟大胜利——在中国共产党第十九次全国代表大会上的报告》，人民出版社 2017 年版，第 70 页。

观；运用这个根本观点去认识、评价、改造世界，就是方法论。哲学世界观作为方法论，主要表现在下述三个方面：

哲学是人们认识世界的根本方法。人们认识任何具体事物的方法，都是在总的认识方式的规范和引导下进行的。哲学关于世界总的图景构成人的认识方式，为人们认识一切具体事物提供总的概念框架和基本范畴。人们在认识世界各种事物的过程中，总是以一般与个别、整体与部分、原因与结果、现象与本质、内容与形式、必然与偶然、现实与可能等哲学概念、范畴去解释对象，这些哲学概念、范畴，是人类认识史的总结和积淀，因而构成了人类认识世界的"阶梯"和"支撑点"。科学研究尤其如此。每门科学都有其特殊的研究方法，但要发现规律、科学地把握世界，离不开正确运用一定哲学概念、范畴的理论思维。正如恩格斯所说，"一个民族要想站在科学的最高峰，就一刻也不能没有理论思维"[①]。

哲学是人们评价世界的根本方法。人的全部活动始终包含着价值追求，并受一定价值观的引导，价值评价就是人对各种事物的价值及其大小所作的判断。在人的价值追求和评价活动中，总是要用善与恶、美与丑、福与祸、荣与耻、利与害等哲学观念去评价对象。哲学世界观为人们评价一切具体事物提供总的意义框架，是人们评价事物的根本方法。这体现了哲学世界观的认识论、价值论和方法论的统一。

哲学是人们改造世界的根本方法。人类的实践活动是主观见之于客观的活动，是把主观的目的、愿望、理想变成客观现实的活动。它是知与行相统一的过程，始终蕴含着思维与存在、主观与客观、主体与客体、理想与现实、理论与实践等根本性的世界观问题。哲学是人们处理和驾驭自己同外部世界关系的基本规范和根本准则，它引导人们深刻地理解人与世界的关系，力求既"合规律"又"合目的"地改造世界。这是哲学根本的方法论意义。

中国共产党在领导全国人民进行革命、建设、改革的伟大实践中，始终重视学哲学、用哲学，自觉地把马克思主义哲学作为认识世界、评价世界和改造世界的伟大思想工具。毛泽东思想、邓小平理论、"三个代表"重要思想、科学发展观、习近平新时代中国特色社会主义思想，坚持、丰富和发展了马克思

---

① 《马克思恩格斯文集》第 9 卷，人民出版社 2009 年版，第 437 页。

主义哲学的世界观和方法论。

第二节 哲学的基本问题和基本派别

哲学从总体上把握世界，对世界的本质以及人与世界的关系作出根本性的解释，始终包含和贯穿着一个基本问题，这就是思维和存在的关系问题。任何哲学包括现代哲学都没有也不可能超越哲学的基本问题。

一、哲学的基本问题

哲学的基本问题，是贯穿于全部哲学问题之中并统率和制约其他一切问题的根本问题，也是各种哲学学派、思潮争论的根本问题。在总结哲学史的基础上，恩格斯明确提出："全部哲学，特别是近代哲学的重大的基本问题，是思维和存在的关系问题。"[1]

思维和存在的关系问题，根源于远古时代关于"灵魂对外部世界的关系"问题，即人死之后灵魂如何存在的问题。这个问题后来演化为思维对存在、精神对物质的关系问题。恩格斯说："哲学家依照他们如何回答这个问题而分成了两大阵营。凡是断定精神对自然界说来是本原的，从而归根到底承认某种创世说的人……组成唯心主义阵营。凡是认为自然界是本原的，则属于唯物主义的各种学派。"[2] 这表明，作为哲学基本问题的思维和存在的关系问题，首先是关于思维与存在、精神与物质谁为本原的问题，也就是思维与存在、精神与物质谁是第一性、谁产生谁的问题。这是哲学中的唯物论与唯心论之争，通常被称作"本体论"问题。

哲学基本问题的另一个方面，是关于思维与存在"有无同一性"的问题，也就是思维能否认识存在的问题。"我们关于我们周围世界的思想对这个世界本身的关系是怎样的？我们的思维能不能认识现实世界？我们能不能在我们关于现实世界的表象和概念中正确地反映现实？用哲学的语言来说，这个问题叫做思维和存在的同一性问题"[3]。哲学史上绝大多数哲学家对这个问题都作了肯

---

[1] 《马克思恩格斯文集》第 4 卷，人民出版社 2009 年版，第 277 页。
[2] 《马克思恩格斯文集》第 4 卷，人民出版社 2009 年版，第 278 页。
[3] 《马克思恩格斯文集》第 4 卷，人民出版社 2009 年版，第 278 页。

定的回答。此外，还有一些哲学家否认认识世界的可能性，或者至少是否认彻底认识世界的可能性。这是哲学中的可知论与不可知论之分，通常被称作"认识论"问题。

在哲学基本问题中，本体论是认识论的前提和基础，只有回答了本体论问题才能回答认识论问题，即使是否定本体论的哲学家，在他们的认识论中也不可避免地蕴含着某种本体论的态度和倾向。同时，回答本体论问题又不能离开认识论，任何一种本体论都是通过一定的认识路线形成的，都包含着对人的认识的本质、功能和过程的回答。离开认识论的本体论只能是缺失理论论证的独断论。

思维和存在的关系问题始终是哲学的基本问题，但人们对这个问题的认识却经历了很长的历史过程。因此，恩格斯不仅强调思维和存在的关系问题是哲学的重大的基本问题，而且特别指出这个基本问题只是在近代哲学中"才被十分清楚地提了出来，才获得了它的完全的意义"①。

人们对哲学及其基本问题的认识，是同人类的实践水平和认识水平密不可分的。近代以前的哲学还没有自觉地反省人的认识活动的矛盾，因而也没有自觉到思维和存在的关系问题，而是直接地寻求和断言某种经验的或超验的"存在"，把这种"存在"归结为"万物的本原"，并用这种"存在"去解释全部的经验世界以及关于经验世界的全部知识。这是对思维和存在关系问题的非自觉的粗糙的解答方式。近代哲学在对人的认识的反省过程中，自觉到了思维和存在之间的矛盾，从而把思维和存在的关系当作重大的哲学基本问题进行研究。

近代哲学研究的主要问题是思想的客观性问题。因此，近代哲学不仅研究了外在世界与人的观念之间的关系，而且特别深入地考察了人的观念内部的诸种关系问题，提出和研究了客观世界与意识内容、意识内容与意识形式、对象意识与自我意识、知性思维与辩证思维、思维规律与存在规律、理论理性与实践理性等一系列关于思维和存在的关系问题，从而"十分清楚"地提出了哲学的基本问题，并使之获得了"完全的意义"。马克思主义哲学在总结哲学史的基础上，以科学的实践观回答了哲学的基本问题，为哲学的发展开辟了新的正确道路。

① 《马克思恩格斯文集》第4卷，人民出版社2009年版，第278页。

哲学的基本问题源于人类的现实生活，而不是纯粹的玄想和思辨。在人们的现实生活中，思维和存在的关系问题，具体地表现为主观与客观的关系问题。它既是人的认识活动的根本问题，也是人的实践活动的根本问题。人的认识活动，从根本上说，就是在观念上实现思维与存在、主观与客观的统一，从而正确地认识世界；人的实践活动，从根本上说，就是在现实中实现思维与存在、主观与客观的统一，从而能动地改造世界。正因为思维与存在的关系问题是人的全部认识活动和实践活动的根本问题，它才成为从总体上把握世界的哲学世界观理论的重大的基本问题。

由于人的全部活动中都包含"思维和存在的关系"这一哲学基本问题，因此，能否坚持物质第一性、意识第二性的唯物主义的本体论，能否坚持意识反映存在的唯物主义的可知论，能否坚持实践基础上的能动的反映论，就成为能否正确地认识世界和改造世界的关键。从实际出发，实事求是，理论联系实际，就是哲学基本问题在现实生活中的根本要求和生动体现。

二、哲学的基本派别

思维与存在、精神与物质何者为第一性、何者为第二性，这是哲学的基础性、根本性问题。全部哲学理论，依照对这个问题的不同回答而划分为唯物主义与唯心主义两大基本派别。凡是主张物质是本原，物质第一性、精神第二性的，都属于唯物主义；凡是断言精神对自然界来说是本原，精神第一性、物质第二性的，都属于唯心主义。唯物主义坚持"从物到感觉和思想"的认识路线，唯心主义则坚持"从思想和感觉到物"的认识路线。无论是唯物主义还是唯心主义，它们各自的本体论和认识论都是一致的。

唯物主义哲学在其历史发展过程中，依次表现为三种基本的历史形态，即古代朴素唯物主义、近代机械唯物主义和马克思主义的辩证唯物主义。

古代唯物主义是朴素的唯物主义。它的主要特征是以自然原因去解释自然现象，肯定世界的物质本原性和统一性。它的主要缺陷是把某种具体的物质形态看作世界的物质本原和统一的物质基础。古代唯物主义具有明显的"猜测"的性质。

近代唯物主义是唯物主义哲学的第二种历史形态。它以近代科学对自然现象的实证研究为基础，以新的实证知识和科学方法论证世界的物质统一性，摆脱了古代唯物主义的素朴性；近代唯物主义自觉地提出和探讨了思维和存在的关系问题，主要研究了认识内容的来源等问题，确认了唯物主义的反映论和可知论原则；在对人的哲学思考中，德国哲学家费尔巴哈在批判宗教神学和黑格尔的思辨哲学的过程中，提出人的"感性存在"是思维和存在统一的基础，创立了人本学唯物主义。近代唯物主义的局限性在于：一是把自然界中各种现象和过程最终归结为机械运动，用力学规律加以解释；二是用孤立、静止、片面的观点解释世界，是一种形而上学的思维方式；三是唯物主义的不彻底性，即自然观的唯物主义而历史观的唯心主义。

马克思、恩格斯创立的辩证唯物主义和历史唯物主义，是哲学唯物主义的最高形态。它克服了旧唯物主义的局限性和不彻底性，实现了唯物论与辩证法、唯物主义的自然观与历史观的统一。

在哲学史上，唯心主义哲学有众多流派，归结起来有两种基本形式，一是主观唯心主义，一是客观唯心主义。主观唯心主义把个人的感觉、心灵、意识、观念夸大为第一性的东西，否认物质世界和客观规律不依赖于人的意识而存在。客观唯心主义则把某种"客观精神"说成是先于并独立于物质世界的存在，并把物质世界说成是这种"客观精神"的产物、表现或附属品。

哲学唯心主义的产生和长期存在，并非偶然。从认识论看，在对思维与存在、精神与物质的关系的理解和解释中，如果"把认识的某一特征、某一方面、某一侧面，片面地、夸大地……发展（膨胀、扩大）为脱离了物质、脱离了自然的、神化了的绝对"[1]，就会导致哲学唯心主义。这是哲学唯心主义的认识论根源。由于在社会领域内进行活动的是具有意识、经过思虑和凭激情行动的、追求某种目的的人，任何事情的发生都有自觉的或不自觉的意图和预期目的，一旦夸大了人的活动中的"意识""意志""目的""激情"，把人的精神活动视为社会存在的本原和创造历史的动力，用社会意识去解释社会存在，就会导致哲学唯心主义。旧唯物主义在历史观上陷入唯心主义的根本原因，就在于"它认为在历史领域中起作用的精神的动力是最终原因，而不去研究隐藏在这些动力后面的是什么，这些动力的动力是什么"[2]。在阶级社会中，统治阶级为维护自己的统治地位而颠倒精神与物质的关系，是哲学唯心主义长期存在的重要的社会根源。

---

[1]《列宁全集》第 55 卷，人民出版社 2017 年版，第 311 页。

[2]《马克思恩格斯文集》第 4 卷，人民出版社 2009 年版，第 303 页。

　　哲学基本问题中的本体论问题和认识论问题是相互制约、密不可分的。恩格斯在论述唯物主义与唯心主义两大基本派别的基础上提出，依据对思维和存在是否具有同一性、我们的思维能不能认识现实世界的不同回答，又把哲学区分为可知论和不可知论。

　　哲学史上绝大多数哲学家都对思维和存在是否具有同一性这个问题作了肯定的回答，不仅唯物主义者都是可知论者，而且绝大多数的唯心主义者也是可知论者。但是，这是两种根本不同的可知论。唯物主义的可知论，是以承认物质第一性、精神第二性为前提的反映论的可知论，即认为人的思维能够正确地反映现实世界。与此相反，唯心主义的可知论，是以肯定精神第一性、物质第二性为前提的思维和存在的同一性，即认为存在同一于思维，用精神的本原性来说明思维和存在的同一性的可知论。以德国哲学家黑格尔为代表的客观唯心主义的可知论，把思维和存在的同一性说成是独立于人类精神之外的"绝对精神"的自我认识；以英国哲学家贝克莱为代表的主观唯心主义的可知论，则把思维和存在的同一性说成是"存在就是被感知"和"物是观念的集合"。这表明，无论是唯物主义哲学还是唯心主义哲学，它们各自的本体论和认识论都是统一的；在唯物主义与唯心主义两大派别的斗争中，不仅贯穿着本体论方面的斗争，而且贯穿着认识论方面的斗争。

　　在哲学史上，凡是对哲学基本问题的第二方面即思维和存在是否具有同一性作出否定回答的哲学理论，都属于不可知论。英国哲学家休谟和德国哲学家康德是不可知论的主要代表。休谟把贝克莱的"存在就是被感知"的主观唯心主义贯彻到底，认为"除了心灵的知觉或印象和观念以外，没有任何东西实际上存在于心灵中"，这就不仅否认了心灵之外的存在的可知性，而且否认了心灵本身的可知性。康德的不可知论是对休谟不可知论的直接继承和发展。康德认为，人类以思维把握存在，但所能把握的只是现象，而不是现象背后的客观实在，作为客观存在的"物自身""物自体"或者说"自在之物"，与思维并不具有同一性，因而永远是不可知的。

　　在思维与存在、精神与物质的关系问题中，既包含世界的本原问题，也包含世界是怎样存在的问题，以及思维以怎样的方式把握存在的问题。毛泽东指出："在人类的认识史中，从来就有关于宇宙发展法则的两种见解，一种是形而上学的见解，一种是辩证法的见解，形成了互相对立的两种宇宙观。"①

"形而上学"作为一个哲学范畴，在哲学史上通常有两种含义：一是指研究超感觉的、经验之外对象的哲学。由于传统哲学通常是以这种方式寻求"最高原因的基本原理"，因此人们往往把传统哲学称作"形而上学"。二是指与辩证法相对立的思维方式，即用孤立的、静止的、片面的观点观察世界和解释世界的世界观和方法论。

"辩证法"一词源于古希腊文，其含义是进行谈话论辩、在辩论中揭露对方议论中的矛盾并通过克服这些矛盾以求得真理的方法。黑格尔不只是把辩证法看作一种揭露矛盾的思维方法，同时认为它也是适用于一切现象的普遍原则。在哲学史上，黑格尔首次明确地在世界观意义上使用辩证法概念。马克思、恩格斯在批判地继承黑格尔的唯心主义辩证法的基础上，创立了世界观与方法论相统一的唯物辩证法。

辩证法在哲学发展中经历了三种基本形态，即古代朴素辩证法、德国古典哲学中的唯心主义辩证法和马克思主义的唯物辩证法。

古代哲学家曾用各种思想表达世界的辩证关系。中国的《易》中讲的八卦以及两卦相叠演为六十四卦的学说，就是从正反面的矛盾来说明事物的变化和发展。《老子》《孙子兵法》等著作反复阐明了阴阳、有无、生死、损益、美丑、智愚、强弱、难易、攻守、进退等一系列对立面相互依存、相互关联和相互转化的思想。古希腊哲学家赫拉克利特提出"人不能两次踏入同一条河流"，表述了"一切皆流，无物常在"的变化发展的思想。由于科学发展水平和社会历史条件的限制，这些辩证法思想往往只是在经验的层面上描述世界的变化，因此带有原始的、自发的、朴素的和猜测的性质。

18世纪末至19世纪上半叶，随着自然科学从搜集材料阶段过渡到整理材料阶段，形而上学的自然观不断地被打破，自然界的联系、变化和发展凸现出来。同时，社会矛盾的尖锐和社会革命的兴起，也显露了社会历史的联系和发展的性质。正是在这种历史条件下，德国古典唯心主义哲学家在概括当时自然科学和社会历史研究的成果的基础上，把辩证法推向了一个自觉的新阶段。作为德国古典哲学集大成者，黑格尔认为"世界不是既成事物的集合体，而是过程的集合体"，第一个全面地有意识地以唯心主义的形式，系统地阐述了辩证

---

① 《毛泽东选集》第1卷，人民出版社1991年版，第300页。

法的质量互变规律、对立统一规律、否定之否定规律以及本质与现象、原因与结果、必然与自由等诸多辩证法范畴，建立了庞大的唯心主义辩证法体系。由于唯心主义体系与辩证法的矛盾，包括黑格尔在内的德国唯心主义哲学家无法形成合理形态的辩证法理论。

马克思、恩格斯在总结自然科学的新成就和社会历史发展经验的基础上，批判地继承了人类思想的优秀成果，特别是批判地吸取了黑格尔辩证法的合理内核，创立了唯物辩证法。唯物辩证法是从自然界、社会生活和人的认识活动概括出来的哲学理论，既揭示了客观事物发展的普遍规律，又揭示了人的认识、思维发展的普遍规律，因而是唯物论和辩证法的统一，是科学的世界观和方法论的统一。

三、现代西方哲学思潮与哲学基本问题

在现代西方哲学的发展过程中，有两种社会影响较大的思潮：一是科学主义，一是人本主义。这两种哲学思潮并没有超越哲学的基本问题，因而也没有超越唯物主义与唯心主义这两个哲学基本派别。只有从哲学基本问题出发，才能深刻地认识现代西方哲学这两大思潮。

所谓科学主义，主要是指近代以来特别是 19 世纪中叶以来逐步盛行起来的一种哲学思潮或哲学运动。科学主义思潮是在现代自然科学、社会科学和思维科学日益迅速地从哲学中分化出去的背景下产生的。这种思潮认为，哲学探索的思维和存在的关系问题，哲学研究的世界观问题和普遍规律问题，都是无法"证实"或"证伪"的"假问题"，因而必须"悬置"哲学的基本问题，"治疗"或"终结"哲学。这是一种试图以自然科学的理论和方法改造哲学，以"拒斥形而上学"的名义否定哲学的世界观性质，把哲学变为科学"副产品"的哲学思潮和哲学运动。

在科学主义思潮中，20 世纪流行的分析哲学占有突出的地位。它的核心思想是，只有科学才能提供关于世界的实证知识，哲学不过是对世界的"猜测"，所以哲学必须"拒斥"对世界的解释，而只是研究人们怎样以语言表述世界。因此，这种哲学思潮常常被称作现代西方哲学的"语言转向"。在这种"语言转向"中，对语言的哲学反思和对哲学概念清晰的要求有其积极意义，但试图取消哲学的基本问题则是不可能的，它归根到底是以唯心主义的方式回答了哲学基本问题。科学主义思潮强调在建立关于人类意识和世界及其相互关系的理

论之前必须先有关于"语言"的理论，强调必须把"文化的水库"即"语言"作为哲学研究的出发点，强调世界是命题的集合。这实际上是在强调从"语言"出发去理解和解释人与世界、思维与存在的关系。马克思说："语言是思想的直接现实。正像哲学家们把思维变成一种独立的力量那样，他们也一定要把语言变成某种独立的特殊的王国。这就是哲学语言的秘密。""无论思想或语言都不能独自组成特殊的王国，它们只是现实生活的表现。"① 现代西方哲学的"语言转向"不可能淡化思维和存在的关系问题，也不可能超越唯物主义与唯心主义的派别关系。

在现代西方哲学中，人本主义是与科学主义并存的又一种重要哲学思潮。在通常的解释中，人本主义有三种含义：一是特指 14 世纪下半期发源于意大利并传播到欧洲其他国家的哲学和文学运动，它构成现代西方文化的一个要素；二是专指 18 世纪末到 19 世纪初德国古典哲学中的费尔巴哈的人本主义哲学；三是泛指承认人的价值和尊严，或以人性和人的利益为主题的任何哲学，其中主要是指现代西方哲学中与科学主义相对应的，以人的本质、价值、地位等为研究重心的哲学思潮，主要包括生命哲学、哲学人类学和存在主义等。这种人本主义思潮，在凸显人的自我认识和自我实现的口号下，否认哲学的基本问题是思维和存在的关系问题，否认哲学理论的世界观性质。例如，叔本华和尼采哲学的核心是"意志"，认为世界是"我"的表象，世界的本质是意志；萨特哲学的核心是人的"存在"，认为人的周围世界是怎样的并不取决于世界本身而是取决于人对世界的理解。这里所讨论的仍然是思维与存在的关系问题，只不过是以唯心主义的方式回答了思维和存在的关系问题。哲学问题与具体科学问题相比有不同的性质。如果就意志研究意志，那是心理学，而作出世界的本质是意志、世界存在于人的表象之中的判断则是哲学，即唯意志论的唯心主义哲学；如果就人来研究人可以是医学、生物学、人口学等，但是抽象地研究人的一般本性、人在世界中的地位，最终作出世界的存在依赖于人的存在的判断，就成为存在主义的唯心主义哲学。

作为现代唯物主义的马克思主义哲学，既不是所谓的科学主义，也不是所谓的人本主义；既不能用科学主义解释马克思主义哲学，也不能用人本主义解释马克思主义哲学。马克思主义从人的实践活动出发去理解思维与存在、人与

---

① 《马克思恩格斯全集》第 3 卷，人民出版社 1960 年版，第 525 页。

世界的相互关系，并以科学的实践观去解决全部哲学问题，因而是现代唯物主义的世界观。用科学主义或人本主义来诠释马克思主义哲学，从根本上说是错误的。

关于哲学基本问题及其派别关系，应当注意防止两种倾向：一是否认哲学的基本问题及其派别关系，特别是否认唯物主义与唯心主义两大基本派别的存在，或妄称已"超越"两派对立的虚无主义倾向。列宁指出："透过许多新奇的诡辩言词和学究气十足的烦琐语句，我们总是毫无例外地看到，在解决哲学问题上有两条基本路线、两个基本派别。"[①] 现代哲学没有也不可能超越哲学的基本问题和基本派别。二是把哲学的基本问题及其派别关系，特别是唯物主义与唯心主义两大基本派别关系简单化、模式化、庸俗化的教条主义倾向。我们反对唯心主义，是反对它的出发点和思想路线，即对思维与存在的关系问题的错误回答，而不是断言一切唯心主义哲学体系中的所有命题都是谬误，都毫无价值。同样，我们坚持唯物主义，也是肯定它的出发点和思想路线，即对思维与存在的关系问题的正确回答，而不是断言一切唯物主义哲学体系中的所有命题都是正确的，都无可非议。实际上，有些深刻的唯心主义哲学比粗陋的唯物主义哲学包含的合理成分还要多（黑格尔的辩证法就是一个例证），这是不能简单对待的。所有真正的哲学问题都包含着人类实践和认识的难题，人类实践和认识过程中的困难和问题总会引发唯物主义哲学与唯心主义哲学的不同回答。哲学的基本问题是不可超越的，唯物主义与唯心主义的冲突与斗争是长期的。以马克思主义哲学的科学的世界观和方法论考察哲学的基本问题及其派别关系，在辩证唯物主义的水平上理解哲学的基本问题，反对唯心主义和机械唯物主义，是坚持和发展马克思主义哲学的首要前提。

第三节　哲学的历史演进和发展规律

哲学与哲学史是密不可分的。了解哲学的历史演进和发展规律，对于学习和探索马克思主义哲学，特别是掌握中国化的马克思主义哲学，是十分重

---

① 《列宁选集》第 2 卷，人民出版社 2012 年版，第 227 页。

要的。

一、中国哲学的历史演进

中华民族是富有哲学智慧的民族。中国哲学在长期的发展过程中，形成了自己的独特风格和特有的概念体系与表达方式，形成了集中体现中华文明的中国哲学精神。掌握中国哲学的历史，不仅有助于深化对哲学发展规律的理解，更重要的是会深化对具有中国特色、中国气派和中国风格的当代中国马克思主义哲学的理解。

中国哲学大致萌芽于夏商周三代，成形于春秋战国时期。后来佛教传入中国并经历了中国化的过程后，佛教哲学也成为中国哲学的一个重要部分。中国传统哲学的历史，大体可以分为先秦子学、汉代经学、魏晋玄学、隋唐佛学、宋明理学等主要阶段。以孔孟哲学为主要标志的儒家哲学，以老庄哲学为主要标志的道家哲学，中国化了的佛教哲学，即儒、道、释三大派哲学，形成了独具特色的中国哲学传统，对中华文明乃至世界文明产生了巨大的、深远的影响。

先秦子学，亦称诸子百家之学。司马谈《论六家要旨》把先秦、汉初思想流派分为阴阳、儒、墨、名、法、道德六家。刘歆《七略》和班固《汉书·艺文志》分诸子之学为十家，在司马谈所说的六家之外，又加上纵横家、杂家、农家和小说家。诸子百家依据各自不同的社会地位、思想倾向，在天道观、人性论、政治伦理思想诸方面构成了各自的学说体系，形成了一个百家争鸣的局面。

汉代是中国的经学传统确立的时代。春秋末期，孔子删述六经以教弟子，开启了经学传统的先河。汉代"罢黜百家，独尊儒术"，确立了孔子和儒家经典在政治和学术上的主导地位。经学通过解说传统经典的方式服务于现实政治，在哲学上讨论的主要是政治哲学、宇宙论、天人之际等问题。

魏晋玄学的特点，是以道家思想为骨干，结合儒道、会通孔老。汉末经学逐渐走入繁琐考证的歧途，于是道家思想再度兴起。当时名士崇尚清谈，玄风大盛。魏晋玄学经历了贵无论、崇有论、独化论等阶段，对有无、言意、自然与名教等问题进行了深入的讨论。

隋唐时期是中国佛学发展的鼎盛时期。佛教于公元前 6 至前 5 世纪产生于古印度，约在东汉明帝时传入中国。经魏晋至南北朝，佛学逐渐融入中国社会。至隋唐时期，宗派佛教创立，形成了中国化的佛学系统，对中国的哲学、宗教、文学艺术和民众精神生活产生了深远影响。

宋明理学的兴起，旨在应对释、道对儒家传统价值理念的冲击，接续儒学固有的人文传统，以重建圣学教化和外王事业之形上学的基础。宋明理学主要包括程朱理学和陆王心学两大派，其哲学思想的特征多以"心性义理之学"来概括。

中国传统哲学，特别是儒家哲学，一向是以"为天地立心，为生民立命"为己任，以"究天人之际，通古今之变"为内容，以"修身、齐家、治国、平天下""内圣外王"为门径，去建构生活的精神坐标和确立人的"安身立命"之本。追求崇高，这是中国传统哲学的根本旨趣，也是中国传统哲学坚韧不拔、始终如一的目标。

任何一种真正的哲学理论，总是表现为由哲学范畴构成的理论体系。哲学理论的民族特性，直接地表现为哲学范畴的民族特色和民族特征。自先秦以降，中国传统哲学多以天、地、道、德、性、命、礼、义、体、用、理、气、知、行为思考对象，而又以天地、道德、性命、礼义、体用、理气、知行之平衡、互补、融合为出发点与归宿。"天地，万物化醇"，"诚于中，形于外"，"大乐与天地同和，大礼与天地同节"。中国哲学把宇宙、人生均视为生生不已的过程，并以这样的辩证智慧对待内外、人己、义利、仁智、道器、理欲、知行等哲学范畴所体现的种种矛盾，形成了内涵丰厚、睿智通达的辩证法思想。

中国传统哲学的天人合一的宇宙观、革故鼎新的发展观、自强不息的人生观、知行合一的知行观、社会和谐的理想观，集中体现了中国哲学精神。中国哲学凝聚了中华民族对世界和生命的认知与感受，积淀了中华民族的精神追求和行为准则，形成了中国哲学的恢宏气派和独特风格。

中华文明是连续5000多年发展至今的文明。中华民族在漫长历史发展中形成的独具特色的文化传统，深深地影响了古代中国，也深深地影响着当代中国。我们今天所强调的以人为本、与时俱进、社会和谐、和平发展等，既体现了时代发展的进步要求，又有着中华文明的深厚根基。用马克思主义的立场、观点和方法批判地继承中国传统哲学的优秀遗产，是我们的重要使命。

在中国哲学的发展史上，马克思主义哲学在中国的传播、应用和发展，是具有里程碑意义的大事。中国传统哲学原有的形态，自近代以来已不能适应时代的需要，不可能解决中国救亡图存和社会现代化的问题，所以马克思主义哲学传入中国势所必然。马克思主义哲学之所以能在中国生根,是因为马克思主义的普遍真理符合中国的实际、符合中国的需要。同时,中国传统哲学中的实事求是以及主张变易、承认矛盾和追求和谐的朴素的唯物主义和辩证法思想,与马克思主义哲学是相通的。中国传统哲学的肥壤沃土,为中国化的马克思主义哲学提供了丰富的思想资源。

二、西方哲学的历史演进

作为西方文明"家园"的古希腊,在公元前 6 世纪前后就产生了名为"爱智"的哲学,迄今已有近 3000 年的历史。在长期的发展过程中,西方哲学形成了自己的概念体系和哲学传统。按照西方哲学的历史分期,其主要阶段可以概括为古希腊罗马哲学、中世纪哲学、近代西方哲学(包括德国古典哲学)和现代西方哲学。

古希腊哲学是西方哲学的源泉。"在希腊哲学的多种多样的形式中,几乎可以发现以后的所有看法的胚胎、萌芽。"① 在 1000 多年的时间里,古希腊哲学经历了三个时期:公元前 6 至前 5 世纪为早期,这是以寻求"万物的统一性"为基本内容的希腊自然哲学的产生、发展时期;公元前 4 世纪是希腊哲学的成熟时期,苏格拉底、柏拉图和亚里士多德把希腊哲学推到鼎盛阶段,并被称为古希腊哲学的"三大哲人";亚里士多德之后的希腊哲学进入晚期,它传播到希腊化地区,又被后来的罗马征服者所吸收,流行于罗马帝国的广袤疆域之内。随着古代希腊罗马文明的衰落,希腊哲学也逐渐颓败,终于被基督教哲学所取代。

欧洲中世纪哲学亦被称作经院哲学,是一种与宗教神学相结合、对教义进行极端繁琐的逻辑推论的哲学,因而又被称为繁琐哲学。它来源于古希腊哲学的遗产和基督教的经典《圣经》,主要运用柏拉图和亚里士多德的哲学为神学作论证,从而构成了欧洲中世纪的意识形态。这一时期的哲学,主要是讨论一般与个别的关系问题,唯名论与唯实论的争论是其主要表现方式。

近代西方哲学主要是指欧洲文艺复兴以来的 15 世纪至 19 世纪初的哲学。就其理论内容而言,主要包括大陆唯理论哲学、英国经验论哲学、法国启蒙哲学和德国古典哲学。近代西方哲学的中心问题是认识论问题,集中地展开了经

---

① 《马克思恩格斯文集》第 9 卷,人民出版社 2009 年版,第 439 页。

验论与唯理论的论争。在哲学发展史上，近代西方哲学明确地提出了作为哲学基本问题的思维和存在的关系问题，形成了近代的唯物主义哲学和唯心主义哲学。笛卡儿、培根、斯宾诺莎、洛克、贝克莱、休谟、狄德罗、莱布尼兹、康德、黑格尔和费尔巴哈等是近代西方哲学最重要的代表人物。18世纪末到19世纪初的德国古典哲学，是西方传统哲学的最高成果，在西方哲学的发展史上具有特别重要的意义。德国古典哲学的出发点是解决近代哲学的经验论与唯理论的对立问题。德国古典哲学的奠基人康德以其"批判哲学"深入地探讨了人的认识何以可能的问题。德国古典哲学的集大成者黑格尔以其辩证唯心主义的思维和存在的同一学说，形成了唯心主义的辩证法、认识论和逻辑学相统一的庞大的哲学体系，既以"最宏伟的方式概括了哲学的全部发展"，又"不自觉地"为人们"指出了一条走出这些体系的迷宫而达到真正地切实地认识世界的道路"。①

在批判黑格尔哲学的过程中，费尔巴哈以人的"感性存在"去解释思维和存在的关系问题，构成了他的人本学唯物主义。然而，正如恩格斯所指出的，费尔巴哈虽然"紧紧地抓住自然界和人；但是，在他那里，自然界和人都只是空话。无论关于现实的自然界或关于现实的人，他都不能对我们说出任何确定的东西。但是，要从费尔巴哈的抽象的人转到现实的、活生生的人，就必须把这些人作为在历史中行动的人去考察"②，"费尔巴哈没有走的一步，必定会有人走的。对抽象的人的崇拜，即费尔巴哈的新宗教的核心，必定会由关于现实的人及其历史发展的科学来代替。这个超出费尔巴哈而进一步发展费尔巴哈观点的工作，是由马克思于1845年在《神圣家族》中开始的"③。这就是马克思、恩格斯在哲学史上所实现的哲学革命。

现代西方哲学也是在反叛黑格尔绝对唯心主义哲学的基础上发展起来的，主要包括从19世纪末到20世纪的英美分析哲学和欧陆人文哲学，并形成了以科学主义思潮和人本主义思潮的斗争与融合为主要特征的哲学内容。在现代西方哲学中，以孔德、密尔和斯宾塞为主要代表的实证主义，以叔本华和尼采为主要代表的唯意志主义，以詹姆士、杜威为主要代表的实用主义，以弗洛伊德、荣格、弗罗姆为主要代表的精神分析哲学，以弗雷格、罗素和维特根斯坦

① 《马克思恩格斯文集》第4卷，人民出版社2009年版，第273页。
② 《马克思恩格斯文集》第4卷，人民出版社2009年版，第294页。
③ 《马克思恩格斯文集》第4卷，人民出版社2009年版，第295页。

为主要代表的分析哲学，以胡塞尔为主要代表的现象学，以海德格尔、雅斯贝尔斯和萨特为主要代表的存在主义哲学，以伽达默尔、利科尔为主要代表的解释学，以波普尔、库恩为主要代表的科学哲学等占有显著地位。20 世纪 20 年代后，出现了以卢卡奇、柯尔施、葛兰西以及阿多诺、马尔库塞、萨特、阿尔都塞等为主要代表的"西方马克思主义"。

在现代西方哲学的演进过程中，自 20 世纪 80 年代以来，还出现了被称为"后现代主义"的哲学思潮，主要代表人物有利奥塔、福柯、德里达、德勒兹和罗蒂等。后现代主义思潮的突出特征是"消解哲学"，并表现为一种所谓"后哲学文化"。后现代主义对哲学的"消解"，从根本上说，是把哲学作为普遍性、规律性、必然性、根源性、基础性、统一性以及崇高的代名词，试图通过"终结哲学"而"消解"普遍对个别的规范、现实对根源的依赖、必然对偶然的支配、规律对创造的制约、统一对选择的排斥、崇高对渺小的蔑视等，重构甚至倒置普遍与个别、现实与根源、必然与偶然、规律与创造、统一与选择、崇高与渺小的关系。这是后现代主义及其"消解哲学"的实质。后现代主义作为一种文化思潮和哲学思潮的主要价值在于，它以哲学的批判功能引导人们对现代主义的负面状况以及西方近现代以来的哲学进行反思，但是，它的基本的哲学倾向则是真理观的相对主义、价值观的多元主义和历史观的非决定论。从根本上说，后现代主义哲学思潮是以理论的方式表征了人们在当代资本主义社会生活中的困惑和焦虑。

西方哲学在其历史演进的总体过程中，形成了自己的概念体系、表达方式和哲学传统。以西方的历史文化为思想内涵的西方哲学的一个突出特征，就是在哲学与神学和科学的关系中理解哲学，推进对世界以及人与世界关系的总体性理解。西方古代哲学探讨万物统一性问题，西方中世纪哲学论证上帝存在问题，西方近代哲学反思思想客观性问题，西方现代哲学关切人的存在问题，在探索和回答这些问题的过程中，西方哲学逐步形成了以"理性"为核心范畴的思维方式和概念体系，并形成了以"理性"为主要反思对象的内容丰富的认识论、逻辑学和方法论。思维与存在、主观与客观、主体与客体、感性与理性、理性与非理性、现象与本质、自由与必然、理论与实践等二元关系的哲学范畴，不仅是西方哲学构成世界观理论的概念体系，也是西方哲学构成世界观理论的思维方式。这种概念体系、表达方式及其所蕴含的思维方式，构成了西方哲学的主要传统，并对世界哲学的演进与发展产生深远的影响。

三、哲学的发展规律

在人类文明史上，形成了包括中国哲学、西方哲学、印度哲学等在内的主要哲学传统。各个民族、国家的哲学，尽管各有其特殊的文化传统、概念体系和表达方式，在不同的历史时期也各有其突出的重大问题，并表现为纷繁多样的哲学流派和哲学思潮，但是，所有的哲学都遵循着哲学发展的普遍规律。

第一，人类的生产方式的发展从根本上决定着哲学的发展。

哲学作为意识形态，归根结底是由社会存在特别是由社会生产方式决定的。生产方式决定人与世界的关系，也必然决定人对世界以及人与世界关系的总体性理解。马克思说："每个原理都有其出现的世纪。例如，权威原理出现在 11 世纪，个人主义原理出现在 18 世纪。……为什么该原理出现在 11 世纪或者 18 世纪，而不出现在其他某一世纪，我们就必然要仔细研究一下：11 世纪的人们是怎样的，18 世纪的人们是怎样的，他们各自的需要、他们的生产力、生产方式以及生产中使用的原料是怎样的；最后，由这一切生存条件所产生的人与人之间的关系是怎样的。"①

哲学是思想中所把握到的时代。每个时代的生产方式以及以此为基础的阶级关系，从根本上制约着该时代的哲学状况，并使哲学具有显著的阶级性。没有资本主义生产方式的萌芽和发展，没有新兴市民阶级的兴起，就无法理解从文艺复兴开始，包括英国哲学、法国哲学和德国古典哲学的近代西方哲学的发展历程；没有资本主义生产方式的统治地位的确立和无产阶级作为独立政治力量登上历史舞台，就无法理解马克思主义哲学的产生。以生产方式的变革为根本标志的时代变革从根本上决定着哲学的变革。

生产方式的变革还决定着人自身的存在形态的历史性变革，哲学则以理论的方式体现并解释人自身的存在形态的历史性变革。人类存在的三大历史形态是：前资本主义的自然经济中的人对人的依赖性；资本主义市场经济中的以物的依赖性为基础的人的独立性；未来共产主义社会的产品经济中的以个人全面发展为基础的自由个性。与之相应，近代以前的哲学是以理论的方式表征"人的依赖关系"，近代以来的哲学是以理论的方式表征"以物的依赖性为基础的

---

① 《马克思恩格斯文集》第 1 卷，人民出版社 2009 年版，第 607—608 页。

人的独立性"，而马克思主义哲学则是以理论的方式预见了"建立在个人全面发展和他们共同的、社会的生产能力成为从属于他们的社会财富这一基础上的自由个性"。① 这是哲学发展的最深刻的历史内涵和文化内涵。它集中地体现了哲学的发展与在生产方式发展基础上人自身的发展的总体一致性。哲学史，归根到底是理论形态的生产方式发展史、人类自身发展史。从人类存在的三大历史形态去透视哲学史，才能深化对哲学的古代形态、近代形态和现代形态的理解，才能从历史的发展规律去把握哲学的发展规律和展望哲学的发展趋向。

第二，人类观念把握世界诸方式的相互作用深刻地影响着哲学的发展。

人类对世界的观念把握除哲学之外，还有科学、艺术、宗教等诸多方式。它们既相互区别，又相互联系、相互影响和相互作用，共同体现一个时代的文化水平、文明程度和人的精神面貌。哲学作为人类把握世界的主要方式，它无时不在影响着这个时代的科学、艺术、宗教等的发展。同时，哲学也无时不在受到这个时代的科学、艺术、宗教等的作用，其中尤以科学最为突出和明确。"随着自然科学领域中每一个划时代的发现，唯物主义也必然要改变自己的形式。"②

每个时代的实践水平和认识水平，总是集中地体现在该时代的科学技术的发展水平上。科学技术不仅改变人们的世界图景和思维方式，而且改变人们的社会关系和生活方式。每个时代的科学精神，都是该时代的时代精神的重要内容。哲学的理论内容，最重要的是源于对科学的概括和总结，哲学的发展总是同科学技术的发展息息相关。唯物主义哲学从古代的朴素的唯物主义发展到近代的机械的唯物主义，再发展到马克思主义的现代唯物主义，与科学发展的水平是相适应的。恩格斯指出："在希腊人那里是天才的直觉，在我们这里则是以实验为依据的严格科学的研究的结果。"③ "在从笛卡儿到黑格尔和从霍布斯到费尔巴哈这一长时期内，推动哲学家前进的，决不像他们所想象的那样，只是纯粹思想的力量。恰恰相反，真正推动他们前进的，主要是自然科学和工业的强大而日益迅猛的进步。"④

---

① 《马克思恩格斯全集》第 30 卷，人民出版社 1995 年版，第 107—108 页。
② 《马克思恩格斯文集》第 4 卷，人民出版社 2009 年版，第 281 页。
③ 《马克思恩格斯文集》第 9 卷，人民出版社 2009 年版，第 418 页。
④ 《马克思恩格斯文集》第 4 卷，人民出版社 2009 年版，第 280 页。

作为时代精神的精华，真正的哲学总是以理论化世界观的方式集中地体现该时代的科学精神。科学发展是哲学发展的巨大的推动力。以现代科学为背景的现代哲学，深刻地变革了以素朴实在论为代表的直观反映论的思维方式，变革了以机械决定论为代表的线性因果论的思维方式，变革了以抽象实体论为代表的本质还原论的思维方式。世界的普遍联系和永恒发展的世界观，能动的反映论的认识论，人们自己创造自己的历史与历史的发展规律相统一的历史观，在现代科学的发展中得到了越来越广泛的共识，并深刻地表明马克思主义哲学是我们时代精神的精华。

第三，哲学内部的派别斗争直接推动着哲学的发展。

哲学的历史是哲学基本问题的演进和变革的历史，也就是围绕思维和存在的关系问题所展开的唯物主义与唯心主义斗争的历史，以及在这两大基本派别的基础上所展开的辩证法与形而上学、可知论与不可知论等各种派别关系的斗争的历史。哲学派别之间的矛盾和斗争，归根到底反映着社会生活中的矛盾和斗争，直接推动着哲学的不断发展。

在哲学的发展过程中，哲学的派别关系及其冲突是十分复杂的。哲学的派别冲突总是在不同时代进行的，哲学在时代上的演进总是在派别冲突中实现的。在哲学发展进程的每个环节上所进行的唯物论与唯心论、辩证法与形而上学的斗争，都以先前的哲学成果为基础，聚焦于人类在其发展中所提出的新问题，孕育着新的思维方式的萌芽。因此，每个时代都有自己时代水平的唯物论与唯心论等的斗争；特定时代的唯物论总是同自己时代的唯心论相比较而存在、相斗争而发展的；离开特定时代水平的哲学斗争，就会把哲学的派别斗争简单化、抽象化和庸俗化，把丰富多彩并不断深化的哲学思想变成某些僵死凝固的教条，从而在实际上否认哲学的进步与发展。哲学史还表明，哲学不仅是在不同派别的哲学斗争中发展的，而且是在同一派别的不同形态、不同水平的哲学之间的诘难和论争中前进的。在阶级社会中，哲学的派别斗争具有显著的阶级性。马克思主义哲学的一个显著特点是"公然申明辩证唯物论是为无产阶级服务的"①。

第四，真正的哲学塑造和引导新的时代精神。

任何真正的哲学都不只是"密纳发的猫头鹰"，而且是"高卢的雄鸡"，

---

① 《毛泽东选集》第 1 卷，人民出版社 1991 年版，第 284 页。

都不仅反映和表达自己时代的时代精神，而且塑造和引导新的时代精神。正因如此，马克思把真正的哲学称为"时代精神的精华"和"文明的活的灵魂"。

每个时代的哲学，都有反映和表达自己的时代精神并塑造和引导新的时代精神的根本性的哲学理念。这种根本性的哲学理念，集中地体现了人类文明的时代特征和发展趋向。马克思主义哲学在近代工业革命、近代科学和无产阶级争取人类解放的历史条件下，批判地继承了哲学史上一切合理的成分和有益的内容，以科学的实践观回答了人与世界的关系问题，揭示了自然、社会和思维发展的普遍规律，为无产阶级和全人类的解放事业提供了强大的思想武器，是我们时代唯一科学的世界观。

任何重大的哲学问题都源于重大的时代性问题，任何重大的时代性问题都蕴含着重大的哲学问题。"人类社会每一次重大跃进，人类文明每一次重大发展，都离不开哲学社会科学的知识变革和思想先导。"① "只有聆听时代的声音，回应时代的呼唤，认真研究解决重大而紧迫的问题，才能真正把握住历史脉络、找到发展规律，推动理论创新。"② 习近平新时代中国特色社会主义思想，从理论与实践的结合上深刻地回答了坚持和发展中国特色社会主义的一系列重大理论和实践问题、当代人类文明形态变革和未来发展的一系列重大理论和实践问题，深刻地反映、塑造和引导了新的时代精神。

人类哲学思想的发展规律表明，马克思主义哲学的产生及其在哲学史上所实现的革命性变革是必然的，马克思主义哲学在中国的传播和发展同样是必然的。中国特色社会主义进入了新时代，意味着马克思主义哲学的科学世界观获得新的时代内涵，展现出马克思主义哲学在新时代的真理力量。

思考题：

1. 怎样理解哲学及其功能？结合哲学与艺术、宗教和科学的关系说明哲学是理论化的世界观。

2. 怎样理解世界观与人生观的关系？

① 习近平：《在哲学社会科学工作座谈会上的讲话》，人民出版社 2016 年版，第 3 页。
② 习近平：《在哲学社会科学工作座谈会上的讲话》，人民出版社 2016 年版，第 14 页。

3. 试述哲学基本问题的内涵及其理论和实践意义。

4. 试论哲学发展规律及其对学习研究哲学的启示。

▶ 本章拓展资源

第二章　马克思主义哲学的创立与发展

马克思主义哲学是 19 世纪中叶社会和哲学发展的必然产物。马克思主义哲学是适应无产阶级争取自身解放和人类解放的需要而产生的，同时又是对以往科学和哲学发展成果的概括与总结。马克思主义哲学以无产阶级和人类解放为主题，以科学实践观为核心，深刻地阐明了人与世界的关系，把唯物主义和辩证法、唯物主义自然观和历史观统一起来，实现了哲学发展史上的革命性变革，为哲学的发展、社会的进步、人类的解放开辟了广阔的道路。

第一节　马克思主义哲学的创立

人类社会发展到 19 世纪中叶，进入了一个新的历史时期。其主要标志是：西欧工业革命取得了决定性的胜利，资本主义制度已逐渐确立，无产阶级作为独立的政治力量开始登上世界历史舞台。新的时代、新的阶级状况、新的历史条件呼唤新的哲学。正是在这样的时代背景和历史条件下，马克思主义哲学应运而生。

一、马克思主义哲学创立的社会基础

任何哲学都是在一定的经济社会土壤中产生和发展的。马克思主义哲学的创立和发展有其深刻的经济社会根源。

始于 18 世纪 60 年代英国的工业革命，到 19 世纪 40 年代已在欧美一些国家取得决定性胜利。机器大工业取代工场手工业在生产中占据了主导地位；资本主义生产方式在英国、法国占据了统治地位，在德国也获得了迅速发展；经过数次革命，英、法等国资产阶级建立并巩固了自己的政权。这标志着英、法等欧洲国家陆续从封建社会转向资本主义社会，从农业文明转向工业文明，从自然经济转向市场经济，从"自然联系占优势"的阶段转向"社会因素占优势"的阶段。

与此相应，人类社会历史也开始由地域性的历史转向世界历史。以往那种

各个民族、国家闭关自守、自给自足的状态，逐渐被全面的相互交往、相互依赖、相互制约、相互渗透所代替。大工业"首次开创了世界历史，因为它使每个文明国家以及这些国家中的每一个人的需要的满足都依赖于整个世界，因为它消灭了各国以往自然形成的闭关自守的状态"①。资本主义社会的建立及其内在矛盾的逐渐暴露，以及人类历史从地域性向世界性的转变，是马克思主义哲学创立的社会历史条件。

资本主义生产方式的确立极大地解放了社会生产力。伴随着蒸汽机所引发的工业革命，伴随着工业革命所形成的日益广泛的世界市场，劳动生产率获得了奇迹般的提高。社会化大生产使社会财富急剧增长，同时，这种社会化大生产与生产资料资本主义私人占有制之间的矛盾也日趋尖锐，其突出表现就是经济危机的周期性爆发。经济危机的频繁爆发表明："资产阶级的生产关系和交换关系，资产阶级的所有制关系，这个曾经仿佛用法术创造了如此庞大的生产资料和交换手段的现代资产阶级社会，现在像一个魔法师一样不能再支配自己用法术呼唤出来的魔鬼了。"②

资本主义生产方式的发展，使社会日益分裂为两大对立的阶级：资产阶级和无产阶级。随着资产阶级对封建阶级的全面胜利，社会的主要矛盾由资产阶级与封建贵族的矛盾转变为资产阶级与无产阶级的矛盾。无产阶级从资产阶级反封建斗争的同盟者，发展成"为争夺统治而斗争的第三个战士"。无产阶级与资产阶级之间的矛盾不断激化。19 世纪 30 至 40 年代，法国、英国、德国接连爆发了工人阶级反对资本主义制度的斗争。1831 年和 1834 年，法国里昂的纺织工人举行武装起义；从 1836 年开始，英国的工人和革命群众发起了持续十余年的"人民宪章运动"；1844 年德国西里西亚的纺织工人举行武装起义。

欧洲三大工人运动标志着无产阶级已经作为一支独立的政治力量登上世界历史舞台，开始为自身的阶级利益同资产阶级进行斗争。由于客观社会条件的限制和缺乏科学理论的指导，这几次起义均以失败告终。这就迫切需要运用科学的方法，总结无产阶级革命斗争的实践经验，形成科学的世界观，用以指导无产阶级争取解放的斗争。这一迫切的历史需要表明马克思主义哲学的产生已

---

① 《马克思恩格斯文集》第 1 卷，人民出版社 2009 年版，第 566 页。
② 《马克思恩格斯文集》第 2 卷，人民出版社 2009 年版，第 37 页。

经具备坚实的阶级基础和实践基础。

二、马克思主义哲学创立的科学前提

马克思主义哲学的创立不仅有深刻的社会基础，而且有其自然科学和社会科学前提。

欧洲近代自然科学始于15世纪后半期，到18世纪末为第一阶段。这是自然科学获得独立并蓬勃发展的时代。首先是数学成为解释自然现象的根据，其次是实验方法的确定，最后是近代的生产本身成为自然科学的工艺学运用。从哥白尼到开普勒，从伽利略、笛卡儿到牛顿，自然科学发生了革命性的变革，近代自然科学的基础也由此而被牢固地建立起来。这一科学革命的巨大后果不仅推翻了传统的自然观念，沉重地打击了神学世界观和蒙昧主义，而且极大地推进了近代生产和社会生活的变革。18世纪的自然科学也有其历史的局限性。一方面是当时的自然科学达到较为完善地步的只有力学，另一方面是分门别类地搜集材料使人们逐渐形成了一种思维习惯，即撇开总的联系和发展，把事物和过程孤立起来进行考察。"这种考察方式被培根和洛克从自然科学中移植到哲学中以后，就造成了最近几个世纪所特有的局限性，即形而上学的思维方式。"①

19世纪以后，近代自然科学的发展进入第二阶段，即在取得一系列新的重大发现的基础上，由原来主要是"搜集材料的科学"发展为"整理材料的科学"。一些揭示自然界各种物质形态之间的联系和发展的新学科纷纷建立和发展起来。尤其是恩格斯所说的"三大发现"，即细胞学说、能量守恒和转化定律、生物进化论的创立，为哲学的发展提供了新的自然科学基础。自然科学发展的新成就，沉重地打击了形而上学的自然观。随着自然科学的这种重大发展，改变唯物主义形态的历史任务被提上了日程。

近代社会科学起源于17、18世纪欧洲的启蒙运动。随着资产阶级的兴起、自然科学的发展，人们逐步摆脱了中世纪神学观念的束缚，开始意识到人类社会本身也存在一定的规律，而人的任务就是要运用和依靠自己的理性去发现这些规律。于是，近代社会科学获得了发展并繁荣起来。

近代社会科学研究了资本主义社会的经济、政治、文化等社会现象及其规律，获得了一系列的重要发现。尤其是英国古典政治经济学、法国复辟时期的

---

① 《马克思恩格斯文集》第9卷，人民出版社2009年版，第24页。

历史学和英法空想社会主义学说所取得的积极成果，构成了马克思主义哲学产生的社会科学前提。

英国古典政治经济学以威廉·配第、亚当·斯密和大卫·李嘉图等人为主要代表。其突出成就是，创立了劳动价值论，实际上是以经济学的形式对劳动作为主体活动的创造能力的肯定；探讨了劳动和分工的问题，并认为分工和交换是人们相互联系的纽带，人们在劳动中通过分工、交换形成一定的社会关系；对资本主义社会的阶级结构进行了经济上的分析，并认为地租、利润、工资是文明社会的三种基本收入，"构成文明社会三个主要的和基本的阶级"，即"土地所有者、资本所有者和劳动者"。但是，英国古典经济学并没有把劳动价值论贯彻到底，因而无法真正说明资本和劳动的关系。不仅如此，由于他们从抽象的人性和孤立的个人出发，把私有制看作自然的、永恒的事实，决定了他们不能超出对于私有制的抽象的、非历史的观点，因而也无法真正理解资本主义生产方式的本质及其历史性，无法真正理解资本主义生产方式的运动规律。

法国复辟时期的历史学以梯叶里、米涅和基佐为主要代表。其突出贡献是对阶级斗争的历史发展进行了考察，在一定程度上揭示了阶级斗争和经济利益之间的联系，并试图证明财产关系是一个社会的政治制度和统治思想的基础。法国复辟时期的历史学关于阶级关系和阶级斗争的观点为历史唯物主义的创立提供了重要的思想材料。但是，由于历史和阶级的局限，由于其抽象的人性论，他们的历史观最终没有超出唯心主义的范围。

空想社会主义以圣西门、傅立叶和欧文为主要代表。他们揭露并批判了资本主义制度的种种矛盾和罪恶，指出资本主义制度不是永恒的、正义的和合乎理性的，因而应当为更加完善的社会制度所代替；他们对未来的理想社会即社会主义社会提出了一些天才的和积极的描述，主张消灭私有财产制度和雇佣劳动制度，消灭城乡对立和工农差别，实现人的全面发展，等等。但由于历史的局限，这种理论是不成熟的社会主义理论。其根本缺陷在于，不能从现存的社会中发现其自我否定的力量，不能从现实矛盾的历史分析中寻求解决社会、经济问题的积极办法和人类解放的现实道路。这就决定了他们只能诉诸抽象的合理性，用善良意志的幻想来代替历史的现实前提和条件，在观念中抽象地勾勒出一些未来社会的设计和方案，并把社会问题的解决仅仅归之于理性的力量。马克思、恩格斯则从资本主义生产方式的矛盾运动中，从历史发展的规律中为社会主义学说找到了现实的和理论的根据；唯物史观和剩余价值学说这两个伟大发现，使社会主义从空想变为科学。

三、马克思主义哲学创立的理论来源

马克思主义哲学继承了人类思想史上的一切优秀成果。马克思主义哲学的直接理论来源是德国古典哲学，其中，既包括从康德到黑格尔的唯心主义辩证法，又包括费尔巴哈的人本学唯物主义。马克思主义哲学是直接从对这两方面的批判继承中产生的。

与18世纪的唯物主义相反，德国唯心主义抽象地发展了人的能动性方面，并试图以先验唯心主义或思辨唯心主义的方式来解决思维与存在的关系问题。德国古典哲学的早期代表是康德和费希特的主观唯心主义。这种唯心主义高扬了主体的能动性，把能动的自我意识看作人的根本，看作人类知识的基本构成要素，甚至看成是整个外部世界的构造原则和推动原则。按照这种唯心主义，人的认识不是一个被动接受的过程，而是一个主动创造的建构过程；外部世界也不是传统意义上被给定的世界，而是一个由自我意识的纯粹活动构造出来的世界。这种哲学强调了主体的能动性，并在一定程度上具有辩证法思想，但其最终导致了主观唯心主义。为了克服这样的缺陷，谢林试图以"绝对的同一性"来把握"自我"与"非我"、主体与客体、思维与存在的内在统一，从而第一次把能动原则归结到客观唯心主义的基础之上。

德国唯心主义哲学的集大成者是黑格尔。黑格尔把思维与存在的统一理解为绝对精神。这个绝对者不仅是实体，而且是主体。因此，思维与存在的统一是一种能动的发展过程。黑格尔不仅肯定了矛盾存在的必然性，而且肯定了矛盾"是一切运动和生命力的根源"。把整个世界的历史进程看作通过矛盾的对立及其克服而实现的由低级向高级发展的过程，是黑格尔辩证法中最具特色的东西。但是，黑格尔所理解的辩证运动的主体是思维或绝对精神，这一辩证运动的过程实质上不过是绝对精神的自我运动。因此，黑格尔的辩证法是头足倒置的唯心主义辩证法。正如马克思所说："辩证法在黑格尔手中神秘化了，但这决没有妨碍他第一个全面地有意识地叙述了辩证法的一般运动形式。在他那里，辩证法是倒立着的。必须把它倒过来，以便发现神秘外壳中的合理内核。"①

----

① 《马克思恩格斯文集》第5卷，人民出版社2009年版，第22页。

　　费尔巴哈继承了以往的哲学唯物主义传统，批判了黑格尔的唯心主义，把精神、思维和观念归结到感性的人和感性的自然界。这就"直截了当地使唯物主义重新登上王座"①。在费尔巴哈看来，黑格尔只是表面上消除了康德哲学中思维与存在的僵硬对立，但从实质上看，这种建立在"绝对精神"基础上的统一并不是思维与存在的真正统一，而只是思维与其自身的统一。要真正实现思维与存在的统一，就必须把统一的基础和主体建立在"人"之上。费尔巴哈哲学的积极意义在于它不仅打破了黑格尔唯心主义哲学的统治，而且试图进一步探讨思维与存在如何通过"人"而达到真正的统一。但费尔巴哈对人及其本质的理解却完全脱离社会关系和历史过程，而这样的人无疑是抽象的。以这种抽象的人为基础所实现的思维与存在的统一也只能是一种抽象的统一。此外，费尔巴哈在批判黑格尔唯心主义的同时，抛弃了它的合理内核，即主体的能动原则和否定的辩证法。费尔巴哈由此陷入与 18 世纪的唯物主义类似的困境：无法克服形而上学的世界观，并在历史领域中屈从于唯心主义。

　　总之，以往的哲学尽管积累了许多有益的思想成果，但已无法在新的历史条件下真正说明人对世界的现实关系。时代需要和哲学的现实状况存在着巨大的差距。消除这一差距，创立适应新的时代要求、能够指导无产阶级实现自身解放和人类解放的新世界观，已经成为刻不容缓的任务。

四、马克思主义哲学创立的历史过程

　　时代的发展为哲学上的伟大变革提供了必要条件，但这一变革的实际完成，则是马克思、恩格斯天才创造的结果。马克思、恩格斯首先是热忱的革命家，为了变革社会的实践而寻找革命真理。他们亲身参加并领导了反对旧制度的革命实践，并在其政治和思想斗争中，实现了由革命民主主义者向共产主义者、由唯心主义者向唯物主义者的转变。马克思、恩格斯同时还是知识极为渊博的学者。他们具有很高的理论素养，密切关注并且了解当时知识的前沿成就和发展趋势，尤其是对英国古典政治经济学、英国和法国的空想社会主义以及德国古典哲学，具有极为精湛的研究和透彻的把握。马克思、恩格斯"兼有学者和革命家的品质"②，既具有亲自参与和领导革命斗争的实践经验，又善于进

① 《马克思恩格斯文集》第 4 卷，人民出版社 2009 年版，第 275 页。
② 《列宁选集》第 1 卷，人民出版社 1995 年版，第 83 页。

行经验总结和理论创造，具备了创立新世界观的主观条件。

马克思、恩格斯创立新世界观经历了一个创造性的探索过程。他们在从事理论和社会活动的初期属于"青年黑格尔派"，在政治上是激进的革命民主主义者，在哲学上则倾向于自我意识立场的唯心主义。在《莱茵报》时期（1842—1843年），由于现实生活和社会实践的影响，也由于思想内部的矛盾，马克思、恩格斯开始了世界观转变的艰难探索。他们积极投身于社会政治活动，把哲学批判和社会政治批判结合起来，认识到物质因素和利益问题在社会生活中的重要作用，开始反对并摒弃"青年黑格尔派"脱离现实政治、空谈思想"批判"的主观主义倾向，转向具体的、与社会生活密切相关的现实立场。

从1843年起，马克思受费尔巴哈唯物主义的影响，开始清算以黑格尔哲学为代表的思辨唯心主义。在《黑格尔法哲学批判》中，马克思从唯物主义出发批判了黑格尔的国家哲学和法哲学，得出了市民社会决定政治国家的重要结论。在《论犹太人问题》和《〈黑格尔法哲学批判〉导言》中，马克思不仅明确阐述了"政治解放"和"人类解放"的原则区别，从哲学上概述了"人类解放"的历史任务，而且找到了实现"人类解放"的物质力量——无产阶级。这表明马克思实现了"两个转变"，即由革命民主主义者转向共产主义者，由唯心主义者转向唯物主义者。与此同时，恩格斯通过对"青年黑格尔派"和古典政治经济学的批判，得出同马克思一样的结果，实现了"两个转变"。

1844年，马克思在巴黎写下了《1844年经济学哲学手稿》。这部手稿不仅对古典政治经济学和空想社会主义进行了批判性的考察，而且对"黑格尔的辩证法和整个哲学"进行了意义重大的批判，提出了包括"异化劳动""对象性的活动"等一系列极为重要的见解。虽然这部手稿还带有费尔巴哈人本主义的一些遗迹，但其探索为新世界观的创立作了理论上的准备。马克思和恩格斯于1844年夏天在巴黎会见，在理论问题上取得了一致的意见。他们合著的《神圣家族》批判了黑格尔哲学及其主观主义的变种，对社会生产、历史的发源地和历史的本质等进行了具有重要意义的唯物主义探索，并接近提出"生产关系"等历史唯物主义概念。这部著作既是马克思、恩格斯毕生共同工作的开始，也是着手清算各种各样的唯心主义，并在哲学上逐渐超出费尔巴哈观点的实际开端。

1845 年春，马克思写下了《关于费尔巴哈的提纲》。正是在这个被恩格斯称为"包含着新世界观的天才萌芽的第一个文献"①中，马克思以科学的实践观为基础，对全部旧哲学作了纲领性的批判。随后，马克思和恩格斯又合作撰写了《德意志意识形态》，对《关于费尔巴哈的提纲》的基本思想予以深入的探讨和全面的阐发。

《关于费尔巴哈的提纲》和《德意志意识形态》不仅对全部唯心主义进行了彻底清算，而且对包括费尔巴哈在内的全部旧唯物主义作出了根本性的批判。在这一双重批判的过程中，马克思、恩格斯阐明了科学的实践观，并将其作为马克思主义哲学区别于一切旧哲学的根本特征。在科学实践观的基础上，马克思、恩格斯进一步论述了新世界观的一系列基本原理，形成了系统的唯物史观，第一次把对历史的解释奠定在唯物主义基础之上，从而把唯心主义从"最后一个避难所"中驱逐出去。唯物史观被恩格斯称为马克思的"两个伟大发现"之一，它从哲学上为科学社会主义奠定了理论基础。总之，《关于费尔巴哈的提纲》和《德意志意识形态》标志着马克思、恩格斯在哲学史上实现了一次彻底的革命，标志着马克思主义哲学的正式创立。

马克思、恩格斯随后在同各种非科学的社会主义和机会主义的论战中，在为无产阶级争取解放的斗争实践中，进一步发挥和论证了他们的新世界观。1847 年出版的《哲学的贫困》和 1848 年出版的《共产党宣言》标志着马克思主义哲学的公开问世。

第二节 马克思主义哲学在哲学史上的革命性变革

马克思主义哲学在哲学史上所完成的革命性变革，集中体现为：与旧哲学掩盖其阶级实质并局限于抽象的理论主题不同，马克思主义哲学的主题是无产阶级和人类的解放；与旧哲学只是"解释世界"不同，马克思主义哲学的核心观点是实践观点，它不仅要求在理论上解释世界，更强调在实践中改变世界；与旧哲学的唯心主义、不彻底的唯物主义以及形而上学观点不同，马克思主义哲学在科学实践观的基础上实现了唯物主义和辩证法的统一、唯物主义自然观

---

① 《马克思恩格斯文集》第 4 卷，人民出版社 2009 年版，第 266 页。

和历史观的统一，从而创立了辩证唯物主义和历史唯物主义。

一、无产阶级和人类的解放是马克思主义哲学的主题

"一切划时代的体系的真正的内容都是由于产生这些体系的那个时期的需要而形成起来的。"① 马克思主义哲学所赖以创立并获得发展的时代，是无产阶级和人类解放的历史任务开始形成的时代。马克思、恩格斯自觉地意识到了这一历史任务并对实现这一历史任务作出深刻的哲学论证，从而使无产阶级和人类的解放成为马克思主义哲学的主题。

这一主题的确立，突出地体现了马克思主义哲学鲜明的阶级性。它既是马克思主义实现哲学变革的主要根源，也是这一变革的实际表现。与传统哲学否认其阶级性并局限于抽象的理论主题相反，马克思主义哲学最显著的特点之一，就是它公开申明这一哲学是为无产阶级服务的，是为全人类的解放事业服务的。

无产阶级和人类的解放是相对于资产阶级革命意义上的"政治解放"而言的。资产阶级革命的胜利，实现了政治国家与宗教的分离，使人们获得了宗教信仰自由，同时废除了等级制，"宣布出身、等级、文化程度、职业为非政治的差别"，"人民的每一成员都是人民主权的平等享有者"，② 规定了公民在政治上和法律上的平等，从而获得了这一意义上的"政治解放"。这无疑是人类历史上的一个重大进步，也是人类文明的优秀成果之一。但这种政治解放依然是有限的、不彻底的解放。它没有触动旧社会大厦的支柱——私有制，它在消除人对人依附关系的同时，却强化了人对物（私有财产）的依附，这实质上是以经济等级取代了政治等级，以一种新的奴役形式代替了旧的奴役形式。因此，这种政治解放所实现的平等只能是形式上的平等，而不是真正的、实质上的平等；它所实现的解放也只能是有产者的解放，而不是全人类的解放。所以马克思明确指出，"政治解放本身并不就是人的解放"③，只有从政治解放进展到人的解放，从"市民社会"（资本主义社会）进展到"人类社会"（共产主义社会），才能使人从旧社会的全部奴役中彻底解放出来。这正是马克思主义哲学的基本立场："旧唯物主义的立脚点是市民社会，新唯物主义的立脚点则

---

① 《马克思恩格斯全集》第 3 卷，人民出版社 1960 年版，第 544 页。
② 《马克思恩格斯文集》第 1 卷，人民出版社 2009 年版，第 30 页。
③ 《马克思恩格斯文集》第 1 卷，人民出版社 2009 年版，第 38 页。

是人类社会或社会的人类。"①

无产阶级是实现人类解放的"物质力量"。马克思主义哲学关于人类解放理论的优越之处在于它充分认识到理论的批判不能代替实践的改造，在于它始终要求革命的理论与革命的实践相结合，并用以指导革命的实践。马克思主义哲学不仅深刻指明了人类解放的前进方向，而且找到了实现人类解放这一历史使命的承担者——无产阶级。无产阶级诞生于资本主义社会，但实际上又被剥夺了作为社会成员的资格和权利，是一个"被戴上彻底的锁链的阶级"；它"若不从其他一切社会领域解放出来从而解放其他一切社会领域就不能解放自己"②。因此，无产阶级具有最彻底的革命性，它只有解放全人类才能最后解放自己。它的历史使命不是消灭某一特殊的社会阶级，而是消灭一切阶级和阶级对立本身。

马克思主义哲学是无产阶级实现人类解放的"精神武器"。无产阶级之所以能够理解并承担起人类解放的历史使命，一方面是由于其本身在现代社会中的生存状况，另一方面则是因为有了马克思主义哲学这个"精神武器"。马克思主义哲学的创立，使无产阶级第一次拥有了自己的科学世界观，从而开始由自发的阶级转变为自觉的阶级，认识到并承担起人类解放的历史使命。"哲学把无产阶级当做自己的物质武器，同样，无产阶级也把哲学当做自己的精神武器。"③ 二者一旦实现真正的结合，无产阶级和人类的解放就成为历史发展的必然。

马克思主义哲学的解放主题及其阶级性使其具有高度的革命品格。它既不是少数精英的哲学，也不是价值中立的抽象观念，而是无产阶级和人民群众变革社会的强大思想武器。马克思主义哲学始终代表无产阶级和人民群众的根本利益，它公开申明自己服务于无产阶级和人民群众批判旧世界、创造新世界的解放事业；它坚持人民群众是历史的创造者，强调人民群众对于历史发展的决定性作用，把实现无产阶级和人类的彻底解放作为自己的根本价值追求和历史使命。

二、实践观点是马克思主义哲学的核心观点

马克思主义哲学的诞生实现了哲学史上的革命性变革。由于这一变革在立

---

① 《马克思恩格斯文集》第 1 卷，人民出版社 2009 年版，第 502 页。
② 《马克思恩格斯文集》第 1 卷，人民出版社 2009 年版，第 17 页。
③ 《马克思恩格斯文集》第 1 卷，人民出版社 2009 年版，第 17 页。

场上转向无产阶级和人类的解放，所以它能够在理论上创立科学的实践观。物质第一性是所有唯物主义哲学的共同主张，科学的实践观是马克思主义哲学的独特贡献。实践的观点是马克思主义哲学的核心观点。以往的哲学仅仅局限于在理论上"解释世界"，而马克思主义哲学则不仅要求解释世界，更强调在实践中改变世界，"强调理论对于实践的依赖关系，理论的基础是实践，又转过来为实践服务"，强调"判定认识或理论之是否真理，不是依主观上觉得如何而定，而是依客观上社会实践的结果如何而定"。①

马克思主义哲学的主题与其核心观点之间有着内在的、本质的联系。就像无产阶级和人类解放的主题必然要求一种彻底的实践观点一样，变革社会的实践立场也必然要落实到无产阶级和人类解放的主题上去。马克思、恩格斯把"共产主义者"直接称为"实践的唯物主义者"②，这说明马克思主义哲学的主题与核心观点是高度统一的。

正是在实践观的基础上，马克思、恩格斯第一次科学地解决了思维与存在的关系这一哲学基本问题，科学地解决了人与世界的关系问题，使唯物主义突破了自然界的领域而深入到人类社会之中，从而在为人类实践提供强大理论武器的同时，为人类思想的发展开辟出一个崭新的境界。

科学的实践观标志着马克思主义哲学与全部旧哲学的基本分野。一方面，旧唯物主义虽然确认了人和自然界的物质统一性，坚持了唯物主义的认识路线，却抹煞了主体的能动性，因而只是从客体的或直观的形式去理解对象、现实和感性。究其原因，主要是因为旧唯物主义不了解"'革命的'、'实践批判的'活动的意义"③。

另一方面，唯心主义哲学虽然高度肯定了主体意识的能动性，论证了认识过程是通过主体自身的活动来构造和把握外部对象，却完全否定了意识活动的物质基础，因此，它只是抽象地发展了主体的创造性和能动性。究其原因，同样是因为唯心主义哲学不知道"现实的、感性的活动本身"④。

在这里，全部旧哲学——无论是旧唯物主义，还是唯心主义——的根本缺陷可以归结为一点，即完全不了解作为"感性活动"的人类实践。正是在这个

---

① 《毛泽东选集》第 1 卷，人民出版社 1991 年版，第 284 页。
② 《马克思恩格斯文集》第 1 卷，人民出版社 2009 年版，第 527 页。
③ 《马克思恩格斯文集》第 1 卷，人民出版社 2009 年版，第 499 页。
④ 《马克思恩格斯文集》第 1 卷，人民出版社 2009 年版，第 499 页。

意义上，马克思指出："哲学家们只是用不同的方式解释世界，问题在于改变世界。"① 马克思的这个著名论断，引导了一场哲学史上最深刻的革命性变革。科学的实践观既是马克思主义哲学与全部旧哲学的分水岭，也是马克思主义哲学获得决定性奠基的确切标志。

实践作为人类改造世界的物质活动，既是一种感性的、客观的活动，又是一种主体的、能动的活动；在这种现实的实践活动中，思维与存在、主体与客体、人与自然获得具体的、历史的统一。科学的实践观坚持自然界的先在性这个唯物主义基本观点，认为自然界作为先于人类的存在，无疑对人及其活动具有"优先地位"，并在事实上构成人类实践活动的物质前提。没有这样一种物质前提，人类的实践活动以及在此基础上的任何其他活动都是根本不可能的。然而，由于自然界的直接存在形态无法满足人的需要，人必须通过实践活动不断地改变自然界的直接存在形态，所以现存的感性世界就日益成为"人化的自然界"。在这个意义上，马克思和恩格斯把人类实践活动理解为现存感性世界的基础。

在实践活动过程中，人与自然对象发生现实的、历史的联系；也是在实践活动过程中，人与人之间结成一定的社会关系；同时，实践活动结束时所得到的结果，在活动开始时就已经在活动者头脑中以观念的形式存在着，并通过活动转化为现实。实践中包含着人与自然、人与社会、人与其意识的现实的关系。在这个意义上，实践不仅构成了现存感性世界的基础，而且是人类所面临的一切现实关系和矛盾的总根源，因而也是调整和改变这种关系、扬弃和克服这种矛盾的基本动力。马克思主义哲学把实践的观点作为自己的核心观点，以此为出发点去把握世界，这就要求"把感性世界理解为构成这一世界的个人的全部活生生的感性活动"②，要求把对象、现实、感性"当做感性的人的活动，当做实践去理解"③。

实践的观点在马克思主义哲学中的核心地位体现在马克思主义哲学的各个方面。在自然观中，它在确认自然界的先在性和客观实在性的同时，确认实践是人与自然相互作用的基础；在历史观中，它确认实践是人类社会得以存在的基础，认为全部社会生活在本质上是实践的，而历史无非是人类实践活动的展

① 《马克思恩格斯文集》第 1 卷，人民出版社 2009 年版，第 502 页。
② 《马克思恩格斯文集》第 1 卷，人民出版社 2009 年版，第 530 页。
③ 《马克思恩格斯文集》第 1 卷，人民出版社 2009 年版，第 499 页。

开；在辩证法中，它在确认自然界普遍联系和发展变化的同时，确认实践本身就是一种否定性的辩证运动，而思维的辩证运动是以之为基础的；在认识论中，它确认实践是认识发生和发展的基础，认为认识是主体在实践基础上对客体的能动反映，实践是检验认识真理性的唯一标准；在价值论中，它确认实践是价值关系形成和发展的基础，认为真理与价值在实践活动中实现其具体的和历史的统一。总之，科学的实践观犹如一根红线，贯穿于马克思主义哲学的各个基本环节，把它的组成部分联结成一个有机整体。

马克思主义哲学的核心观点要求哲学面向现实世界，要求理论深入到改造客观世界的实践活动中去。马克思主义哲学不是单纯书斋里的学问，而是把握现实进而变革现实的思想武器。马克思曾把自己的哲学比喻为报晓人类解放的"高卢雄鸡"，形象地展现了这一哲学"改变世界"的实践取向。马克思主义哲学始终立足于社会实践，要求在揭示现实世界真实性的同时，使革命的理论成为实践与行动的真正指南。

三、辩证唯物主义和历史唯物主义是马克思主义哲学的基本内容

由于哲学主题和核心观点的变革，马克思、恩格斯创立了"新世界观"，即辩证唯物主义和历史唯物主义世界观。它以科学的实践观为基础，正确地解决了思维与存在、主体与客体的关系问题，从而第一次实现了唯物主义和辩证法的统一、唯物主义自然观和历史观的统一。这两方面的统一不仅坚持了唯物主义，而且把唯物主义大踏步地推向前进，使哲学唯物主义成为辩证唯物主义和历史唯物主义。

唯物主义和辩证法的统一、唯物主义自然观和历史观的统一，体现了马克思主义哲学的科学性。唯心主义是颠倒的世界观，因而不是科学的世界观。在旧唯物主义那里，唯物主义和辩证法相脱节、唯物主义自然观和历史观相脱节，是消极直观的唯物主义，这样的唯物主义不能正确说明现实，特别是不能正确说明历史，因而也无法形成科学的世界观。为了使哲学唯物主义能够成为真正科学的世界观和方法论，就必须使辩证法融入唯物主义，使唯物主义自然观和历史观一致起来。恩格斯说："马克思和我，可以说是唯一把自觉的辩证法从德国唯心主义哲学中拯救出来并运用于唯物主义的自然观和历史观的人。"[1]

---

[1] 《马克思恩格斯文集》第9卷，人民出版社2009年版，第13页。

在马克思主义哲学创立之前，近代唯物主义是与辩证法相脱节的。18 世纪的法国唯物主义者几乎完全站在形而上学的立场上，而费尔巴哈同样没能从这个立场上摆脱出来。与此相反，德国思辨哲学积极地复活了古代的辩证法，但这种辩证法却是颠倒的、立足于唯心主义之上的。唯物主义与辩证法的这种分离隔绝，包含着全部旧哲学的基本缺陷：旧唯物主义看不到事物的运动、发展、变化，看不到人的能动性；而唯心主义则看不到主体活动的物质基础，因而只是抽象地发展了主体的能动方面。

科学实践观的创立，第一次使辩证法与唯物主义统一起来，从而整个地改变了哲学的视域，改变了看待世界的基本方法。世界是物质的，但物质世界是运动发展的；主体是有其能动性的，但能动的主体不能脱离客观的物质基础。只有立足于科学的实践观，唯物主义和辩证法的统一才是可能的；只有在唯物主义和辩证法相统一的基础上，才能既发现物质世界的运动变化，又发现主体能动性的物质基础。科学的实践观真正把握了现实主体的现实活动，使能动的创造性原则得到唯物主义的改造，使辩证法融入唯物主义的基础之中。在这个意义上可以说，没有科学的实践观，唯物主义和辩证法的分离、脱节就无法真正克服，黑格尔哲学的"合理内核"也就无法得到唯物主义的改造。因此，正是由于科学的实践观，唯物主义和辩证法才第一次统一起来。

在马克思主义哲学形成以前，历史观领域一直为唯心主义所统治，人类历史始终被视为一种"天命""神意"、英雄人物的主观创造或抽象人性的展开过程。即使是最坚决的唯物主义者，只要一进入历史领域，也都毫无例外地陷入各式各样的唯心主义幻想，因而只是"半截子"的唯物主义者。正如马克思、恩格斯在谈到费尔巴哈时所说的那样，"当费尔巴哈是一个唯物主义者的时候，历史在他的视野之外；当他去探讨历史的时候，他不是一个唯物主义者。在他那里，唯物主义和历史是彼此完全脱离的"①。造成这种缺陷的根本原因，同样是由于以往的哲学家不理解人类实践活动及其意义，不理解社会生活本质上是实践的，把人与自然的实践关系排除于历史之外，从而造成了自然界和人类历史之间的僵硬对立。

只有当唯物主义立足于科学的实践观基础之上时，唯物主义原则才有可能在历史的领域中被贯彻到底，唯物主义的自然观才能与唯物主义的历史观真正

---

① 《马克思恩格斯文集》第 1 卷，人民出版社 2009 年版，第 530 页。

统一起来。马克思主义的实践观彻底消除了自然界和人类历史之间的抽象对立，并把物质实践理解为人类社会存在和发展的现实基础。这样一来，人类历史运动的物质动因就被真正揭示出来，"唯心主义从它的最后的避难所即历史观中被驱逐出去了"①。因此，正是由于科学的实践观，立足于实践的发展来说明人类历史的唯物主义道路才第一次被开辟出来。

唯物主义和辩证法的统一、唯物主义自然观和历史观的统一，展现了马克思主义哲学的基本特征。前者突出展现的是马克思主义哲学所内含的辩证法维度，即辩证法从根本上融入唯物主义的基础之中；后者突出展现的是马克思主义哲学所内含的历史性维度，即唯物主义在被贯彻到自然领域的同时，被贯彻到历史领域之中。这两个方面统一的结果，就是形成辩证唯物主义和历史唯物主义。

无论是唯物主义和辩证法的统一，还是唯物主义自然观和历史观的统一，都是建立在科学实践观的基础之上的。没有科学的实践观，就既不可能实现唯物主义和辩证法的统一，也不可能实现唯物主义自然观和历史观的统一。由于这种统一并且通过这种统一，形成了"由一整块钢铸成的"② 马克思主义哲学。这种内在统一的哲学用辩证唯物主义和历史唯物主义说明自然领域和历史领域的各种现象并指导人们的实践，积极地引导和推动人类社会向前发展。

第三节　马克思主义哲学在世界的传播和影响

马克思主义哲学的创立，为人们认识真理开辟了广阔的道路。马克思主义哲学作为一个开放的思想体系，不断从社会实践和科学发展中吸取营养，以丰富和发展自己，从而显示出强大的生命力。19 世纪 50 年代以后，马克思、恩格斯仍不断致力于马克思主义哲学的发展、阐释和传播。恩格斯逝世以后，第二国际、以列宁为代表的俄国苏联马克思主义者以及"西方马克思主义"对马克思主义哲学进行了不同的研究和阐释，为马克思主义哲学在世界的传播发挥了重要作用。近 180 年来，马克思主义哲学不仅在世界上得到极为广泛的传播，

---

① 《马克思恩格斯文集》第 9 卷，人民出版社 2009 年版，第 388 页。
② 《列宁选集》第 2 卷，人民出版社 2012 年版，第 221 页。

而且对人类历史产生了深远的影响。

一、马克思主义哲学的阐释与传播

马克思主义哲学创立之后，马克思、恩格斯仍不断致力于发展、深化和充实这一科学的世界观和方法论，并使之与无产阶级和人类解放的历史性实践紧密地结合起来。在 1859 年的《〈政治经济学批判〉序言》中，马克思对历史唯物主义的基本原理作出了经典表述，全面而准确地概括了历史唯物主义的基本立场、观点和方法，使之成为科学地研究各种社会历史现象的基本纲领。马克思积 40 年勤奋之力而写成的划时代巨著《资本论》，不仅通过对资本主义经济现象内在逻辑的分析，使历史唯物主义原则得到科学的证明，而且在哲学上充分地把握和发挥了唯物主义辩证法，使之被积极地运用于对经济运动及其理论表现的批判性研究之中。1876—1878 年，恩格斯发表《反杜林论》，在彻底清算杜林的哲学唯心主义和形而上学的同时，全面阐述了马克思主义哲学，使其基本原理得到了系统的论证和发挥。恩格斯写于 1873—1882 年的关于自然辩证法的札记和论文手稿，结合自然科学和哲学史的成果，深刻揭示了体现在自然过程中的唯物辩证法。晚年马克思还把对古代社会的研究同进一步深化历史唯物主义的任务结合起来，写下了著名的关于古代社会史的笔记。这一研究通过对人类古代社会形态的历史考察，进一步拓展了历史唯物主义在科学研究和社会实践中的指导意义。

马克思逝世之后，恩格斯肩负起领导国际共产主义运动和捍卫发展马克思主义哲学的重任，在马克思主义哲学的阐释、传播和发展方面作出了巨大贡献。他主持再版了已问世的马克思的著作；整理出版了《资本论》第二、三卷；撰写了《家庭、私有制和国家的起源》《路德维希·费尔巴哈和德国古典哲学的终结》以及关于历史唯物主义的书信等一系列重要著作，进一步阐明和深化了马克思主义哲学的基本原理，回击了新康德主义者、实证主义者以及其他形形色色唯心主义哲学对马克思主义哲学的进攻。在上述著作中，恩格斯对马克思主义哲学的理论来源、基本原理、科学性质和时代意义作了深刻的理论阐述、概括和总结，进一步丰富和发展了马克思主义哲学。

恩格斯逝世以后，以普列汉诺夫、考茨基、梅林等人为代表的第二国际理论家对马克思、恩格斯的思想进行了大量的研究和介绍，对马克思主义的传播和普及作出了积极的贡献。普列汉诺夫翻译和介绍了马克思主义的经典著作和哲学思想，使其在俄国得到广泛传播。他在 1895 年发表的《论一元历史观之发展》一书，被列宁称为"对辩证唯物主义作了极其完美的有价值的阐述"[①]，"培养了整整一代俄国马克思主义者"[②]。考茨基整理出版了马克思的《剩余价值学说史》，他的《卡尔·马克思的经济学说》等著作在马克思主义哲学的研究中具有一定的学术地位。梅林于 1902 年出版了四卷本的马克思、恩格斯早期著作，他的《马克思传》忠实地再现了马克思的生平与思想历程。此外，卢森堡的《资本积累》、拉布里奥拉的《论唯物主义的历史观》、拉法格的《唯心史观和唯物史观》等，也都具有一定的理论价值。

第二国际理论家普遍存在理论与实践相脱离的倾向。在哲学上，他们忽视辩证法，不同程度地存在着把马克思主义哲学简单化、实证化和教条化的倾向；把历史唯物主义片面地解释为"经济决定论"，否定人的主观因素在社会变革中的能动作用。伯恩施坦等人甚至在哲学上提出"回到康德去"的口号。第一次世界大战爆发后，第二国际的大多数领导人支持本国政府参与帝国主义战争，堕落为社会沙文主义者。这标志着第二国际在政治上的破产。

二、列宁对马克思主义哲学的发展

伟大的实践需要伟大理论的指导，伟大的理论同样也需要随着伟大实践的发展而向前推进。在俄国社会主义革命的伟大实践中，产生了马克思主义与俄国革命实践相结合的列宁主义。列宁高度重视马克思主义理论的哲学方面，围绕落后国家如何进行社会主义革命和社会主义建设的问题进行了多方面的、创造性的研究。他坚持理论与实践相统一的原则，研究和回答了时代提出的重大问题，总结和概括了 19 世纪末至 20 世纪初的科学成就，批判了第二国际机会主义、孟什维克主义、经验批判主义等各种错误思潮，在马克思主义哲学的世界观、认识论、辩证法、历史观等方面，提出了一系列新观点、新命题和新结论，极大地丰富和发展了马克思主义哲学。

在 1908 年所写的《唯物主义和经验批判主义》中，列宁坚持哲学的党性原则，坚持实践论与反映论的统一、辩证法与认识论的统一，对马赫主义的主

---

① 《列宁全集》第 4 卷，人民出版社 1984 年版，第 67 页。

② 《列宁全集》第 19 卷，人民出版社 1989 年版，第 308 页。

观唯心主义进行了系统批判，提出"生活、实践的观点，应该是认识论的首要的和基本的观点"① 这一著名论断，在此基础上阐述的一系列重要观点继承和发展了马克思主义认识论。

1914—1916 年，为了指导俄国无产阶级革命，列宁深入研究了黑格尔、费尔巴哈和其他哲学家的著作，并再次研读了马克思、恩格斯的有关著作，写下了大量的注释、批注和札记，后来和其他一些研究笔记合并，以《哲学笔记》的名称问世。这一著作集中论述的是唯物辩证法问题。列宁首次明确提出对立统一规律是辩证法的核心和实质的观点。通过对辩证法内容的深入研究，列宁概括地阐述了辩证法的基本要素，对唯物辩证法的科学体系作出了卓有成效的探索。列宁还从世界观的高度提出了辩证法、逻辑学和认识论三者同一的重要思想，具体论述了认识过程中的辩证运动，进一步丰富和发展了马克思主义哲学。

作为一个伟大的革命家和思想家，列宁进行哲学研究的最重要特征，是善于把理论与实践紧密地结合起来，把哲学研究与解决现实问题有机地统一起来。1915 年发表的《论欧洲联邦口号》深刻揭示了资本主义经济政治发展的不平衡规律，创造性地提出了"社会主义可能首先在少数甚至在单独一个资本主义国家内获得胜利"② 新论断。1916 年发表的《帝国主义是资本主义的最高阶段》深刻地阐明了时代变化的本质根据，分析了帝国主义制度的矛盾与实质，概括了帝国主义的基本特征，创立了关于帝国主义的系统理论，提出帝国主义是资本主义最高阶段的新论点。1917 年完成的《国家与革命》批判了机会主义对马克思主义国家理论的歪曲，捍卫和发展了马克思主义的国家与革命学说，为夺取十月社会主义革命的胜利奠定了坚实的理论基础。

十月革命胜利之后，在新的历史时期如何巩固无产阶级专政和进行社会主义建设，成为俄国马克思主义者面临的历史课题。在解决这一历史课题的实践探索中，列宁从世界观、方法论上提出了一系列重要的哲学论断。列宁论述了理论与实践、普遍与特殊的辩证法，提出"马克思主义的精髓，马克思主义的活的灵魂：对具体情况作具体分析"③；丰富了对立统一学说的内容，开创了社

---

① 《列宁全集》第 18 卷，人民出版社 2017 年版，第 144 页。
② 《列宁选集》第 2 卷，人民出版社 2012 年版，第 554 页。
③ 《列宁全集》第 39 卷，人民出版社 2017 年版，第 128 页。

会主义辩证法研究的新篇章；捍卫和发展了马克思主义的社会意识理论，提出了研究和宣传马克思主义哲学以及创造社会主义新文化的战略任务。列宁晚年还对俄国革命和建设所走过的道路进行了深入反思，留下了极其宝贵的理论遗产。

列宁逝世以后，斯大林积极推动马克思主义哲学文献的搜集、整理、鉴别和出版。1937年斯大林主持编写《联共（布）党史简明教程》，其中的第四章第二节"论辩证唯物主义和历史唯物主义"，对马克思主义哲学的基本原理作了通俗、简明、系统的阐述。这部著作作为影响很大的马克思主义哲学教科书，对于普及马克思主义哲学发挥了积极作用。但是，这部著作忽视了马克思、恩格斯、列宁的某些重要观点，在思想方法上表现出一定的教条主义倾向。

三、"西方马克思主义"的哲学探索

1920年前后，在俄国十月革命的影响下，德国、匈牙利、意大利等国先后爆发了革命或大规模的群众斗争，但最终都归于失败。欧洲各国共产党的一些理论家在总结俄国十月革命胜利的经验以及西欧国家革命失败的教训时，将批判的矛头指向第二国际某些理论家，认为第二国际的理论家犯了经济决定论的错误，把马克思主义哲学教条化、庸俗化、实证化，完全忽视了马克思主义哲学的主体能动性和革命性。为此，应"重建马克思主义"，建构一种以人为主体，以主客体相互关系的历史辩证法为基本对象的"新马克思主义"。正是在批判"第二国际马克思主义""重建马克思主义"的过程中，形成了"西方马克思主义"思潮。1923年出版的卢卡奇的《历史与阶级意识》、柯尔施的《马克思主义和哲学》以及稍后的葛兰西的《狱中札记》，标志着作为一种社会思潮的"西方马克思主义"的形成。

20世纪30年代后，"西方马克思主义"先后发展出法兰克福学派、"弗洛伊德主义的马克思主义""存在主义的马克思主义""结构主义的马克思主义""新实证主义的马克思主义"等不同流派。法兰克福学派由一些曾在法兰克福大学社会研究所工作和学习过的德语世界左派思想家组成，代表人物有霍克海默、阿多诺、本雅明、马尔库塞、哈贝马斯等。法兰克福学派主张"哲学与社会科学的联盟"，在马克思主义哲学的指导下综合各种当代西方哲学思潮和社会科学成果，对20世纪上半叶西方发达资本主义社会进行了系统批判，创立"批

判理论"。随着现象学的思想方法影响日益扩大，20世纪40—60年代，以萨特、梅洛·庞蒂为代表的一些法语世界左派思想家开始致力于把马克思主义和存在主义结合起来，以存在主义"补充"马克思主义的"人学的空场"，"存在主义的马克思主义"应运而生。法国思想家阿尔都塞反对"存在主义的马克思主义"等思潮把马克思主义人道主义化的倾向，运用结构主义方法，结合精神分析理论，分析了马克思的思想发展过程，提出这一过程存在"认识论的断裂"。此后，阿尔都塞以及普兰查斯对意识形态、国家等方面的马克思主义哲学基本理论进行分析，创立"结构主义的马克思主义"。"新实证主义的马克思主义"也反对把马克思主义人道主义化，而把马克思主义当做实证科学并据此理解马克思的辩证法和黑格尔的辩证法的关系。这个流派的代表人物是意大利左派思想家德拉·沃尔佩和科莱蒂。

"西方马克思主义"作为西方发达资本主义社会在20世纪特定历史条件下的产物，试图结合现代西方哲学思潮的某些理论成果对马克思主义哲学进行解释，并通过这种解释对当代资本主义特别是对其文化进行批判，提出了一些有影响的理论观点，如物化理论、社会批判理论以及实践哲学等，并在一些具体问题上深化了马克思主义哲学的具体观点。但是，由于"西方马克思主义"一开始在哲学上主要依循黑格尔哲学的方向，在反对"无批判的实证主义"的同时，将批判性主要设置在主观方面，所以其哲学观点虽然强调了辩证法以及主体和能动性，却不可避免地具有主观主义的倾向，在根本的问题上又偏离了马克思主义哲学的基本观点。

当代世界正处在加快演变的历史进程中，产生了一系列深刻复杂的现实问题，提出了一系列亟待解决的理论课题。这就需要我们深化对当代资本主义的研究，深化对当代资本主义生产方式运动规律的认识。"当代世界马克思主义思潮，一个很重要的特点就是他们中很多人对资本主义结构性矛盾以及生产方式矛盾、阶级矛盾、社会矛盾等进行了批判性揭示，对资本主义危机、资本主义演进过程、资本主义新形态及本质进行了深入分析。这些观点有助于我们正确认识资本主义发展趋势和命运，准确把握当代资本主义新变化新特征，加深对当代资本主义变化趋势的理解。"[1] 对国外马克思主义研究新成果，我们要密切关注和研究，有分析、有鉴别，既不能采取一概排斥的态度，也不能

---

① 《习近平谈治国理政》第2卷，外文出版社2017年版，第67页。

搞全盘照搬。

第四节　马克思主义中国化历程及其哲学贡献

马克思主义是具有世界历史意义的科学理论。19 世纪末，马克思主义传入中国。1921 年以后，中国共产党在领导中国革命、建设、改革的长期实践中，把马克思主义基本原理同中国具体实际和时代特征相结合，不断推进马克思主义中国化，先后产生了毛泽东思想、邓小平理论、"三个代表"重要思想、科学发展观、习近平新时代中国特色社会主义思想，实现了党的指导思想的与时俱进，对马克思主义哲学的发展作出了持续不断的中国贡献。

一、毛泽东思想的哲学贡献

毛泽东第一次鲜明提出了马克思主义中国化这一重大命题。毛泽东哲学思想是马克思主义普遍真理同中国革命具体实践相结合的经验的哲学总结和概括，是在同否认这种结合的主观主义、特别是教条主义的斗争中产生和发展起来的，它对"结合"的必要性作了充分的哲学论证，对实现"结合"的方法作了系统的阐述。1930 年在《反对本本主义》一文中，毛泽东提出"没有调查，就没有发言权"的著名口号，强调"中国革命斗争的胜利要靠中国同志了解中国情况"，初步形成了实事求是、群众路线、独立自主的哲学思想。1936 年在《中国革命战争的战略问题》一文中，毛泽东阐明了战争的一般规律和特殊规律的辩证法，强调研究战争要"着眼其特点和着眼其发展"，反对战争问题上的机械论。1937 年毛泽东发表著名的《实践论》和《矛盾论》，这两部著作是马克思主义普遍真理同中国革命具体实践相结合的经验的哲学总结，是马克思主义中国化的重要哲学基础，在毛泽东哲学思想发展史上具有里程碑的意义。《实践论》从认识论的高度批判了党内的教条主义和经验主义，对社会实践在认识过程中的基础地位和以实践为基础的认识发展规律作了系统阐述，丰富和发展了马克思主义认识论。《矛盾论》从辩证法的高度批判了党内教条主义和经验主义，系统阐述了唯物辩证法的根本规律——对立统一规律，创造性地提出矛盾的普遍性和特殊性的关系问题是矛盾问题的"精髓"的科学思想，深刻论述了分析事物复杂矛盾的哲学方法，丰富和发展了马克思主义辩证法。

中华人民共和国成立后，在探索中国社会主义建设道路的过程中，毛泽东于 1956 年和 1957 年分别发表《论十大关系》和《关于正确处理人民内部矛盾的问题》的重要讲话，提出和论述了社会主义社会一系列事关全局的重大矛盾，特别是创造性地提出和论述了关于社会主义社会基本矛盾和两类不同性质矛盾的理论，创立了关于正确处理人民内部矛盾的学说，进一步丰富和发展了马克思主义哲学。

毛泽东哲学思想是整个毛泽东思想的哲学基础，是贯穿于毛泽东思想各个组成部分的活的灵魂，是具有中国共产党人特色的马克思主义立场、观点和方法。其独特的哲学理论贡献，突出表现在三个基本方面，即实事求是、群众路线、独立自主。

实事求是，是毛泽东思想的出发点、根本点，是中国共产党的思想路线的核心。毛泽东说："'实事'就是客观存在着的一切事物，'是'就是客观事物的内部联系，即规律性，'求'就是我们去研究。"[①] 从《反对本本主义》到《实践论》《矛盾论》以及延安整风关于整顿党风、学风、文风的报告，都是以实事求是为武器，在总结党的历史经验教训的基础上，解决党的思想路线问题。实事求是坚持一切从实际出发、理论同实际相结合、在实践中检验和发展真理，包含着唯物主义、辩证法、认识论的基本观点，是马克思主义哲学唯物论、辩证法、认识论的集中体现。实事求是主张主观与客观相一致、理论与实践相统一，反对主观同客观相分裂、理论同实践相脱离的形形色色的主观主义，是同主观主义相对立的思想方法。中国革命、建设的胜利，是实事求是思想的胜利。事实证明，实事求是是一条引导我们走向胜利、纠正错误的思想路线，什么时候坚持实事求是我们就成功，什么时候违背实事求是就会发生挫折。

群众路线，是中国共产党根本的政治路线，也是根本的工作路线。邓小平指出："毛泽东同志倡导的作风，群众路线和实事求是这两条是最根本的东西。"[②] 群众路线就是一切为了群众，一切依靠群众，从群众中来、到群众中去。毛泽东在《关心群众生活，注意工作方法》《关于领导方法的若干问题》

---

① 《毛泽东选集》第 3 卷，人民出版社 1991 年版，第 801 页。
② 《邓小平文选》第 2 卷，人民出版社 1994 年版，第 45 页。

等著作中对群众路线作出了系统的阐述。它是马克思主义认识论和历史观在领导工作中的创造性运用和发展，是反对官僚主义、主观主义和一切消极腐败现象的强大思想武器。

独立自主，是中国共产党在国际事务中处理中国与外国的关系、在革命与战争时期的统一战线中处理无产阶级政党与其他党派关系的历史经验的哲学总结，是毛泽东关于矛盾普遍性和特殊性、内因和外因相互关系的思想在实际工作中的创造性运用和发展。实事求是，是毛泽东提出独立自主思想的认识论根据，群众观点和群众路线是毛泽东形成独立自主思想的历史观基础。独立自主不是盲目排外，一切外国的好经验都应当学习和借鉴，但绝不能照搬，必须独立自主地干革命、搞建设；一切能够联合的力量都要联合，以组成最广泛的统一战线，但是在统一战线中必须坚持无产阶级政党的领导权。这是中国革命和建设取得胜利的一个重要条件。

实事求是、群众路线、独立自主作为毛泽东思想活的灵魂，三者统一于中国革命、建设实践之中，为实现马克思列宁主义普遍真理同中国革命具体实践相结合奠定了坚实的世界观和方法论的基础，具有长远和普遍的指导意义。

二、邓小平理论、“三个代表”重要思想、科学发展观的哲学贡献

改革开放以来，中国共产党人在推进马克思主义中国化过程中，先后形成邓小平理论、“三个代表”重要思想、科学发展观等指导思想。它围绕什么是马克思主义、怎样对待马克思主义，什么是社会主义、怎样建设社会主义，建设什么样的党、怎样建设党，实现什么样的发展、怎样发展等基本问题，形成了一系列紧密联系、相互贯通的新思想、新观点、新论断，深化了对共产党执政规律、社会主义建设规律、人类社会发展规律的认识。邓小平理论、“三个代表”重要思想、科学发展观坚持和发展了马克思列宁主义、毛泽东思想，是马克思主义中国化的重大成果，是中国共产党宝贵的政治和精神财富，是全国各族人民团结奋斗的共同思想基础，是发展中国特色社会主义必须坚持的指导思想。

中国特色社会主义伟大实践，是在国情极其复杂、外部环境发生深刻变化的情况下进行的。中国共产党始终坚持和运用辩证唯物主义和历史唯物主义的世界观和方法论，善于从千头万绪、纷繁复杂的事物和事物的普遍联系中把握矛盾、认识和处理问题，形成了独具特色的哲学思想，对发展马克思主义哲学

作出了重要贡献。

第一，坚持和发展了实践与认识辩证关系的原理，强调解放思想、实事求是、与时俱进、求真务实是邓小平理论、"三个代表"重要思想、科学发展观的精髓和灵魂。"文化大革命"结束以后，邓小平以彻底的唯物主义态度，支持和领导实践是检验真理唯一标准的大讨论，批判"两个凡是"的错误思想，科学地阐明了解放思想对坚持实事求是的重要性。邓小平指出，解放思想就是在马克思主义指导下，打破习惯势力和主观偏见的束缚，研究新情况，解决新问题；就是使思想和实际相符合，使主观和客观相符合，就是实事求是。江泽民指出，与时俱进是马克思主义的理论品质；坚持与时俱进就是要使党的全部理论和工作体现时代性，把握规律性，富于创造性。胡锦涛强调，解放思想是党的思想路线的本质要求，是发展中国特色社会主义的一大法宝；求真务实是辩证唯物主义和历史唯物主义一以贯之的科学精神，是党的思想路线的核心内容。坚持解放思想、实事求是、与时俱进、求真务实，是在新的历史条件下，对马克思主义思想路线的重大创新。

第二，坚持和发展了生产力发展是社会发展最终决定力量的原理，强调发展是解决中国一切问题的关键。邓小平指出，发展才是硬道理，中国解决所有问题的关键是要靠自己的发展。江泽民指出，发展是党执政兴国的第一要务；能不能解决好发展问题，直接关系人心向背、事业兴衰。胡锦涛指出，中国特色社会主义是靠发展来不断巩固和前进的；发展是解决中国一切问题的"总钥匙"；发展应该是科学发展，是又好又快发展；要坚持走生产发展、生活富裕、生态良好的文明发展道路。这些思想集中体现了马克思主义关于发展的世界观和方法论，是唯物辩证法在发展问题上的科学运用。

第三，坚持和发展了人民是历史主体的原理，强调以人为本是中国特色社会主义的根本出发点和落脚点。以人为本就是以最广大人民的根本利益为本，就是要坚持发展为了人民、发展依靠人民、发展成果由人民共享。邓小平强调，在我们党的工作作风中，实事求是和群众路线是最根本的东西，必须以人民的利益作为各项工作的根本标准，制定方针政策要看人民拥护不拥护、赞成不赞成、高兴不高兴、答应不答应。江泽民指出，促进人的全面发展是社会主义社会的本质要求；实现人民的愿望、满足人民的需要、维护人民的利益，是"三个代表"重要思想的根本出发点和落脚点。胡锦涛提出，科学发展观的核心是以人为本；相信谁、依靠谁、为了谁，是否始终站在最广大人民的立场上，是区分唯物史观和唯心史观的分水岭，也是判断马克思主义政党的试金石。这些思想是对唯物史观和党的群众路线的继承和升华。

第四，坚持和发展了生产力与生产关系、经济基础与上层建筑相互作用的原理，强调改革开放是发展中国特色社会主义的必由之路，是推动经济社会发展的强大动力。邓小平指出，社会主义制度建立后仍然有一个通过自觉改革解放生产力的问题，革命是解放生产力，改革也是解放生产力，改革是中国的第二次革命；开放也是改革，是我们必须长期坚持的基本国策。江泽民指出，实行改革开放是社会主义中国的强国之路，必须坚定不移地推动改革开放；改革是推动各项工作的动力，是解决体制转变中的深层次矛盾的关键。胡锦涛指出，改革开放是决定当代中国命运的关键抉择，是发展中国特色社会主义、实现中华民族伟大复兴的必由之路；只有社会主义才能救中国，只有改革开放才能发展中国、发展社会主义、发展马克思主义。这些思想进一步发展了唯物史观的社会发展动力理论，揭示了社会主义发展活力的源泉。

第五，坚持和发展了马克思主义关于社会系统各方面相互作用、协调发展的思想，强调必须坚持以经济建设为中心，全面推进经济建设、政治建设、文化建设、社会建设以及生态文明建设和加强党的建设。邓小平关于"共同富裕""民主法制""小康社会"建设、"两个文明一起抓"等重要论断包含非常丰富的全面发展思想。江泽民提出，要全面推进经济、政治、文化和加强党的建设，促进人的全面发展，正确处理改革、发展、稳定三者关系，正确认识和妥善处理人民内部矛盾和其他社会矛盾，努力形成全体人民各尽所能、各得其所而又和谐相处的社会局面。胡锦涛指出，要按照"四位一体"总体布局推进社会主义经济建设、政治建设、文化建设、社会建设，加强党的建设，推进生态文明建设；社会和谐是中国特色社会主义的本质属性，要维护和实现社会公平正义，保障和改善民生，全面推进中国特色社会主义事业。这些思想进一步丰富了马克思主义关于社会有机体以及人与自然协调发展的思想，揭示了推动社会全面进步的总体思路和方法。

邓小平理论、"三个代表"重要思想、科学发展观蕴含的哲学思想，是当代中国共产党人对马克思主义哲学思想的重要贡献。这些哲学思想，是随着实践而发展的，需要我们在理论上不断进行总结，在实践中不断深化认识。

三、习近平新时代中国特色社会主义思想的哲学贡献

习近平新时代中国特色社会主义思想是对马克思列宁主义、毛泽东思想、

邓小平理论、"三个代表"重要思想、科学发展观的继承和发展，是马克思主义中国化的最新成果，是党和人民实践经验和集体智慧的结晶，是中国特色社会主义理论体系的重要组成部分，是实现中华民族伟大复兴的行动指南。习近平新时代中国特色社会主义思想从理论和实践的结合上系统地回答了新时代坚持和发展什么样的中国特色社会主义、怎样坚持和发展中国特色社会主义这一重大的时代课题，为发展 21 世纪马克思主义哲学、当代中国马克思主义哲学作出了重要贡献。

第一，思想路线与群众路线相统一的哲学观。习近平特别重视思想路线与群众路线的统一，强调坚持实事求是必须始终坚持群众路线，群众路线和实事求是的思想路线是相辅相成、在本质上完全统一的。这一观点丰富和完善了党的思想路线，是对马克思主义哲学的重要创新。

思想路线与群众路线的统一，指明了实事求是的实现路径。实事求是是在实践基础上认识世界的过程，这一过程只有通过"从群众中来"才能实现；实事求是是在实践基础上改造世界的过程，这一过程只有通过"到群众中去"才能实现。思想路线与群众路线的统一，明确了贯彻实事求是的工作方法。坚持实事求是的思想路线，就要深入到群众的实践中，倾听群众呼声，总结群众创造的新鲜经验，从而获得正确反映客观事物的真理性认识，形成符合客观规律的科学决策。思想路线与群众路线的统一，突出了实事求是的价值目标。一切从实际出发与一切从人民利益出发具有内在的一致性。自觉坚持实事求是，就要坚持真理与价值相统一的原则，使我们的活动既符合客观规律，又符合人民群众意愿。

第二，以人民为中心的发展观。习近平强调，以人民为中心是新时代坚持和发展中国特色社会主义的根本立场，推动经济社会健康发展必须坚持以人民为中心。这是历史唯物主义在当代的重要发展。

人民是历史的主体，是历史的创造者，这是历史唯物主义的基本原理。坚持以人民为中心，就要尊重人民主体地位，发挥人民首创精神，一切从人民利益出发，把人民满意作为工作的根本标准，把实现人民幸福作为发展的目的。以人民为中心，就要把人民对美好生活的向往作为我们的奋斗目标。当前，中国社会的主要矛盾已经转化为人民日益增长的美好生活需要和不平衡不充分的发展之间的矛盾，这就需要在继续推动发展的基础上，着力解决好发展不平衡不充分的问题，更好满足人民在经济、政治、文化、社会、生态等方面日益增长的需要，更好推动社会全面进步、人的全面发展。以人民为中心，就要坚持"创新、协调、绿色、开放、共享"新发展理念。其中，"共享"是新发展理念的出发点和落脚点，以全民共享、全面共享、共建共享、渐进共享促进全体人民的共同发展，体现了逐步实现共同富裕的要求，丰富和发展了历史唯物主义，丰富和发展了中国共产党人关于社会主义本质的认识。

第三，以社会主义核心价值观为根本的文化观。习近平立足当代世界与当代中国发展的现实，深刻阐释了文化在中国特色社会主义实践和中华民族伟大复兴战略中的重大意义，凸显了思想文化力量在综合国力中的战略地位，丰富和发展了马克思主义文化价值理论。

文化属于社会意识范畴，它既是对社会经济政治生活的反映，又对整个社会生活产生巨大影响。文化是一个国家、一个民族的灵魂，文化自信是更基础、更广泛、更深厚的自信，是更基本、更深沉、更持久的力量。坚定中国特色社会主义道路自信、理论自信和制度自信，归根结底是要坚定文化自信。文化的根本是核心价值观，文化的影响力根本在于核心价值观的影响力。核心价值观承载着民族、国家的精神追求，体现着社会评判是非曲直的价值标准。没有共同的核心价值观，民族、国家就会魂无所依、行无依归。建设中国特色社会主义文化，必须培育和践行社会主义核心价值观。要以培养担当民族复兴大任的时代新人为着眼点，发挥社会主义核心价值观对国民教育、精神文明创建、精神文化产品创作生产传播的引领作用，把社会主义核心价值观融入社会发展的各个方面，转化为人们的情感认同和行为习惯。要通过社会主义核心价值观建设，不断增强意识形态领域的主导权和话语权，推动中华优秀传统文化创造性转化、创新性发展，继承革命文化，发展社会主义先进文化，更好构筑中国精神、中国价值、中国力量，为人民提供精神指引。

第四，人与自然和谐共生的生态观。习近平把生态文明建设纳入中国特色社会主义事业总体布局，提出人与自然是生命共同体的观点和建设美丽中国的愿景，深化了对社会主义建设规律和人类社会发展规律的认识。

物质生产是全部社会生活的基础，这是历史唯物主义的基本观点。把生态环境看作基础的生产力，丰富和发展了历史唯物主义的生产力理论。生态系统是人类生产活动的自然基础，保护生态环境就是保护生产力，改善生态环境就是发展生产力。人与自然是生命共同体的观点，创新性地发展了中国古代"天人合一"的思想。人因自然而生，人与自然是一种共生关系，人的活动必须尊重自然、顺应自然、保护自然，自觉坚持人与自然是一个生命共同体的理念，积极建构人与自然的和谐共生关系，推动形成绿色生产方式和生活方式，走永续发展之路。建设美丽中国的愿景，升华了中华民族伟大复兴的价值目标。中国要建设的社会主义现代化是人与自然和谐共生的现代化，这就是要把保护环境与发展经济统一起来，提供更多优质生态产品以满足人民日益增长的优美生态环境需要，还自然以宁静、和谐、美丽，建设富强民主文明和谐美丽的社会主义现代化强国。

第五，统筹协调和重点突破的全局观。习近平指出，辩证唯物主义是我们观察分析处理一切问题的思想方法。他自觉运用战略思维、历史思维、辩证思维、创新思维、法治思维、底线思维指导治国理政实践，强调统筹协调和重点突破相结合，创造性地丰富和发展了唯物辩证法。

坚持辩证法的全局观，既要全面地而不是片面地分析问题、解决问题，强调着眼全局是解决系统问题的重要原则，又要坚持矛盾分析方法，抓住事物的主要矛盾和矛盾的主要方面，善于重点突破。全局性问题是关系国家命运的根本性问题。谋事应先谋大局、看长远，把局部问题放到全局中去考虑，在把握全局中推进各项工作，这是唯物辩证法的内在要求。"五位一体"总体布局、"四个全面"战略布局等，都是站在中国和世界发展全局提出的重大战略。注重协调是推动全面发展的"制胜要诀"，实现系统整体功能的优化，增强发展的协调性，必须处理好影响全局的重大关系。重点突破是整体推进的关键环节，强调发展的全面性和整体性并不是没有主次、不加区别、眉毛胡子一把抓，而是必须解决好主要矛盾和矛盾的主要方面，抓住战略重点，实现战略突破，赢得全局主动，防范系统性风险，从根本上发展好全局。

第六，重创新讲实效的知行观。习近平高度重视知行合一，突出强调理论创新和实践创新的辩证关系，丰富和发展了马克思主义的实践观和认识论。

坚持认识和实践辩证关系的原理，核心是坚持实践第一的观点。时代是思想之母，实践是理论之源。实践发展永无止境，认识真理、进行理论创新就永无止境。要勇于推进实践基础上的理论创新，用发展着的理论指导发展着的实践。制度建设是落实学思用贯通、知信行统一的重要环节。科学理论要内化于心、外化于行，制度建设是重要保证，是"知行合一"的重要内容。实践创新和理论创新的成果要有制度创新来巩固和发展。知行统一是具体的、历史的。要把理论的高度和实践的深度结合起来。在实践中不断提升理论高度，防止经验主义；在理论应用中不断推进实践深度，防止教条主义。理论与实践的统一是在矛盾运动中实现的，要自觉推动理论创新与实践创新的相互促进，使知与行、理论与实践相统一不断达到新的水平。

第七，构建人类命运共同体的文明观。习近平从人类主体的高度思考世界的和平与发展问题，提出构建人类命运共同体。这一理念反映了人类的共同价值追求，发展了马克思主义的世界历史理论和共同体理论，为人类文明发展指明了方向、提供了遵循。

随着现代大工业、世界交往和世界市场的形成，民族历史转变为世界历史。"各民族的原始封闭状态由于日益完善的生产方式、交往以及因交往而自然形成的不同民族之间的分工消灭得越是彻底，历史也就越是成为世界历史。"① 人类命运共同体理念正是基于世界历史发展的现状，揭示了人类命运休戚与共的历史事实，具有丰富的哲学内涵。人类命运共同体以人类为主体，将整个人类视为相互依存的有机体；将不同民族和国家视为平等互利、合作共赢的共同体；将中国与世界视为共享机遇、共谋发展的共同体。人类命运共同体以"命运与共"为核心价值导向，着眼于从整体上谋划人类长远利益和各民族利益的共赢，以实现共建共享为根本目标，建立以包容共生为基础的价值共同体，打破了狭隘的"西方中心论"和"文明冲突论"，超越了西方以权力为核心的霸权主义文明观，体现了民族性和世界性的统一、利益共同体和价值共同体的统一。推进"一带一路"建设，是实现人类从繁荣发展走向命运与共的现实路径，其目标是实现文明交流超越文明隔阂、文明互鉴超越文明冲突、文明共存超越文明优越。构建人类命运共同体，这是为人类文明发展提供的中国智慧和中国方案，是对人类文明的独特贡献。

习近平新时代中国特色社会主义思想贯穿着辩证唯物主义和历史唯物主义的世界观和方法论，蕴含着丰富的哲学思想，把马克思主义哲学中国化推进到一个新的境界，展现了新时代中国马克思主义哲学的新特色、新风格、新气派。

---

① 《马克思恩格斯选集》第 1 卷，人民出版社 2012 年版，第 168 页。

思考题:

1. 怎样理解马克思主义哲学的创立是哲学史上的革命性变革?

2. 为什么说实事求是是毛泽东思想的出发点和根本点?

3. 试论邓小平理论、"三个代表"重要思想、科学发展观的哲学贡献。

4. 结合实际,深入思考习近平新时代中国特色社会主义思想对马克思主义哲学的重要贡献。

▶ 本章拓展资源

第三章　世界的物质性

哲学作为理论形态的世界观，必然要对世界的本质问题，即世界的统一性问题作出回答。在这个问题上始终存在唯物主义和唯心主义两种根本对立的理论立场。马克思主义哲学从人与世界的实践关系出发，对这一问题作出了科学的回答，为正确解决全部哲学问题提供了科学的唯物主义基础。

第一节　物质及其存在形态

物质概念是唯物主义哲学的理论基石。在哲学史上，不同形态的唯物主义对物质概念有不同的理解。马克思主义哲学从实践的观点出发，对物质概念作了科学规定，并在这一基础上对运动、时间和空间等一系列问题作出了科学的阐述。

一、物质概念

世界上的事物纷繁杂陈、变化万端。在认识世界和改造世界的过程中，人们自然会提出这样的问题：在杂多与变化的现象中是否有某种根本性的东西作为其统一的基础。这就是世界的本原问题或世界的统一性问题。对这个问题的不同回答，形成了唯物主义与唯心主义两种基本观点。唯心主义把精神性存在看作本原性的实在，以各种方式把物质性存在归结为精神性存在，以此说明世界的统一性；与之相反，唯物主义则将物质性存在看作本原性的实在，将精神性存在归结为物质性存在，以此说明世界的统一性。

在世界统一性问题上，不仅存在着唯物主义与唯心主义的对立，而且存在着不同形态唯物主义的区别。依据对物质概念理解的不同和对世界物质统一性说明方式的不同，可以把唯物主义哲学划分为三种基本形态，即古代的朴素唯物主义、近代的机械唯物主义和现代的辩证唯物主义。

古代唯物主义的物质观是唯物主义哲学物质观的第一种形态，是建立在古代生产力水平和素朴的科学意识基础之上的。古代唯物主义哲学试图从某些具体物质形态出发说明世界的统一性，把世界上的万事万物归结为某一种或几种物质性本原，如古希腊自然哲学的"水""气""火""原子"等，中国古代哲学的"五行""元气"等。就其坚持从物质存在出发去说明世界的统一性，而不是到精神性存在中寻求世界本原而言，古代唯物主义在理论上有其合理性，而且其原子论还达到了较高的抽象水平。但就其把物质混同于某些具体的物质存在形态，因而对世界的物质性本原的理解带有直观和朴素的色彩而言，它又存在着严重的缺陷，难以抵挡唯心主义的攻击。

近代唯物主义的物质观是唯物主义哲学物质观的第二种形态。这种物质观与近代科学密切相关。近代科学的一个基本特征是高度量化。在伽利略、牛顿等人所奠定的近代科学中，认为能以数量关系表示的性质是客观的"第一性质"，而不能用数量关系表示的性质则是主观的"第二性质"①，因而物质实体的本质被归结为只具有数量特征的广延性。同时，基于经验论的原则，物质又被理解为"一切以任何一种方式刺激我们感官的东西"②。近代唯物主义在物质观上有重要进展。首先，它将物质的本质理解为抽象的广延性，而不再把世界的本原归结为某种具体的物质存在形态，这就在原则上能够适用于说明任何事物。其次，与广延性相关，把物质理解为任何一种刺激我们感官的东西，即可感性的存在，这就与唯心主义将世界本原视为精神性存在的观点划清了界限。

近代唯物主义的物质观也存在着严重的缺陷。它从感觉论原则出发去规定物质，可能导向对感觉之外客观存在的怀疑，并可能被贝克莱那样的唯心主义者利用来攻击唯物主义。把广延性理解为物质的最根本规定，有可能把物质本身归结为物质结构的某些层次如原子等，并把某些不具有形体的自然现象如能量等排除在物质之外。此外，近代唯物主义的物质概念将人与世界分割开来，无法将唯物主义贯彻到历史领域中去，不能说明社会运动的物质性，从而在社会历史领域中陷入了唯心主义。

以往的唯物主义存在着一个共同的缺陷，这就是只从客体方面去理解事物，只着眼于解释世界，离开实践去论证物质第一性原则，从而不可避免地陷入了理论困境。针对旧唯物主义"对对象、现实、感性，只是从客体的或者直观的形式去理解"的严重缺陷，马克思主张，还必须"从主体方面去理解"，

---

① 参见［英］W. C. 丹皮尔《科学史及其与哲学和宗教的关系》，李珩译，商务印书馆1975年版，第201页。

② 《普列汉诺夫哲学著作选集》第2卷，生活·读书·新知三联书店1961年版，第37页。

必须"把它们当做感性的人的活动，当做实践去理解"①。列宁指出："对象、物、物体是在我们之外、不依赖于我们而存在着的，我们的感觉是外部世界的映象。这个结论是由一切人在生动的人类实践中作出来的。"② 正是从实践的观点出发，列宁提出了现代唯物主义的物质概念："物质是标志客观实在的哲学范畴，这种客观实在是人通过感觉感知的，它不依赖于我们的感觉而存在，为我们的感觉所复写、摄影、反映。"③

列宁的这一物质定义表明：第一，物质的唯一特性是独立于意识的客观实在性，这是对各种实物、具体物质存在形态的共同本质的高度抽象。恩格斯指出："物、物质无非是各种物的总和，而这个概念就是从这一总和中抽象出来的。"④ 这就把物质的唯一特性与物质的具体形态、具体结构、具体属性区别开来，把哲学的物质范畴与自然科学的具体物质结构理论区分开来，避免了旧唯物主义混淆物质与具体物质结构所导致的理论困境。同时，由于"客观实在性"不仅概括了自然界物质的唯一特性，而且概括了社会领域内物质的唯一特性，这就为把唯物主义贯彻到人类历史领域奠定了基础。

第二，把物质理解为"人通过感觉感知的"客观实在，表明物质是一种可感觉的存在。从可感觉性规定物质概念，为坚持唯物主义反映论、反对不可知论奠定了本体论的基础。这一概念指明，物质这一客观实在是"人通过感觉感知的"可以认识的存在物，而不是不可捉摸、不可认识的"自在之物"。尽管有一些物质存在形态是人的感官所不能直接感知的，如微观粒子、"反物质"粒子等，但是可以通过技术手段间接地感知的。即便是不能观察到的物质存在形态，如"暗物质"，也可以通过观察可见物质所受到的影响来推断其存在，并进而加以认识。世界上只有尚未认识的事物，而不存在不可认识的事物。

第三，对物质的唯一特性即客观实在性不能仅仅从感性直观层面上去理解，必须将其置于实践之中去理解和确证。正是实践活动中物质对象对于人的活动的制约，才使人认识到物质对象独立于人的意识的客观实在性。近代唯物主义从感官感觉出发去规定物质的客观实在性，但感官感觉本身的不确定性和局限性，使它难以确证感官对象是否超出主观感觉的范围。超越近代唯物主义

---

① 《马克思恩格斯文集》第 1 卷，人民出版社 2009 年版，第 499 页。
② 《列宁选集》第 2 卷，人民出版社 2012 年版，第 78 页。
③ 《列宁选集》第 2 卷，人民出版社 2012 年版，第 89 页。
④ 《马克思恩格斯文集》第 9 卷，人民出版社 2009 年版，第 500 页。

的这种理论困境，就必须找到真正能够超出主观感觉从而确证客观实在的出发点。马克思把人的实践活动本身理解为一种对象性的、具有客观实在性的活动，从实践观点出发说明物质的客观实在性，就为克服旧唯物主义的这种缺陷奠定了基础。

马克思主义哲学的物质概念，在整个马克思主义哲学理论体系中具有基础性的意义。

首先，它体现了自然观与历史观的统一。旧唯物主义在自然观上是唯物主义的，在历史观上则背叛了自己，陷入了唯心主义。旧唯物主义在对自然事物的说明中坚持了客观实在性原则，即把自然事物理解为独立于人的意识的存在，而对于社会事物，则由于不理解人类的实践活动本身所具有的客观实在性，因而把由人的有意识活动构成的社会历史归结为最终由思想所决定的过程。这就导致了自然观与历史观的分裂，成了"半截子"的唯物主义。马克思主义哲学关于物质概念的革命性变革，揭示了"物质生活的生产方式"是社会存在和发展的基础，而"物质生活的生产方式"同样具有客观实在性，从而把唯物主义贯彻到历史领域，确立了统一说明自然过程和历史过程的唯物主义原则，这就为实现唯物主义自然观和历史观的统一奠定了基础。

其次，它体现了唯物论与辩证法的统一。旧唯物主义直观地把事物、物质理解为一种纯粹的受动性的东西，而唯心主义却抽象地发展了能动的方面。马克思主义哲学以实践的观点理解物质，揭示出物质的内在矛盾性、自我运动性，阐明了精神能动性的物质基础，因而在马克思主义哲学中，物质不再只具有纯粹的受动性，而是受动性与能动性的统一。在这一基础上，思维与存在、精神与物质的对立统一或相互作用的辩证法就能被合理地引入唯物主义体系之中，从而实现唯物论与辩证法的统一。

通过实践观点的引入，马克思主义哲学对于物质概念的理解彻底地坚持了唯物主义的客观性原则，并将旧唯物主义的客观性原则以扬弃的形式包含在自身之中。在马克思主义哲学中，物质观与实践观是高度统一的。马克思主义哲学从实践的观点出发对于物质概念的规定，坚持了唯物主义哲学路线，继承了以往唯物主义的基本内核，将其提高到了全新的水平。

二、运动、时间和空间

要理解物质，必须进一步理解物质的根本属性和基本存在形式。运动是物质的根本属性，时间和空间是运动着的物质的基本存在形式。

运动是标志物质根本属性的哲学范畴。它概括了一切形式的变化和过程的本质，从最简单的位移到各种复杂的物理、化学、生物和社会的变化，直到人的思维这种最复杂的活动。运动就是一般的变化。

世界是永恒运动着的物质世界。运动是物质不可分离的根本属性。任何物质的存在形态，从微观粒子到人类社会，无不处在运动之中。物质和运动是不可分离的。物质不能脱离运动而存在；同样，运动也不能脱离物质而存在。不能设想没有物质的运动，也不能设想没有运动的物质。物质运动是绝对的、永恒的，既不能被创造，也不能被消灭，它只能从一种形式转化为另一种形式。

物质也存在某种相对的静止状态。相对静止有两种表现形式：一是事物在其发展的一定阶段和一定时期，具有质的稳定性，在这个阶段和这个时期，它的性质基本不变。一是在特定条件下事物之间的相互关系没有发生变化，如物体之间的空间关系、人们之间的社会关系未发生变化。但这种性质、相互关系未发生变化，只是相对于特定条件而言的，静止只能是事物运动的一种特殊表现形态。总之，运动是绝对的，静止是相对的。如果承认绝对的静止，就无法解释运动的产生，就必定要设想一个"不动的原动者"之类作为原动力，从而陷入神秘主义。

时间和空间是运动着的物质的基本存在形式。时间是指物质运动过程的持续性、间隔性和顺序性，是事物运动节律的体现。任何事物的运动过程总有其存在的持续性，一个运动过程与另一运动过程之间总有一定的间隔，总有一定的顺序，总会体现出某种节律，这些都是时间的体现。时间的特点是一维性或不可逆性。这是指时间只有从过去到现在、从现在到将来一个维度。所谓"机不可失，时不再来"，正是人们对时间不可逆性的体验。空间是指事物运动的广延性、伸张性。这种广延性、伸张性表现为事物之间的并存关系、分离状态，即事物的体积、形态、位置、排列次序等。空间的特点是三维性，即任何事物的广延、伸张都在三个方向进行，都由长、宽、高三个维度构成。

时间和空间作为运动着的物质的基本存在形式，是同物质运动不可分离的。一方面，时间和空间离不开物质运动，离开物质运动的时间和空间是不存在的；另一方面，物质运动也离不开时间和空间，离开时间和空间的物质运动也是不存在的。时间和空间与物质运动的不可分离性，表明了时间和空间的客观性。同物质运动一样，作为物质运动的存在形式，时间和空间也是不依赖于人的意识而客观存在的。

关于时间、空间与物质运动的关系，在哲学史上存在着不同的观点。以亚里士多德哲学为代表的古代观念倾向于认为时间和空间与物质运动具有某种不可分离性，而以牛顿力学为代表的近代科学则认为存在着可与物质运动分离的绝对空间与绝对时间。与牛顿力学相一致的近代唯物主义的时空观由于承认了与物质运动相分离的绝对时间和绝对空间，在理论上便存在着严重的缺陷。例如，牛顿体系无法与神学划清界限，在其体系中，上帝是宇宙之中唯一优先的观察者和统治者。这便从根本上背离了近代科学的唯物主义精神。爱因斯坦在否定牛顿力学的绝对时间与绝对空间的基础上，建立起了比牛顿力学具有更强解释力的相对论力学，改变了经典力学的时空观念。

狭义相对论证明，时空度量是随着物体运动速度的变化而变化的。在测量运动速度接近于光速的物体时，静止坐标系统的观察者可以测出，随着运动速度的加快，物体沿着运动方向的长度就会缩短，时钟的速率就会变慢。狭义相对论还指明两个事件"同时性"的相对性，即"同时"与否只有和运动着的物质系统联系起来才能确定。广义相对论揭示出引力是一种时空弯曲的几何效应，因而引力场影响时间和距离的测量，这进一步表明了时间、空间与物质运动的内在联系。总之，现代科学的发展证明和深化了马克思主义哲学关于时间、空间与物质运动不能分离的观念。

哲学上的时空观念与科学上的宇宙观念是密切相关的。以亚里士多德哲学为代表的古代宇宙学认为，宇宙是一个以地球为中心的、由若干日月星辰附着于其上并围绕地球旋转的同心球构成的有限的球体。亚里士多德的宇宙有限论虽然否认宇宙之外还有虚空、时间、物体的存在，并认为宇宙是永恒的而非创生的，却为宗教神学留下了可以利用的空间，因而长期被基督教神学奉为正统。近代科学革命从否定地心说开始，从根本上否定了宇宙有限论，与其物质观念相一致，建立起了一种宇宙无限的观念。近代唯物主义哲学与近代科学所揭示的宇宙无限或时间、空间无限的观念相一致，建立起了哲学上时间、空间无限的观念。

近代科学和近代唯物主义哲学关于宇宙无限以及时间、空间无限的观念，从原则上说是正确的，但也存在着严重的缺陷，这就是把时间、空间与物质运动相分离，时间、空间的无限性被解释成与物质运动相分离的一成不变的绝对时间、绝对空间。马克思主义哲学认为，既然时间、空间是物质的运动形式，物质运动与时间、空间不可分离，那么，时间、空间的无限性便不能脱离时间、空间具体存在的有限性而独立存在，而是体现于有限性之中的无限性。

三、自然存在与社会存在

现实中千差万别的物质存在，归根到底可以划分为两种基本存在，即自然存在与社会存在。自然存在是指自然界各种事物的存在，包括无机界和生物界；社会存在是指为物质生产方式所决定的人类社会的物质生活过程，主要包括物质生产方式以及自然环境、人口因素。

在以亚里士多德哲学为代表的古代观念中，宇宙被划分为月下世界和月上世界两个完全不同的世界。月下世界是由土、水、气、火四元素构成的，而月上世界则是由神圣的第五元素即以太构成的。近代科学和哲学打破了这种关于月上世界与月下世界的区分，认为它们完全是由同一类物质微粒所构成，一切物质现象都被归结为机械运动，即使动物和人也只是一架机器。这样一来，物质世界各种不同的运动形式之间的区别就都被抹煞了。这种理论显然是无法说明复杂的物质世界的。

现代科学为合理地划分物质运动形态亦即物质存在形态提供了理论依据。划分物质存在形态的依据是物质的运动形式。一般说来，物质运动有机械运动、物理运动、化学运动、生命运动和社会运动五种形式。在这五种运动形式中，机械运动、物理运动和化学运动又可归结为无机界的运动。因此，物质运动可归结为三种基本形式，即无机界运动、生命运动和社会运动。相应地，物质存在的基本形态也可划分为无机物质、生命物质与社会物质或社会存在。如果进一步把无机物质与生命物质归结为自然物质或自然存在，那么，全部物质世界则可划分为自然存在与社会存在两种基本形态。

物质运动的五种形式构成了一个层层递进的等级阶梯。在这一等级阶梯之中，一方面，较低级的运动形式构成较高级运动形式的基础，高级的运动形式包含着低级的运动形式；另一方面，高级运动形式又具有自己的特殊规定性，不能归结为低级的运动形式。在自然存在范围内，从无机物质到生命物质，是物质世界发展的一次重大的飞跃；从自然存在到社会存在，则是一次意义更为重大的飞跃。人类社会与自然界在运动方式上存在着本质的不同，构成了社会存在与自然存在之间的深刻差异。社会存在是在人的活动中形成的，人的活动则是有意识、有目的的。尽管人的活动的目的性并没有也不可能使人的活动脱离物质世界的客观制约性而成为主观任意的活动，但人的活动的目的性却将人与其他存在物区别开来，使之成为物质世界中最高级的存在物。

社会存在是从自然存在发展而来的。在现实世界中，自然存在与社会存在并不是互不相干的两个部分，而是相互交叉和相互包含的。人类社会产生之前，只有单纯的自然存在。人类社会产生之后，一部分自然存在通过人的实践活动进入社会生活领域，成为社会存在，它作为人类社会生活的自然条件，以被改造过的形式包含在社会存在之中。这就是说，自然存在可以根据与人类社会生活的关系分为两个部分：一是未进入人类社会生活的自然存在，一是进入了人类社会生活的自然存在。其中，后一部分自然存在不仅是构成人类社会的前提、基础的自然环境，而且是构成人类社会生活的基本要素，是社会存在的重要组成部分，具有自然存在和社会存在的双重属性。人类社会发展史说明，进入社会存在中的自然存在的领域在广度和深度上都随着人类活动的发展而不断地扩大着。社会存在是不断变化发展着的客观实在。

第二节　意识及其本质

现实世界中还存在着意识现象。要准确理解物质概念，必须准确地理解意识以及意识与物质的关系。意识是物质世界发展的最高产物，是客观世界在人脑中的主观映象，并对客观世界产生能动的反作用。

一、意识的产生与本质

意识的产生是一个漫长的历史过程。在这一历史过程中，有三个决定性的环节：其一，从一切物质都具有的反应特性到低级生物的刺激感应性。低级生物的刺激感应性是以自身整体的或局部的直接反应来应答外界的刺激，这是生物的最原始的反映形式，但它同非生物的机械、物理和化学的反应已经有了质的区别。其二，从低级生物的刺激感应性到高级动物的感觉和心理。随着生物的进化，产生了动物的感觉。动物的感觉总是同相应的感觉器官和神经系统联系在一起的，并进一步发展为包括知觉、表象和情绪在内的动物心理活动。动物的心理活动不仅需要不同的感觉器官和神经系统，更重要的，是需要指挥神经系统的中心——大脑。大脑是动物心理活动的物质基础。其三，从高级动物的感觉和心理到人类意识的产生。从低级生物的刺激感应性到高级动物的感觉和心埋的发展，为人类意识产生准备了自然前提。正是在这个意义上，我们说意识是自然界长期发展的产物。但是，意识不仅仅是自然界的产物，不仅仅是"物质的最高产物"，更重要的，是社会的产物。"意识一开始就是社会的产物，而且只要人们存在着，它就仍然是这种产物。"① 意识是与人类社会一起产生，并随着人类社会的发展而发展的。要充分说明意识的产生，最重要的是说明人类社会的产生、发展同意识产生、发展的关系。

劳动创造了人和人类社会，人的意识的产生是与生产劳动的发展密切相关的。劳动对意识的产生和发展具有决定性的作用，它提供了意识产生的客观需要和可能。人的劳动同动物活动的根本区别在于工具系统的使用和不断发展。但要能够制造和使用工具改造客观世界，必须达到对于事物的本质和规律性的掌握，这就需要有一种高于动物心理的、具有抽象思维能力的意识的参与。这样，意识便通过劳动在从动物进化到人的过程中产生了出来。"思想、观念、意识的生产最初是直接与人们的物质活动，与人们的物质交往，与现实生活的语言交织在一起的。"②

人类意识或思维离不开语言，语言是思维的物质外壳。语言也是在劳动过程中产生和发展的。劳动是一种共同的活动，不可避免地需要人们之间的交流。"语言是一种实践的、既为别人存在因而也为我自身而存在的、现实的意识。语言也和意识一样，只是由于需要，由于和他人交往的迫切需要才产生的。"③ 语言的产生使人能够用词来概括各种感觉材料，进行抽象思维，并使人的思想能够互相交流。恩格斯精辟地指出："首先是劳动，然后是语言和劳动一起，成了两个最主要的推动力，在它们的影响下，猿脑就逐渐地过渡到人脑。"④ 劳动和语言不仅是人类意识得以产生的主要推动力，而且是人类意识不断发展并日趋复杂和严密的主要推动力。

意识产生和发展的历史过程表明，意识是不能独立于物质世界而存在的，意识是人脑这种特殊物质的功能。现代高级神经生理学发现，人脑是通过传递生物电、处理信息流来进行意识活动的，人脑的意识活动，就是神经细胞输入

---

① 《马克思恩格斯文集》第 1 卷，人民出版社 2009 年版，第 533 页。
② 《马克思恩格斯文集》第 1 卷，人民出版社 2009 年版，第 524 页。
③ 《马克思恩格斯文集》第 1 卷，人民出版社 2009 年版，第 533 页。
④ 《马克思恩格斯文集》第 9 卷，人民出版社 2009 年版，第 554 页。

信息、处理信息和输出信息的过程。

人脑是意识的器官，但只有人脑还不能产生意识。人脑犹如意识的"加工厂"，只有"加工厂"而没有"原材料"是不能有任何产品的。意识的"原材料"只能来源于客观世界。意识的内容，就其实质来说，只能是客观世界在人脑中的主观映象，是实践基础上主体对客体的能动反映。"观念的东西不外是移入人的头脑并在人的头脑中改造过的物质的东西而已。"① 或者说，"感觉是客观世界、即世界自身的主观映象"②。意识就其反映的形式来说是主观的，而就其反映的对象和内容来说则是客观的。

二、意识的构成与功能

意识是一个由多方面要素构成的复杂整体。对于这一整体，可以从不同方面加以认识。

从意识的内容看，意识是知、情、意的统一体。"知"指认识、知识，是意识对于客观世界的主观反映。"情"指情感、情绪，是意识在反映客观世界过程中主体的主观状态，即对于客观事物的感受、评价等，表现为喜、怒、哀、乐等心理状态。"意"指意志，是意识指向某种目的的主观状态，表现为信心、克制、毅力等，是意识能动作用的直接表现。知、情、意统一于人的活动之中，表现为对于世界的认知性反映、情感体验和指向某种目的的心理状态。

从意识对自身的意识程度来看，意识可划分为潜意识和显意识。潜意识是指未被意识到的心理活动，不能用言语表述。显意识是人们意识到、自觉到的意识活动，能够用言语表述。人类的意识总是潜意识与显意识的统一。以显意识表现出来的对于事物的反映，只是与有意行为相关的部分，而大量的随意行为则是由潜意识所自发地控制的。弗洛伊德创立的精神分析学说，对于以往被忽视的潜意识在人类生活中的作用进行了深刻的揭示，产生了重大影响。但弗洛伊德和精神分析学派往往过分夸大潜意识的作用，得出了一些片面或错误的结论。对于精神分析学说，需要进行科学的分析。

从意识的指向性来看，意识可划分为对象意识与自我意识。对象意识是指

---

① 《马克思恩格斯文集》第 5 卷，人民出版社 2009 年版，第 22 页。
② 《列宁全集》第 18 卷，人民出版社 2017 年版，第 118 页。

向客观事物的意识，它形成对客观事物的反映、认识；自我意识则是指向意识自身的意识。对象意识和自我意识的指向和功能虽有不同，但它们在人的意识活动中又是互相渗透、互相制约、互相转化的。在意识活动中，二者不可能截然分开。

虽然可以从不同方面将意识划分为不同的类型，但意识又是一个有着整体功能的统一体，这个整体功能的一个基本表现就是意识的能动作用。意识的能动作用是通过对人的活动的作用而体现出来的。

意识的能动性集中体现在意识能动地反映和创造世界。意识对于客观世界的把握并不是一种直观的动物式的或照相式的反映，而是超越了动物心理所不能逾越的现象界限，达到对事物的本质和规律的认识。同时，意识利用所把握到的事物的规律性，根据人的需要，通过对于对象的观念性创造，在观念中形成改造客观世界的目的和蓝图。意识使人的活动具有自觉的目的性、计划性，并进而通过人的活动将目的、蓝图变成现实存在，从而改变世界，创造出符合人的目的的客观世界。

人工智能的出现和发展，提出了一些哲学问题，其中包括人工智能是否具有人类意识，甚至是否会超越人类智能的问题。人工智能在模仿、扩展人类智力的某些功能方面获得了巨大进展，在某些方面的功能甚至胜过人脑。人类意识是一个知、情、意的统一体，到目前为止，人工智能还只是对人类智力某些方面的扩展，还是一种"无心的机器"，不具备情感、信念、意志、意识体验等人类意识形式。人工智能的未来发展或许能够极大延展人的智力，具有人类意识的其他形式，如情感、意志，但即便如此，这样的人工智能仍然是人脑的演化或发展的产物，是人脑或其发展产物的功能。

人的意识的能动作用是巨大的，但不是无限度的，它是受到客观世界、历史条件限制的。首先，意识的能动性受客观世界的规律性的制约。只有正确反映客观世界和人类现实生活规律的意识，才能有效地发挥能动的作用；违背客观规律的错误意识，则只能导致行动的失败。其次，意识能动性的实现最终要受到人类实践发展水平的制约。一个时代的实践只能实现特定的目的，试图超越时代实践水平的限制，只能流于空想。

三、社会意识与社会存在

物质存在有两种基本形态，即自然存在和社会存在。相应地，意识作为

"被意识到了的存在"①，也有两种基本形式，即关于自然存在的意识与关于社会存在的意识。自然存在与社会存在不是互不相干的两种存在，社会存在以自然存在为前提，包含着进入人的活动范围、影响社会生活的那一部分自然存在。所以，社会意识也包含关于作为社会存在组成部分的那一部分自然存在的意识。这一部分自然存在由于不同于生产方式这样的社会存在，仍然保存着自身的自然属性，在这个意义上，关于它的意识可以说是关于自然的意识。但是，这一部分自然存在由于已成为社会存在的组成部分，因此从本质上说，关于它的意识属于社会意识。

任何意识，无论是关于自然的意识还是关于社会的意识，在本质上都是社会性的。"意识一开始就是社会的产物，而且只要人们存在着，它就仍然是这种产物。"② 从意识的起源上看，意识产生于人们的社会生活，是人们社会活动的"直接产物"和"必然升华物"，因而必然具有社会性。从意识的形式来看，语言是意识的现实形式，语言本质上是社会性的，因而意识就其实现形式来说也必然具有社会性。

社会意识与社会存在的关系问题是哲学基本问题在历史观中的体现，是历史观的基本问题。主张社会存在决定社会意识，还是主张社会意识决定社会存在，是唯物主义历史观与唯心主义历史观的根本分歧。坚持社会存在决定社会意识，是马克思主义哲学的基本立场。

第一，社会意识的内容归根到底来源于社会存在。一切社会意识，不论是经济思想、政治思想，还是宗教信仰、道德观念，都是对社会存在的反映。在阶级社会中，不同的阶级意识，实际上就是不同的阶级对自身的经济利益和社会经济关系的反映。经济上占有统治地位的阶级，在社会意识中也必然占据统治地位。马克思指出："物质生活的生产方式制约着整个社会生活、政治生活和精神生活的过程。不是人们的意识决定人们的存在，相反，是人们的社会存在决定人们的意识。"③

第二，社会意识随着社会存在的变化而变化。作为人们社会生活的一部分，社会意识首先要服务于人们的物质生活，社会的物质生活的变化，必然要求社会意识变化，必然产生新的社会意识与之相适应。马克思、恩格斯指出：

---

① 《马克思恩格斯文集》第 1 卷，人民出版社 2009 年版，第 525 页。
② 《马克思恩格斯文集》第 1 卷，人民出版社 2009 年版，第 533 页。
③ 《马克思恩格斯文集》第 2 卷，人民出版社 2009 年版，第 591 页。

"人们的意识，随着人们的生活条件、人们的社会关系、人们的社会存在的改变而改变。"① 社会意识变化的根本原因存在于社会存在之中。

社会意识在本质上是以观念的形式反映出来的社会存在，这是社会意识对社会存在的依赖性。同时，社会意识又是人对于社会存在能动的反映，因而具有相对独立性，并反作用于社会存在。

第三节 世界的物质统一性

哲学上所说的世界是一个总括万事万物的概念，从不同的视角可以将其划分为物质世界与精神世界、客观世界与主观世界、自然界与人类社会。对于世界物质统一性的阐明，既是对精神或意识统一于物质的说明，又是对自然界和人类社会物质统一性的说明。

一、物质与意识的物质统一性

对世界物质统一性的说明，首先必须阐明意识统一于物质这一唯物主义的根本观点。

哲学自诞生时起，就开始了对世界统一性的探索。古希腊的自然哲学家们用"水""空气""火""原子"等物质性事物去说明世界的一切现象。这些说明大多十分简单，缺乏较强的解释力和逻辑连贯性。对世界统一性作出较详细说明并对后世产生较大影响的是亚里士多德的宇宙学说。在他那里，天上的运动与地上的运动是两种不同类型的运动，是两类不同的物质存在形态。

近代科学革命的一个显著成果是打破了古代观念中天上运动与地上运动的对立，将二者用单一的运动定律统一起来，无论天体还是地上的普通事物，其运动无一例外地都服从于牛顿力学定律。但近代科学和哲学在消除古代观念对于自然的目的论解释，消解天上运动与地上运动的分隔的同时，却又造成了另一种分割，即将精神现象与物质现象截然分开。"这就是笛卡儿那著名的二元论：一方面是由一部在空间中延展的巨大的数学机器构成的世界；另一方面是

---

① 《马克思恩格斯文集》第1卷，人民出版社2009年版，第50—51页。

由没有广延的思想灵魂构成的世界。"① 为了将这两个截然不同的世界统一起来，笛卡儿只好求助于上帝。近代唯物主义试图克服笛卡儿的二元论，将精神归结为物质，但往往无视精神现象的特性，而将问题简单化，甚至庸俗化了，如拉·梅特里把人归结为一架机器，福格特等把人的精神现象归结为纯粹生理现象。

马克思主义哲学总结了以往哲学在对世界物质统一性说明中的成败得失，认为："世界的真正的统一性在于它的物质性，而这种物质性不是由魔术师的三两句话所证明的，而是由哲学和自然科学的长期的和持续的发展所证明的。"② 自然科学证明，人的意识是自然界发展的产物，是人脑这种特殊物质的功能，是物质世界中一种特殊的存在。因此，意识统一于物质。

人所特有的有意识的活动，尤其是物质生产活动，在使人与其他自然物区别开来的同时，又构成了人与自然、物质与意识在一种更高级的方式中相统一的基础。这种统一通过人对自然的改造，将人的本质力量对象化和自然界的人化而实现。这种"人化的自然界"，一方面是按人的需要进行改造的产物，其中包含了人的目的性；另一方面，它又是从自在自然转化而来的，只是自然的一种新的存在形态，并未变为一种完全不同于自然的东西。"人化的自然界"不仅体现了人与自然的统一，而且体现了物质与意识的统一。因此，即使是从人的意识具有能动性看，意识也是统一于物质的。

关于物质与意识的物质统一性，可以得出如下几点结论：

第一，世界上的一切事物和现象都是物质和物质的表现。从根本上说，世界上除了物质的各种状态，物质的各种属性、表现和关系之外，没有也不可能有任何其他东西存在。无论过去、现在、未来，无论什么地方，世界上都不存在不是运动着的物质或不是由运动着的物质产生的东西。世界上一切有区别的事物、现象、过程，都是相互联系着的，都是物质的无止境的自己运动、自己发展的环节和表现。意识作为物质世界发展的产物和对于客观世界的反映，也是物质世界的属性和构成环节。

第二，物质运动服从客观的规律。世界上一切事物、现象、过程都服从一定的客观的物质运动规律，各种不同的运动规律不过是物质世界自身运动规律

① ［美］爱德文·阿瑟·伯特：《近代物理科学的形而上学基础》，徐向东译，北京大学出版社2003年版，第95页。
② 《马克思恩格斯文集》第9卷，人民出版社2009年版，第47页。

的不同方式。物质世界的多样性存在形成一个由简单到复杂、由低级到高级的不断发展的系列，它们都按照一定的规律存在、运动、变化、发展，不断地生成着新的存在形态，绝不存在任何超自然的力量或事物。因此，尽管意识具有其独特性，但也绝不是一种超自然的东西。

第三，人的活动集中地体现了物质世界多样性的进化系列和运动规律。一方面，人是物质世界进化系列中最高级的存在形态；另一方面，人的活动是社会与自然、主观世界与客观世界之间的相互作用，集中体现了物质世界自身发展的内在矛盾。人的活动是物质世界的多样性最集中、最全面、最深刻的统一，而意识则只是这一统一性中的一个环节。

对物质世界多样性的统一的认识，最重要的一点，是对于主观意识世界与客观物质世界关系的认识。说世界统一于物质，是相对于人的意识而言的，它首先排除的是把世界的统一性归结于意识的观点。意识并不属于某个特殊的超自然世界，它是高度发达的物质——人脑的属性。人的心理、意识在物质世界的各种属性中是"有机物最高精华的运动"，是物质世界运动的最高环节。这意味着意识的运动也体现着物质世界的一般规律，人的认识规律、思维规律虽然有其自身的特殊性，但归根到底与作为认识对象的物质世界的规律是统一的。

二、自然界与人类社会的物质统一性

对世界物质统一性的说明，还包括对于自然界与人类社会的物质统一性的说明。以往的唯物主义哲学的根本缺陷就在于未能作出这种说明，无法将唯物主义原则贯彻到历史观中去，因而成为"半截子"唯物主义。马克思主义哲学克服了旧唯物主义的这一根本缺陷，实现了自然观与历史观的统一，创立了彻底的唯物主义理论。

现代科学的发展表明，虽然物质世界的存在形态是多种多样的，却都是物质运动及其规律的表现。根据迄今科学所提供的材料，我们可以对世界物质统一性的图景作出一个大致的描述：整个世界是永恒运动着的物质，物质的基本形态是实物和场，它们相互联系，不可分离，并在一定条件下互相转化；宇宙是无限的，在微观世界和宇观世界，目前还有人类观测所不及、尚未认识的世界，但根据科学发展的规律，可以合乎逻辑地推论，它们是存在的，是整个物质世界的不可分割的组成部分，是未来人类认识的客观对象。

在自然界生命进化的基础上产生了具有意识的人类，人类社会是物质世界中最复杂、最高级的存在形态。人类社会与自然界的统一性的前提是，人类来自自然界，是自然界长期进化的最高产物。生物进化论与人类学研究表明，人作为地球上生物有机体的最高级形态，是在自然界发展变化的基础上，通过自己的特殊的活动形式——劳动而产生的一种生命物质形式。人类的远祖是距今300万年左右生活在地球上属于哺乳动物的一种古猿，由于自然环境的变化和自身活动等内外各种因素的交互作用，才分化发展成为现代的人类。虽然作为生物进化的最高形态，人在生理的形态、结构、功能上与其他动物相比的确具有一系列独具的特征，但是，作为自然存在物，人在很大程度上具有与其他动物一样的自然属性和生理机能，因而人的生存和发展永远也不可能摆脱自然界一般规律和生物界一般规律的制约。这一切表明，人与自然界的一切其他物种一样，都是物质世界的具体存在形态，而不是一种超自然的存在物。人本身就是物质世界的一个组成部分。

人类有自己特殊的存在方式，这使得人与其他物种区分开来。人的特殊存在方式就是以物质生产活动为基本内容的实践活动。但人的这种特殊存在方式并未使人成为与自然界其他存在物完全不同的存在物，而是恰恰证明了人与自然之间的统一性，证明了社会生活的物质性。社会生活的物质性可从以下几个方面去理解：

首先，人类社会依赖于自然界，是整个物质世界的组成部分。人类社会赖以生存的物质生活资料只能取之于物质的自然界，离开了自然界，人类社会的实践活动是无法进行的，脱离自然条件的社会是不可能存在的。自然界不仅是人类产生的历史前提，而且在人类社会产生之后，仍然是人类社会存在的现实前提，是人类物质生产得以进行的现实前提。"所谓人的肉体生活和精神生活同自然界相联系，不外是说自然界同自身相联系，因为人是自然界的一部分。"[①]

其次，生产劳动作为最基本的社会实践活动，是一种物质性的活动，是人与自然对象之间的物质性的相互作用。物质生产劳动是人这种特殊的物质存在形式与其外部物质世界相互联系、相互作用所特有的运动形式。正如马克思所

---

① 《马克思恩格斯文集》第 1 卷，人民出版社 2009 年版，第 161 页。

指出的，"劳动本身不过是一种自然力即人的劳动力的表现"①；"劳动首先是人和自然之间的过程，是人以自身的活动来中介、调整和控制人和自然之间的物质变换的过程"②。这一物质变换过程虽然是有意识地进行的，但仍然是以物质力量改造物质世界的活动，仍然是物质性的活动。只停留在思想或意识范围内，人类是不能获得赖以生存的物质生活资料的。

最后，物质资料的生产方式是人类社会存在和发展的基础，它集中体现了人类社会的物质性。人们在生产劳动过程中所形成的改造自然的物质力量和人们之间的相互关系，是不为他们所任意支配的客观存在。

三、世界物质统一性的哲学意义

马克思主义哲学关于世界物质统一性的原理有着十分重大的哲学意义。

第一，世界物质统一性原理是与唯心论、宗教神学根本对立的。承认并坚持世界的物质统一性原理，就必然要坚持唯物主义、无神论，反对唯心主义、有神论的错误观点。既然世界是运动着的物质世界，一切事物和变化都是运动着的物质的表现形态，那么，唯心主义把世界的本质归结于精神，有神论把世界归结为神的创造，并以此来解释世界的存在和变化，就是根本错误的。

第二，世界物质统一性原理是与二元论对立的。彻底的唯物主义在关于世界物质统一性的问题上，与二元论、不可知论以及各种所谓"超越唯心唯物的路线"是对立的。承认意识是人脑的属性和机能，意识的内容是对物质的反映，那么，主张物质和精神的二元论，或者企图在物质和精神之外寻找"第三种东西"，或借口"不可认识"，借口"拒斥形而上学"，等等，从而对世界的统一性问题采取回避态度，也就都是错误的。

第三，世界物质统一性原理是与科学的实践观相统一的。承认自然界的物质性只是唯物主义的起点和前提，从这个起点出发，进而唯物地理解人和自然的统一性，才能够达到彻底的唯物主义。承认在无限多样性统一的世界中，人类社会是最高级、最复杂的物质形态，而实践是社会生活的本质，那么，否认人、人的实践和社会的客观实在性，把它们排斥在物质世界之外的机械唯物主义也是根本错误的。彻底的唯物主义，必然是把实践的观点视为首要的和基本

① 《马克思恩格斯文集》第3卷，人民出版社2009年版，第428页。
② 《马克思恩格斯文集》第5卷，人民出版社2009年版，第207—208页。

的观点的唯物主义。

第四，世界物质统一性原理对于认识世界有着十分重大的指导意义。人类认识世界特别是从事科学研究的根本目的，并不是出于一种闲情逸致，而是归根到底服务于改造世界的社会实践。在唯物主义哲学对于世界本质的解释中就已经潜在地蕴含着通过物质手段改造世界的可能性，这一点在从古代科学向近代科学的转变过程中得到了极其显著的体现。培根的名言"知识就是力量"，十分明确地表达了这一点。自觉承认世界物质统一性原理，是人们正确地认识世界，有效地从事科学研究的一个基本前提。承认这个前提，人们在认识世界时，特别是科学家在研究时就会自觉地去探寻物质性的原因；而否认了这个前提，就可能去寻找与科学的本质不相容的其他原因，如用目的论去解释自然现象，从而陷入唯心主义的泥潭。

第五，世界物质统一性原理对于实践活动具有十分重大的指导意义。按照这一原理，世界上不存在不运动着的物质或不是由运动着的物质产生的东西，那么，人们在实践中就应当摒弃一切无视客观世界及其规律性的思想观念，遵循一切从实际出发、实事求是的原则，遵照科学所揭示的物质世界的客观规律去制订社会实践的方案。遵循这一原则，人们在实践中就能够不断取得成功，而违背这一原则，只能导致失败。

思考题：

1. 试述马克思主义哲学的物质概念及其意义。

2. 怎样理解社会存在与社会意识的关系？

3. 试论世界的物质统一性及其哲学意义。

4. 怎样科学看待人工智能的出现及其意义？

▶ 本章拓展资源

第四章　实践与世界

物质世界的长期发展产生了人类和人类社会。实践是人的存在方式和社会生活的本质，是客观世界与主观世界、自在世界与属人世界分化与统一的基础。要深入理解世界的物质统一性，必须进一步理解人类实践活动及其与世界的关系。

第一节　实践的本质与类型

实践是人特有的存在方式，是人为了解决自身需要与外部世界的矛盾而进行的能动地改造世界的物质活动。它包括物质生产实践、社会政治实践和科学文化实践三种基本类型。

一、实践是人的存在方式

实践作为人的活动方式，很早就引起哲学家们的关注。但在马克思主义哲学产生之前，无论是中国哲学还是西方哲学，都没有科学地理解实践的本质和意义。在中国古代哲学中，与作为认识的"知"相对应，实践被称为"践行""实行"或"行"，并被给予比认识更重要的地位。但中国古代哲学中所说的"行"，主要是指道德伦理行为。在西方哲学史上，亚里士多德虽然把实践活动从理论活动中划分出来，但他给予理论活动更重要的地位，而且其实践也主要是指伦理和政治行为。黑格尔把生产劳动提升到哲学层面，认为"劳动陶冶事物。对于对象的否定关系成为对象的形式并且成为一种有持久性的东西"①。但黑格尔把自我意识理解为人的本质，把劳动只是当作绝对精神发展的一个逻辑环节，因而劳动最终被归结为抽象的精神活动。费尔巴哈"仅仅把理论的活动看做是真正人的活动"②，因而也不理解实践的真正本质。

物质生产实践是人类实践首要的和最基本的形式。马克思在哲学史上第一

---

① ［德］黑格尔：《精神现象学》（上），贺麟、王玖兴译，商务印书馆1979年版，第130页。
② 《马克思恩格斯文集》第1卷，人民出版社2009年版，第499页。

次把物质生产看作首要的实践形式，并把实践提升到人特有的存在方式的高度。"个人怎样表现自己的生命，他们自己就是怎样。因此，他们是什么样的，这同他们的生产是一致的——既和他们生产什么一致，又和他们怎样生产一致。"① 因此，"一当人开始生产自己的生活资料，即迈出由他们的肉体组织所决定的这一步的时候，人本身就开始把自己和动物区别开来"②。以物质生产为首要形式的实践构成了人特有的存在方式。

首先，实践是人的生存基础。人类生存的第一个前提是必须首先满足吃、穿、住、行等基本物质需要，但自然界的直接存在形态不能满足人的需要。为了生存和生活，人们必须进行物质生产活动，生产出自己所需的物质产品。所以人类的第一个历史活动，也是每日每时必须进行的基本活动，就是直接物质生活条件的生产与再生产。动物是在消极地适应自然的过程中维持自己生存的，动物的存在方式是由其生理结构特别是其活动器官的结构决定的本能的活动；而人则是在利用工具积极改造自然的过程中维持自己生存的。正是这种不同于动物的物质实践活动，不断地创造着人类生存和发展的根本条件，构成了人所特有的存在方式。

其次，实践是人的意识活动的基础。人类活动具有意识性、目的性，"有意识的生命活动把人同动物的生命活动直接区别开来"③，而人的意识是在实践中生成、实现和确证的。正是在实践过程中，人发展出了意识能力，使人的生命活动成为有意识的生命活动。"通过实践创造对象世界，改造无机界，人证明自己是有意识的类存在物"④。同时，实践还不断地改造着人自身的主观世界，使其随着实践的发展而发展变化。

最后，实践是人的社会关系的基础。人的本质在其现实性上是社会关系的总和，而现实的社会关系是在人的实践活动中形成的。正是在改造自然的实践过程中，人们之间结成了一定的社会关系。这种社会关系反过来又规定着人的本质。人在实践活动中"创造、生产人的社会联系、社会本质"⑤，从而使自己成为"社会存在物"。

---

① 《马克思恩格斯文集》第 1 卷，人民出版社 2009 年版，第 520 页。
② 《马克思恩格斯文集》第 1 卷，人民出版社 2009 年版，第 519 页。
③ 《马克思恩格斯文集》第 1 卷，人民出版社 2009 年版，第 162 页。
④ 《马克思恩格斯全集》第 1 卷，人民出版社 2012 年版，第 56 页。
⑤ 《马克思恩格斯全集》第 42 卷，人民出版社 1979 年版，第 24 页。

二、实践的本质

马克思主义哲学创始人从不同方面对实践的本质所作的规定，总括起来就是：实践是人能动地改造世界的社会性的物质活动。

首先，实践是客观的物质活动。实践是以感性事物为对象的现实的物质性活动，是主体对于客体的改造，因而具有感性的性质和直接现实性的品格。这一特性把实践同以观念的方式把握对象的活动，如认识活动、理论活动区别开来。列宁指出："实践高于（理论的）认识，因为它不仅具有普遍性的品格，而且还具有直接现实性的品格。"① 所谓直接现实性，就是指实践是人自身作为物质力量并运用物质手段与物质对象发生实际的相互作用，并创造出相应的产品，因而这种"感性的活动"具有客观实在性。

其次，实践是自觉能动的活动。毛泽东指出："思想等等是主观的东西，做或行动是主观见之于客观的东西，都是人类特殊的能动性。这种能动性，我们名之曰'自觉的能动性'，是人之所以区别于物的特点。"② 人的实践活动不是像动物那样被动的适应性的活动，而是一种自觉的有目的活动。目的性是能动性的主要体现。这种能动性、目的性最为显著地体现在物质生产这一最为基本的人类实践形式之中。物质生产首先是人以自身的活动来引起、调整和控制人与自然之间物质变换的过程。物质生产过程结束时得到的结果，在这个过程开始时就作为目的在生产者头脑中以观念的形式存在着，这个目的是生产者"所知道的，是作为规律决定着他的活动的方式和方法的"③。因此，实践活动的客观实在性不同于自然物的客观实在性。纯粹的自然物不包含目的因素；人的实践活动则不同，它既有目的性又超越目的性，物化为外部的感性的客观实在。

最后，实践是社会的历史的活动。实践一开始就是社会的实践，是历史地发展着的实践。人的实践活动是社会性的活动，人只有结成一定的社会关系，构成能够同自然力相互作用的社会力量，才能够进行改造自然的生产活动。尽管实践可以表现为个人的活动，但个人总是凭借社会力量去同自然发生关系、从事实践活动的。为了进行生产，人们之间必然发生一定的社会关系，只有在这些社会关系的范围内，才会有物质生产。"甚至当我从事科学之类的活动，

---

① 《列宁全集》第 55 卷，人民出版社 2017 年版，第 183 页。
② 《毛泽东选集》第 2 卷，人民出版社 1991 年版，第 477 页。
③ 《马克思恩格斯全集》第 42 卷，人民出版社 2016 年版，第 168 页。

即从事一种我只在很少情况下才能同别人进行直接联系的活动的时候，我也是社会的，因为我是作为人活动的。不仅我的活动所需的材料——甚至思想家用来进行活动的语言——是作为社会的产品给予我的，而且我本身的存在是社会的活动。"① 同时，人的实践活动包括实践的对象、范围、规模和方式，无不受到一定历史条件的制约。历史条件不同，实践活动的方式也就不同。

三、实践的内在矛盾

实践是人为了解决自身需要与客观世界的矛盾而进行的活动。人的需要与客观世界的矛盾反映在实践活动中，便是规律的客观性与活动的目的性、个别性与普遍性、有限性与无限性等方面的矛盾。实践活动就是对这些矛盾的不断解决。

其一，规律的客观性与活动的目的性的矛盾。人的实践活动具有目的性，这是与人具有意识能力分不开的。以语言为现实形式的意识能力，使人能够超出当下直接的现实世界而进入可能的世界，创造出合目的性的世界。在实践活动中，人作为有意识的存在物，把自身的需要以目的的形式贯注于对象物之中，使对象物在观念上转变为适合于人的需要的存在。这是在观念中以人的需要为基础在人与物之间建立的新的统一关系。要将目的实现于自然界，必须对自然界进行改造。自然界有着自身的客观规律性，人必须利用某种自然力量去改造世界使之合于人的目的，这就不能不使自己的活动服从自然界的客观规律性。因此，在实践活动中，不可避免地存在着人的目的性与世界自身的客观规律性之间的矛盾。实践活动就是要解决这个矛盾，使之达成某种统一。人与外部世界的矛盾是永恒的，任何现实的实践所实现的这种统一，都只能是一种相对的统一，而不可能是绝对的统一。

其二，个别性与普遍性的矛盾。实践作为一种现实的活动，其对象是现实的存在物。现实的存在物必定是个别的存在物，因而以个别的存在物为对象的实践活动本身也必定是个别性的。但实践活动又不仅仅是个别性的，它作为一种体现着客观规律性的活动又具有普遍性。实践活动的普遍性在于人在实践中对事物规律性的把握与运用。因此，实践活动必须解决个别性与普遍性之间的矛盾。

---

① 《马克思恩格斯文集》第 1 卷，人民出版社 2009 年版，第 188 页。

其三，有限性与无限性的矛盾。人作为一种生物性存在，必须从外部自然界获取生活资料才能够生存。就此而言，实践的首要目的就是获得直接需要的满足。但实践的目的并不限于这种直接满足维持生命的需要。人是有意识的存在物，在实践中他会超越这种直接需要的满足而指向更高的目标，而且这种对既定目的的超越是永无止境的。这意味着实践的目的具有一种超越任何限定的无限性。由于人类实践是在一定的前提和条件下进行的，因而在任何特定实践活动中，可用于实现目的的中介或手段都是有限的。这就是人类实践中无限性目的与有限性手段之间的矛盾。对于这一矛盾，任何特定的实践活动都只能在有限的意义上加以解决，而不可能获得一劳永逸的解决。

四、实践的基本类型

实践的形式是多种多样的。毛泽东指出："人的社会实践，不限于生产活动一种形式，还有多种其他的形式，阶级斗争，政治生活，科学和艺术的活动。"① 从内容上看，实践可以划分为三种基本类型：生产物质生活资料的实践，即物质生产实践；改造社会关系的实践，即社会政治实践；创造科学、艺术等精神文化产品的实践，即科学文化实践。

物质生产实践是首要的实践活动。"生产活动是最基本的实践活动，是决定其他一切活动的东西。"② 人类源自生物界，作为生命体生存于自然界之中，必然依靠自然界为其提供生活资料，但自然界不能自动地、直接地为人类提供生活资料。人作为一种特殊的生命体，只有通过自己能动地改造自然的活动，才能生产出自己所必需的生活资料。要能动地改造自然，就必须以劳动资料为中介。因此，由于生产物质生活资料的需要，又产生了人类特有的第二个需要，即生产劳动资料的需要。生产生活资料的活动和生产劳动资料的活动，构成了生产物质资料的物质生产实践。这一实践类型所要解决的矛盾，就是人和自然之间的矛盾，是人的物质生活需求与自然界不能直接满足人的需求的矛盾。

社会政治实践是形成和改造各种社会关系的实践活动。这种实践活动的基本形式就是人们之间的交往活动。人并不是以个体的形式去直接面对自然的。

---

① 《毛泽东选集》第 1 卷，人民出版社 1991 年版，第 283 页。
② 《毛泽东选集》第 1 卷，人民出版社 1991 年版，第 282 页。

人类个体在空间和时间上的有限性，使得单个个体无法真正以人的方式存在，而必须通过共时性的个体间的合作和历时性的代际文化传承，构成超越个体存在的社会性关系，才能够真正以人的方式存在。社会是人类存在的必然形式。因此，人类在生产物质资料实践的同时，又进行着形成社会关系的社会政治实践。社会政治实践是在物质资料生产实践的基础上发生和发展的，人们在生产物质资料的同时，也在生产着自己的社会关系。与物质生产方式的发展变化相适应，社会政治实践的方式也是历史地变化的。因此，人类在从事物质生产实践的同时，必须进行着改造社会关系的社会政治实践。"政治统治到处都是以执行某种社会职能为基础，而且政治统治只有在它执行了它的这种社会职能时才能持续下去。"① 政治是经济的集中表现。社会政治实践不仅与政治生活密切相关，而且渗透在整个社会生活中，国家就执行着"某些共同职能"。自从原始公社解体以来，人类便生活在阶级社会之中。在阶级社会中，社会政治实践主要采取阶级斗争的形式。

科学文化实践是生产精神文化产品的实践活动。人要以人的方式存在，还需要精神文化产品来满足自身。因此，生产精神文化产品的科学文化实践也构成了人类实践的一个不可或缺的组成部分。生产精神文化产品需要经过人脑的意识活动，但仅有意识活动还不足以生产精神文化。精神文化的生产不是一个纯粹的意识过程。人类的任何实践形式都离不开意识活动，没有意识活动的纯粹肉体性活动，绝非人的实践活动。一种活动能否被视为实践活动，关键是要看它是否超出了纯粹的意识活动，是否改变了除实践主体的意识状态之外的其他存在物的状态。科学文化实践也是如此。例如，教育是一种科学文化实践活动，在教育活动中，教师并不仅仅进行意识活动，而且还通过自己的声音、书写、演示等超出意识活动的方式，去实际地改变受教育者的存在状态。科学文化实践本身也包括不同的形式，最重要的形式有科学、艺术、教育等。

物质生产实践、社会政治实践和科学文化实践这三种实践类型既各具不同的社会功能，又密切相关。在三者的关系中，物质生产实践是最基本的社会实践，它构成全部社会生活的基础，社会政治实践和科学文化实践则是在此基础上发展起来的，它们受物质生产实践的制约并对物质生产实

---

① 《马克思恩格斯文集》第9卷，人民出版社2009年版，第187页。

践产生反作用。

第二节 实践的结构与过程

实践是实践的主体与客体之间的相互作用，这种相互作用必须借助一定的手段、工具，即实践的中介。实践的主体、客体和中介是实践活动的三项基本要素，三者的相互关系构成实践的基本结构。

一、实践的主体

在实践活动中，人是活动的主动者，是实践活动的主体。实践主体是实践活动中自主性和能动性的因素，担负着设定实践目的、操作实践中介、改造实践客体的任务。

实践主体是从事现实实践活动的人。而人只有具备必要的能力结构，才能成为现实的实践主体，进行现实的实践活动。实践主体的能力包括自然能力和精神能力两个方面，精神能力又包括知识性和非知识性两种因素。

实践主体首先是一种生命世界中的存在物，拥有一个生命体所具有的自然力。这种自然力是实践主体能力结构中的物质基础。人本身所具有的自然力是可以与其他自然物进行直接的物质性交换，能以一种现实的、感性的力量与自己的对象发生相互作用的能力。就现实的人来说，他所拥有的自然力不同于其他自然物的自然力，因为这种自然力是在人的精神力量支配下的物质力量，这使得人在自然面前能够采取一种积极的、主动的姿态。

现实的主体不仅拥有自然力，还拥有使自身超越自然物的精神能力。在人的精神能力中，首要的能力是知识性因素。知识性因素主要是指主体在实践活动中所实际掌握、运用的知识。主体只有掌握了关于实践对象、实践手段以及实践主体自身的有关知识，才能根据主体的需要、客体的本性以及实践手段所提供的可能性，恰当地提出实践目的，并设计出实现这一目的的具体途径、方法和步骤。主体的知识性因素包含多种因素，既包含对理论知识的掌握，也包含对经验性知识的掌握。主体的精神能力还包括非知识性因素。非知识性因素主要是指情感和意志因素。主体的情感和意志因素对于主体能力的发挥，起着重要的控制和调节作用。人在实践活动中不可能不带有情感，情感的状态对于实践活动的进行以及得失成败，不可避免地具有重要的影响和作用。意志对于实践活动也不可缺少。实践活动作为目的性的活动，需要一种能够持续地指向目的的意志，方能克服障碍获得成功。

主体的各种能力不是天生具有的，而是在一定的社会条件下通过实践和教育逐步形成和发展起来的。在这个意义上，人是一种未完成的存在物，只有通过后天的实践、学习，获得相应的能力，才能够成为现实的人。离开了社会，主体的能力就只是潜在的，而非现实的。

从主体的社会构成来看，实践主体有个体主体、群体主体和人类主体三种基本形态。在实践活动中，人类个体有其相对独立的活动范围和形式，在这个意义上，个体能成为相对独立的主体，即个体主体。群体主体是指以一定的群体形式进行实践活动的主体。群体主体可以是地域性的，也可以是跨地域性的。人类主体则是指相对于自然界的人类整体。这三种主体形态之间是密切相关的。个体主体的独立性只是相对的独立性，只是在存在的直接形态上显现为独立的个体，而在本质上，个体在任何时候都是必然地受社会关系的制约的。群体主体是相对于个体主体而言的，是一种相对于个人的社群组织。人类作为一个物种，有着共同的物种特征和相同或相近的活动方式，在其实践活动中有共同的对象，也面临着共同的问题，有着共同行动的需要。因而，在一定意义上，人类也构成了一种主体形态。在三种形态的主体中，群体主体是最主要的实践主体，其具体形式有家庭、班组、团队、阶级、政党、民族、国家等。

二、实践的客体

在实践活动中，客体是指一切作为主体活动对象的事物。实践客体具有两方面的特征。一方面，实践客体是一种不以主体的主观意志为转移的客观存在。另一方面，实践客体是一种进入主体活动领域并与主体发生相互作用的客观存在。客体与存在的事物不是相等的概念，存在的事物只是可能的客体，只有当其被纳入主体活动的范围之内，为主体活动所指向并与主体相互作用时才成为现实的客体。哪些事物能够成为实践的客体，取决于人的本质力量发展的程度和水平。事物之所以成为实践的客体，固然取决于事物自身具有哪些引起人类关注的性质，但更根本地取决于实践的水平在何种程度上能够把握事物所具有的性质。例如，核能是客观存在的事物，但人类在很长的时间中并不知道存在这种能量形式；后来虽然知道了放射性现象，但还不能对其加以利用；只是在可控核反应装置被发明出来之后，核能才成为现实的实践客体。

实践客体是由人的实践活动历史地规定的。存在的事物有多方面的性质或功能，它们并不是同时完全地成为人的实践客体。不仅就整个自然界来说某一部分客观事物被纳入主体的活动范围需要一个过程，即使已进入主体活动范围的客观事物，也不是将其全部属性和功能呈现于主体面前，而只是在实践的不断发展过程中，实践主体才不断地发现其新的属性和功能，并以新的方式改造和利用它们。客体范围不断扩大的过程，同时也就是实践主体本质力量的发展过程。正如马克思所说，"工业的历史和工业的已经产生的对象性的存在，是一本打开了的关于人的本质力量的书"①。

实践客体有不同的类型。从是否为实践所创造的角度看，客体可划分为天然客体与人工客体。在人类最初的、最基本的实践中，实践的对象主要是天然客体。这类客体主要包括刚刚同人的活动发生关系的自然物，也包括那些被人类活动在较小程度上改变过的某些自然物，如被驯化的动物和栽培的植物。人工客体则是自然界原本不曾存在而为人所创造出来的客体，如汽车、火车、飞机、人造卫星、计算机、互联网等。

从自然界与人类社会两个领域相区分的角度看，客体可划分为自然客体和社会客体。社会客体主要是指人们在交往实践中所指向的对象，包括各种社会性事物即现实社会关系与社会结构，如经济关系与经济制度、政治关系与政治制度等。自然客体则是指一切由自然物构成的客体。自然客体的外延大于天然客体，它不仅包括那些很少被人的活动改变过的自然物，也包括那些人工制造出来的事物。社会客体的存在形式与自然客体的存在形式有很大的不同，自然客体一般说来是以实物的形式存在的，而社会客体则多以物的形式体现着各种社会关系。

从物质性和精神性相区分的角度看，实践客体又可划分为物质性客体和精神性客体。物质性客体与精神性客体都是以物的形式存在的客体，但精神性客体却以物质形式承载着精神性的内容。

三、实践的中介

人类实践必须借助一定的中介。实践中介不仅使主客体相互作用成为可

---

① 《马克思恩格斯文集》第 1 卷，人民出版社 2009 年版，第 192 页。

能，而且中介的性质还决定着主客体相互作用的方式和性质。物质工具、语言符号是基本的实践中介。

物质工具作为主客体相互作用的中介，是人类的创造物。人类从动物进化而来，最初在其活动中，如在"采集果实之类的现成的生活资料"的情况下，更多地使用的是其天然器官，"在这种场合，劳动者身上的器官是唯一的劳动资料"。随着实践活动的发展，人们不断地创造出作为自己肢体的延伸的工具，即"自然物本身就成为他的活动的器官，他把这种器官加到他身体的器官上，不顾圣经的训诫，延长了他的自然的肢体"。①

语言符号作为实践活动的中介，一方面是主体思维活动得以进行的现实形式，另一方面也是人们之间社会交往得以进行的中介形式。语言符号也像物质性工具一样，与人们活动的历史水平相适应，有其形态的发展变化。在人类历史之初，语言还比较简单，只以肢体和口头语言形式以及某些图形符号的形式存在。文字的出现，是语言符号发展史上的一个重大变革，它使人的思想的传递、交流可以跨越时间和空间。在自然语言的基础上发展出形式化的人工语言，是语言符号发展史上的一个重大事件。这种形式化的人工语言使人工智能成为可能，也使人与人工智能之间的信息交流以及人工智能装置之间的信息交流成为可能。

语言符号作为社会交往的中介，本身也需要某种物质载体。语言符号的载体是随着实践的发展而发展的。文字的发明、印刷术的发明，使得思想能够在广阔的时空范围内传播和交流。互联网的出现，更是一个革命性的事件，它极大地突破了以往各种语言符号载体的局限性，对人类的交往方式无疑会产生极为巨大的改变作用。

在物质工具和语言符号发展的基础上，出现了人工智能这一新的实践中介。所谓人工智能，就是通过研究人类智能活动规律，构造具有智能的人工系统，让机器像人一样去思维和行动。自 1956 年人工智能概念提出后，经过 60 多年的演进，特别是在移动互联网、大数据、超级计算、传感网、脑科学等新理论、新技术以及经济社会发展强烈需求的共同驱动下，人工智能加速发展，进入新阶段。与传统物质工具相比较，人工智能呈现出深度学习、跨界融合、人机协同、群智开放、自主操控等新特点。这种实践中介的发展和应用，深刻

---

① 《马克思恩格斯文集》第 5 卷，人民出版社 2009 年版，第 209 页。

地改变着人类的生产方式、生活方式和思维方式，自动化、智能化和人机互动成为其主要特征。人工智能重构生产、分配、交换、消费等经济活动各环节，形成从宏观到微观各领域的智能化新需求，催生新技术、新产品、新产业、新业态、新模式，引发经济结构重大变革，实现社会生产力的整体跃升。人工智能在教育、医疗、养老、环境保护、城市运行、司法服务等领域的广泛应用，将极大提高公共服务精准化水平，全面提升人们的生活品质。人工智能在给人类生活带来全方位结构性改善和提升的同时，也将使人的创造力和智慧潜能得到极大的张扬。无疑，人工智能发展的不确定性也带来新挑战。作为影响面广的颠覆性技术，人工智能可能带来改变就业结构、冲击法律与社会伦理、侵犯个人隐私、挑战国际关系准则等问题。在大力发展人工智能的同时，必须高度重视其可能带来的安全风险挑战，加强前瞻预防与约束引导，确保人工智能安全、可靠、可控发展。

实践的主体、客体与中介是历史地变化着的，因而实践的基本结构也是历史地变化着的。实践表现为主体的客体化与客体的主体化的双向运动。主体的客体化即对象化是人通过实践使自己的本质力量转化为对象物，使对象按照主体的需要发生结构和功能上的变化，形成世界上原来不存在的对象物。客体主体化则是客体从客观对象的存在形式转化为主体生命结构的因素或主体本质力量的因素，客体失去客体性的形式，变成主体的一部分。通过实践活动，实践的主体、客体和中介以及相互间的关系就都发生了改变，形成了新的实践结构。在新的实践结构基础上，人们又从事新的实践，形成了人类发展自身本质力量的特殊方式——社会遗传方式，从而使人类的物质文化与精神文化的成果不会因个体的消失而消失。实践主体与客体的相互作用总是不断地更新它的基础，人类的实践活动总是不断地向前推进。

四、实践的过程

实践过程包含三个基本环节：实践目的的确立，主体通过中介或手段作用于客体，实践结果的检验和评价。

实践过程的第一个环节是实践目的的确立。目的既是实践运行的初始环节，也是实践运行的内部控制因素，它贯穿和渗透于整个实践过程及其结果之中。

实践目的的提出，首先意味着人对自身的需要有了一定的认识，同时也意味着人对客观事物及其规律有了一定的认识。确立实践目的的过程，是人的意识对客体的预先改造，是主体把自身的内在尺度运用于客体，对客体的自在形式所进行的一种批判性、否定性、能动性的反映。目的总是指向一定的客体，并以一定的客观现实为依据。一般说来，直接的客观现实不能满足主体的需要，因而主体所提出的目的便表现为期望建造一种客观世界中还不存在的事物。在目的中体现着主观与客观、理想与现实、实然与应然之间的矛盾。

实践过程的第二个环节是主体通过中介或手段作用于客体。通过对因果关系的认识而形成的目的，虽然体现了主体尺度与客体尺度的统一，但其本身仍是观念形态的东西。为使主体的目的得到实现，就要借助于实在的中介将方案付诸实施。人通过实践活动实现了双重的否定：一方面，实践主体实际地否定了客体对于实践目的的外在性；另一方面，主体也实际地否定了目的自身的单纯主观性。在这种双重否定中，作为目的前提的客体并没有消失，但改变了原先的存在形式，转化为合目的的客体；目的本身也未消失，但否定了它原先的观念形态，即通过实践而对象化于被改变了形式的客体中。通过这种双重否定，便形成了一种体现主体与客体相统一的现实事物。这就是实践所达到的结果。实践结果是人的目的、意志在客观事物中的凝聚和体现，因而是实践中各种要素的融合。实践结果一方面体现着人的意志对客观事物的干预和改造，另一方面它一经产生就又同其他客观事物一样成为不以人的主观意志为转移的客观实在。

实践过程的第三个环节，是实践结果的检验和评价。实践从目的开始，通过手段的运用而形成一定的结果，实现了主体对客体实际的改造和把握，但实践过程并未到此结束。"一般地说来，不论在变革自然或变革社会的实践中，人们原定的思想、理论、计划、方案，毫无改变地实现出来的事，是很少的。这是因为从事变革现实的人们，常常受着许多的限制，不但常常受着科学条件和技术条件的限制，而且也受着客观过程的发展及其表现程度的限制（客观过程的方面及本质尚未充分暴露）。在这种情形之下，由于实践中发现前所未料的情况，因而部分地改变思想、理论、计划、方案的事是常有的，全部地改变的事也是有的。即是说，原定的思想、理论、计划、方案，部分地或全部地不合于实际，部分错了或全部错了的事，都是有的。"① 因此，必须对实践的效果

---

① 《毛泽东选集》第 1 卷，人民出版社 1991 年版，第 293—294 页。

进行评价，以规划进一步的实践。

实践效果的评价涉及多方面的价值判断。实践效果往往具有双重性，这是因为实践效果不仅指实践对于某一特定主体的功利性后果，而且指实践对于社会整体，甚至对于人类整体的直接的和间接的后果。对某一主体而言，实践的成功表明其所设定的目的是合理的，但对社会、人类来说，这种成功并不一定意味着这种目的是合理的。这表明特定的实践效果具有相对性。因而对于实践效果的评价，必须站在历史的高度上，全面地考察其在人类生活中产生的特定的、直接的效果和整体的、长远的效果，才可能得出正确的结论。

通过对实践效果的评价，人们从实践效果的正负、大小及实践效率的高低上获得对于实践目的、实践过程的再认识，并以这种再认识来检查、审视原有的实践目的、实践方案、实践手段等，从而调整、修正实践活动的运行。这就是实践过程的反馈调节机制。实践反馈是将实践过程中的信息反馈给实践控制系统，进而影响实践的过程。总之，实践是以主体、中介和客体的相互作用为基本结构，通过目的、手段和结果的反馈调控而自我运动、自我发展的活动过程。

人对世界的改造构成了主体与客体之间的实践关系，在实践关系的基础上，进一步分化出了主体与客体之间的认识关系和价值关系。实践过程中已经包含着认识与评价因素，随着实践水平的发展，实践活动的各个环节或因素也发生了相应的分化，认识活动和评价活动便具有了某种相对独立性的存在，即从实践关系基础上分化出了认识关系和价值关系。这样，主客体之间的相互关系就不仅仅是主体对于世界的实践把握，它还包含着认识关系和价值关系这两种把握方式。实践关系、认识关系、价值关系是主客体之间的三种基本关系。实践关系构成了认识关系和价值关系的基础，而认识关系和价值关系反过来也对实践关系产生着重大影响。

第三节　实践与世界的二重化

实践活动使原本浑然一体的世界分化为客观世界与主观世界、自在世界与属人世界的二重化世界。实践是客观世界和主观世界、自在世界和属人世界分化与统一的基础。

一、客观世界与主观世界

人类存在之前的世界是一个纯粹自在的世界，人类实践使世界二重化为客观世界与主观世界。

所谓客观世界，是指"物质的、可感知的世界"，是人的意识活动之外一切物质运动的总和。从内容上看，它包括两个部分，即自然存在和社会存在。前者不依赖于人的活动而独立存在，后者形成于人的实践活动之中但也不以人的意识为转移。二者的共同之处在于它们都是具有客观实在性的物质存在，而非意识、观念的存在。自然存在和社会存在的统一构成了"外部世界"或"物质的世界"，即客观世界。

所谓主观世界，是指人的意识、观念世界，既包括意识活动的过程，又包括意识活动过程所创造的观念，即意识活动的成果。这些意识、观念一起构成了一个由物质世界所派生出来的主观世界。主观世界不仅包括主体意识的内容，而且包括主体意识的状态。主体的欲求、愿望、情感、意志、目的、观念、信念、知识等，都是主观世界的不同表现形式。主观世界是人的知识、情感、意志的统一体。

主观世界不同于客观世界。首先，主观世界与客观世界具有不同的存在方式。客观世界存在于人的意识活动之外，具有客观实在性，并按照自己固有的规律运动。主观世界则是以人脑为物质（生理）基础，以意识诸要素及其运动为机理，存在于人脑之内。其次，主观世界的发展和客观世界的发展具有不完全同步性。从根本上说，客观世界决定主观世界，主观世界与客观世界是反映与被反映的关系。但主观世界毕竟是一种意识性存在，具有某种相对的独立性。这种独立性使人们可在意识之内组合、建构客体，从而使主观世界既可以在某些方面和状态上背离客观世界，发生幻想、错误，也可能超越客观世界，对未来存在有一种所谓超前反映。主观世界与客观世界的发展有着复杂的矛盾关系，主观世界一方面肯定、表现、反映着客观世界，另一方面又可能是对客观世界的偏离、否定和超越，两个方面始终交织在一起。

主观世界与客观世界又是统一的。首先，主观世界和客观世界在反映与被反映的意义上具有同构性。所谓同构，是指主体具有能够正确反映客体的思维结构。主观世界和客观世界的同构性是由主观世界本身形成的前提、条件和基础造成的。主观世界并不是脱离客观世界而独立存在的实体，而是从属于客观世界，是由客观世界派生的。从根本上说，主观世界是对客观世界的反映，它在观念的形式中反映着客观世界的内容，在概念中凝结着对客观世界本质的理解。观念的东西不外是移入人的头脑并在人的头脑中改造过的物质的东西而已。主观世界实质上是被人的头脑所反映并转换为观念形式的客观世界，因而在内容上必然与客观世界具有同构性。其次，主观世界的运动规律和客观世界的运动规律具有同构性。恩格斯指出："我们的主观思维和客观世界遵循同一些规律，因而两者的结果最终不能互相矛盾，而必须彼此一致，这个事实绝对地支配着我们的整个理论思维。这个事实是我们的理论思维不以意识为转移的和无条件的前提。"① 不管人们是否意识到思维规律的要求，思维规律都要起作用。最后，主观世界和客观世界是可以互相转化的。主观世界本质上是反映在人的头脑中并转化为观念形式的客观世界，同时又能通过实践转化为现实的存在，成为客观世界的一部分。

主观世界和客观世界分化与统一的现实基础是人的实践活动。主观世界和客观世界的关系形成于人的实践活动之中。主观世界无论就其发生还是发展而言，都是人的实践活动的结果，都是实践活动在人的头脑中的内化。实践是主观世界和客观世界的相互关联和相互转化的基础与途径。正是在主观世界和客观世界相互接触的实践中，客观世界的内容才转变为主观世界的内容。这一转变是一个不断深入和扩展的过程。对于每一特定时代的主体来说，并不是客观世界的所有内容都能转化为主观世界的内容，而是只有纳入人的实践以及相应的认识活动中的那部分客观世界的内容，才能为主体接受和认识，并成为人的主观世界。实践从根本上制约着主观世界和客观世界相互作用的范围以及主观世界的广度和深度。正是在人类的实践活动中，物质世界发生了分化，产生了反映客观世界的主观世界；也正是在人类的实践活动中，才有主观世界和客观世界的相互转化，使分化了的世界获得统一性。

作为主观世界和客观世界分化与统一的现实基础的实践活动是不断发展的，因而，主观世界和客观世界的统一不是一种静态的统一，而是一种动态的

---

① 《马克思恩格斯文集》第9卷，人民出版社2009年版，第538页。

统一，不断地打破原有的统一，又在新的基础上实现新的统一。

二、自在世界与属人世界

人的实践活动所造成的世界的分化，还包括自在世界与属人世界的分化。人类通过实践为自己建造了一个新的世界，即属人世界。属人世界不是与自在世界不相干的存在，而是在自在世界的基础上建造起来的。自在世界与属人世界是两个相对应的概念。自在世界首先是指属人世界产生之前的自然界。在人类产生之前，自然界早就独立地存在和发展着，自然界是人类世界产生前的先在世界。其次，自在世界也指人类活动尚未涉及的自然界。自然界在广度和深度上都是无限的，永远存在着人类活动尚未涉及的部分，即在属人世界之外永远存在着自在世界。属人世界又称人类世界，是指被人的实践改造过并打上了人的目的和意志烙印的世界。

人类之前的物质世界本无自在世界和属人世界之分，只是出现了人类之后，在人的实践活动的作用下，浑然一体的物质世界才出现了分化，产生出一个属人世界。相对于属人世界，人类活动尚未涉及的世界便呈现为自在世界。属人世界不能离开自在世界，它是与自在世界既对立又统一的新的世界。

自在世界与属人世界是互相区别的。自在世界是独立于人的活动的自然界，其运动变化完全是自发的。属人世界则与人的活动不可分离，它体现了人的需要、目的、意志以及审美情趣等。属人世界不能脱离自在世界，必须以自在世界为其存在和发展的前提，但它不是自在世界自发延伸的产物，而实质上是人的实践活动的对象化。

自在世界与属人世界区别的基础是实践。实践是利用客观规律来改变客观世界的现存状况，即"通过消灭外部世界的规定的（方面、特征、现象）来获得具有外部现实形式的实在性"[①] 的活动。实践活动的结果，即"具有外部现实形式的实在性"的存在，便是一种源于自在世界而又不同于自在世界的属人世界。

实践也是自在世界与属人世界联系、统一的基础。人通过实践建造了一个属人世界，使世界二重化为自在世界和属人世界，从而也就建立起了两个世界之间的相互关联与相互作用。一方面，自在世界构成了属人世界存在和发展的

---

① 《列宁全集》第 55 卷，人民出版社 2017 年版，第 183 页。

基础，人在实践活动中把自然界同化于自身，转化为自己的本质力量，同时又把这种本质力量对象化于属人世界之中。属人世界形成之后又反过来制约自在世界，不断改变自在世界的界限，使自然史不断地向人类史转化。另一方面，自在世界通过人的实践活动转化为属人世界，并在属人世界中延续着自己的存在；同时属人世界又参加到整个物质世界或整个自然的运动过程之中，受到世界发展一般规律的支配。

自在世界和属人世界都具有客观实在性，都属于客观世界。人类并不是在自在世界之外创造属人世界，而是在自在世界的基础上，以自在世界为原材料或质料，通过具有客观实在性的工具系统来赋予外部世界以合目的性的形式。因此，实践并未改变对象的客观实在性，而只是改变了它的某些存在形态。自在世界的客观实在性在属人世界中并未消失，而是以改变了的形式延伸到属人世界，构成属人世界客观实在性的基础。

属人世界涉及互联网所构成的"虚拟世界"。互联网作为一种实践活动的中介系统，为人们提供了一种全新的社会交往中介。借助于这一中介系统，人们足不出户便能够与世界上任何一个角落的人进行交往。这一切都使人们感到互联网似乎在传统的生活空间之外构成了另外一个空间或世界，因而将其称为"虚拟世界"。不言而喻，互联网的发展是人类实践中介系统发展史上的革命性变化，这一变化不可避免地会带来实践方式的重大变化，并给人们提出新的问题，需要加以认真的研究。但只要回顾一下人类历史上所发生的几次重大的实践中介系统的变革，如文字的发明、印刷术的发明、电报电话的发明等，便会认识到，这些发明虽然极大地改变了人们的实践方式，却并未创造出一个不同于属人世界的另外一种什么世界。说到底，所谓"虚拟世界"仍然只是对属人世界的一种拓展，仍属于属人世界的范围。

三、人化自然与人类社会

属人世界包括人化自然和人类社会，是人化自然与人类社会的统一体。

人化自然是相对于自在自然而言的。所谓自在自然，是指人类活动尚未作用过的自然界，包括人类世界出现之前的自然界和虽与人类同时存在但尚未被人类活动触及的那部分自然界。所谓人化自然，则是指已经被人类实践活动改造过、打上了主体意志烙印的那部分自然界。

通过实践，自在自然日益转化为能满足人的需要的合目的性的"为我之物"。这一过程就是自然的"人化"过程，其结果是从自在自然中分化出人化自然。"自然的人化"就是"自然界对人说来的生成过程"，即自然界在人的实践过程中不断获得属人的性质，不断地被改造成人的存在和发展的条件，成为人的本质力量的确证和展现。这样一种"在人类历史中即在人类社会的形成过程中生成的自然界，是人的现实的自然界"，是"真正的、人本学的自然界"。①

自然人化的基础，是人的实践活动，首先是物质生产活动。人作为一种生物存在，必须不断地通过改造自然界的活动，与自然界进行物质变换。正是通过这种物质变换，自在自然不断地转变为人化自然，自然的进化上升为自然的人化。

自然人化的过程同时就是社会形成和发展的过程。人们在从事物质生产改造自然的同时，也形成、创造和改造着自己的社会联系和社会关系。没有人与人之间的社会关系，就不可能有人与自然之间的现实关系。"人们在生产中不仅仅影响自然界，而且也互相影响。他们只有以一定的方式共同活动和互相交换其活动，才能进行生产。为了进行生产，人们相互之间便发生一定的联系和关系；只有在这些社会联系和社会关系的范围内，才会有他们对自然界的影响，才会有生产。"② 自然的人化是在社会之中而不是在社会之外实现的，"只有在社会中，自然界才是人自己的合乎人性的存在的基础"③。

社会是以一定的地域或自然环境为基础，能满足人的基本需要，有着相互认同和集体目标的人群的集合。人类社会既非现成的存在，也不是人们主观任意的产物，而是在物质生产基础上人们交往活动的产物。人类社会的整个结构就是通过人们之间不同形式的交互活动或交往活动及其制度化而形成的。马克思说："社会——不管其形式如何——是什么呢？是人们交互活动的产物。"④社会就是人类个体之间的交往关系。社会政治实践或交往活动是在物质生产的基础上发生的，是直接或间接地同物质生产相联系的，依其同物质生产联系的密切程度而展现为不同的形式，主要有经济的交往、政治的交往、精神的交往。

---

① 《马克思恩格斯全集》第 3 卷，人民出版社 2002 年版，第 307 页。
② 《马克思恩格斯文集》第 1 卷，人民出版社 2009 年版，第 724 页。
③ 《马克思恩格斯文集》第 1 卷，人民出版社 2009 年版，第 187 页。
④ 《马克思恩格斯文集》第 10 卷，人民出版社 2009 年版，第 42 页。

与物质生产密切相关的是个体之间的经济交往。经济交往关系作为社会成员之间的物质利益关系，构成了全部政治的、精神的交往关系的基础。政治的交往是同物质生产活动的关系最为密切的交往。从实质上说，政治是经济的集中表现。政治活动更集中地反映着经济的诉求，因而，经济利益经常只有在政治活动层面上才能得到实现。较为远离物质生产活动的是人类的精神的交往。精神的交往在一定程度上超越了生产过程和直接的经济利益关系，而把其目标放置于那些较为普遍的、恒久的事物之上。精神的交往形式主要有科学、哲学、道德、宗教、艺术等。

各种交往关系都植根于物质生产，并构成物质生产的社会条件。社会必须在某种相对稳定的条件下才能保障物质生产活动的顺利进行，这就要求人们的交往活动具有稳定的秩序，要求人们的交往关系具备稳定的结构。同时，社会的物质生产在其一定的发展水平上，也只能允许某些特定的交往方式或类型作为自己的社会形式。人类社会的结构，是在物质生产发展水平的制约下，通过交往关系的规范化、制度化的过程建立的。与交往层次相对应，交往关系的规范化、制度化也表现为诸种形式，形成社会制度体系的诸层面。

经济交往的制度化形成一定的社会经济制度，它构成整个社会结构的现实基础，即经济基础。政治交往的制度化形成各种形式的政治、法律制度，以及与之相适应或相伴随的政治组织与设施，是竖立于经济基础之上的政治上层建筑。从特定的立场对于社会经济政治的反映，即精神交往的规范化、制度化，形成特定的意识形态体系即思想上层建筑。经济基础、政治上层建筑以及思想上层建筑，密切相关、相互交织，构成一个有机整体。

人化自然与人类社会是密切相关的。自从人类诞生以来，"自然史和人类史就彼此相互制约"[①]。这种相互制约表明，一方面自然界为人类社会发展提供了前提，另一方面自然界也规定了人类实践的合理界限。人类来源于自然界，不可能脱离自然界而存在，这意味着人类只有与自然界和谐相处才能繁荣昌盛。但人类又不能像其他动物那样通过消极地适应自然界而生存，而是必须通过改造自然来获得生活资料，因此，对人类实践而言，就存在着一个如何合理地改造自然的问题。

人化自然是历史地发展的。从远古到现代，人化自然的历史发展表现为人

---

① 《马克思恩格斯文集》第 1 卷，人民出版社 2009 年版，第 516 页。

对自然的改造日益深广、人对自然控制的能力日益增强的过程。在远古时代，"人们同自然界的关系完全像动物同自然界的关系一样"①，而在现今高科技时代，人对自然界的深度改造和控制显示出人与自然的关系经历了一系列根本性的变化。

人对自然界控制能力的不断增强，人化自然的持续发展并日益参与到整个物质世界的运动之中，在现实生活中可能导致两种结果：一种是对人类存在有利，另一种则是对人类存在不利。前者意味着人类活动并未破坏自然界的生态平衡，因而是合理的；后者则意味着生态的失衡，使自然环境变得不适合于人类生存，因而是不合理的。在当今时代，不合理地改造和控制自然已引起了日益严重的资源枯竭与环境恶化问题，追求人与自然的协调发展正在成为人类共同面对的重要问题。这种状况表明，既然自在自然是人化自然存在和发展的基础，那么，它就对于人化自然的发展或扩张存在制约作用。马克思早就说过，"人靠自然界生活。这就是说，自然界是人为了不致死亡而必须与之处于持续不断的交互作用过程的、人的身体。所谓人的肉体生活和精神生活同自然界相联系，不外是说自然界同自身相联系，因为人是自然界的一部分"②。恩格斯也深刻指出："我们每走一步都要记住：我们决不像征服者统治异族人那样支配自然界，决不像站在自然界之外的人似的去支配自然界，——相反，我们连同我们的肉、血和头脑都是属于自然界和存在于自然之中的；我们对自然界的整个支配作用，就在于我们比其他一切生物强，能够认识和正确运用自然规律。"③ 我们必须认识和正确运用自然规律，按照自然规律和人的需要这两种尺度的统一改造自然，建设生态文明，创造出一个适合人类生存和发展的生态平衡系统，使人化自然或属人世界成为适合人类生存和发展的宜人世界。

当代中国马克思主义继承和发展了马克思主义经典作家的人化自然思想，提出了"绿色发展"这一重大创新性理念。这一理念认为，要"像对待生命一样对待生态环境，统筹山水林田湖草系统治理，实行最严格的生态环境保护制度，形成绿色发展方式和生活方式，坚定走生产发展、生活富裕、生态良好的文明发展道路，建设美丽中国，为人民创造良好生产生活环境，为全球生态安

---

① 《马克思恩格斯文集》第 1 卷，人民出版社 2009 年版，第 534 页。
② 《马克思恩格斯文集》第 1 卷，人民出版社 2009 年版，第 161 页。
③ 《马克思恩格斯选集》第 3 卷，人民出版社 2012 年版，第 998 页。

全作出贡献"①。绿色发展理念是马克思主义关于发展的世界观和方法论的集中体现，是我国社会经济发展的重要指导方针以及发展中国特色社会主义必须坚持和贯彻的重大战略思想。

思考题：

1. 为什么说实践是人的存在方式？
2. 怎样理解实践的本质、结构和过程？
3. 怎样理解人化自然与人类社会的关系？
4. 怎样理解"人与自然是生命共同体"这一理念？

▶ 本章拓展资源

---

① 习近平：《决胜全面建成小康社会　夺取新时代中国特色社会主义伟大胜利——在中国共产党第十九次全国代表大会上的报告》，人民出版社 2017 年版，第 24 页。

第五章　世界的联系与发展

人们所面对的世界上的万事万物，始终处在普遍联系与运动发展之中。当我们深思熟虑地考察自然、社会和思维的时候，呈现在我们面前的是一幅由种种联系交织起来的画面，一幅由运动发展所构成的世界图景。唯物辩证法就是对这幅世界图景的理论抽象，它是关于自然、社会和思维发展的一般规律的科学，是世界观和方法论的统一。

第一节　普遍联系与发展

世界上的万事万物都不是孤立存在的，而是处在普遍联系之中。普遍联系引起事物的运动发展。唯物辩证法就是从总体上研究世界的普遍联系与运动发展的学说。联系和发展的观点是唯物辩证法的总观点、总特征。全面地而不是片面地、系统地而不是零散地、普遍联系地而不是孤立地、发展地而不是静止地观察事物、分析问题、解决问题，是学习和掌握唯物辩证法的基本要求。

一、联系的普遍性

联系这一唯物辩证法范畴概括了事物之间以及事物内部诸要素之间的相互影响和相互作用。

联系是客观的。联系是事物本身所固有的、不以人的意志为转移的。就与人的关系而言，事物的联系可分为自在事物的联系与属人事物的联系。自在事物是在人产生之前就存在或至今仍处在人的活动之外的事物，其机械、物理、化学、生物的联系不以人的意志为转移，具有客观性。属人事物的联系是在人类实践活动中形成的，具有"人化"的特点，但这种联系得以建立的根据及其形成，同样不以人的意志为转移，具有客观性。

联系是普遍的。"一切……都是经过中介，连成一体，通过过渡而联系的。"① 联系的普遍性包括两重含义：一是指任何事物都同其他事物相互联系

---

① 《列宁全集》第 55 卷，人民出版社 2017 年版，第 85 页。

着，世界是相互联系的统一整体；二是指事物内部的各个部分、要素、环节相互联系，任何事物本身都是许多规定的综合和多样性的统一。世界上的万事万物既作为个体事物存在，又作为普遍联系中的事物存在。任何事物都具有一定的外部联系和内部联系，正是这种联系构成了事物的运动和发展。

联系的普遍性通过联系的多样性而存在。从总体上看，可以把联系划分为三大类，即物与物的联系、人与物的联系和人与人的联系。与动物不同，人以自身的活动否定自然物的直接存在形态，赋予它以合乎人的需要和目的的形态，从而使"自在之物"变成合乎人的需要的"为我之物"，使人与物之间形成一种"为我而存在"的关系。① 这种"为我而存在"的关系是在人的实践活动中形成的。实践是人与自然、人与社会、人与人之间联系的根本途径。

二、普遍联系与系统

事物与事物相互联系构成系统。"关于自然界所有过程都处在一种系统联系中的认识，推动科学从个别部分和整体上到处去证明这种系统联系。"② 系统论进一步证明了马克思主义哲学关于普遍联系思想的正确性。

在系统论中，系统是指由一定数量并且相互联系的因素所组成的统一体。系统具有三个基本特征：

第一，相关性。任何事物都与其他事物处于相关性之中，事物内部诸要素也处于相关性之中。这种相关性集中体现为事物之间、事物内部诸要素之间的相互作用。

第二，整体性。事物的相关性形成了事物的整体性。这种整体性表现为，对于外来作用，系统能作为一个统一体作出反应，而不管这种外来作用直接作用于系统的哪一个部分；同时，系统作为一个整体，具有它的每个要素都不单独具有的功能和性质。这种只有系统整体才具有的特殊规定性和功能就是"系统质"和系统功能。整体性是系统的本质特征。一般系统论就是"对'整体'和'整体性'进行科学探索"③。

第三，有序性。系统内部结构具有层次等级式的组织化特征，每一系统都

① 《马克思恩格斯文集》第 1 卷，人民出版社 2009 年版，第 533 页。
② 《马克思恩格斯文集》第 9 卷，人民出版社 2009 年版，第 40 页。
③ ［美］冯·贝塔朗菲：《一般系统论：基础·发展·应用》，秋同、袁嘉新译，社会科学文献出版社 1987 年版，第 9 页。

由若干作为要素的子系统所组成，而子系统又由一定数量的要素组成。在这种层次等级式的结构中，系统中的各个要素都处于特定的位置，形成一定的顺序和规则，即有序性。同时，系统内部的"序"必须在与环境进行物质、能量、信息交换的过程中才能保持和发展。从系统的整体发展方向来看，系统的形成是从无序向有序、从低级有序向高级有序的不断演化过程。

系统是事物普遍联系的一种重要形式，系统的存在及其特征显示了普遍联系的具体性。系统思维就是在确认事物普遍联系的基础上，具体揭示对象的系统存在、系统关系及其规律的观点和方法。系统思维是进行分析与综合的辩证思维工具，它在辩证唯物主义中获得了哲学的表达形式。

三、发展的方向与过程

相互联系包含着相互作用，相互作用必然导致事物的运动、变化、发展。运动是物质的存在方式，是一般的变化，发展则是指事物上升的运动。

从总体上看，现实运动有三种方向：一是单一水平的转化，即同一等级运动形式间的变化；二是下降的运动，即从高级形式向低级形式的变化；三是上升的运动，即从低级形式向高级形式的变化。发展是有序的、上升的运动。唯物辩证法的发展范畴，是在承认现实运动具有三种不同方向的前提下，揭示现存世界尤其是人类社会运动的整体趋势的范畴，其本质是新事物的产生与旧事物的灭亡。

新事物是在旧事物的"母腹"中孕育成熟的。它否定了旧事物中消极的、过时的因素，继承了旧事物中某些合理的因素，添加了旧事物所不能容纳的因素，并具有新的结构和功能，适应已经变化了的环境和条件，因而必然产生；旧事物的结构和功能由于不能适应已经变化了的环境，因而必然灭亡。新事物的产生与旧事物的灭亡是不可避免、不可抗拒的。

发展的方向性通过发展的过程性体现出来。一切都处在过程之中。每一事物存在本身就是一种特定的运动过程，每一事物都有其生成与灭亡的过程，而生成与灭亡意味着事物的个体存在过程从属于另外一个过程。

恩格斯在评论黑格尔的辩证法时指出："一个伟大的基本思想，即认为世界不是既成事物的集合体，而是过程的集合体，其中各个似乎稳定的事物同它们在我们头脑中的思想映象即概念一样都处在生成和灭亡的不断变化中，在这种变化中，尽管有种种表面的偶然性，尽管有种种暂时的倒退，前进的发展终究会实现。"① 所谓过程，就其内容来说，是指事物的发生、发展和灭亡，一个事物向另一个事物的变化，或不同事物之间的相互转化。一方面，过程总是事物的变化或是处于变化中的某种事物。在这个意义上，没有该事物的存在也就没有过程。另一方面，过程既然是事物的变化，那么，没有该事物的消失即变成非存在同样也没有过程。存在就是"有"，它是某种事物的自我保存的趋向；非存在就是"无"，它是某种事物的自我否定的趋向。换言之，存在是事物的肯定因素，非存在是事物的否定因素。在这个意义上，过程就是存在与非存在的统一。我们只有理解和把握存在与非存在的辩证关系，才能揭示过程的本质。

第二节　联系与发展的基本环节

联系与发展是通过一系列基本环节得以实现的。作为从总体上研究普遍联系和运动发展的学说，唯物辩证法揭示了这一系列基本环节，这就是整体与部分、内容与形式、本质与现象、原因与结果、必然与偶然、现实与可能之间的辩证关系。整体与部分、内容与形式、本质与现象、原因与结果、必然与偶然、现实与可能因此也就成为唯物辩证法的基本范畴。

一、整体与部分

整体与部分，又称全局与局部，是普遍联系的基本环节之一。整体与部分的存在是互为条件的，整体是由部分组成的，没有部分便没有整体；反过来，整体制约着部分，没有整体便没有部分。毛泽东对全局与局部，即整体与部分的辩证关系作过深刻的论述，明确指出："全局性的东西，不能脱离局部而独立，全局是由它的一切局部构成的"。同时，"局部性的东西是隶属于全局性的东西的"。②

整体包含部分，部分映现整体。整体包含部分，整体由部分组成；部分映现着整体，部分是整体的缩影。现代分子生物学发现，细胞核的染色体上载有

---

① 《马克思恩格斯文集》第 4 卷，人民出版社 2009 年版，第 298 页。
② 《毛泽东选集》第 1 卷，人民出版社 1991 年版，第 175 页。

这个生物体的全部遗传基因，从理论上讲，生物体的任何一个细胞都可以发育成长为该种生物体。社会科学表明，家庭是社会生活的细胞，反映了特定的社会状况。同样，一个团体、一个机构、一个组织也能从不同侧面、不同程度反映出它们所在的社会的面貌。

整体与部分在一定条件下相互转化。在一定条件下，整体中的某一部分脱离了原整体，成为独立的另一整体，事物的各种分解、分化、分裂、解体中都有部分转化为整体的过程；整体在更大整体中成为其中一个部分，各种融合、兼并、整合中都包含整体转化为部分的过程。

整体功能并不等于部分功能之和。整体功能与部分功能之和是否相等，要视具体的情况而定。从哲学的视角加以概括，这里有三种情况：一是整体具有部分根本没有的功能，如水由氢和氧化合而成，但氢和氧都没有水的功能，钟表由各种零部件组装而成，但任何一个零部件都不具有钟表的功能。二是整体的功能大于各个部分功能之和，如同样的手工业工人和手工工具，组织起来分工协作会产生新的更高的生产力。系统论的最优化原则就是要选择最优的结构形式，使整体发挥出最大限度的功能。三是整体的功能小于各个部分功能之和，如要素之间结构不合理造成各要素力量相互抵消，导致人们常说的内耗等负效应。

正确把握整体与部分的关系具有重要的方法论意义。科学在研究事物时总是首先把整体区分为各个组成部分，弄清它们各自的性质、特点和功能，然后再经过综合达到对整体的认识，并以此为基础更深刻地认识部分。把握了整体与部分的关系，也就把握了全局与局部的关系。在现实生活实践中，我们要注意局部之间的关系，更要注意对全局有决定意义的某一局部的研究和把握，这就需要统筹兼顾。习近平指出："统筹兼顾是中国共产党的一个科学方法论。它的哲学内涵就是马克思主义辩证法。中国共产党特别强调统筹兼顾。毛主席的'弹钢琴'论有统筹兼顾，'十大关系'也处处体现着统筹兼顾的原则。"①

二、内容与形式

内容与形式是从构成要素和表现方式两个方面反映事物的一对范畴。事物

---

① 习近平：《干在实处　走在前列——推进浙江发展的思考与实践》，中共中央党校出版社2016年版，第25页。

的内容是指构成事物的一切要素的总和；形式是指把内容诸要素统一起来的结构或表现内容的方式。任何事物都有自己的内容，也都有自己的形式，是内容与形式的统一。

在内容与形式的关系中，内容是事物存在的基础。从根本上说，有什么样的内容，就有什么样的形式；事物的内容发生了变化，其形式迟早也要发生相应的变化。这是一方面。另一方面，形式对事物的内容又有反作用。这种反作用有两种基本情况：凡适合内容的形式，对内容的发展起积极的推动作用；凡不适合内容的形式，对内容的发展起消极的阻碍作用。毛泽东在谈到艺术作品的内容与形式时指出："我们的要求则是政治和艺术的统一，内容和形式的统一，革命的政治内容和尽可能完美的艺术形式的统一。缺乏艺术性的艺术品，无论政治上怎样进步，也是没有力量的。"[①]

形式对内容的反作用表明，形式具有相对独立性。这种相对独立性使得形式与内容的关系具有复杂性：同一内容可以有多种形式，如同社会主义国家可以表现为不同的模式、体制，同一种国体可以有不同的政体；同一种形式也可以表现不同的内容，如商品、货币和工资等经济形式，在资本主义社会表现着资本主义的经济内容，在社会主义社会也可以表现社会主义的经济内容。这表明，在一定条件下，新内容可以利用旧形式，旧内容也可以利用新形式。

形式与内容的矛盾贯穿于事物发展过程的始终。在适合新内容的新形式产生后的一定时期内，二者是基本适合的，但其中仍然存在着矛盾：由于内容的发展，更新的内容的产生，使得相对稳定的形式越来越落后于内容，二者就会由基本适合逐渐变为基本不适合；已经变化了的内容要求改变不适合于自己的旧形式，建立适合于自己的新形式；新形式的产生，意味着旧矛盾的解决，但在更高的基础上又会出现新的矛盾。形式与内容之间就是这样由基本适合到基本不适合再到基本适合不断变化，推动事物的不断发展。

正确把握内容与形式的关系具有重要的方法论意义。在实践活动中，要特别注意事物的内容，依据内容的发展而不断改造形式，同时，要善于适应内容的需要，根据不同的时间、地点和条件，去选择、利用和创造最佳的形式，促进内容的发展。形式是重要的，忽视甚至否定形式的作用是错误的；反之，不顾内容只注意形式，或者脱离内容单独追求形式，同样是错误的。只图虚名不

---

① 《毛泽东选集》第 3 卷，人民出版社 1991 年版，第 869—870 页。

办实事，是形式主义常见的表现。毛泽东在《反对党八股》中谈到的形式主义的种种表现，我们应该引以为戒。

三、本质与现象

本质与现象是揭示事物内在联系和外在表现的一对范畴。本质是事物的根本性质，是构成事物各要素之间的内在联系。现象是事物的外部联系和表面特征，是事物本质的外在表现。现象可区分为真象与假象。初看起来，假象与本质不一致甚至相反，实际上，真象与假象都是本质的表现形式。真象以直接的形式表现本质，假象以一种特殊的形式表现本质，它是由实际存在的各种条件所造成的。

本质与现象是相互区别的。首先，现象是个别的、片面的东西，是事物本质的具体表现，而本质则是同类现象中一般的、共同的东西。其次，现象是多变易逝的，而本质则是相对稳定的。事物的本质在该事物的根本矛盾得到解决之前是稳定不变的。但是，在事物本质不变的情况下，表现出来的现象却经常变化，往返流动，不断地改变着形态。最后，现象是表面的、外露的，可以直接为人的感官所感知，本质则深藏于事物内部，需要理性思维把握。

本质与现象又是相互依赖的。本质是现象的根据，本质决定现象，本质总是通过一定的现象表现自己的存在；现象则从特定的方面表现事物的本质，它的存在和变化，归根到底依赖于本质。"本质在显现；现象是本质的。"[①] 在客观事物中，不表现为现象的本质或者不表现本质的现象，都是不存在的。

本质又有层次的不同，有初级本质、二级本质等。人的认识总是由个别进到特殊再进到一般。相对于个别而言，特殊就是隐藏在个别现象之后的本质，认识由个别进到特殊，也就从现象进到了本质；认识从特殊进一步上升到一般，就由对事物认识的一级本质进到二级本质。"人的思想由现象到本质，由所谓初级本质到二级本质，不断深化，以至无穷。"[②]

正确把握本质与现象的关系具有重要的方法论意义。"如果事物的表现形式和事物的本质会直接合而为一，一切科学就都成为多余的了。"[③] 科学的任务就在于辨别真象与假象，并透过现象把握本质。为此首先要掌握大量的现象，

---

① 《列宁全集》第55卷，人民出版社2017年版，第213页。
② 《列宁全集》第55卷，人民出版社2017年版，第213页。
③ 《马克思恩格斯文集》第7卷，人民出版社2009年版，第925页。

尽可能全面观察；其次要进行深入的理论分析，从一级本质到二级本质，不断深化对事物的认识。

四、原因与结果

原因与结果是揭示事物引起和被引起关系的一对范畴。处在普遍联系中的任何一种事物、现象必然是由另外一种或一些事物、现象所引起的，这种事物、现象又必然引起另外一种或一些事物、现象。其中，引起某种现象的现象就是原因，被某种现象所引起的现象就是结果。

原因与结果的关系是确定的。不存在无果之因，也不存在无因之果。原因在前，结果在后。这是因果关系的根本特点。因果关系就是包括时间先后次序在内的一种现象必然引起另一种现象的普遍联系。

原因与结果的区别又是相对的。如果把具体的原因与结果纳入事物无限发展的链条之中，那么，同一现象在一种关系中是结果，在另一种关系中又是原因，反之亦然。"原因和结果这两个概念，只有应用于个别场合时才有其本来的意义；可是，只要我们把这种个别的场合放到它同宇宙的总联系中来考察，这两个概念就交汇起来，融合在普遍相互作用的看法中，而在这种相互作用中，原因和结果经常交换位置；在此时或此地是结果，在彼时或彼地就成了原因，反之亦然。"①

因果关系是多样的。宏观世界不同于微观世界，生物界不同于非生物界，人类社会又不同于自然界。自然界的因果关系是自发地起作用的，而社会领域中的因果关系则是通过人的有目的的活动而实现的。正因为如此，同自然运动的结果相比，社会活动的结果有一个显著特点，这就是社会活动的结果具有成败的属性。

因果关系又是复杂的，有直接原因与间接原因、主要原因与次要原因、内部原因与外部原因、必然原因与偶然原因等。多种原因的存在往往导致一因多果、一果多因、多因多果等情况。所有这些，都要求我们对客观存在的因果关系进行全面的、具体的分析。

正确把握原因与结果的关系为我们总结历史、把握现在、预测未来，提供了方法论指导。在实践活动中，我们只有全面把握事物的因果关系，才能通过

———————
① 《马克思恩格斯文集》第9卷，人民出版社2009年版，第25页。

自觉的努力，消除不利的原因，使因果关系运动朝着有利于人的发展的方向运行，以达到我们所需要的有利结果。

五、必然与偶然

必然与偶然是揭示事物发生、发展和灭亡过程中的不同趋势，即确定性趋势和非确定性趋势的一对范畴。必然是指事物联系与发展中合乎规律的确定不移的趋势，具有在一定条件下的不可避免性。偶然是指事物联系与发展中并非必定如此的不确定趋势。就具体发展过程而言，特定的偶然事件可以出现也可以不出现，可以这样出现也可以那样出现。必然性是事物发展过程中居支配地位、一定要贯彻下去的趋势，它决定着事物发展的方向。偶然性对事物的发展过程只起加速或延缓作用，并使其带有这样或那样的特点。

事物的发展既包含着必然的方面，又包含着偶然的方面，这种矛盾现象是由于因果联系的复杂性而产生的。每一个事物都是由多种因素组成的矛盾统一体；同时，每一个事物又和外部事物发生这样或那样的关系。事物的发展就是由内部原因与外部原因、主要原因与次要原因等综合作用的结果，其中，内部的、主要的原因决定着发展的必然趋势；同时，由于外部的、次要的原因的作用，发展过程又发生多种多样的摇摆和偏差，表现为种种偶然性。

必然与偶然的辩证关系表现在三个方面：

第一，没有脱离偶然的必然。现实事物的发展，不通过偶然而只表现为纯粹必然的情况是不存在的，必然要通过偶然表现出来，并为自己开辟道路。"如果'偶然性'不起任何作用的话，那么世界历史就会带有非常神秘的性质。这些偶然性本身自然纳入总的发展过程中，并且为其他偶然性所补偿。"[①] 必然表现在大量的偶然之中，各种偶然不仅本身被纳入总的发展过程中，而且它们从不同的方面影响并造就事物发展过程中的具体特征。必然性总是伴随着偶然性。

第二，没有脱离必然的偶然。同不存在纯粹的必然一样，也不存在完全脱离必然的纯粹的偶然。在似乎偶然性起支配作用的地方，实际上总有必然性起着决定作用，并制约着具体的偶然变化。"偶然性只是相互依存性的一极，它的另一极叫做必然性。在似乎也是受偶然性支配的自然界中，我们早就证实，

---

① 《马克思恩格斯文集》第 10 卷，人民出版社 2009 年版，第 354 页。

在每一个领域内，都有在这种偶然性中去实现自身的内在的必然性和规律性。"①"历史事件似乎总的说来同样是由偶然性支配着的。但是，在表面上是偶然性在起作用的地方，这种偶然性始终是受内部的隐蔽着的规律支配的，而问题只是在于发现这些规律。"②

第三，必然与偶然在一定条件下互相转化。必然与偶然相互转化有两种情况：一是相对于某一过程来说是必然的东西，对另一过程就可能成为偶然的东西，反之亦然；二是新事物的成长有一个由偶然到必然的过程，旧事物的衰亡有一个由必然向偶然的转化过程。例如，在生物进化过程中，由于内部原因和外界条件的影响而发生一些不稳定变异。最初只是某一物种的非本质的、不稳定的性状变异，其中有些变异由于适应周围的环境得到进一步发展，并不断地固定下来，最后使有机体发生根本的变异，产生了新的物种，原来的偶然变异就变成了该物种的必然性状，偶然性就变成了必然性。相反，在新的物种形成以后，原有物种的某些特征，在过了很长时间以后还可能出现，但这是生物进化中的返祖现象，已是不稳定的性状，从必然性变为偶然性了。

正确把握必然与偶然的关系具有重要的实践意义。必然决定事物发展的根本方向，因此，我们就要着重认识事物发展的必然或规律，并以此为根据制定我们的目标和计划，使我们的行动具有高度的自觉性。同时，要充分估计到各种偶然因素的作用，善于敏锐地识别和把握机遇。能否抓住机遇，历来是关系革命和建设兴衰成败的大问题。"我们可利用的矛盾存在着，对我们有利的条件存在着，机遇存在着，问题是要善于把握。"③

六、现实与可能

现实与可能是反映事物的过去、现在和将来关系的一对范畴。现实是标志一切实际存在着的事物的范畴，是指相互联系着的实际存在的事物的综合。可能是指包含在事物中、预示事物发展前途的种种趋势，是潜在的尚未实现的东西。某种事物在其还未成为现实以前，只是一种可能性，而且并不是任何可能都会变为现实。这是因为，在事物发展过程中存在着种种不同的可能，在一定条件下，只有一种可能会转变为现实。当这种可能转变为现实后，在一定时期

---

① 《马克思恩格斯文集》第 4 卷，人民出版社 2009 年版，第 194 页。
② 《马克思恩格斯文集》第 4 卷，人民出版社 2009 年版，第 302 页。
③ 《邓小平文选》第 3 卷，人民出版社 1993 年版，第 354 页。

内其他种种可能就难以转变为现实。

现实与可能同必然与偶然这两对矛盾是紧密相连的。现实之所以成为现实，又转化为非现实，是由其内部的必然性所决定的。一个事物，只要它合乎发展的必然性，迟早一定会变成现实。反之，现存的事物只要丧失继续存在的必然性，迟早一定会变为非现实的。现实性是和必然性相联系的，但由于必然性总是要通过偶然性来实现，因此，任何必然性在变为现实的道路上，都无法避免偶然性的影响。正是种种偶然性，既可能使必然性较顺利、较早地变为现实，也可能使必然性遇到较大曲折、较迟地变为现实，从而使必然性的实现过程及其结果具有这样或那样的具体情况和特点。

可能分为现实的可能和抽象的可能。现实的可能是指，在现实中有充分根据，在目前条件下可以实现的可能；抽象的可能是指，在现实中缺乏充分的根据，在目前条件下无法实现的可能。与不可能不同，抽象的可能也是一种可能，它在现实中有着某种根据，只不过根据不充分罢了，而不可能是在现实中全然找不到根据的东西。制造永动机不可能，现在不可能，将来也不可能，因为它违背能量守恒与转化定律或热力学第二定律，在现实中找不到根据。抽象的可能则可以转化为现实的可能。月中取宝在历史上是一种抽象的可能，但在航天技术高度发达的今天，它就变为现实的可能了。

对现实的可能也要进行具体分析。事物发展的可能与事物内部矛盾的性质和矛盾双方力量对比的状况密切相关，由此造成事物的发展往往存在着两种甚至多种现实的可能。在社会领域，尤其是在历史的转折关头，往往存在着多种可能性，形成一个"可能性空间"。这多种可能性中哪一种转变为现实，则取决于人们的自觉选择和实践活动，在阶级社会，还取决于阶级力量的对比。

可能不等于现实，现实已不是可能。现实作为当下的客观存在，标志着事物的当前状况；可能作为事物的潜在趋势，标志着事物的发展方向。因此，可能与现实具有质的区别。就这一点而言，可能与现实是对立的。可能与现实又是统一的。可能是潜在的、还没有展开的现实，现实是充分展开并已经实现了的可能。现实之所以成为现实，首先是可能的，有着先在的并发展成为现实的某种因素和根据；现实又包含着新的可能，潜蕴着未来发展的方向。可能与现实的这种内在联系表明，二者又是相互转化的。发展始终是可能与现实相互转化的过程，即在现实中不断产生出可能，而可能又不断变为现实的过程。

在可能向现实转化的过程中，自然界和人类社会表现出两种不同的形式。

在自然界，可能向现实的转化是在机械、物理、化学、生物等因素的相互作用过程中自发地实现的。在社会领域，可能向现实的转化是同人的活动结合在一起的，展现为规律的客观性与人的活动自觉性的一致。在社会领域，可能向现实转化的条件包括客观条件和主观条件。当可能向现实转化的客观条件已经具备时，实现这种可能性就需要主观的努力。

要实现可能向现实的转化，首先，要从客观根据和条件的角度对可能向现实的转化进行详细的分析。可能向现实转化的客观性根源于现实中的根据和条件，必须有根据并具备一定的条件才会转化为现实。根据是否充分展开，条件是否基本具备，是我们判定可能向现实转化能否实现的客观依据。其次，要从主观条件上对可能向现实的转化进行目的、手段、结果与反馈的分析。在社会领域，人们自觉地把可能转化为现实作为目的，并通过一系列的手段和活动，使可能转化为现实。在这一过程中，要使可能向现实的转化具有科学性，必须不断依据反馈的情况调整目的、手段和结果的相互关系，从而增强社会活动的自觉性。

正确把握现实与可能的关系具有重要的方法论意义。由于任何"现在"都要经过可能向现实的转化而走向未来，所以，能否正确把握现实与可能的关系直接涉及对现实的评价和对未来的认识，同时也直接涉及在实践活动中我们选择何种可能性的问题。在实践活动中，必须从现实出发，对可能性作出全面分析。创造条件使好的可能转化为现实，同时采取有效措施防止坏的可能成为现实，尤其要防止犯颠覆性错误。

第三节 联系与发展的规律性

联系与发展的一系列基本环节的展开，包含并体现为一系列基本规律。规律既是联系的范畴，又是发展的范畴。联系是发展中的联系，发展是联系中的发展，联系与发展的统一集中体现在规律之中。辩证法就是"关于外部世界和人类思维的运动的一般规律的科学"①。

---

① 《马克思恩格斯文集》第 4 卷，人民出版社 2009 年版，第 298 页。

一、规律的含义

人类关于规律的观念是在漫长的实践和认识进程中不断深化的。在古希腊罗马哲学中，赫拉克利特强调"逻各斯"的客观性、必然性，认为世界的转化有一定的次序和确定的周期，适应着不可避免的必然性，万物都根据这个"逻各斯"而产生。赫拉克利特所说的"逻各斯"实际上就是指规律。按照毕达哥拉斯的观点，万物的本原是数，一切都是由数的关系决定的，正是数的一定比例关系构成了运动的和谐和秩序。这里，毕达哥拉斯突出了规律的内容即关系，突出了规律带来和谐与秩序的思想。近代唯物主义根据当时的自然科学成果，利用实证材料论证了规律的客观性、必然性、重复性等特征。

马克思主义哲学在辩证唯物主义的基础上理解和把握规律，认为规律就是事物及其发展过程中所固有的本质的、必然的、稳定的联系。

首先，规律是事物及其发展过程中的本质的联系。

事物之间存在着普遍联系，但并不是所有的联系都是本质的联系，都构成规律。"规律就是关系……本质的关系或本质之间的关系。"① 万有引力定律是物体之间的力的本质联系，元素周期律是元素的化学性质与原子序数之间的本质联系，生产力与生产关系的矛盾运动规律是人们的物质生产活动中的本质联系，等等。规律和本质是同等程度的概念。这就是说，规律不是事物的现象，而是属于事物本质层次的东西；规律不是通过感官被直接把握的，规律性的认识属于理性思维层次的认识。规律始终是本质的关系或本质之间的关系。

作为本质的关系，规律包括继起的本质关系和并列的本质关系。前者体现在事物的发展过程中，如原因与结果、可能与现实之间的本质关系；后者体现在事物相对静止的诸规定性中，如本质与现象、形式与内容之间的本质关系。作为本质的关系，规律既包括历时性关系，也包括共时性关系。但是，任何共时性的并存关系都不是凝固不变的，事物内在的矛盾运动不断把共时性关系引向历时性关系。

其次，规律是事物及其发展过程中的必然的联系。

规律是事物发展过程中所存在的确定不移的趋势。所谓规律的必然性，就是指规律的存在、作用及其后果的不可避免性。一些事物的存在不可避免地引起另一些事物的出现，事物发展的这一阶段不可避免地把事物引导到另一阶

———————————

① 《列宁全集》第 55 卷，人民出版社 2017 年版，第 128 页。

段，就是规律的具体体现。作为必然联系，规律是一种因果联系。但是，规律的必然联系并非等同于因果联系，或者说，并不是所有的因果联系都构成规律。只有事物之间的联系不仅具有因果制约性，而且这种因果联系构成本质的联系时，才具有规律的意义。

在现实中，规律的必然性往往有多种实现方式。在理解规律的必然性特征时，要注意把规律的必然性和规律的实现方式作适当的区别。同时，规律的必然性并不意味着人们在实践中不会从事违反规律的活动。如果违反规律是根本不可能的，那就等于说规律本身就决定了人的所有活动都同规律的要求相符合，因而必定获得成功。在现实中，违反规律而在实践中遭受挫折的现象是经常发生的。人们通常所说的规律不能违背，是指人们如果违背了规律就一定要受到规律的惩罚，而不能理解为人们不会做出违反规律的事情。

最后，规律是事物及其发展过程中的稳定的联系。

所谓稳定的联系，是指只要具备一定的条件，规律就会反复起作用，普遍地体现出来。规律的必然性正是在规律的重复性、普遍性中得以体现的。重复性是规律的又一特征。规律的重复性不是指事物的重复性。任何具体事物的产生都是必然性与偶然性的统一，其中的必然性体现着事物之间共同的本质的东西，而偶然性则使各个事物各具特点，不可重复。因此，规律的重复性正是在一个一个不可重复的事物中体现出来的，规律的重复性只是重复贯穿同类事物中的必然性的内容。用事物的不可重复性来否认规律的重复性，实际上是混淆了规律的重复性和事物的重复性的区别。

只要具备了一定的条件，规律就可以在无限的事物中发挥作用，重复它的必然性。但是，规律作用的无限性却不需要它在无限的事物中得到证明才算具有重复有效性，人们也无法在无限的事物中检验规律的重复性。个别之中有一般，有限之中蕴含着无限。在一定的事物或活动中证明了规律性，也就是在无限的同类事物中证明了规律的重复性。要求从无限的事物中验证规律的重复性，实际上是否认人类认识和掌握规律的现实可能性。

任何规律都是客观的，不依人们的意图和愿望而存在并发生作用，既不能人为创造也不能人为消灭。"自然规律是根本不能取消的。在不同的历史条件下能够发生变化的，只是这些规律借以实现的形式。"[①] 在人类历史领域，"一

---

① 《马克思恩格斯文集》第 10 卷，人民出版社 2009 年版，第 289 页。

个社会即使探索到了本身运动的自然规律……它还是既不能跳过也不能用法令取消自然的发展阶段"①。但是，人们可以通过改变规律发生作用的具体条件而改变规律发生作用的形式，或者创造条件使某种规律自行失去其效用。

联系与发展的规律性在事物运动过程中表现为决定性特征。决定论是指关于事物运动具有因果性、必然性、规律性的学说。承认不承认事物运动具有规律性，这是决定论与非决定论的区别，而如何从理论上展现事物运动过程中的规律性，则是决定论本身的不同表现形式的区别。从决定论本身来看，决定论有机械决定论、统计决定论和辩证决定论三种形态。机械决定论以动力学规律为基础，它肯定了事物运动过程中具有规律性，但否认偶然性，只承认单一的机械的因果关系。统计决定论以统计学规律为基础，它承认事物的运动具有很大的随机性，但其总的过程和趋势仍然是确定的，按概率分布规律运行。马克思主义哲学主张辩证决定论。辩证决定论确认事物的运动具有普遍的制约性和规定性，同时又认为这种普遍的决定关系是通过多种多样的特殊形式而存在的，并揭示了原因与结果、必然与偶然、决定与选择之间的辩证关系。

二、规律的类型

根据规律存在领域的不同，可以把规律划分为自然规律、社会规律和思维规律。

自然规律是贯穿在自然领域、支配自然界事物运动的规律。在人类社会产生以前，自然界就按照其固有的规律运动着。人类社会产生以后，人的活动对自己生存的自然环境产生了重要影响，但这并不意味着自然规律要依靠人的活动才能存在和发挥作用。自然规律通过盲目的、不自觉的力量在起作用并实现出来。

社会规律是贯穿在社会领域、支配人们社会活动的规律。社会规律存在于人的活动之中，离开了人及其社会关系、实践活动，它就失去了得以存在的载体和发挥作用的场所。人的活动是社会规律得以存在并发生作用的必不可少的条件。社会规律是通过有目的、有意识的人的活动在起作用并实现出来的。

思维规律是贯穿在思维领域、支配思维运动的规律，既不同于自然规律，也不同于社会规律。思维的主体是个体的人，每一个人都有可能自觉地意识到

---

① 《马克思恩格斯文集》第 5 卷，人民出版社 2009 年版，第 10 页。

自己的思维活动，并在一定的意义上自主地决定自己的思维活动。但是，思维规律也不以人的意志为转移，同样具有必然性、重复性的特征。不管人们是否意识到思维规律的要求，是否遵循思维规律进行认识活动，思维规律都要起作用。遵循思维规律进行认识活动，是获得正确认识的必要条件；违背思维规律进行认识活动，则会在认识活动中遭到失败。人们自主地进行思维活动与自觉地遵循思维规律进行认识活动既有联系又有区别，二者之间不能简单地画等号。

根据对规律研究的角度不同，又可以把规律划分为动力学规律和统计学规律。

动力学规律是在经典力学研究机械运动规律的基础上产生的。其特点在于，可以根据一定的初始状况来确定整个体系的运动，确定这一体系在每一个定时点上的位置和运动速度。例如，根据牛顿第二运动定律，只要知道一个物体的初始条件，即位置和动量以及作用于物体上的力，就可以准确地描述物体运动的轨迹，并推断出它从过去到现在再到未来的状况。一般来说，动力学规律体现的事物之间的规律性关系是一种一一对应的确定的联系，它表明一种事物的存在或发生必定导致另一种确定事物的存在或发生。

统计学规律是通过统计学方法揭示的事物之间的必然联系，体现的是一种必然性与多种随机现象之间的规律性关系。统计学规律在大量的偶然、随机现象中才能表现出来。换言之，事物或现象如果不是"大量"发生，它们之间就表现为一种非确定的联系；如果"大量"发生，它们之间就表现为一种确定的联系。例如，抛掷同一个质量均匀的硬币，出现正面和反面都是随机的，但在大量抛掷的情况下，正面、反面都有二分之一概率则是确定的。这就是一种规律性。在《资本论》中，马克思不仅称赞比利时统计学家凯德勒运用统计平均数的方法来研究社会现象，而且他自己也运用统计学方法揭示了资本主义经济运动的一系列规律，并指出："在这种生产方式下，规则只能作为没有规则性的盲目起作用的平均数规律来为自己开辟道路。"[①] 马克思所说的"平均数规律"实际上就是统计规律。

根据规律发挥作用范围的不同，还可以把规律划分为一般规律和特殊规律。

① 《马克思恩格斯文集》第 5 卷，人民出版社 2009 年版，第 123 页。

所谓一般规律，就是对一定领域内所有事物都起作用，对发展的全过程都起作用的规律。特殊规律则是对该领域内某些事物起作用，或对该发展过程的某些阶段起作用的规律。一般规律和特殊规律之所以有作用范围大小的区别，根源在于一般规律和特殊规律发生作用所需要的条件不同。一般说来，在一定质的系统中，一般规律之所以能对该系统的所有事物及其发展的全过程都起作用，是因为一般规律发生作用所需要的条件比较一般、比较少，而该系统的特殊规律发生作用所需要的条件比一般规律发生作用所需要的条件更多、更具体。例如，只要有人类社会存在，生产方式的运动规律就起作用，而资本主义经济规律要发生作用，不仅需要这个一般条件，而且需要雇佣劳动这一特殊条件。从规律发生作用的条件看，规律的普遍性、共同性程度是同规律发生作用所需要条件的数量成反比的。规律作用的普遍性程度越大，它发挥作用所需要的条件就越少；规律作用的普遍性程度越小，它发挥作用所需要的条件就越多。

一般规律和特殊规律是相对而言的，如果说具体科学揭示的是某一领域的特殊规律，那么，辩证法揭示的则是普遍适合于自然、社会和思维领域的一般规律。"辩证法的规律是从自然界的历史和人类社会的历史中抽象出来的。辩证法的规律无非是历史发展的这两个方面和思维本身的最一般的规律。"[1] 但是，辩证法的规律并不是自然运动一般规律、社会运动一般规律和思维运动一般规律的机械相加，而是贯穿在这些规律中的最一般的共性。正是在这个意义上，"辩证法就归结为关于外部世界和人类思维的运动的一般规律的科学，这两个系列的规律在本质上是同一的"[2]。

三、辩证法的实质

辩证法是一个规律体系，其中，对立统一规律、量变质变规律和否定之否定规律是三个基本规律。在辩证法的理论体系中，对立统一规律回答运动变化发展的根源是什么，揭示事物的发展过程是其内部矛盾运动的结果，矛盾双方的同一性与斗争性构成事物发展的根本动力；量变质变规律回答运动变化发展的形式是什么，揭示事物的两个基本规定以及事物发展过程的两种基本形式或状态；否定之否定规律回答发展的过程是什么，进一步揭示事物发展过程是由

---

[1] 《马克思恩格斯文集》第9卷，人民出版社2009年版，第463页。
[2] 《马克思恩格斯文集》第4卷，人民出版社2009年版，第298页。

肯定自身到否定自身，进而再到新的肯定，即否定之否定这样一个自我运动、自我发展的过程。唯物辩证法的规律体系就是由对立统一规律、量变质变规律和否定之否定规律这三个基本规律，以及整体与部分、形式与内容、现象与本质、原因与结果、偶然与必然、可能与现实等一系列范畴所构成的。其中，对立统一规律是辩证法的实质。正如列宁所说，"统一物之分为两个部分以及对它的矛盾着的部分的认识……是辩证法的实质"[①]。

第一，对立统一规律揭示联系的根本内容和发展的根本动力。

联系的根本内容就是不同事物之间以及事物内部不同要素之间的对立统一关系；发展的根本动力就是事物内部矛盾双方的对立统一。发展的结果意味着一个事物变为另一个事物。一个事物之所以能够变成和它本质不同的另一个事物，是因为这个事物内部包含着使它变为另一个事物的否定因素，是因为这个事物本身就不是绝对的同一。对立统一规律同样是人的实践活动所固有的。实践活动就是主体与客体的对立统一，是物的尺度与人的尺度、合规律性与合目的性的对立统一。只有把联系的本质理解为一种矛盾的关系，把发展过程中的矛盾双方看作既对立又统一的关系，才能理解和说明客观事物是由于自身的矛盾本性而自我运动的，才能理解和说明人的活动也是由于自身的矛盾本性而自我发展的。由此，我们也才能真正理解和把握联系与发展的观点为什么构成了辩证法的总特征。

第二，对立统一规律是辩证法的核心。

作为关于普遍联系和永恒发展的科学，唯物辩证法的规律和范畴都是从不同侧面、不同层次说明联系与发展的，而对立统一规律则揭示了联系与发展的本质，因此，它必然贯穿并体现在唯物辩证法的其他规律和范畴之中。量变质变规律体现的质与量、质变与量变的关系是一种对立统一关系，量变与质变这两种状态都是由事物内部的矛盾运动所引起的。否定之否定规律体现的肯定与否定、继承与发展、回复与前进的关系也是一种对立统一的关系，事物的螺旋式上升或波浪式的前进运动则是矛盾运动的展开形式。至于整体与部分、形式与内容、现象与本质、原因与结果、偶然与必然、可能与现实等具有对偶性的范畴，无一不是对立统一的关系。正是在这个意义上，列宁指出："可以把辩

[①] 《列宁全集》第 55 卷，人民出版社 2017 年版，第 305 页。

证法简要地规定为关于对立面的统一的学说。这样就会抓住辩证法的核心。"①作为辩证法的核心，对立统一规律提供了理解、把握辩证法其他规律和范畴的钥匙。

第三，矛盾分析法是认识的根本方法。

辩证法也是人的认识活动所固有的。"从任何一个命题开始，如树叶是绿的，伊万是人，茹奇卡是狗等等。在这里……就已经有辩证法：个别就是一般"。"在任何一个命题中……都可以（而且应当）发现辩证法一切要素的胚芽"。② 认识活动中的主体与客体、感性与理性、具体与抽象、个别与一般等关系，无一不是对立统一关系。辩证法的理论体系就是要以概念的矛盾运动去反映、表达"对象的本质自身中的矛盾"运动。列宁把对立统一规律"当作认识的规律"，并明确提出："辩证法也就是（黑格尔和）马克思主义的认识论。"③矛盾分析法因此构成人们认识活动中的根本方法，提供理解现存事物及其运动的钥匙。对立统一规律从根本上决定着事物的运动、变化、发展，决定着事物从肯定自身到否定自身，推动着新事物的不断产生与旧事物的不断灭亡。因此，以对立统一规律为实质的唯物辩证法本身必然是批判的和革命的。在其合理形态上，辩证法"在对现存事物的肯定的理解中同时包含对现存事物的否定的理解，即对现存事物的必然灭亡的理解；辩证法对每一种既成的形式都是从不断的运动中，因而也是从它的暂时性方面去理解；辩证法不崇拜任何东西，按其本质来说，它是批判的和革命的"④。辩证法的批判，就是从肯定与否定、生成与灭亡的统一上来理解和对待现存事物，就是从根本上改变已经不符合发展规律的现存事物。"对实践的唯物主义者即共产主义者来说，全部问题都在于使现存世界革命化，实际地反对并改变现存的事物。"⑤ 在实践活动中，人以否定的方式促使着新事物不断产生与旧事物不断灭亡。人对世界的这种否定性统一关系是对立统一规律的具体体现，是一种最深刻、最复杂的矛盾关系，它本身就包含并体现着辩证法的批判性和革命性。

是否承认矛盾构成事物发展的根本动力并把对立统一规律应用于认识论，

---

① 《列宁全集》第 55 卷，人民出版社 2017 年版，第 192 页。
② 《列宁全集》第 55 卷，人民出版社 2017 年版，第 307、308 页。
③ 《列宁全集》第 55 卷，人民出版社 2017 年版，第 308 页。
④ 《马克思恩格斯文集》第 5 卷，人民出版社 2009 年版，第 22 页。
⑤ 《马克思恩格斯文集》第 1 卷，人民出版社 2009 年版，第 527 页。

是辩证法与形而上学的根本分歧。作为两种思维方式，辩证法与形而上学的分歧主要表现在三个方面：一是辩证法用联系的观点看待世界，认为一切事物都处在普遍联系之中，形而上学则用孤立的观点看待世界，否认事物之间存在着本质的联系；二是辩证法用发展的观点看待世界，认为发展的本质是新事物的产生与旧事物的灭亡，形而上学则用静止的观点看待世界，否认事物在本质上是发展的；三是辩证法用矛盾的观点看待世界，认为矛盾是事物自我运动、自我发展的动力和源泉，形而上学则认为每一事物都与自身同一，根本否认事物内部存在矛盾。在这种种分歧中，是否承认事物内部存在矛盾，以及如何用概念的逻辑反映事物的矛盾运动则构成了辩证法与形而上学的根本分歧。正如列宁所说，"问题不在于有没有运动，而在于如何用概念的逻辑来表达它"。"形而上学的唯物主义的根本缺陷就是不能把辩证法应用于反映论，应用于认识的过程和发展。"[①] 这是区分辩证法与形而上学这两种思维方式的根本原则。

思考题：

1. 为什么说联系和发展的观点是唯物辩证法的总特征？

2. 怎样在现实生活中运用系统思维分析问题？

3. 为什么说对立统一规律是唯物辩证法的实质？

4. 为什么说辩证法按其本质来说是批判的和革命的？

▶ 本章拓展资源

[①] 《列宁全集》第 55 卷，人民出版社 2017 年版，第 216、308 页。

第六章　联系与发展的基本规律

联系与发展一系列基本环节的展开，包含并体现为一系列基本规律。人类在实践和认识活动过程中不断深化对联系与发展的认识，形成了关于辩证法规律的学说。作为关于普遍联系与运动发展的学说，唯物辩证法揭示并阐释联系与发展的基本规律，即对立统一规律、量变质变规律和否定之否定规律。

第一节　对立统一规律

矛盾是联系的实质内容和发展的根本动力，对立统一规律就是事物矛盾运动的规律。人的实践活动验证并表明了这一规律的普遍性。"就本来的意义说，辩证法是研究对象的本质自身中的矛盾"①。因此，要把握对立统一规律，需要正确理解矛盾，以及矛盾的同一性与斗争性、普遍性与特殊性及其关系。

一、矛盾是对立面的统一

矛盾概念反映的是事物内部或事物之间对立与统一的关系。矛盾即对立统一。当我们的认识由事物的现象深入到本质时，就会形成关于矛盾的观念。"认识矛盾并且认识对象的这种矛盾特性就是哲学思考的本质"②。

在中国，矛盾的观念早就形成了。《易》就以阴阳变化来解释世界，《易传》称"一阴一阳之谓道""一阖一辟谓之变"，这就把阴阳的对立统一看成是事物运动变化发展的根本动力。张载从矛盾学说的高度提出了"一物两体"的思想，认为事物"动非自外"，内部对峙的两个方面的相互作用构成了事物变化的根本原因。朱熹把"一物两体"进一步概括为"一分为二"，并认为万物"无独必有对""凡物皆有两端"，并且"独中又自有对"。"相反相成""和而不同""一分为二""合二为一"，等等，都是对矛盾观念的理解和表达。

在西方，古希腊哲学家赫拉克利特就已经意识到对立双方的相互依存、相

---

① 《列宁全集》第 55 卷，人民出版社 2017 年版，第 213 页。

② ［德］黑格尔：《小逻辑》，贺麟译，商务印书馆 1980 年版，第 132 页。

互排斥和相互转化构成了事物的对立统一关系，并把这种对立统一关系上升为宇宙万物运动变化发展的普遍法则。"互相排斥的东西结合在一起，不同的音调形成最美的和谐"，直与曲、生与死、存在与非存在等，都具有统一性。"我们踏进又不踏进同一条河流，我们存在又不存在。"黑格尔自觉地意识到"从对立面的统一中去把握对立面"是辩证法的"最重要的方面"，并认为对立统一是一切概念的本性，矛盾构成了自然世界和精神世界中一切事物的本质、存在的根据和发展的动力。黑格尔"第一个全面地有意识地叙述了辩证法的一般运动形式"[①]，但黑格尔的概念辩证法是建立在唯心主义基础上的，在他那里，概念的矛盾本性具有神秘的形式，因而不能成为认识世界的科学方法。

马克思、恩格斯在批判改造黑格尔概念辩证法的基础上，创立了唯物辩证法，由此使矛盾概念得到科学的说明。

矛盾是用来表达、说明事物及其发展过程的本质的概念。简单地说，矛盾就是对立统一关系。一切矛盾都是由对立着的两个方面构成的，矛盾关系就是发生在对立面之间的关系，没有对立的两个方面便不能构成矛盾。同时，构成矛盾的对立面又是相互规定中的存在，二者相互依存，一方存在以另一方存在为前提。

作为关系范畴，矛盾既表现为事物之间的关系，又表现为事物内部因素之间的关系；既表现为物与物之间的关系，又表现为人与物、人与人之间的关系。无论矛盾表现为哪种具体形式，其实质都是既对立又统一的关系。对立关系和统一关系是两种不同的关系，但这两种不同性质的关系又是结合在一起的。统一关系存在于对立关系之中，而且在它内部就包含着对立关系；对立关系存在于统一关系之中，而且它本身就包含着统一关系。对立是统一中的对立，统一是对立中的统一。辩证思维方法之所以不同于形而上学思维方法，从根本上说，就在于它在对立的东西中发现统一关系，在统一的东西中发现对立关系，从而能够透过事物的表面，深入事物的底蕴，抓住事物的本质。

正确理解矛盾的含义，要注意把辩证矛盾与逻辑矛盾区别开来。逻辑矛盾是指人们的思维过程违反逻辑规则造成的矛盾，它是思维过程中的自相矛盾。辩证矛盾则是指事物本身所固有的对立统一关系，它同思维过程中由于违反逻辑规则而造成的逻辑矛盾完全不是一回事。任何科学的认识都要求排除逻辑矛

---

① 《马克思恩格斯文集》第 5 卷，人民出版社 2009 年版，第 22 页。

盾，而任何科学的认识又都是研究对象本身所固有的辩证矛盾的。当代西方哲学家波普尔责难辩证法，认为矛盾学说"必然导致科学的瓦解，批判的瓦解，理性的瓦解"，其错误就在于他把辩证矛盾等同于逻辑矛盾，不理解作为辩证法范畴的矛盾并不是形式逻辑所说的逻辑矛盾，不理解辩证思维把拒斥逻辑矛盾作为自己的思想前提，一切分析都"不容许有'逻辑矛盾'"。①

二、矛盾的同一性与斗争性

矛盾就是对立统一关系，或者说是对立面的同一。同一性与斗争性是矛盾的两种基本属性。

矛盾的同一性是指矛盾着的对立面在一定条件下相互依存、相互转化的性质。在这个意义上，矛盾的同一性又被称作矛盾的统一性。矛盾的同一性有两层含义：

第一，矛盾对立面之间的相互依存。矛盾着的每一方都不可能孤立地存在和发展，一方的存在、发展必须以另一方的存在、发展为前提和条件，而且矛盾双方只有在一定条件下才能相互依存，才能作为矛盾统一体而存在。"矛盾的两个方面，各以和它对立着的方面为自己存在的前提，双方共处于一个统一体中。"②

第二，矛盾对立面之间的相互转化。矛盾双方不仅相互依存，而且存在着共同的基础和由此达彼的桥梁，包含着相互转化的趋势，即"矛盾着的双方，依据一定的条件，各向着其相反的方面转化"③。矛盾的转化是向自己对立面包括对立面地位的转化，而所谓的"自己的对立面"，就是本来和自己有着内在联系并相互依存的对立面。这种包含着向自己对立面转化的趋势，最明显、最深刻地表现了矛盾的同一性。

矛盾的斗争性，即矛盾双方的对立属性，是指矛盾着的对立面之间相互限制、相互排斥、相互否定的属性，体现着矛盾双方相互分离的趋势。在哲学史上，赫拉克利特最早使用了斗争性这个概念。在赫拉克利特看来，"万物都是通过斗争和必然性产生的"。作为一个哲学范畴，矛盾的斗争性有着高度的概括性。机械运动中的吸引与排斥、物理运动中的正电与负电、生物运动中的遗

---

① 《列宁全集》第 28 卷，人民出版社 2017 年版，第 132 页。
② 《毛泽东选集》第 1 卷，人民出版社 1991 年版，第 327 页。
③ 《毛泽东选集》第 1 卷，人民出版社 1991 年版，第 327 页。

传与变异等的相互排斥，社会运动中的阶级斗争乃至社会生活中不同意见之间的争论，都属于矛盾的斗争性。作为哲学范畴的斗争同作为政治范畴的斗争既有联系又有区别。作为哲学范畴的斗争包括并概括了作为政治范畴的斗争的内容，前者在内容和形式上比后者更加丰富。

同一性与斗争性是矛盾的两种相反的属性，但二者又是相互联系的。没有同一性就没有斗争性，同样，没有斗争性也就没有同一性。矛盾双方的同一是对立中的同一，对立是同一中的对立。学习和掌握辩证法，就是在矛盾双方的对立中把握它们的同一，同时在它们的同一中把握对立。

矛盾的同一性不能脱离斗争性而存在。同一是包含着差别和对立的具体的同一，同一性必然为斗争性所制约。在黑格尔看来，那种完全排除差异和对立的同一，是"抽象的同一"，如果把这种"抽象的同一"绝对化，就会否认矛盾本身。恩格斯认为，"真实的具体的同一性自身包含着差异、变化"。"同一性自身中包含着差异，这一事实在每一个命题中都表现出来"。① 这就是说，无论是在事实上，还是在对事实的陈述上，真实的同一性都是包含着差异和对立的同一性。

矛盾的斗争性不能脱离同一性而存在。斗争是统一体内部的斗争，如果对立面之间不为某种联系所规定，它们彼此间也就不成其为对立面，斗争也就无从谈起。斗争性总是和同一性相联结，并为同一性所制约。"所有的两极对立，都以对立的两极的相互作用为条件；这两极的分离和对立，只存在于它们的相互依存和联结之中，反过来说，它们的联结，只存在于它们的分离之中，它们的相互依存，只存在于它们的对立之中。"②

发展是矛盾同一性与斗争性相互作用的结果。"相互作用是事物的真正的终极原因。我们不能比对这种相互作用的认识追溯得更远了……只有从这种普遍的相互作用出发，我们才能认识现实的因果关系。"③ 在辩证法中，没有比矛盾同一性与斗争性的相互作用更根本的相互作用了。事物运动变化发展的秘密，就在矛盾同一性与斗争性的相互作用之中。

矛盾同一性在事物发展中的作用体现在三个方面：第一，矛盾双方在相互依存中得以存在和发展。对立面的相互依存，即一方的存在以另一方

① 《马克思恩格斯文集》第9卷，人民出版社2009年版，第477页、第476页。
② 《马克思恩格斯文集》第9卷，人民出版社2009年版，第516页。
③ 《马克思恩格斯文集》第9卷，人民出版社2009年版，第482页。

的存在为条件，一方的发展以另一方的某种发展为条件，是事物得以存在和发展的前提。第二，矛盾双方相互吸取有利于自己的因素而得到发展。矛盾的双方总是包含着可以彼此利用的某些因素，每一方都可以为另一方的发展所利用，新事物也要利用旧事物中有利于自己发展的某些因素。第三，矛盾双方的相互贯通规定着事物发展的趋势。发展是一物转化为他物，是转化为"自己的他物，是向自己的对立面的发展"①，如实践活动中的主体客体化与客体主体化。如果离开矛盾双方的具体同一性，就无法确定事物发展的趋势。

矛盾斗争性在事物发展中的作用首先体现在事物的量变过程中。矛盾的发展过程首先是矛盾双方力量此消彼长的过程，这一过程是由对立面的斗争所推动的。对立面的斗争造成双方力量发展的不平衡性，为对立面的转化以及事物的质变进行量的准备和创造条件。更重要的是，矛盾斗争性在事物发展中的作用体现在事物质变过程中。当矛盾双方的发展沿着各自的方向达到极限时，就只有通过斗争才能突破这个极限，从而使旧的矛盾统一体分解，新的矛盾统一体产生，一事物变成他事物。"无论什么事物的运动都采取两种状态，相对地静止的状态和显著地变动的状态。两种状态的运动都是由事物内部包含的两个矛盾着的因素相互斗争所引起的。"②

要把握矛盾的同一性与斗争性在事物发展中的作用，需要理解矛盾同一性与斗争性之间相对和绝对的关系。

矛盾的同一性是相对的。矛盾同一的相对性是指矛盾统一体以及贯穿其中的同一性受着特定条件的限制。只有当某种特定条件具备时，矛盾双方才能共居一个统一体中，具有同一性；而当这种特定条件消失时，矛盾双方就不能共居一个统一体中，从而丧失其同一性。所以，同一性是有条件的、相对的。矛盾斗争性是绝对的。矛盾斗争的绝对性是指矛盾的斗争既受特定条件的限制，同时又能打破这些特定条件的限制。当旧的统一体破裂时，矛盾双方的同一已经是瓦解中的同一，同一既存在又不存在，而矛盾双方的斗争倾向则越来越强烈，其结果就是旧的矛盾统一体解体，新的矛盾统一体产生。可见，矛盾的斗争性离不开同一性，同时又在破坏着同一性。在这个意义上，矛盾的斗争是无

① 《列宁全集》第 55 卷，人民出版社 2017 年版，第 222 页。
② 《毛泽东选集》第 1 卷，人民出版社 1991 年版，第 332 页。

条件的、绝对的。"有条件的相对的同一性与无条件的绝对的斗争性相结合，构成了一切事物的矛盾运动。"①

要把握矛盾同一性与斗争性的相互作用构成事物发展的根本动力，还要理解矛盾系统中的内部矛盾和外部矛盾的作用及其关系。

事物内部各要素之间的同一与斗争是内部矛盾，事物之间的同一与斗争是外部矛盾。前者是事物发展的内因，后者是事物发展的外因。内因是事物自我运动的源泉，规定着事物的本质和发展方向，外因则影响事物的状况和发展进程。"外因是变化的条件，内因是变化的根据，外因通过内因而起作用"②，即外因通过加强或削弱内部矛盾的某一方面而影响事物的性质和发展进程。现在的世界是开放的世界。在经济全球化的条件下，我们既要自力更生，注意内因对发展的根本作用，又要对外开放，注意外因对发展的影响作用。历史已经证明，没有一个国家能够在封闭的状态下实现现代化，中国的发展离不开世界，世界的发展离不开中国。

三、矛盾的普遍性与特殊性

矛盾的存在是普遍的，没有什么事物不包含矛盾。矛盾存在的普遍性有两方面的意义：从共时性看，矛盾存在于一切事物之中，处处有矛盾；从历时性看，每一事物的发展过程自始至终都存在着矛盾，时时有矛盾。矛盾无处不在，无时不有。正如毛泽东所说："矛盾的普遍性或绝对性这个问题有两方面的意义。其一是说，矛盾存在于一切事物的发展过程中；其二是说，每一事物的发展过程中存在着自始至终的矛盾运动。"③

矛盾是一切现实存在着的事物及其运动过程的本质。所谓事物的本质包含矛盾，就是说，一个事物不仅在本质上与自身是同一的，而且在本质上与自身又是对立的。只有承认每一事物的本质中都包含着肯定自身和否定自身两种对立的因素，才能把事物的运动理解为是事物自我运动，才能真正达到对事物的辩证理解。"要认识在'自己运动'中、自生发展中和蓬勃生活中的世界一切过程，就要把这些过程当作对立面的统一来认识。"④

---

① 《毛泽东选集》第 1 卷，人民出版社 1991 年版，第 333 页。
② 《毛泽东选集》第 1 卷，人民出版社 1991 年版，第 302 页。
③ 《毛泽东选集》第 1 卷，人民出版社 1991 年版，第 305 页。
④ 《列宁全集》第 55 卷，人民出版社 2017 年版，第 306 页。

任何矛盾都有一个发生、发展的过程。我们不仅要把握那些发展过程中的矛盾，而且要认识处于发生阶段的矛盾。在常识观念中，矛盾只是在事物发展到一定阶段时才产生出来，在事物发展初期，只存在差异。实际上，差异就是矛盾，是潜在形态的矛盾，后来的对立、冲突等都是从它发展而来的。在这个意义上，差异、对立、冲突不过是矛盾在发展过程中所表现出来的不同形式，其本质关系都是对立统一关系。矛盾永远存在，总是处在不断解决又不断产生的过程中。

我们不仅要认识矛盾发展过程中对立、冲突的形式，而且要注意矛盾发展过程中的和谐状态。古希腊哲学中的毕达哥拉斯学派提出了"和谐"这一范畴，并认为和谐就是"将不同的东西美好地连接、调和在一起"。中国古代哲学家则提出"和而不同"这一思想，并认为"和实生物，同则不继"。这就是说，和谐以"不同的东西"的存在为前提，是矛盾运动的一种结果，是矛盾存在的一种状态。和谐，在本义上就是指矛盾双方在一定条件下达到相对稳定的平衡状态。在这种状态下，人与自然、人与人之间实现了一种动态中的平衡、发展中的协调、多元中的一致。任何社会都存在矛盾，构建和谐社会就是一个不断化解矛盾，实现人与自然和谐共生、人与人和谐相处的过程。

矛盾的存在是普遍的，但现实中的矛盾却各不相同。在每一领域、每一事物及其运动过程中存在的矛盾既有性质上的共同性，即共性，又有特殊性，即个性，从而体现出矛盾的差异性和多样性。矛盾的差异性和多样性都属于矛盾的特殊性。认识矛盾，主要就是认识不同的矛盾所具有的特殊的对立统一关系；解决矛盾，关键也在于找到适合特殊矛盾性质和状况的特殊方法。"对于物质的每一种运动形式，必须注意它和其他各种运动形式的共同点。但是，尤其重要的，成为我们认识事物的基础的东西，则是必须注意它的特殊点，就是说，注意它和其他运动形式的质的区别。只有注意了这一点，才有可能区别事物。"[1]

首先，每一种运动形式中的矛盾都具有特殊性。

每一种运动形式内部都包含着特殊的矛盾，正是这种特殊矛盾构成一事物区别于他事物的特殊本质。机械运动、物理运动、化学运动、生物运动、社会运动、思维运动，每一种运动形式所具有的特殊本质，都为自己的特殊矛盾所

---

[1] 《毛泽东选集》第 1 卷，人民出版社 1991 年版，第 308 页。

规定。自然运动之所以不同于社会运动，思维运动之所以不同于自然运动和社会运动，就在于三者的内在矛盾各自具有特殊性。自然矛盾的存在与解决，可以不通过人的活动；社会矛盾的存在与解决，必须通过人的活动，人的实践活动是人类社会一切矛盾的总根源；思维矛盾则是自然矛盾、社会矛盾的反映与升华，表现为运用概念反映对象时所发生的矛盾。

其次，每一个事物发展过程中的矛盾都具有特殊性。

每一种事物的发展过程都具有特殊性，这种特殊性就是由事物内部的根本矛盾及其特殊性所决定的。所谓根本矛盾，是指贯穿事物发展过程始终并规定事物及其过程性质的矛盾。例如，同化与异化是生物体的根本矛盾，它规定生物体的性质，这个根本矛盾的运动一旦停止，生物体就会死亡。每一个事物都有其根本矛盾，同时又都包含一些非根本性的矛盾。根本矛盾规定和制约着非根本矛盾，非根本矛盾反过来又影响根本矛盾，加速或延缓根本矛盾的解决，从而加速或延缓事物的发展过程，使其显示出阶段性的特点。

最后，每一个事物中的矛盾及其不同方面的地位都具有特殊性。

事物是由多种矛盾构成的矛盾总体。在矛盾体系中，往往有一种矛盾规定或影响着其他矛盾的存在和发展。这种在事物发展过程的一定阶段上处于支配地位、起着决定作用的矛盾，就是主要矛盾。其他处于从属地位、不起决定作用的矛盾，就是次要矛盾。主要矛盾决定着次要矛盾的发展和解决，次要矛盾也会反过来影响主要矛盾的发展和解决。同时，主要矛盾与次要矛盾在一定条件下能够相互转化。

无论是主要矛盾，还是次要矛盾，矛盾双方的力量往往是不平衡的。其中，处于支配地位、起着主导作用的一方，就是矛盾的主要方面；处于被支配地位、不起主导作用的一方，就是矛盾的次要方面。"事物的性质，主要地是由取得支配地位的矛盾的主要方面所规定的。"①　矛盾的主要方面对次要方面起着支配作用，矛盾的次要方面又会影响和制约主要方面；矛盾主要方面和次要方面处在相互作用中，这种相互作用，在一定条件下会引起双方地位的相互转化。

正确把握主要矛盾与次要矛盾、矛盾的主要方面与次要方面的关系，就要坚持唯物辩证法的重点论和两点论的统一。所谓两点论，就是既要把握主要矛盾，又要注意次要矛盾；既要把握矛盾的主要方面，又要注意矛盾的次要方

---

① 《毛泽东选集》第 1 卷，人民出版社 1991 年版，第 322 页。

面。重点论，就是要着重把握主要矛盾、矛盾的主要方面。两点论是有重点的，两点论内在地包含着重点论；重点论是以承认非重点为前提的，重点论内在地包含着两点论。

"由于特殊的事物是和普遍的事物联结的，由于每一个事物内部不但包含了矛盾的特殊性，而且包含了矛盾的普遍性，普遍性即存在于特殊性之中，所以，当着我们研究一定事物的时候，就应当去发现这两方面及其互相联结，发现一事物内部的特殊性和普遍性的两方面及其互相联结，发现一事物和它以外的许多事物的互相联结。"① 矛盾普遍性与特殊性这种"互相联结"的关系就是矛盾的共性与个性的关系。其一，共性是不同矛盾中共同的、本质的东西，个性是不同矛盾中独自具有的东西。其二，矛盾个性总是与矛盾共性相联系而存在的，个性影响并制约着共性。其三，在一定条件下，矛盾共性与个性相互转化，即在这个场合为普遍性的东西，在另一场合则变为特殊性的东西，反之亦然。

矛盾普遍性与特殊性、共性与个性的辩证法是马克思主义基本原理与各国具体实际相结合的哲学基础。新民主主义革命、中国特色社会主义建设都体现并贯彻了这一共性与个性的辩证法。"把马克思主义的普遍真理同我国的具体实际结合起来，走自己的道路，建设有中国特色的社会主义，这就是我们总结长期历史经验得出的基本结论。"② 学习唯物辩证法就是要运用矛盾学说去具体分析矛盾、解决矛盾，而具体分析和解决矛盾并把矛盾学说转化为活动方式、认识方法、工作方法的关键，就在于把握矛盾的普遍性与特殊性，即共性与个性的辩证关系。正是在这一意义上，毛泽东指出：矛盾普遍性与特殊性"这一共性个性、绝对相对的道理，是关于事物矛盾的问题的精髓，不懂得它，就等于抛弃了辩证法"③。

第二节　量变质变规律

事物的矛盾运动推动着事物从量变到质变。量变与质变是事物变化的两种基本状态或形式。发展的实质是新事物的产生与旧事物的灭亡，也就是事物的

---

① 《毛泽东选集》第 1 卷，人民出版社 1991 年版，第 318 页。
② 《邓小平文选》第 3 卷，人民出版社 1993 年版，第 3 页。
③ 《毛泽东选集》第 1 卷，人民出版社 1991 年版，第 320 页。

质变。质变是量变合乎规律的结果，同时又是新的量变的开端。量变与质变的相互交替、相互过渡、相互转化构成量变质变规律。

一、质、量、度

作为哲学范畴，质是指一事物成为自身并区别于他事物的内部固有的规定性。质和事物的存在是直接同一的。此物之所以为此物，并有别于他物，就是由于它具有自身的质的规定性。质和事物的直接同一意味着：事物是具有一定质的事物，某物一旦丧失了自己固有的质的规定性，它就不是原来的某物而变为他物，而他物也具有自己质的规定性；质是一定事物的质，离开特定事物的质是不存在的。

事物的质是事物所固有的规定性，但一事物的质又要通过同其他事物的关系表现出来，一事物在与他事物的关系中表现出来的质，就是该事物的属性。每一事物都具有多方面的属性，为了准确而全面地判断哪些属性对于确定事物的质具有决定作用，必须把人的实践作为实际的确定者包括在内，必须从事物多方面的属性中抓住与实践密切相关的属性，确定符合实践需要的事物的质。例如，一个杯子就具有多方面的属性，作为饮器，杯子应当是适宜于喝水的；作为艺术品或文物来欣赏，杯子应式样精致、图案美丽、色彩悦目，或者具有考古价值、纪念意义。再如，对于人，社会科学主要研究其社会关系的本质属性，而医学则主要研究其生理过程的本质属性。因此，要确定和把握事物的质，应当把事物本身的客观属性和人们的实践需要两个方面结合起来，进行全面的、具体的分析，或者说，从事物本身属性与人们实践需要的统一中去把握事物的质。

量是事物存在和发展的规模、程度、速度等可以用数量表示的规定性，以及事物构成因素在空间上的排列组合方式。量的规定性不同于质的规定性：质与事物的存在是直接同一的；量在一定的范围内的增减并不影响某物之为某物。但是，量和质一样都是事物本身所固有的规定性。量总是一定事物的量。离开具体事物的"纯粹"的量，只存在于思维的抽象中。即使像数学这门从"纯粹"形态上研究量的科学，归根到底也是对客观事物的量与量关系的反映。"数和形的概念不是从其他任何地方，而是从现实世界中得来的。"[①]

---

① 《马克思恩格斯文集》第 9 卷，人民出版社 2009 年版，第 41 页。

在科学研究中，确定事物及其运动状态的性质，属于定性研究；对其数量的分析，则是定量研究。定性是定量的基础，反过来，定量是定性的精确化。由定性到定量的发展是认识发展的规律，也是科学进步的表现。马克思认为，一门科学只有当它达到能够运用数学时，才能成为成熟的科学。在科学史上，首先成功运用数学并使它自身完善化的科学是力学。在当代，科学越来越广泛地运用数学，甚至那些看来似乎与数学无缘的生物学、经济学、社会学和历史学也与数学"联姻"了，并取得了丰硕成果。

任何事物都是质与量的统一体。质与量的统一体现在"度"这个范畴中。度就是一定事物保持自己质的量的限度。任何度的两端都存在着极限或界限，这就是关节点或临界点。度就是关节点范围内的幅度。在这个范围内，事物的质保持不变；超出这个范围，事物的质就发生变化。在度中，质规定量的运动范围和变化幅度，量的变化迟早又要突破质的限制。超出度的范围，事物的质与量的统一就会破裂。达不到一定限度和超过一定限度，都会影响事物的质。这就要求我们确立底线思维，在现实生活中掌握"适度"的原则。"防微杜渐""注意分寸""过犹不及"，等等，讲的都是"适度"原则。"底线思维"就是"适度"原则的体现，凡事都不能超越底线，如法律底线、道德底线等。这些底线就是度的关节点，一旦超越这些底线，事情就会发生质变。

二、量变与质变及其相互转化

量变与质变是事物变化的两种基本状态或形式。量变即量的变化，是指事物数量的增减和场所的变更，是事物在原有性质的基础上，在度的范围内所发生的变化。统一、平衡、静止等，都是事物在量变过程中所呈现的面貌。质变即质的变化，是指事物性质的变化，是事物由一种质态向另一种质态的转变。统一物的分解，平衡、静止等的破坏，就是事物处在质变过程中呈现的面貌。事物的变化是发生在度的范围之内还是超出度的范围，这是区分量变与质变的根本标志。

质变与量变的关系是辩证的。量变不是质变，但可以引起质变；质变不是量变，但可以引起新的量变。量变在度的范围内进行，是一种保持事物质的稳定的状态，但它同时又是一种向度的边缘或关节点不断推移的趋势，一旦达到度的关节点时，就会引起质变；质变是原来量变的终结，又是新的量变的开端，在新质的基础上，又进行着新的量变。量变—质变—新的量变，如此相互转化、相互交替，构成了事物的发展过程，形成了量变质变规律或质量互变规律。这可以从以下几个方面去理解：

第一，量变是质变的必要前提。这是因为，质变是一种质的事物向另一种质的事物的转化，而不同质的事物总有自己所特有的度，这个度再小也有一定的限量。例如，不同元素之间有的只是由于原子核内差一个正电荷，没有这个"一"的增加或减少，就不会有不同元素之间的转化。同时，在量变过程中，往往同时存在着两种方向相反的量，如物体运动中的吸引与排斥，生物进化中的遗传与变异，阶级社会中对立阶级双方的力量差异等。在这种情况下，量变不仅表现为量的绝对值的增减，而且表现为双方力量对比的变化。这种变化不仅是质变的前提，而且决定着究竟会导致什么样的质变。

第二，质变是量变的必然结果。量变的每一种变化都影响并改变着质，量变对质变的这种作用逐渐积累，达到临界点，就必然引起质变。同时，质是通过属性表现出来的，量变就是不断地改变事物的属性以及属性与属性的关系，因而必然引起质变。

第三，质变体现并保存量变的成果，并为新的量变开辟道路。在自然界中，无论是宏观物体，还是微观物体，无论是分子、原子，还是基本粒子，其变化都会引起量的规定性的变化。在人类社会中，生产方式的每一次变革都带来了劳动生产率的提高，物质生活产品数量的增加，自由支配时间的增多，等等。质变意味着发展过程中的飞跃，即新事物的产生，意味着新质和新量相结合并构成新的度，从而使事物在新的度的范围内开始新的量变，开始新的渐进性发展。

发展是渐进与飞跃的统一、连续性与间断性的统一。连续性是指事物只是在量上发生了变化，表现在现实中就是这一事物还是它自身。间断性是指质变，是从旧质到新质的飞跃，是渐进性过程的"中断"。渐进性过程的中断或连续性的间断并不是发展的停止，而是打破旧的质的规定性而代之以新的质的规定性，表现在现实中就是出现了新事物。发展是连续性与间断性的统一。事物的发展作为一个完整的过程必须有不间断的量的积累才有间断性的质的飞跃。更重要的是，连续性与间断性是相互包含的。连续性的每一步进展都是对自己的破坏，都在走向自己的反面，即间断性；正是因为有以往的连续性的积累才产生了间断性，间断性包含着连续性。发展是量变与质变、渐进与飞跃、连续与间断的统一。

三、量变的复杂性与质变的多样性

量变引起质变主要有两种形式：一是因数量增减而引起的质变，如原子核电荷量的增减，会使一种元素变为另一种元素；二是因事物构成因素在空间上排列关系的变化而引起的质变，如人数和素质相同的劳动力，由于劳动组合不同而形成不同的生产率。

量变的复杂性还体现在量变的过程中包含着质变，即总的量变过程中的部分质变。总的量变过程中的部分质变又有两种情况：一是事物的根本性质未变而次要性质发生了变化，使事物发展过程呈现出阶段性，这可以叫作阶段性部分质变，如由劳役地租到实物地租再到货币地租的转化，都是同一封建社会生产关系所发生的阶段性部分质变；二是就全局来说事物性质未变而其中的局部发生了性质变化，这可以叫作局部性部分质变，如一种元素中增多或减少一个中子，并不影响它仍是这种元素，但它的局部性质已发生改变，因此被称为这种元素的同位素。阶段性部分质变，是事物的根本属性与非根本属性变化不平衡性的一种表现；局部性部分质变，则是事物内部各部分发展不平衡性的一种表现。

量变过程中包含着质变，质变过程中又具有量的特征。质变具有的量的特征也有两种情形：一是旧质的量在新质中仍然保持着，但发生了变化。这种情况多半发生在事物质态的变化中，如水由液态变为气态或固态后，分子运动仍然存在，但其速度却发生了变化。二是随着新质的产生而出现了旧质所没有的量的规定性，即新的量。这种情况多半发生在事物的根本性质发生变化、旧事物被新事物所代替这种类型的质变中。例如，无脊椎动物进化到脊椎动物便出现了神经系统，神经系统有神经细胞的数目及其排列次序等量的规定，而这些规定在无脊椎动物中是没有的。无论哪种情况，质变过程中都有量的变化。

质变是事物从一种质到另一种质的转化形式，表现为飞跃。飞跃是事物根本性质的变化，是旧事物的灭亡与新事物的产生。飞跃这个概念形象地表明质变是跳跃式的发展。任何质变都是通过飞跃实现的，但由于事物的性质和所处的条件不同，飞跃的形式也必然不同。从新质代替旧质的激烈程度来看，飞跃有爆发式飞跃和非爆发式飞跃两种形式。爆发式飞跃是新质代替旧质时所采取的激烈的外部冲突形式，经历的时间比较短；非爆发式飞跃则是通过新质要素的逐渐积累和旧质要素的逐渐衰亡而实现的，经历的时间比较长。事物的发展究竟采取非爆发式还是采取爆发式，主要是由该事物的矛盾性质决定的，同时也同该事物在其中得以发展的具体条件有关。

质变的多样性还体现在，社会领域的飞跃不同于自然领域的飞跃。在自然领域，从旧质到新质的飞跃是在各种自然力量自发地、盲目地相互作用中实现的。在社会领域，活动的主体是有意识、经过思虑或凭激情行动的、追求某种目的的人，任何事情的发生都不是没有自觉意图、预期目的的。因此，社会飞跃无论采取哪种形式，都是通过人的自觉活动实现的。

第三节　否定之否定规律

质变意味着新事物的产生与旧事物的灭亡，表明新事物对旧事物的否定是一种自我否定。任何事物内部都包含着肯定的方面与否定的方面，由于矛盾双方的相互作用，当否定的方面由被支配地位上升为支配地位，事物便转化为自己的对立面，由肯定达到对自身的否定，而后，再由否定进到新的肯定，即否定之否定。这样，事物便显示出自己发展自己的完整过程。

一、肯定与否定

任何事物内部都包含着肯定与否定两个方面。肯定的方面是事物保持自身存在的方面，即肯定这一事物为它自身的方面。否定的方面是促使该事物灭亡的方面，即促使它转化为其他事物的方面。

事物内部的肯定方面与否定方面是对立的。正如黑格尔所说，"肯定的一面是一种同一的自身联系，而不是否定的东西，否定的一面，是自为的差别物，而不是肯定的东西"[①]。肯定不是否定，因为肯定维持着事物的质的规定性，当肯定方面处于优势时，事物就会保持其原有的性质和自身的存在；否定不是肯定，因为否定就是要消解肯定的规定性，一旦否定方面在发展中取得了支配地位，事物就会改变自己的根本性质，达到对原有事物的否定。

事物内部的肯定方面与否定方面又是统一的。一方面，肯定包含否定，在一定意义上，肯定就是否定。任何一个事物中都包含着肯定性的因素和否定性

---

① ［德］黑格尔：《小逻辑》，贺麟译，商务印书馆1980年版，第254页。

的因素，二者的对立与斗争必然使事物的发展进入自我否定阶段，并因自我否定而自我更新，这就是肯定中包含否定、肯定就是否定的真实含义和丰富内容。所以，黑格尔认为，在肯定的"自身中就具有否定性，所以它可以超越自身之外，并引起自己的变化"。另一方面，否定包含肯定，在一定意义上，否定也就是肯定。黑格尔指出："否定的东西也同样是肯定的；或说，自相矛盾的东西并不消解为零，消解为抽象的无，而是基本上仅仅消解为它的特殊内容的否定；或说，这样一个否定并非全盘否定，而是自行消解的被规定的事情的否定，因而是规定了的否定。"① 所谓"规定了的否定"，是指否定本身有着肯定的意义，就是说，否定的结果不是虚无，而是产生新的规定。所以，"否定也是规定"，即否定就是肯定，否定包含肯定。

事物内部同时包含肯定因素与否定因素，二者的此消彼长必然导致事物的发展过程包含肯定阶段与否定阶段。在事物的发展过程中，相对于肯定来说，否定是较后也是较高的环节，它包含着肯定，同时又具有比肯定更为丰富的内容，更能体现出事物发展的辩证法。唯物辩证法把这种包含肯定于自身的否定称为"辩证的否定"。

辩证否定的丰富内容在"扬弃"这一范畴中得到了恰当的表达。黑格尔指出："扬弃一词有时含有取消或舍弃之意，依此意义，譬如我们说，一条法律或一种制度被扬弃了。其次，扬弃又含有保持或保存之意。在这意义下，我们常说，某种东西是好好地被扬弃（保存起来）了。这个字的两种用法，使得这字具有积极的和消极的双重意义。"② 因此，我们要把否定的环节、否定的过程既看成是消灭旧事物的环节，又看成产生新事物的环节；既看成先前事物和后续事物中断的环节、划界的环节，又看成后续事物和先前事物连续的环节、相通的环节。

我们不仅要一般性地看到辩证否定的双重性，而且要深入分析辩证否定双重性之间的关系。"辩证法自身包含着否定的要素，并且这是它的最重要的要素"③。在辩证否定中，克服的意义尤为重要，因为辩证否定的作用就是要克服旧事物，保留是在克服的基础上实现的。正因为如此，作为发展的环节，否定是对旧事物整体、旧矛盾统一体的否定。没有对这一整体、统一体的否定，旧

---

① ［德］黑格尔：《逻辑学》（上），杨一之译，商务印书馆1966年版，第36页。
② ［德］黑格尔：《小逻辑》，贺麟译，商务印书馆1980年版，第213页。
③ 《列宁全集》第55卷，人民出版社2017年版，第195页。

事物就不能灭亡，新事物就不能产生。否定中所包含的肯定决不是对旧事物整体、旧矛盾统一体的肯定、保留，而是对旧事物整体、旧矛盾统一体中合理因素的肯定、保留；即使对合理因素的保留，也不是原封不动地将它挪到新事物中，而是经过对其改造，把它们容纳到新事物中。因此，无论是对中国传统文化，还是对现代西方文化，都既不能全盘否定，也不能全盘肯定，而应对其进行批判的改造，将其合理因素纳入中国特色社会主义文化体系中，融入当代中国民族精神之中。彻底的唯物主义者就是要"实事求是地肯定应当肯定的东西，否定应当否定的东西"①。

二、否定之否定

辩证的否定不仅包含对肯定的否定，而且包含对否定的否定，即否定之否定。辩证的否定只有到了否定之否定阶段，才能展现出它的全部内涵。只有揭示这种肯定—否定—否定之否定的过程，才能完整地把握事物自我运动、自我发展、自我完善的辩证性。正如恩格斯所说，事物发展的过程"按本性说是对抗的、包含着矛盾的过程，一个极端向它的反面的转化，最后，作为整个过程的核心的否定的否定"②。

否定之否定"是自然界、历史和思维的一个极其普遍的、因而极其广泛地起作用的、重要的发展规律"③。否定之否定规律之所以同对立统一规律、质量互变规律一样，是自然、社会和思维发展的普遍规律，其根据就在于，任何事物的发展过程本质上都是矛盾的发展过程，而矛盾的发展过程都要经历从潜在到展开及尖锐化再到矛盾解决这样三个阶段。质言之，事物的矛盾运动决定了事物的发展必然表现为否定之否定过程。

否定之否定规律表明，事物的发展都是经历三个环节、两度否定实现的。否定之否定的三个环节是指，事物发展过程必然经历的三个阶段，即矛盾的开始、展开和解决；两度否定是指，矛盾的展开（对立的尖锐化）对开始（矛盾潜在阶段）的否定，和矛盾的解决（结果）对矛盾展开（对立的尖锐化）的再否定。每一具体事物在它的发展过程中所经历的发展环节和发展阶段各不相同，呈现出多样性，但是，从其内部对立面的转化看，发展的过程都是肯定、

---

① 《邓小平文选》第 2 卷，人民出版社 1994 年版，第 334 页。
② 《马克思恩格斯文集》第 9 卷，人民出版社 2009 年版，第 148 页。
③ 《马克思恩格斯文集》第 9 卷，人民出版社 2009 年版，第 148 页。

否定、否定之否定的过程，都经历从矛盾潜在状态向矛盾尖锐化状态的转化，以及矛盾尖锐化向矛盾解决的转化。

否定之否定规律表明，事物的发展是前进性与重复性的统一，表现为螺旋式或波浪式的发展过程。在肯定—否定—否定之否定的发展周期中，结果、新事物把起点、旧事物的一些因素以改变了的形式肯定下来，从而使"高级阶段重复低级阶段的某些特征、特性"，使得发展"仿佛是向旧东西的复归"，① 使得整个运动仿佛回到出发点。实际上，这是在更高的阶段并以改造过的形式再现低级阶段的某些特点。否定之否定规律使发展成为继承与破坏、前进性与重复性的统一，表现为螺旋式或波浪式的发展过程。

否定之否定规律表明，事物的发展是通过辩证的否定得以实现的。辩证的否定是事物的自我否定。任何事物都是因自身固有的矛盾而引起运动变化发展，引起自我否定的。换言之，事物的自我否定是事物内部固有矛盾的展开而必然带来的转化和更替过程。辩证的否定是发展环节和联系环节的统一。任何事物的发展，都要否定自己从前的存在形式，否则，就没有新旧事物的区别。同时，任何事物的发展过程又具有连续性，新事物是从旧事物中产生的，它必然要吸收旧事物的合理因素来丰富自己。"辩证法的特征的和本质的东西不是单纯的否定……而是作为联系环节、作为发展环节的否定"②。所以，我们应当树立一种辩证的否定观，使实践活动符合事物自我否定的辩证本性。

三、否定性的辩证法

否定之否定这一普遍规律在人类实践活动中通过"否定性的辩证法"表现出来。马克思把实践理解为人的存在方式，并把物质实践理解为人与自然关系的基础，因此，在马克思主义哲学中，否定性的辩证法就成为一种"合理形态"的辩证法，是一种现实的否定性辩证法。

人与自然的关系不同于动物与自然的关系。人并不是像动物那样肯定自然的直接存在状态，使自己消极地适应自然，而是以自身的活动否定自然的直接存在状态，并赋予它合乎人的需要和目的的形式。但是，目的本身并不能直接加于对象之上，要把目的赋予对象，还必须要有把它们统一起来的中介，这个

---

① 《列宁全集》第 55 卷，人民出版社 2017 年版，第 191 页。
② 《列宁全集》第 55 卷，人民出版社 2017 年版，第 195 页。

中介就是劳动工具。人是持有某一工具或某一工具系统、为着某种目的进入改造自然的实践活动之中的。工具与目的、对象都具有同一性：一方面，工具作为人的肢体的延伸，是合乎人的目的的，或者说，与目的具有同一性；另一方面，工具本身也是一个物质客体，与实践的物质对象具有同一性。因此，工具能够在目的的支配下以其物质性与实践对象的物质性相互作用，并将人的目的赋予实践活动的对象，使其具有属人性质，也就是使自在自然转化为人化自然，"自在之物"转化为"为我之物"。在这个过程中，自然"对人生成"，人与自然的关系成为一种"为我而存在"的关系。这种"为我而存在"的关系本身就是一种特殊而又复杂的矛盾关系。

人对自然的否定性活动发展到一定程度、一定阶段产生了生产资料私有制，私有制的存在使人的活动本身发生异化，即劳动异化。异化的存在标志着人类历史进入人受异己力量支配的阶段，即物支配人、奴役人的阶段，而物之所以支配人、奴役人，实际上是少数人借物的力量支配、奴役多数人。"关键不在于对象化，而在于异化，外化，外在化，在于不归工人所有，而归人格化的生产条件即资本所有，归巨大的对象［化］的权力所有，这种对象［化］的权力把社会劳动本身当做自身的一个要素而置于同自己相对立的地位。"① 资本主义社会是异化的典型和极端形式，同时它又为个人的全面发展创造和建立了物质条件。换言之，资本主义在把异化推向极端的同时，又为扬弃异化准备了条件，劳动和资本的对立达到极限，必然导致私有制灭亡。

人的本质的异化和异化的扬弃并不是一个纯粹的精神性自我意识的矛盾运动过程，而是一个客观的实践活动的矛盾运动过程。异化"这种颠倒的过程不过是历史的必然性，不过是从一定的历史出发点或基础出发的生产力发展的必然性，但决不是生产的一种绝对的必然性，倒是一种暂时的必然性，而这一过程的结果和目的（内在的）是扬弃这个基础本身以及扬弃过程的这种形式"②。从资本主义私有制、异化的产生到私有制、异化的扬弃是一个否定之否定的过程。正如马克思所说，"从资本主义生产方式产生的资本主义占有方式，从而资本主义的私有制，是对个人的、以自己劳动为基础的私有制的第一个否定。但资本主义生产由于自然过程的必然性，造成了对自身的否定。这是否定的否

① 《马克思恩格斯文集》第 8 卷，人民出版社 2009 年版，第 207 页。
② 《马克思恩格斯文集》第 8 卷，人民出版社 2009 年版，第 208 页。

定。这种否定不是重新建立私有制，而是在资本主义时代的成就的基础上，也就是说，在协作和对土地及靠劳动本身生产的生产资料的共同占有的基础上，重新建立个人所有制"①。

马克思的这一否定性辩证法是一种"合理形态"的辩证法，是"物的尺度"与"人的尺度""合规律性"与"合目的性"对立统一的辩证法。实践本身就是一种矛盾运动过程，内在包含着否定性的辩证法，并构成了社会生活的本质和人类世界的基础。人类历史就是由否定性的辩证法所推动的。

马克思的否定性辩证法不同于黑格尔的否定性辩证法。黑格尔对劳动进行了深刻的哲学思考，提出了"作为推动原则和创造原则"的否定性的辩证法，并认为否定不仅表现为外化、异化，而且表现为外化、异化的扬弃。这是一个否定之否定的过程。但是，在黑格尔那里，只有抽象的思维活动和精神运动才具有本源意义的能动性和创造性，物质生产活动只是精神活动的"样式"。所以，黑格尔的否定性辩证法是在唯心主义的基础上对人类历史运动的一种"抽象的、逻辑的、思辨的"表述。

马克思的否定性辩证法也不同于阿多诺的"否定的辩证法"。阿多诺"在矛盾中进行思考"，但他并没有真正理解矛盾，没有真正理解否定与肯定的辩证关系。因此，当阿多诺把否定与革命联系起来，力图否定资本主义现实时，他没有真正理解马克思提出的"使现存世界革命化"的内涵。阿多诺的"否定性"不仅意味着"革命"，而且意味着"灭亡、恐惧、绝望"。用他自己的话来说就是："否定辩证法＝崩溃性的破坏"。显然，这种"否定辩证法"并不是马克思主义的辩证法，并不符合事物运动的否定之否定规律。

思考题：

1. 如何理解事物的自我运动、自我发展？

2. 结合建设中国特色社会主义的实践说明矛盾普遍性与特殊性的关系问题是关于矛盾问题的精髓。

3. 怎样依据量变质变辩证关系的原理理解底线思维？

---

① 《马克思恩格斯文集》第 5 卷，人民出版社 2009 年版，第 874 页。

4. 怎样理解辩证的否定观及其方法论意义？

▶ 本章拓展资源

第七章　社会历史运动的规律性

　　自然界的运动是有规律的，社会历史运动同样有自身的规律。在马克思主义哲学诞生之前，无论是唯物主义还是唯心主义，始终没有正确解决社会存在和社会意识的关系问题，因而也不可能科学地揭示社会历史运动的规律。唯物史观把社会历史理解为现实的人的活动，从这种活动中探索出隐藏在人的目的和意识背后的"物质动因"，并以此为基础来说明社会历史运动的规律性及其作用方式。

第一节　社会历史与人的活动

　　社会历史是追求自己目的的人的活动。要在唯物主义的基础上说明历史与人的活动之间的基本关系，揭示社会历史运动的客观规律，就必须以科学的实践观为出发点，把人的活动首先理解为物质生产活动，把历史理解为在物质生产基础上的人类活动的展开过程。

一、现实的人是历史的前提

　　社会是由人组成的，因而考察社会历史不能离开人及其活动。马克思、恩格斯指出，历史的前提是"现实中的个人"[①]。所谓现实的人，就是依据一定的物质条件从事实践活动的人，是在既定的历史条件下能动地表现自己的人。唯物史观是关于现实的人及其历史发展的科学。"它从现实的前提出发，它一刻也不离开这种前提。它的前提是人，但不是处在某种虚幻的离群索居和固定不变状态中的人，而是处在现实的、可以通过经验观察到的、在一定条件下进行的发展过程中的人。"[②] 以往的哲学，无论是唯物主义还是唯心主义，其历史观的前提都不是现实的人，而是抽象的人。在旧唯物主义那里，人被归结为纯粹的自然物甚至被视为某种机器；在唯心主义那里，人被抽象化为纯粹的思维、

[①] 《马克思恩格斯文集》第 1 卷，人民出版社 2009 年版，第 524 页。
[②] 《马克思恩格斯文集》第 1 卷，人民出版社 2009 年版，第 525 页。

意识。这两种观点虽然彼此对立，但都是以抽象的人性为基础的，前者依赖于人的生物本性、自然本性，后者依赖于人的思维本性、精神本性。

作为历史的前提，现实的人是从现实的生产以及与之相应的现实社会关系获得具体规定的。这样的规定主要包含以下几个方面的内容：

第一，物质生活资料的生产。满足人类基本需要的物质生活资料的生产，是现实的人生存和从事其他一切活动的首要前提。"人们为了能够'创造历史'，必须能够生活。但是为了生活，首先就需要吃喝住穿以及其他一些东西。因此第一个历史活动就是生产满足这些需要的资料，即生产物质生活本身，而且，这是人们从几千年前直到今天单是为了维持生活就必须每日每时从事的历史活动，是一切历史的基本条件。"[①]

第二，由新的需要引起的再生产。物质生活资料的生产，不仅满足人的基本需要，而且还产生出人的新的需要。已经得到满足的需要本身，以及满足需要的活动和工具又引起新的需要，从而使物质资料的生产不断延续下去。人的活动与动物活动的一个根本区别就在于，动物的个体生命活动只是族类生命特性的重演，而现实的人则在其生命活动中不断地更新和扩大自身的物质生活。因此，新的需要的产生不仅意味着物质资料的生产活动必须不断地持续下去，而且意味着这种活动本身具有不断丰富和发展的本质特征。

第三，人类自身的生产。所谓人类自身的生产也就是"通过生育而达到的他人生命的生产"，即人类的繁衍。如果没有人类自身的生产，现实的人的存在就要中断，人类社会的历史也就会终止。

上述三个方面共同构成现实的人的现实的活动，因而也构成历史的现实前提。它们并不是三个不同的阶段，而只是现实的人类活动的三个基本因素。这种现实的活动表现为"双重关系"：一方面是自然关系，另一方面是社会关系。社会关系的含义是指许多个人的共同活动。家庭是最初的社会关系，尔后又随着生产和需要的增长，发展出新的社会关系；其中最为重要的是人们在社会生产中所结成的关系，即生产关系。总之，自然关系和社会关系构成了现实的人的自然规定和社会规定。现实的人一刻也不能脱离这些现实的规定。

现实的人还是有意识的人。意识同样是现实的人的规定，但它只是一个派生的规定。"不是意识决定生活，而是生活决定意识。前一种考察方法从意识

---

① 《马克思恩格斯文集》第 1 卷，人民出版社 2009 年版，第 531 页。

出发，把意识看做是有生命的个人。后一种符合现实生活的考察方法则从现实的、有生命的个人本身出发，把意识仅仅看做是他们的意识。"①

　　人类社会是一个历史过程，现实的人既是历史的前提，也是历史的结果。正像历史若脱离了现实的人便会成为抽象的历史一样，人若脱离了现实的历史也会变成抽象的人。因此，现实的人不只是自然的产物，更重要的是历史的产物，是人类世世代代活动的结果。这样的结果既出自一定的前提，同时又转化为新的前提。这种前提与结果之间持续不断的相互转化，表现为历史的发展和人自身的发展。

　　自从现实的人被当作历史的前提并得到科学的阐述时起，一条唯物主义的认识人类社会历史的道路就被开辟出来了。正是这一前提，使得从物质方面来揭示社会历史运动的本质、过程和动力成为可能，使得在此基础上唯物主义地描述人类思想、观念、意识形态等的发展成为可能。

二、历史是追求自己目的的人的活动

　　历史的前提是现实的人，因而历史在本质上既不是某种纯粹自然物的运动，也不是由"神意"或抽象的精神力量支配的过程。"历史不过是追求着自己目的的人的活动而已。"② 与一切对历史本质的唯心主义理解不同，唯物史观要求直接面对现实的人的活动过程，并对这一过程作出科学的阐述。

　　现实的人的活动都是有目的的。在自然界中，发生作用的是纯粹的自然力，因而只存在因果性，并不存在目的性；而在社会历史领域，发生作用的是人，是他们的有目的、有意识的活动，因而不仅存在着因果性，而且又出现了目的性。因果性与目的性在人类历史活动中是如此紧密地交织在一起，以至于因果性往往是通过目的性来实现的。

　　由于人的活动本身具有目的性这一明显特征，而目的性又总是与人的意识活动相联系，所以，如果只停留于事物的表面，只满足于考察人们从事历史活动的动机本身，就会把目的、意识误认为是最终的决定作用，从而在根本上颠倒社会存在和社会意识的关系，掩盖社会历史发展的真实本质。在唯物史观创立之前，各种各样的历史观点就是在这里陷入唯心主义的。正如列宁所说，马

---

① 《马克思恩格斯文集》第 1 卷，人民出版社 2009 年版，第 525 页。
② 《马克思恩格斯文集》第 1 卷，人民出版社 2009 年版，第 295 页。

克思主义以前，一切历史理论的根本缺陷之一在于："至多只是考察了人们历史活动的思想动机，而没有研究产生这些动机的原因，没有探索社会关系体系发展的客观规律性，没有把物质生产的发展程度看做这些关系的根源。"①

由于唯心史观只是停留在"目的"或"意识"等精神动力的层面，而没有进一步探寻并发现社会历史深处的物质动因，所以，它在对历史乃至整个世界作"目的论"解释的同时，最终把历史完全归结为意识活动。肯定人类活动的目的性与目的论是根本不同的。目的论是关于目的性的虚假观念，它是从人的活动中抽象出目的性，然后又把它置放到人的活动之外，把自然界和人类历史的发展过程解释为这种目的的实现过程。目的论的历史观是唯心论的历史观。以主观的目的或意识来解释历史的是主观唯心主义，以客观的目的（神意或客观精神）来解释历史的是客观唯心主义。两者的共同之处在于，都将目的或意识理解为推动历史的最终决定力量。

事实上，历史本身并不存在什么目的，只有人的活动才具有目的。目的或意识只是人们进行历史活动的主观动因，在其背后则隐藏着更加深刻的"物质动因"。只有当这样的物质动因被彻底揭示出来并得到正确说明时，才有可能对人类历史作出唯物主义的、科学的解释。

三、人的活动的目的与利益

人的活动的目的归根到底是有其物质动因的。这种物质动因就是追求一定的物质利益。在观察人类的历史运动时，物质利益一开始往往是隐而不显的，历史上的冲突似乎表现为不同的思想、观念、目的、意识等的冲突。因此，历史唯心主义就把这种表面的冲突理解为历史运动的最终根源。旧唯物主义之所以在历史领域里背叛自己，是"因为它认为在历史领域中起作用的精神的动力是最终原因，而不去研究隐藏在这些动力后面的是什么，这些动力的动力是什么"②。

历史唯物主义的创立，克服了以往历史观只是考察人们历史活动的思想动机这一根本缺陷，第一次科学地揭示了社会发展的真正动因。在自古及今的一切社会里，人的需要及其满足都是历史存在和发展的"第一个前提"③。无论

---

① 《列宁选集》第 2 卷，人民出版社 2012 年版，第 425 页。
② 《马克思恩格斯文集》第 4 卷，人民出版社 2009 年版，第 303 页。
③ 《马克思恩格斯文集》第 1 卷，人民出版社 2009 年版，第 531 页。

人们是否意识到，他们历史活动的各种思想动机，最终都无例外地植根于他们自身的和社会的物质利益。在社会历史领域内，一切思想、观念、目的和意识，归根到底总是反映一定的实际利益。物质利益是推动人们从事各种历史活动的客观根源，是社会发展的真正动因。

人们的物质利益与其物质需要有着十分密切的联系。恩格斯指出："一个很明显的而以前完全被人忽略的事实，即人们首先必须吃、喝、住、穿，就是说首先必须劳动，然后才能争取统治，从事政治、宗教和哲学等等。"① 这里所涉及的，首先是人类生存最基本的需要，即维持自然生命所必需的那些物质需要，其次才是在这些需要得到满足基础上的其他需要，如政治、艺术、宗教和哲学等活动的需要。因此，只有在物质需要得到满足的基础上，才能产生和发展出其他的需要以及为满足这些需要而形成的种种活动。

利益是人的需要及其满足的反映。如果没有任何需要，就无所谓利益；需要满足的程度高低，取决于利益获取的大小。物质利益特别体现在社会关系中。在不同的历史时期、不同的社会发展阶段，人们之间的物质利益关系是不同的；在同一历史时期，人们之间由于所处的经济地位和社会关系不同，其物质利益关系也是不同的。

利益是一个复杂的系统。可以按不同的方式对利益进行多种区分。其中，对历史运动具有最为根本、最为直接影响的，是以人们的物质生活条件为基础的物质利益。"每一既定社会的经济关系首先表现为利益。"② "人们为之奋斗的一切，都同他们的利益有关。"③ 正像所谓财产权不过是某种经济关系的法律用语一样，各个历史阶段中不同社会集团通过政治纲领表现出来的政治利益，归根到底都是从一定的物质生活条件出发，以争取更大的物质利益为基本目标的。

利益关系的实质是社会物质生活条件之间的现实关联，利益冲突是在一定历史阶段上从人们的生活条件中生长出来的历史性对抗。唯心主义者或者认为利益冲突起源于人类不变的自私本性，或者以为思想斗争仅只是思想上的斗争。与此相反，唯物史观肯定物质利益对历史运动起基础性的支配作用。"'思想'一旦离开'利益'，就一定会使自己出丑……资产阶级在1789年革命中的

---

① 《马克思恩格斯文集》第 3 卷，人民出版社 2009 年版，第 459 页。
② 《马克思恩格斯文集》第 3 卷，人民出版社 2009 年版，第 320 页。
③ 《马克思恩格斯全集》第 1 卷，人民出版社 1995 年版，第 187 页。

利益决不是'不成功的'，它'压倒了'一切，并获得了'实际成效'……这种利益是如此强大有力，以至顺利地征服了马拉的笔、恐怖党的断头台、拿破仑的剑，以及教会的十字架和波旁王朝的纯血统。"①

物质利益对于历史发展的推动主要表现在：首先，物质利益是推动人们改造自然、不断提高生产力、创造历史的直接动因。由于人们的物质利益或经济利益总是意味着通过生产活动而实现需要的满足，所以利益要求就成为社会分工、科技进步和社会生产力不断扩大的强大动力。其次，物质利益是促使人们变革同生产力不相适应的生产关系的内在动因。由于人们的物质利益或经济利益总是直接地存在于一定社会的经济关系之中，所以利益关系的重大改变就实际构成历史事变和社会运动的基础。最后，物质利益是人们在政治上层建筑和意识形态方面彼此联合或彼此斗争的经济根源。利益主体（集团、阶层或阶级）之间的矛盾和冲突是推动社会变革的基本杠杆。

总之，隐藏在人们的思想、观念、意识形态背后的真正动因是物质利益或经济利益；正是这种物质利益或经济利益的矛盾运动引导着人们的思想、观念、意识形态的冲突和斗争，并从根本上推动着历史向前发展。

第二节　人的活动与社会历史规律

社会历史运动的规律与人的活动有着内在联系。人的活动具有主体能动性，但这种主体能动性的发挥与实现又是有条件的，它受到自然条件、社会条件和精神条件的制约。立足于科学的实践观，唯物史观科学地解决了人的主体能动性与历史的客观规律性之间的关系问题。

一、人的活动的历史条件

人的活动是能动性和受动性的统一。现实的人总是在一定的历史条件下展开自身的活动，同时又不完全屈从于这种现实的条件，他们通过自己的活动使现实的条件不断得到改变。

人类的目的性活动突出地表现为人所特有的主体能动性。主体能动性指人

---

① 《马克思恩格斯文集》第 1 卷，人民出版社 2009 年版，第 287 页。

们在实践基础上对自然界和社会的能动认识与能动改造，是人类生命活动区别于动物生命活动的根本特征。人正是通过对自然界的能动改造来持续地获得自己所需要的物质生活资料，同时又在这一过程中不断地改造自身。

体现在人的目的性活动中的主体能动性主要表现为以下三个方面：第一是主动性。人的活动无疑是在既定的条件下展开的，但人的活动不是单纯动物式的本能活动，不是仅仅对周围的物质生活环境的消极反应和被动适应，而是在不断突破原有的外在限制的过程中以求积极的生存。第二是选择性。人并非历史必然性的奴隶。在历史活动中，人们能够在既定的环境和条件下，根据自身的目的和水平作出自己的选择，以满足自身的需要和利益。第三是创造性。在社会实践活动中，人们不仅能够按照自己的目的主动地寻求有利条件，克服不利条件，还能够在现有的基础上能动地创造条件，促使事物朝着有利于目的设定的方向转化和发展。

人的主体能动性在各种历史活动中都起着十分重要的作用。没有这种能动性，就没有人类活动，因而也就没有人类历史。旧唯物主义的根本缺陷，就在于不能充分理解甚至完全抹煞人的能动性。唯心主义突出了主体的能动性，但唯心主义所讲的能动性并不是现实的人的能动性，而只是抽象的意识的能动性。唯物史观立足于科学的实践观来理解和把握人的主体能动性，它不是把这种能动性理解为纯粹思维或抽象精神的能动性，而是理解为在实践过程中的现实的人的能动性。因此，在人类历史的活动过程中，人的主体能动性的发挥始终是有条件的，是受特定历史条件制约的。

人的活动的历史条件是指人们在其中展开目的性活动的社会生产和生活条件的总和。大体说来，它包括自然条件、社会条件和精神条件。这些条件各自以不同的方式对人的历史活动起着重要的作用。其中，社会条件居于支配地位，它从根本上制约着人的历史活动的性质与方向。

制约人的历史活动的自然条件是自然环境。它是人类社会存在和发展的永恒的、必要的物质前提。它既包括一定社会所处的地理位置上的自然存在物，也包括由于人类世代劳作而形成的人化自然。在劳动过程中，"人和自然，是携手并进的"[①]。自然环境提供着生产资料和生活资料的自然来源，它对人类的生存和发展具有极其重要的作用。但是，不能将自然环境夸大为社会历史发展

----

① 《马克思恩格斯文集》第 5 卷，人民出版社 2009 年版，第 696 页。

的决定性因素，否则便会导致"地理环境决定论"。按照地理环境决定论的观点，人类的体质和心理状态、人口和种族的分布、文化水平和精神样式，乃至经济的盛衰、民族的命运、政权的兴替最终都是由地理环境决定的。这种观点无限夸大了自然环境的作用，无法解释人类历史发展的实际进程。

制约人的历史活动的社会条件包括经济的、政治的等诸多方面，其中起支配作用的是生产方式。生产方式是生产力与生产关系的统一，是人类借以向自然界谋取生活资料的基本方式，在人类活动和社会发展中具有决定性的作用。生产方式对于人的历史活动的决定性意义在于：生产方式是人类社会与自然界对立统一的基础，因而也是人类活动的自然条件和社会条件对立统一的基础，以及人们建立政治上层建筑和意识形态的全部活动的基础。人们的历史活动，从根本上来说，是由一定的生产方式决定的。即使是自然条件或精神条件对人类活动的制约和影响，归根到底也是通过生产方式起作用的，因而也只有在一定的生产方式中才能得到正确的理解和把握。

制约人的历史活动的精神条件包括既有的意识形态、特定的文化传统以及一般知识状况等。就像人们不能任意选择其活动的自然环境和生产方式一样，人们也不能自由地选择他们进行历史活动的精神条件。因此，人们的历史活动不仅受到一定的自然环境的制约，受到一定的生产力、生产关系状况的制约，而且也受到一定时代的意识形态、文化传统和知识状况等的制约。一定的意识形态和文化传统，一定的思想、观念和理论总是以这样一种方式制约着人们的历史活动：它们以积极或消极的思想意识来影响人们的历史活动，从而赋予人们的活动以一种主观的能动性。

总之，人的活动始终是受一定历史条件制约的。人是一种被规定的社会存在物，并且正是由于这种规定性，他才能够成为能动地活动的现实主体。"历史的每一阶段都遇到一定的物质结果，一定的生产力总和，人对自然以及个人之间历史地形成的关系，都遇到前一代传给后一代的大量生产力、资金和环境，尽管一方面这些生产力、资金和环境为新的一代所改变，但另一方面，它们也预先规定新的一代本身的生活条件，使它得到一定的发展和具有特殊的性质。"①

人的活动与其历史条件的关系问题，在近代哲学史上表现为主体的能动性

---

① 《马克思恩格斯文集》第 1 卷，人民出版社 2009 年版，第 544—545 页。

与其环境之间的关系问题。在这个问题中，一方面是人的活动及其能动性，另一方面是制约性的条件或环境。全部旧哲学都未能真正解决这两个方面的对立。唯心主义虽然发展了主体的能动方面，但由于其完全抽象的和主观的性质，实际上彻底否定了环境的制约性，把作为环境的对象世界本身看成是自我意识的产物。与此相反，旧唯物主义虽然突出了环境的制约作用，在反对"天赋观念"的斗争中提出了"人是环境的产物"的主张，但因其把人的活动仅仅归结为外部环境的特性，所以在取消人的主体能动性的同时，还不得不经常诉诸抽象的人性。科学的实践观正确解决了人与环境的关系问题，正如马克思所说，"环境的改变和人的活动或自我改变的一致，只能被看做是并合理地理解为革命的实践"①。

二、人的历史活动的规律性

人类历史活动是否存在规律，是历史观中的重大问题。在古代社会，由于人们眼界狭隘，加之当时的历史学家只限于描写他们亲历或耳闻的历史事件，至多再附加一些依据神话和猜测而想象出来的联系，所以历史在他们眼中只是一些片断的因果系列，只是一系列转瞬即逝的偶然事件的堆积。随着人类历史活动的不断深入和人们眼界的不断扩大，历史客观必然性的观念开始逐渐萌芽。在此基础上，历史规律的观念逐步发展起来。

严格意义的历史规律观念是随着近代哲学的兴起开始的。"近代历史哲学之父"维柯最早表达了人类历史具有普遍规律性的思想。此后，历经许多重要思想家的努力，研究历史规律问题的近代成果在黑格尔那里达到顶峰。他批判了那种将历史看作偶然事件堆积的历史观，并且以一种绝对唯心主义的方式，肯定了历史发展的普遍规律。黑格尔还以其卓越的辩证法强调了历史发展的规律乃是必然性和偶然性的统一、可能性与现实性的统一、历史的原则与人的行动的统一。这样一些关于历史规律的主张是在历史发展的一定阶段上提出来的，并且对历史规律的认识作出了一定的贡献。但是，由于历史条件的限制，这些主张还远不能成为对历史规律的科学揭示。

历史唯物主义对社会历史规律的揭示，首先是在对唯心史观的批判中实现的。马克思对黑格尔法哲学所进行的批判表明：理解人类历史发展的钥匙，不

---

① 《马克思恩格斯文集》第 1 卷，人民出版社 2009 年版，第 500 页。

应到被黑格尔描绘为"整个大厦的栋梁"即国家中去寻找，而应当到被黑格尔所轻视的"市民社会"即"物质的生活关系的总和"中去寻找。① 这是一个意义重大的发现。要能够唯物主义地把握和理解社会历史规律，首先就是要发现社会生活中的重复性和常规性；而要做到这一点，就必须从单纯对思想的社会关系的探讨中摆脱出来，去深入分析物质的社会关系即社会生产关系。

马克思、恩格斯的进一步研究表明：决定人们思想动机的是物质利益或经济关系，即人们为解决物质生活问题而从事的生产以及在生产中结成的关系。正是在这里，社会生活中的重复性和常规性才有可能突出地表现出来，成为显而易见的和可以被明确把握到的东西。马克思由此得出这样的结论："我的观点是把经济的社会形态的发展理解为一种自然史的过程。不管个人在主观上怎样超脱各种关系，他在社会意义上总是这些关系的产物。"② 这里所说的自然史过程，就是指社会历史运动存在着与自然运动相似的、不以人的意志为转移的客观规律。这个伟大发现既成为历史唯物主义的基本原理，同时也为唯物主义的历史科学和社会科学奠定了基础。关于这个发现的划时代意义，正如列宁所指出的，"只有把社会关系归结于生产关系，把生产关系归结于生产力的水平，才能有可靠的根据把社会形态的发展看做自然历史过程。不言而喻，没有这种观点，也就不会有社会科学"③。

历史唯物主义承认历史规律的客观存在，反对将历史看作无规律的、偶然任意的过程。历史唯物主义同样反对将历史规律看成与人的自主活动相脱离的神意体现或理性安排。无论是诉诸纯粹的偶然性、任意性，还是诉诸宿命论、神意论或抽象理性，实际上最终都彻底堵塞了对历史规律的科学探求。虽然黑格尔力图使主宰历史的理性和人的活动协调起来，但他只是把人的活动看作实现"上帝计划"的工具。唯物史观不是从所谓"人类精神的一般发展"来思辨地理解历史，而是要求深入到人的现实活动中去把握历史。"在思辨终止的地方，在现实生活面前，正是描述人们实践活动和实际发展过程的真正的实证科学开始的地方。"④ 在这个问题上，历史唯物主义坚持并强调以下两个基本要点：

---

① 《马克思恩格斯文集》第 2 卷，人民出版社 2009 年版，第 591 页。
② 《马克思恩格斯文集》第 5 卷，人民出版社 2009 年版，第 10 页。
③ 《列宁选集》第 1 卷，人民出版社 2012 年版，第 8—9 页。
④ 《马克思恩格斯文集》第 1 卷，人民出版社 2009 年版，第 526 页。

第一，历史的发展像自然的发展一样有其内在规律。无论历史现象从表面上来看是多么混杂无序，也无论人们从事活动的直接动机看起来是多么任性随意，社会历史的发展过程始终是受一定规律支配的。这些规律不仅不以人的意志、意识和意图为转移，而且决定人的意志、意识和意图。对神学和思辨唯心主义的反驳决不意味着否定历史的必然性和规律性，而是使之建立在现实历史的基础之上。因此，"现代唯物主义把历史看做人类的发展过程，而它的任务就在于发现这个过程的运动规律"①。

第二，历史规律不同于自然规律。历史规律形成并实现于人的活动之中，又反过来制约并支配着人的活动。由于现实的历史无非是人的历史，一切历史现象和历史活动的基础是人的实践活动，所以社会历史的规律实际上不过是人们从事实践活动的规律。把历史规律等同于自然规律，或者因为历史是人的活动而否认历史规律，都是错误的。历史不是自然的简单延伸，也不是由神创造的。创造历史的是处于现实生活过程中、从事实践活动的现实的人。社会历史发展规律是在人的实践活动以及实践主体之间的交互作用中形成的，这种规律归根到底是"人们自己的社会行动的规律"②。

对历史规律的探索和认识并不意味着人能够跳过或取消这样的规律。但是，当我们认识了历史规律以后，就可以依靠、利用它来达到自己的目的。"一个社会即使探索到了本身运动的自然规律……它还是既不能跳过也不能用法令取消自然的发展阶段。但是它能缩短和减轻分娩的痛苦。"③ 这就是说，既不能跳过也不能取消的历史规律是可以被探索和认识的，这种探索和认识的成果能够使人的实践活动变得更加自觉、更加科学。

三、历史规律的特点

一切规律最根本的性质是其客观必然性，亦即具有不以人的意志为转移的性质。在这个意义上，历史规律与自然规律是相同的。历史唯物主义之所以把人类社会的发展看作一个自然史过程，就是因为这个过程就其本质来说是一个不以人的主观意志为转移的、客观的、必然的过程。然而，社会历史的发展过程和自然界的发展过程有一个根本的不同之处：在自然界中起作用的是各种盲

---

① 《马克思恩格斯文集》第 9 卷，人民出版社 2009 年版，第 28 页。
② 《马克思恩格斯文集》第 9 卷，人民出版社 2009 年版，第 300 页。
③ 《马克思恩格斯文集》第 5 卷，人民出版社 2009 年版，第 10 页。

目的、不自觉的力量，而在社会历史中，起作用的"是具有意识的、经过思虑或凭激情行动的、追求某种目的的人；任何事情的发生都不是没有自觉的意图，没有预期的目的的"①。这是人类社会历史发展的特殊性。

历史规律的特点突出地表现在以下三个方面：

第一，它形成于人的活动过程之中。从形成机制来看，自然规律形成于自然界诸因素盲目的交互作用过程，而历史规律则形成于人与自然之间的物质变换以及人与人之间的物质交往过程。就是说，自然规律自身的形成在人的实践活动之外，而历史规律是在人的活动中形成的，离开了人类的实践活动，历史规律也就不存在了。

第二，它实现于人的活动过程之中。从规律起作用的方式看，自然规律发生作用的条件是在自然界各因素相互作用的过程中自发形成的，自然规律也是通过这种盲目的相互作用实现的；而历史规律得以存在并发生作用的必要条件之一则是人的有目的、有意识的社会活动，它也只有通过人的有目的、有意识的社会活动才能得到实现。例如，如果没有商品经济生活的实践活动，价值规律就不可能得到实现；如果没有无产阶级和资产阶级的阶级斗争，资本主义社会取代封建主义社会就不可能实现。总而言之，离开了人们的实践活动，历史规律就失去了得以实现并发挥作用的实际载体。

第三，它的表现形式是依社会历史条件而变化的。历史规律是以人的历史性活动为基础的，因而其具体存在和实际表现必然随着人类历史条件的变化而发生变化。例如，社会变革的规律，在 1640 年的英国革命和 1789 年的法国革命中，便以不同的形式表现出来；市场经济规律的表现形式，在资本主义的条件下和在社会主义的条件下就有重大区别；实现现代化的规律，在不同国家、不同民族的实践中也具有不同的表现形式。

在历史规律问题上，必须澄清理论上的各种混乱。一是以历史事件的不可重复性来否定历史规律的存在。如新康德主义者文德尔班、李凯尔特等人认为，在历史中，一切都是一次性的，因而历史科学只能是"描述特征的"事件科学，只能作出价值判定，不能发现规律。二是以历史事件的不可预测性来否定历史规律的存在。按照波普尔的观点，由于历史事件都是单一的、不可重复的事件，因而历史活动从根本上来说是不可预测的，永远不可能找到客观的规

① 《马克思恩格斯文集》第 4 卷，人民出版社 2009 年版，第 302 页。

律。三是以历史意识的主观性或特殊性来否定历史规律的存在。新黑格尔主义者克罗齐声称，没有独立于人的意识之外的自在的历史，人们总是根据当代的知识结构和价值观念去领会和建构以往的历史，因此一切历史都是当代史。在这种打上了"当代"意识烙印的历史中去寻找普遍的历史规律，是永远不会成功的。这些观点的错误就在于，用否定客观历史的存在来否定历史规律，将自然和历史、自然科学和历史科学的区别绝对化。实际上，历史的客观性是不容否认的，人的活动根本不可能摆脱客观条件的制约；自然和历史、自然科学和历史科学的区别也不是绝对的，就规律本身的客观性而言，它们是完全相同的。

第三节　社会历史规律的作用方式

历史规律在人的实践活动中形成并获得相应的表现，同样，历史规律的作用方式也植根于人的实践活动之中。人的实践活动是有意识、有目的的活动，实践活动所形成的历史结果却不以个人的意识和目的为转移。因此，历史的最终结果实际上是无数相互交错的力量形成的一个合力。历史规律的实现过程表现为预期性和非预期性、必然性和偶然性、决定性和选择性的辩证统一。

一、历史活动的合力作用

历史既是人的有目的的活动过程，又是有规律的客观过程。历史规律是通过人的活动来实现的，其基本的作用方式突出地表现为人类活动的"合力作用"。描述这种合力作用的理论叫"历史合力论"。历史合力论是对历史规律作用方式的形象表达。恩格斯指出："历史是这样创造的：最终的结果总是从许多单个的意志的相互冲突中产生出来的，而其中每一个意志，又是由于许多特殊的生活条件，才成为它所成为的那样。这样就有无数互相交错的力量，有无数个力的平行四边形，由此就产生出一个合力，即历史结果，而这个结果又可以看做一个作为整体的、不自觉地和不自主地起着作用的力量的产物。"[1]

---

① 《马克思恩格斯文集》第 10 卷，人民出版社 2009 年版，第 592 页。

　　历史合力论表明，历史规律是在人类活动的合力作用中形成的，并且是通过人类活动的合力作用实现的。正像没有人类活动就谈不上历史一样，没有人类活动的合力作用也就无法表现历史规律与人的活动的统一。在现实的历史过程中，各个人的目的在大多数场合总是彼此矛盾和互相冲突，因而其最终的结果，往往超出每个人的主观愿望。因此，尽管人们的行动总是有预期的，但行动产生的结果却往往不是预期的。正是在这种行动的预期性和结果的非预期性的矛盾关系中，人类活动的合力作用反映出历史发展不依个人意志为转移的客观性质。

　　当人们试图通过命运、神意、绝对精神等来说明人类历史时，实际上就已经在以某种方式怀疑和否定对历史的纯主观的解释了。也就是说，历史运动和历史事变是不以个人的主观目的和意志为转移的，而所谓命运、神意、绝对精神等就是超出个人的主观目的、愿望和意志的东西。但是，这种观点不仅是神秘主义的，而且与对历史的主观解释一样是唯心主义的。由于把历史发展的客观进程与人的目的活动割裂开来并对立起来，所以历史必然性就变成了一种神秘的过程，一种不可思议的东西。唯有历史唯物主义才在现实历史的基础上扬弃了主观与客观、自由与必然、理性与非理性的抽象对立，从而能够通过人的活动的合力作用达到对历史客观规律的科学认识。

　　历史合力论在肯定历史的最终结果超出个人意志的同时，也充分肯定每个意志对历史合力的实际贡献。"各个人的意志……虽然都达不到自己的愿望，而是融合为一个总的平均数，一个总的合力，然而从这一事实中决不应作出结论说，这些意志等于零。相反，每个意志都对合力有所贡献，因而是包括在这个合力里面的。"[①] 这就说明，人们的思想、意识、目的等主观方面在历史活动中是起作用的，是被包含在历史规律之中的。没有人的主观方面，也就不会有人的自觉的活动，因而也就不会有通过这些活动的合力得以实现的历史规律。这里再次显现出自然规律与历史规律的差别。自然规律是在人的活动之外的，因而就像普列汉诺夫所说的那样，决不会有人去组织一个"月食党"以促进或阻止月食的到来，但要进行社会革命就必须组织革命党。历史现象的规律恰恰是在人的活动中实现的，所以每个人的活动都实际地参与到历史的必然进程中，并对这一进程的实现产生实际的作用与影响。

---

① 《马克思恩格斯文集》第 10 卷，人民出版社 2009 年版，第 593 页。

二、历史过程的必然性与偶然性

历史规律的作用方式不仅突出地表现为人类活动的合力作用，而且表现为必然性与偶然性的统一。

在马克思主义哲学之前，黑格尔对历史过程中的必然性与偶然性及其相互之间的辩证关系作出了比较深入的研究和阐释，认为偶然性本身是历史必然性自我展开、自我实现的内在方式，脱离偶然性的历史必然性是抽象的必然性，而不是具体的、现实的必然性。然而，黑格尔哲学虽然强调了历史的必然性与偶然性的辩证统一，但这种统一最终是以"绝对精神"为基础的，是通过"思辨推理"来实现的。与此不同，历史唯物主义从实践的观点出发，科学地阐明了历史发展中必然性与偶然性的辩证统一，从而科学地阐明了历史规律经由这种统一而起作用的方式。

历史发展过程的必然性，主要是指人类经济生活对整个社会生活的内在制约性和决定性。马克思、恩格斯将其称为"经济的必然性"。所谓经济的必然性，主要包含两个基本的含义：一是物质生活资料的生产活动是人类历史中最根本、最基础的活动；二是物质生产方式制约着整个社会生活、政治生活和精神生活的过程。这两个基本含义的综合，在马克思的下述说法中得到经典的表述："人们在自己生活的社会生产中发生一定的、必然的、不以他们的意志为转移的关系，即同他们的物质生产力的一定发展阶段相适合的生产关系。这些生产关系的总和构成社会的经济结构，即有法律的和政治的上层建筑竖立其上并有一定的社会意识形式与之相适应的现实基础。物质生活的生产方式制约着整个社会生活、政治生活和精神生活的过程。不是人们的意识决定人们的存在，相反，是人们的社会存在决定人们的意识。"①

坚持经济必然性在整个人类历史过程中的基础地位，根本不同于庸俗的"经济决定论"。庸俗的经济决定论对所谓"经济"因素作完全抽象的理解并使之与人类历史运动的整体割裂开来，与历史运动的其他因素，特别是思维、理论、意识等主观因素抽象地对立起来。庸俗的经济决定论不能在生产方式的高度上来理解经济活动对人类其他活动领域的制约作用，尤其是不能辩证地理解经济因素与其他因素之间的对立统一关系。恩格斯明确指出："根据唯物史观，历史过程中的决定性因素归根到底是现实生活的生产和再生产。无论马克思或

---

① 《马克思恩格斯文集》第2卷，人民出版社2009年版，第591页。

我都从来没有肯定过比这更多的东西。如果有人在这里加以歪曲，说经济因素是唯一决定性的因素，那么他就是把这个命题变成毫无内容的、抽象的、荒诞无稽的空话。"①

坚持经济必然性在整个人类历史过程中的基础地位，根本不同于否定偶然性的"命定论"。相反，它以偶然性为其补充和表现形式。一方面，经济状况始终是历史发展的基础，在一切因素间的相互作用中，"归根到底是经济运动作为必然的东西通过无穷无尽的偶然事件……向前发展"②。另一方面，作为经济必然性的补充和表现形式的偶然性因素不仅对历史的进程产生多方面的实际影响，而且在大多数情况下主要地决定着历史运动的具体形式和特殊面貌。在这里，历史规律的作用方式就表现为：历史过程的种种偶然性都以其独特的方式贯穿着一定的经济必然性，而经济必然性又通过诸多的偶然性来为自己开辟道路。历史规律的必然性是通过一系列的偶然事件来实现的。

历史过程中的偶然性，主要是指由历史发展过程中非本质联系所引起的现象。只要各种偶然性因素实际参与了重大历史事件的发生、发展和变化，它们就会成为历史必然性实现自身的方式。完全脱离偶然性的必然性是不存在的。"如果'偶然性'不起任何作用的话，那么世界历史就会带有非常神秘的性质。这些偶然性本身自然纳入总的发展过程中，并且为其他偶然性所补偿。"③ 历史过程中的偶然性会加速或延缓历史运动的必然进程，会使历史呈现出多种多样的具体形态，但不能在根本上改变历史发展的趋势和方向。总之，历史过程中的偶然事件都包含着某种必然性，而历史过程中的必然性总是通过某种偶然事件表现出来。例如，第一次世界大战的直接诱因，是一位塞尔维亚青年刺杀了奥匈帝国的王储。这个事件看起来是十分偶然的，它可以发生也可以不发生，可以被当作借口也可以不被当作借口。但这场帝国主义战争的不可避免性，则植根于当时整个资本主义发展过程中的经济必然性，于是历史规律的必然方面就通过这个偶然事件来展开和实现。

作为历史规律的作用方式，历史过程的必然性与偶然性是内在联系、彼此制约和辩证统一的。而这种辩证统一又与人类活动的合力作用密切相关。一方面是各种各样的目的活动和意志活动，另一方面是总和的结果总是超出这些个

---

① 《马克思恩格斯文集》第 10 卷，人民出版社 2009 年版，第 591 页。
② 《马克思恩格斯文集》第 10 卷，人民出版社 2009 年版，第 591—592 页。
③ 《马克思恩格斯文集》第 10 卷，人民出版社 2009 年版，第 354 页。

别的目的和意志。因此，历史规律就表现为通过无穷无尽的偶然事件来实现自己的必然性。

三、历史发展的决定性与选择性

历史规律的作用方式不仅体现为历史过程中必然性和偶然性的统一，而且还体现为历史发展中决定性和选择性的统一。所谓历史发展的决定性，是指人类历史的发展具有客观的因果性和必然性。所谓历史发展的选择性，是指历史的现实主体从自身的意图、目的、思想和理论等主观方面的前提出发，在一定的范围内以这样或者那样的方式来确定自己的行动方向和行为方式。历史规律的决定性是通过历史主体的选择性来实现的。

既然人类历史的发展具有不以人的意志为转移的客观规律，那么这一发展过程就具有决定性。承认和把握这种决定性的理论叫决定论。一般说来，决定论是一切科学的基本形式。因为科学所研究的，正是各种现象的客观规律；在未曾发现这种规律的地方，在纯粹主观、任意的领域，是谈不上科学的。然而，与自然现象不同，历史现象总是伴随着人的有意识的活动，总是通过人的自由意志表现出来的。因此，历史现象背后是否存在规律性，是否能够成为科学把握的对象，在认识上向来存在严重分歧。错误的见解表现为两个极端：一是意志自由论，主张历史是纯粹自由意志的领域，完全否认历史发展的决定性。二是历史宿命论，认为在历史领域中只存在必然的决定性，在这种决定性面前，人的意志、意图和活动等是根本无能为力的。

唯物史观以科学的实践观为基础，扬弃了上述对立，阐明了科学的历史决定论。按照唯物史观，历史发展是具有决定性的，但决不是宿命论的；正像历史本身是追求自己目的的人的活动一样，历史过程的决定性是通过人类活动的合力作用来表现和实现的。历史规律的决定性与历史主体的选择性并不矛盾，恰好是通过这种选择性来实现的。

首先，历史规律的决定性不是超历史的，也不是在对象中预先确定的，而是在人的活动中形成并通过人的活动来实现的。在现实的个人的活动中，历史规律的决定性初始只是作为一般趋势而存在。例如，生产力决定生产关系、经济基础决定上层建筑的规律，并不是说在任何情况下，每一种生产关系都完全适合生产力，每一种上层建筑都完全适合经济基础；而是说归根到底生产关系总是随着生产力的发展而发展，上层建筑总是随着经济基础的变化而变化。更加重要的是，生产关系和上层建筑总是要通过人们的历史活动、通过在一定范围内的历史性选择才能建立起来。当然，这些选择归根到底同样不能违背生产力或经济基础的发展要求，否则终归是要失败的。

其次，社会历史给现实主体的活动提供的并不是唯一的可能性，而往往是由多种现实可能性组成的可能性空间。在这一可能性的空间中，哪一种可能性会成为现实，取决于人们的自觉活动，取决于人们的现实选择。这种情形，在某一历史过程处于转折点时，表现得尤为突出。例如，在同一生产力水平的基础上，不同国家和民族由于文化传统和历史处境等差别，有可能建立起具有不同特点的生产关系，其中就体现着历史主体进行选择的可能性。

最后，历史过程中每一种可能性的实现，往往有多种多样的形式。人们对具体形式的选择，可以表现出巨大的能动性。被选择的可能性是否达到主体目的的最好的形式，取决于主体对历史发展客观规律认识的正确程度以及自身能动性的发挥程度。人们作出的选择可能是正确的，也可能是错误的；可能是好的，也可能是不好的。这种历史的选择性不是对历史规律的决定性的否定，它只是在一定的可能性空间中的选择，而这个可能性空间又是由人们不能自由选择的现实的生产力状况决定的。人们的历史选择并不能改变人类历史的总体进程，选择总是有既定前提并受到历史发展客观规律制约的。

历史规律的决定性通过历史主体的选择性来实现，这一点在中国近代历史的发展进程中得到充分的体现。近代以来，争取民族独立、人民解放和实现国家富强、人民幸福成为中国人民的历史任务。在旧式的农民战争走到尽头，不触动封建根基的自强运动和改良主义屡屡碰壁，资产阶级革命派领导的革命和西方资本主义的其他种种方案纷纷破产的情况下，十月革命一声炮响，为中国送来了马克思列宁主义，给苦苦探寻救亡图存之路的中国人民指明了前进方向，提供了全新选择。中国人民最终选择了社会主义的发展道路，并且取得了辉煌胜利。中国特色社会主义进入新时代，中华民族迎来从站起来、富起来到强起来的伟大飞跃，是中国共产党人把马克思主义普遍原理与中国实际相结合的过程，也是历史规律的决定性与历史主体的选择性相统一的过程。

正确把握社会历史发展的决定性与历史主体的选择性，对于抓住历史机遇、加快发展非常重要。所谓历史机遇，是指相对于发展主体而言比较有利的重要历史时机。这种重要的历史时机，往往是较为难得的，又往往是转瞬即逝的。它一方面包含着体现历史规律、加快社会发展的有利的客观条件，另一方面也给现实的主体依据历史规律进行能动的选择提供了较大的可能性空间。能否抓住机遇，取决于主体的能动性能否有效地、合理地发挥。中国共产党在革命、建设、改革的伟大历史进程中始终密切关注、高度重视历史机遇。毛泽东一向重视对战略时机的分析和利用，强调时机的问题是具有重要意义的。邓小平在改革开放的进程中一再强调世界局势的转折为中国的发展提供了机遇，一定要抓住时机，发展自己。习近平高度重视当代中国发展面临的重大战略机遇期，强调通过宏观的战略决策和发挥人的主观能动性，把战略机遇期提供的可能性变成现实性。总之，发展机遇的思想，综合了历史运动的客观方面和人类活动的能动方面，深刻体现了历史发展的决定性和选择性的辩证统一。

思考题：

1. 怎样理解历史是追求自己目的的人的活动？
2. 怎样认识人的活动与历史规律的关系？历史规律有什么特点？
3. 试论历史规律的实现机制。

▶ **本章拓展资源**

第八章　社会基本矛盾运动及其规律

历史运动规律形成并实现于人的实践活动，体现着社会结构诸要素尤其是生产力与生产关系、经济基础与上层建筑之间的本质的、必然的联系。生产力与生产关系、经济基础与上层建筑的矛盾是人类社会的基本矛盾，它们的运动发展构成了历史的基本规律，即生产关系一定要适合生产力状况的规律，上层建筑一定要适合经济基础状况的规律。

第一节　生产力与生产关系的矛盾运动及其规律

在社会基本矛盾运动中，相对于经济基础与上层建筑的矛盾，生产力与生产关系的矛盾更为根本。生产力与生产关系的矛盾运动决定着社会发展的总趋势。

一、生产力与生产关系

在物质生产活动中形成了生产力与生产关系。所谓生产力，是指人们改造自然，使之适应人的需要的物质力量，标志着人类改造自然的实际能力和水平。社会的生产力不是个人的生产能力的简单相加，而是个人的生产能力通过一定的社会结合方式，包括协作、分工等方式形成的社会力量。生产力在本质上是社会生产力。

生产力包括三个基本要素，即劳动者、劳动资料和劳动对象，它们之间的相互作用、有机结合构成了现实的生产力。劳动者是具有一定生产经验和劳动技能的人，既包括体力劳动者，也包括脑力劳动者。劳动资料是劳动者作用于劳动对象的物或物的系统。在劳动资料系统中，劳动工具是人们在劳动生产过程中对劳动对象进行加工的事物，它直接传递人对自然界的作用。"各种经济时代的区别，不在于生产什么，而在于怎样生产，用什么劳动资料生产。劳动资料不仅是人类劳动力发展的测量器，而且是劳动借以进行的社会关系的指示器。"[1] 劳动对象

---

[1] 《马克思恩格斯文集》第 5 卷，人民出版社 2009 年版，第 210 页。

是劳动过程中所加工的事物。在生产力系统中，除了劳动者、劳动资料和劳动对象这些实体性要素外，还包括科学技术、管理等非实体性要素。

生产力的诸要素只有通过一定的社会形式结合起来才能形成现实的生产力。生产关系就是生产力诸要素相结合的社会形式，是人们在物质生产和再生产过程中所形成的经济关系，它是由生产资料所有制关系、生产中人与人的关系和产品分配关系构成的。生产资料所有制是人与生产资料结合的方式，其实质是生产资料归谁所有、由谁支配。在生产关系中，生产资料所有制决定生产关系的其他方面，有什么样的所有制关系，在生产过程中就有什么样的人与人的关系，就有什么样的分配关系。

在生产和再生产过程中，生产关系具体体现在生产、分配、交换和消费四个环节之中，通过生产、分配、交换和消费这些环节的正常运转得以维持和发展。例如，以生产资料资本家所有制为核心的资本主义生产关系就是通过在生产领域中支配雇佣工人，分配领域中按"资"分配，交换领域中"等价"交换以及消费领域中工人阶级相对贫困化这四个环节实现的。正是在这个意义上，马克思指出："给资产阶级的所有权下定义不外是把资产阶级生产的全部社会关系描述一番。"①

生产方式是生产力和生产关系的统一。生产方式构成了人类社会得以存在的基础，决定着社会的结构及其性质。有什么样的生产方式，就有什么样的社会结构，社会有机体中的政治结构和文化结构都根源于生产方式，都直接或间接为生产方式所制约。"物质生活的生产方式制约着整个社会生活、政治生活和精神生活的过程。"②

到目前为止，人类社会已经经历了五种生产方式：原始社会的、奴隶社会的、封建社会的、资本主义社会的和社会主义社会（共产主义社会的低级阶段）的生产方式。这五种生产方式的依次更替是生产力与生产关系矛盾运动的结果。

二、生产力与生产关系的矛盾运动

生产力与生产关系的相互作用形成了生产力与生产关系的矛盾运动。在生

---

① 《马克思恩格斯文集》第1卷，人民出版社2009年版，第638页。
② 《马克思恩格斯文集》第2卷，人民出版社2009年版，第591页。

产力与生产关系的矛盾运动中，生产力对生产关系具有决定作用。其一，生产力的性质决定生产关系的性质。从根本上说，有什么样的生产力就会有什么样的生产关系，一定的生产关系只能依据一定的生产力状况才能建立起来。其二，生产力的发展决定生产关系的变革。生产力总是随着人的需要的变化和物质生产的发展而处于不断发展之中。在生产方式的运动过程中，生产力首先发生变化，当它发展到一定程度时，生产关系就会由原先推动生产力发展的形式变成阻碍生产力发展的桎梏。这时就要改变原有的生产关系。"人们生产力的一切变化必然引起他们的生产关系的变化"①。随着新生产力的获得，人们改变自己的生产关系；随着生产关系的改变，人们改变自己的社会关系。"手推磨产生的是封建主的社会，蒸汽磨产生的是工业资本家的社会。"②

生产关系的变革需要相应的物质条件。当一种新的生产力尤其是新的生产工具已经形成，而且这种新的生产力已经在物质生产中占据主导地位，这时变革生产关系的物质前提已经具备。生产关系变革的实现要依靠人们的自觉活动。只有当代表新生产力发展要求的社会力量认识到变革生产关系的必然性，找到变革生产关系的现实途径，生产关系的变革才能真正实现。

生产关系对生产力具有反作用。这种反作用表现为两种情形：当生产关系适合生产力状况时，生产关系就会促进和推动生产力的发展，成为生产力发展的有效形式；当生产关系不适合生产力状况时，就会阻碍甚至破坏生产力的发展，成为生产力进一步发展的桎梏。同生产力相适合的生产关系之所以能够促进生产力的发展，就在于它提供了一个能使生产力中人的因素和物的因素较好结合起来的形式，因而能够把各种潜在的生产力变为现实的生产力。反之，不适合生产力的生产关系之所以会阻碍甚至破坏生产力的发展，就在于它不能把生产力中人的因素和物的因素较好地结合起来，因而无法把生产力中的积极因素充分调动起来。在这种情况下，只有改变旧的生产关系，才能解放生产力和发展生产力。

生产力与生产关系的相互作用构成了生产方式的矛盾运动，分工是生产力与生产关系相互作用的重要的中间环节。

第一，分工和生产力相联结，具有生产力的属性。分工以生产工具的发展

---

① 《马克思恩格斯文集》第 1 卷，人民出版社 2009 年版，第 613 页。
② 《马克思恩格斯文集》第 1 卷，人民出版社 2009 年版，第 602 页。

为前提，工具越发展，分工就越细，劳动者的专业化水平就越高。因此，分工实际上是生产过程中劳动者和劳动工具的结合方式，是劳动者水平和工具水平的综合表现，因而是生产力水平的表现。"一个民族的生产力发展的水平，最明显地表现于该民族分工的发展程度。"①

第二，分工和生产关系相联结，具有生产关系的属性。分工是生产过程中人与人的分离，但同时又是一种人与人的组合；分工不仅是生产过程中人与工具的结合方式，而且是人与人的结合方式。同时，在分工中必然存在一定的交换关系、分配关系，体现人们之间的相互关系。正是在这个意义上，马克思、恩格斯认为，分工和所有制是同义语，分工发展的不同阶段也就是所有制的不同形式。"这就是说，分工的每一个阶段还决定个人在劳动材料、劳动工具和劳动产品方面的相互关系。"②

分工的二重属性，使之成为生产力与生产关系相互作用的中介。分工与生产力相联结，生产力的状况决定着分工的状况，并推动着分工的发展；分工的发展必然引起生产关系的变化，生产关系又反过来促进或阻碍分工的发展，从而影响生产力的发展。一般说来，生产力对生产关系的决定作用以及生产关系对生产力的反作用，就是通过分工这个中介实现的。

三、生产关系一定要适合生产力状况的规律

生产力与生产关系的矛盾运动形成了生产关系一定要适合生产力状况的规律。生产力状况是指生产力的性质、结构、水平和发展要求。生产关系一定要适合生产力状况的规律包含两方面内容：一是生产力决定生产关系，生产关系是否应当变革以及变革的方向与形式，归根到底取决于生产力的状况；二是生产关系对生产力具有反作用，生产关系适合或不适合生产力状况，对于生产力发展起着促进或阻碍的作用。生产关系一定要适合生产力状况的规律，是以生产力与生产关系之间的矛盾为前提的。正因为这一矛盾始终存在，所以才产生了使二者由冲突达到统一，变基本不适合为基本适合的必然要求。生产关系由适合生产力的状况到不适合生产力的状况，再到适合生产力状况的矛盾运动，是"一定要适合"的具体表现。

---

① 《马克思恩格斯文集》第 1 卷，人民出版社 2009 年版，第 520 页。
② 《马克思恩格斯文集》第 1 卷，人民出版社 2009 年版，第 521 页。

生产关系同生产力状况的适合是具体的、历史的，落后或超越生产力的发展要求都是不适合的表现。由于生产力的易变性和生产关系的相对稳定性，到了一定程度、一定阶段，生产关系就会落后于生产力的发展，形成二者之间不适合的现象。在这种情况下，就要变革生产关系使之适合生产力的发展。同时，不能脱离生产力发展的实际状况，人为地不断变革生产关系，使生产关系超越生产力发展的状况。这种超越同样是违背生产关系一定要适合生产力状况的表现，同样会阻碍以致破坏生产力的发展。

判断生产关系是否适合生产力状况，要看它是否有利于生产力的发展并创造出更高的劳动生产率。生产力的发展依赖于劳动创造性的积累和发展，而劳动的创造性也就是人的创造才能的发挥和发展过程。因此，在某种生产关系中，劳动者是否具有以及在多大程度上具有劳动积极性，其创造性能否得到较为充分的发挥和合理利用，从而创造出更高的劳动生产率，是生产关系是否适合生产力状况的客观标志。生产力是否得到发展，不是单纯地表现为物质产品的多少，更重要的是表现为经济效益的大小和劳动生产率的高低。

从根本上说，从原始社会、奴隶社会、封建社会、资本主义社会到社会主义社会这五种生产方式依次更替的历史过程，都是由生产关系一定要适合生产力状况的规律所决定的。邓小平指出："封建社会代替奴隶社会，资本主义代替封建主义，社会主义经历一个长过程发展后必然代替资本主义。这是社会历史发展不可逆转的总趋势。"[1] 社会历史发展中的这个"不可逆转的总趋势"，是由生产关系一定要适合生产力状况的规律决定的；社会主义必然代替资本主义需要一个"长过程发展"，归根到底也是由生产关系一定要适合生产力状况的规律决定的。从人类总体历史看，"无论哪一个社会形态，在它所能容纳的全部生产力发挥出来以前，是决不会灭亡的；而新的更高的生产关系，在它的物质存在条件在旧社会的胎胞里成熟以前，是决不会出现的"[2]。

生产关系一定要适合生产力状况，是社会发展的基本规律。这一规律是中国共产党制定路线、方针和政策的客观依据。新民主主义革命的胜利、社会主义改造的完成、改革开放的伟大进程，都是中国共产党人自觉运用生产关系一定要适合生产力状况规律的生动体现。正确理解和把握生产关系一定要适合生

---

① 《邓小平文选》第3卷，人民出版社1993年版，第382—383页。
② 《马克思恩格斯文集》第2卷，人民出版社2009年版，第592页。

产力状况的规律，具有极其重要的理论意义和实践意义。

第二节　经济基础与上层建筑的矛盾运动及其规律

生产力与生产关系的矛盾和经济基础与上层建筑的矛盾密切相关。经济基础与上层建筑的矛盾根源于生产力与生产关系的矛盾，生产力与生产关系矛盾的解决又有赖于经济基础与上层建筑矛盾的解决。经济基础与上层建筑的矛盾运动形成了社会发展的又一基本规律，即上层建筑一定要适合经济基础状况的规律。

一、经济基础与上层建筑

经济基础是指同生产力的一定状况相适应的生产关系的总和。马克思指出："这些生产关系的总和构成社会的经济结构，即有法律的和政治的上层建筑竖立其上并有一定的社会意识形式与之相适应的现实基础。"①

从历史上看，一种生产关系往往以萌芽状态、统治状态和残余状态分别存在于不同的社会形态中。在现实社会中，往往是多种生产关系同时并存，这些生产关系相互制约、相互影响，构成了社会的经济基础。在这些生产关系中，必有一种生产关系占据统治地位，起着支配作用。正是这种占据统治地位、起着支配作用的生产关系决定了经济基础以至整个社会形态的性质。"在一切社会形式中都有一种一定的生产决定其他一切生产的地位和影响，因而它的关系也决定其他一切关系的地位和影响。这是一种普照的光，它掩盖了一切其他色彩，改变着它们的特点。"② 例如，在当代中国，既有全民所有制、集体所有制，又有个体所有制等，其中，社会主义公有制是主体。正是多种生产关系同时存在，社会主义公有制又是主体这一经济结构，决定了当代中国的经济基础的性质和特点。

上层建筑是指建立在一定经济基础之上的制度、设施以及思想体系，主要是指政治、法律制度和设施的总和以及政治法律思想、道德、艺术、宗教、哲

①《马克思恩格斯文集》第 2 卷，人民出版社 2009 年版，第 591 页。
②《马克思恩格斯文集》第 8 卷，人民出版社 2009 年版，第 31 页。

学等观点。从内容上看，上层建筑由政治上层建筑和观念上层建筑构成。

政治上层建筑是指建立在经济基础之上的政治法律设施、政治法律制度及其相互关联的方式，包括政权机构、军队、警察、法庭、监狱和关于政权的组织形式、立法、司法等。政治上层建筑的核心是国家。

国家不是一个纯粹的地理概念，而是一种社会权力的组织形式。从起源上看，国家是阶级矛盾不可调和的产物。当社会分裂为彼此对抗的阶级——奴隶主阶级和奴隶阶级，占人口少数的奴隶主阶级为了维护其对生产资料的占有和对多数人的剥削，并使之固定化、合法化，就必须建立适合自己统治的社会政治秩序。这是国家产生的阶级根源。同时，随着社会的发展，社会形成了某些公共事务，需要专门机构进行管理，而随着分工的发展，社会管理工作逐渐专门化，使得建立管理社会公共事务的专门机构不仅成为必要，而且具有可能。这是国家产生的社会根源。

国家的起源本身说明了国家的本质，即国家是阶级统治的工具。"国家是社会在一定发展阶段上的产物；国家是承认：这个社会陷入了不可解决的自我矛盾，分裂为不可调和的对立面而又无力摆脱这些对立面。而为了使这些对立面，这些经济利益互相冲突的阶级，不致在无谓的斗争中把自己和社会消灭，就需要有一种表面上凌驾于社会之上的力量，这种力量应当缓和冲突，把冲突保持在'秩序'的范围以内；这种从社会中产生但又自居于社会之上并且日益同社会相异化的力量，就是国家。"①作为阶级分化和阶级斗争的产物，国家使自身成为控制社会的机构，通过这个机构来管理、指导、调控全部社会生活。所以，国家在执行阶级职能的同时，又执行"社会的某些共同职能"。"政治统治到处都是以执行某种社会职能为基础，而且政治统治只有在它执行了它的这种社会职能时才能持续下去。"②

国家是一个历史范畴，作为阶级矛盾不可调和的产物，国家必然随着阶级的消灭而自行消亡。国家的消亡是一个漫长的历史过程，社会主义国家的建立开启了这一历史进程。

观念上层建筑，又称思想上层建筑，是指政治法律思想、道德、艺术、宗教、哲学等意识形态。在观念上层建筑中，往往存在着多种意识形态，但只有

---

① 《马克思恩格斯文集》第 4 卷，人民出版社 2009 年版，第 189 页。
② 《马克思恩格斯文集》第 9 卷，人民出版社 2009 年版，第 187 页。

反映并服务于该社会占统治地位的生产关系的意识形态，才能决定该社会观念上层建筑的性质。一个特定的经济基础能够存在、巩固和发展，不仅需要强制性的政治法律制度和设施来规范人们的行为，把人们的行为限定在一定的秩序之内，而且需要意识形态来论证经济制度以及政治法律制度的合理性，使人们自愿地在该社会的秩序内活动。

政治上层建筑和观念上层建筑之间存在着复杂的关系。其一，政治上层建筑是在观念上层建筑指导下建立起来的。其二，政治上层建筑尤其是国家制度一旦形成，对于生活在该国家中的人来说，又成为一种外在的环境和既定的现实力量，在很大程度上影响观念上层建筑。其三，政治上层建筑和观念上层建筑作为一个整体，都是经济基础的反映。政治是经济的集中表现，观念既反映经济又反映政治，并反作用于政治和经济。

经济基础与上层建筑以一定的形式结合起来构成社会形态。社会形态是对不同社会制度的概括，是同生产力的一定状况相适应的经济基础与上层建筑统一体。从内容上看，社会形态既包括经济形态，又包括政治形态和意识形态。到目前为止，与五种生产方式相适应，人类已经经历了五种社会形态，即原始社会的、奴隶社会的、封建社会的、资本主义社会的和社会主义社会的社会形态。

社会形态与社会有机体既有联系又有区别。社会形态范畴是对不同社会制度的概括，揭示的是社会的经济关系、政治关系和思想关系。社会有机体范畴揭示的则是社会的一切关系及其整体性，它表明人类社会是"一切关系在其中同时存在而又互相依存的社会机体"①，而且是一个"能够变化并且经常处于变化过程中的有机体"②。正是在这个意义上，列宁认为，"马克思和恩格斯称之为辩证方法（它与形而上学方法相反）的，不是别的，正是社会学中的科学方法，这个方法把社会看做处在不断发展中的活的机体"③。

二、经济基础与上层建筑的矛盾运动

在经济基础与上层建筑的矛盾运动中，经济基础对上层建筑起决定作用，同时，上层建筑对经济基础具有反作用。

---

① 《马克思恩格斯文集》第 1 卷，人民出版社 2009 年版，第 604 页。
② 《马克思恩格斯文集》第 5 卷，人民出版社 2009 年版，第 10—11 页。
③ 《列宁选集》第 1 卷，人民出版社 2012 年版，第 32 页。

经济基础对上层建筑的决定作用，主要表现在两个方面：

第一，经济基础决定上层建筑的产生与性质。无论是政治上层建筑，还是观念上层建筑，都直接建立在经济基础之上，上层建筑是适应经济基础的需要而产生的。有什么样的经济基础就会有什么样的上层建筑。谁在经济领域居于统治地位，谁就必然在政治领域和思想领域居于统治地位。上层建筑的性质取决于它所服务的经济基础（生产关系）的性质，即它所服务的生产关系对生产力的发展是起促进还是阻碍作用。如果这种生产关系对生产力的发展起促进作用，那么，服务于这种生产关系的上层建筑就是先进的上层建筑，反之，则是落后的上层建筑。国家总是一定阶级的国家，是在经济基础上占统治地位的阶级的国家，而"占统治地位的思想不过是占统治地位的物质关系在观念上的表现，不过是以思想的形式表现出来的占统治地位的物质关系"①。

第二，经济基础决定上层建筑的变革。社会的经济基础变了，上层建筑或迟或早、或快或慢也要随之改变。经济基础不仅推动着上层建筑的变化发展，而且决定着上层建筑变化发展的方向。奴隶主阶级专政的国家代替原始氏族组织，地主阶级专政的国家代替奴隶主阶级专政的国家等，这些变化以及变化的方向都是由经济基础直接决定的。"随着经济基础的变更，全部庞大的上层建筑也或慢或快地发生变革。"②

上层建筑对经济基础的反作用主要表现在：通过调控经济生活、政治生活、文化生活来为自己的经济基础服务。政治上层建筑力图把人们的活动调控在一定的秩序之内，观念上层建筑力图通过影响人们的思想来调控人们的行为。没有这种强制和非强制的调控作用，经济生活以至整个社会生活就会陷于混乱。从结果看，上层建筑的这种调控作用对经济基础的发展既可以起促进作用，也可以起阻碍作用。当上层建筑的这种调控作用同自己的经济基础相适应、能够满足经济基础的要求时，就对经济基础的发展起促进作用；当上层建筑的这种调控作用不能满足经济基础的要求，同经济基础发生矛盾时，就会对经济基础的发展起阻碍作用。

在现实社会的经济基础中，既有占统治地位的生产关系，又有作为旧残余或新萌芽而存在的不占统治地位的生产关系。相应地，上层建筑也是如此。这

① 《马克思恩格斯文集》第1卷，人民出版社2009年版，第550—551页。
② 《马克思恩格斯文集》第2卷，人民出版社2009年版，第592页。

样，经济基础中的新旧矛盾，上层建筑中的新旧矛盾，经济基础中新旧因素同上层建筑领域中新旧因素之间的矛盾，纵横交错，构成一张极其复杂的矛盾之网。即使在同一性质的经济基础与上层建筑之间也存在着矛盾。新的上层建筑在刚刚形成时，它的某些不完善部分会同经济基础发生一定的矛盾，新的上层建筑的逐步完善正是在不断解决这些矛盾的过程中实现的。同时，随着生产力的发展，经济基础也会发生变化，到了一定程度、一定阶段，上层建筑就会同经济基础发生矛盾。此时，上层建筑的变革时期就到来了。

三、上层建筑一定要适合经济基础状况的规律

经济基础与上层建筑的矛盾运动形成了上层建筑一定要适合经济基础状况的规律。同生产关系一定要适合生产力状况的规律一样，上层建筑一定要适合经济基础状况的规律也是社会发展的基本规律。这两个规律密切相关，共同决定着社会发展。

经济基础状况是指经济基础的性质、结构、水平和发展要求。上层建筑一定要适合经济基础状况的规律包含三方面的内容：

第一，上层建筑必须适合经济基础的状况。在经济基础与上层建筑的矛盾运动中，经济基础对上层建筑具有决定作用，上层建筑必须适合经济基础的状况，上层建筑长期或严重不适合经济基础的状况会导致社会停滞或失序。社会要正常发展，上层建筑就一定要适合经济基础的状况。如果上层建筑不适合经济基础的状况，那么，"一定要适合"就表现为革命或改革的要求，即变革旧的上层建筑，建立新的上层建筑。

第二，上层建筑对经济基础具有反作用。这种反作用集中表现为上层建筑为经济基础服务。上层建筑总是要运用政治权力和意识形态的力量，或者把经济活动和社会生活控制在一定的秩序和范围内，以维护自己的经济基础，或者调整经济活动和社会生活，以巩固、发展自己的经济基础。

第三，上层建筑与经济基础之间始终存在着既适合又不适合的矛盾运动。经济基础要求上层建筑同自己相适合，这本身就以它们之间存在着某种不适合为前提；同时，这种不适合又或迟或早一定要变为相适合。上层建筑与经济基础之间的适合是相对的，矛盾始终处于产生、解决、再产生、再解决的不断运动之中。

上层建筑一定要适合经济基础状况的规律表明，在人类历史中，何以有如

此多样的意识形态，何以有如此不同的国家制度，其根源都在于经济基础的状况。自觉把握上层建筑一定要适合经济基础状况的规律，具有重要的理论意义和实践意义。当代中国的改革就是为了调整同生产力发展不相适应的生产关系和上层建筑的某些方面，改变同生产力发展不适合的管理方式、活动方式和思想方式，从而使生产关系适合生产力的发展、上层建筑适合经济基础的要求。历史告诉我们，遵循上层建筑一定要适合经济基础状况的规律，我们的事业就会胜利；违反这一规律，我们的事业就会遭受挫折。

四、社会形态更替的统一性与多样性

与生产力的状况相适应，经济基础与上层建筑以一定的形式结合起来构成社会形态。生产力与生产关系、经济基础与上层建筑的矛盾推动并决定着社会形态不断更替，并呈现出统一性和多样性。

社会形态的更替具有统一性。在人类总体历史上，这一过程表现为原始社会、奴隶社会、封建社会、资本主义社会、社会主义社会（共产主义社会的低级阶段）这五种社会形态的依次更替。在没有外来影响、冲击、干涉的情况下，具体的民族历史将依次经历这五种社会形态。西欧绝大多数民族已经依次走过了原始社会、奴隶社会、封建社会和资本主义社会这样一条发展道路。五种社会形态的依次更替是社会的"自然的发展阶段"。

社会形态的更替又具有多样性。社会形态更替的统一性往往通过各个民族不同的发展道路表现出来，社会发展的一般规律并不排斥不同民族在发展秩序上的独特性。社会形态更替的多样性在历史上有不同的情形，较为典型的是跨越发展。有些民族在特定的历史条件下可以跨越一种甚至几种社会形态而跳跃式地向前发展，从而直接走向更高级的社会形态。例如，东欧的一些斯拉夫民族以及亚洲的蒙古族就越过奴隶制，从原始社会直接走向封建社会。

但是，社会形态更替的多样性并不能否定人类总体历史进程。某一民族可以跨越一定的社会形态，但其跨越的方向同人类总体历史进程是一致的，实际存在的社会形态及其生产力状况规定着其跨越的限度。日耳曼人跨越了奴隶社会，从原始社会末期直接走上了封建社会，这是日耳曼人在征服了罗马帝国后适应罗马帝国生产力状况的结果。马克思、恩格斯指出："封建制度决不是现成地从德国搬去的。它起源于征服者在进行征服时军队的战时组织，而且这种组织只是在征服之后，由于在被征服国家内遇到的生产力的影响才发展为真正

的封建制度的。"①

第三节　社会基本矛盾与阶级斗争

自从原始公有制解体以来，人类便进入阶级社会。在阶级社会中，社会基本矛盾主要体现为阶级矛盾和阶级斗争。阶级斗争是阶级社会发展的直接动力。

一、阶级的产生与实质

阶级是一个历史范畴。阶级的存在同生产发展的一定历史阶段相联系，它是特定时代生产方式的产物。首先，金属工具的使用所导致的剩余产品的出现是阶级产生的经济前提，它为一个集团占有另一个集团的劳动提供了可能。其次，私有制的出现是阶级产生的又一经济前提。阶级本身是社会集团，但社会集团的存在并不一定导致阶级的存在。社会集团转化为阶级的必要条件就是私有制的存在，私有制出现以后，社会集团的分离就转化为阶级的对立。最后，社会分工是阶级产生的现实基础。社会分工产生了个人利益或单个家庭利益与人们共同利益之间的矛盾，从一开始就包含着对生产资料的支配，并产生了把这一支配权转化为所有权的可能性。一旦条件具备，在社会分工的基础上必然产生私有制，从而形成不同的阶级。"分工使精神活动和物质活动、享受和劳动、生产和消费由不同的个人来分担这种情况不仅成为可能，而且成为现实。"② 因此，"分工的规律就是阶级划分的基础"③。

阶级在本质上是一个经济范畴。阶级的划分是由人们在特定的社会经济结构中所处的不同地位和结成的不同关系决定的。列宁指出："所谓阶级，就是这样一些大的集团，这些集团在历史上一定的社会生产体系中所处的地位不同，同生产资料的关系（这种关系大部分是在法律上明文规定了的）不同，在社会劳动组织中所起的作用不同，因而取得归自己支配的那份社会财富的方式和多寡也不同。所谓阶级，就是这样一些集团，由于它们在一定社会经济结构

---

① 《马克思恩格斯文集》第 1 卷，人民出版社 2009 年版，第 578 页。
② 《马克思恩格斯文集》第 1 卷，人民出版社 2009 年版，第 535 页。
③ 《马克思恩格斯文集》第 3 卷，人民出版社 2009 年版，第 562 页。

中所处的地位不同，其中一个集团能够占有另一个集团的劳动。"①

列宁在这里所说的"四个不同"，都属于生产关系领域。其中，"同生产资料的关系不同"是根本的不同，它决定着人们在生产体系中的地位、在劳动组织中的作用、获取社会财富的方式和多寡。也正是因为"同生产资料的关系不同"，才使一个集团能够无偿占有另一个集团的劳动。这就是说，区分阶级的根本标志，是看其与生产资料的关系，是否占有生产资料，是否无偿占有其他集团的劳动。从本质上讲，阶级就是基于对生产资料关系的不同而形成的利益根本对立的社会集团。所以，"区别各阶级的基本标志，是它们在社会生产中所处的地位，也就是它们对生产资料的关系"②。划分阶级的根本标准是经济关系。

阶级又是一个政治范畴。阶级首先是一个经济范畴，但阶级一旦形成又必然在价值观念、思维方式、生活方式，尤其是政治地位上有所表现。共同的生存条件是一个阶级的阶级意识和政治组织形成的基础，同时，一个阶级有无自己的阶级意识，有无自己的政治组织，是其是否成熟、是否从自在阶级转向自为阶级的标志。马克思在分析法国农民的特征时指出："数百万家庭的经济生活条件使他们的生活方式、利益和教育程度与其他阶级的生活方式、利益和教育程度各不相同并互相敌对，就这一点而言，他们是一个阶级。而各个小农彼此间只存在地域的联系，他们利益的同一性并不使他们彼此间形成共同关系，形成全国性的联系，形成政治组织，就这一点而言，他们又不是一个阶级。"③

正确把握阶级概念需要弄清阶级与等级、阶层的联系和区别。

等级是在社会地位和法律地位上不平等的社会集团。等级与阶级的区别在于：阶级反映的是人们之间的经济关系，而等级则是按照地位、身份、职业对社会成员所进行的划分，反映的是人们之间的政治法律关系。当然，阶级与等级又有联系。一个阶级往往包含着不同的等级，一个等级也可以包含不同的阶级成员。例如，法国大革命时期的"第三等级"就包含了资产者、无产者、农民及小资产者。

阶层有两层含义：一是指同一阶级内部按照经济状况、社会地位或其他标准划分的若干层次，如资产阶级中有工业资本家、商业资本家、金融资本家；

---

① 《列宁全集》第 37 卷，人民出版社 2017 年版，第 15 页。
② 《列宁全集》第 7 卷，人民出版社 2013 年版，第 30 页。
③ 《马克思恩格斯文集》第 2 卷，人民出版社 2009 年版，第 566—567 页。

二是指按照特定的标准如谋生方式把各阶级中的部分成员联合起来的社会集团，如知识分子阶层就是按照劳动分工的原则划分的。在当代，无论是在发达资本主义国家内部，还是在全球资本主义体系之中，阶级结构虽然发生了变化，但阶级和阶级斗争依然存在。在当代发达资本主义国家，"中间阶级"在不断扩大，股份制的实行使一部分工人持有股票，并在一定范围内参与管理，工人的物质生活有了较大改善，等等，但这并不意味着资本主义社会已经是"没有阶级对立的社会"。正如马克思所说的，工人"能够扩大自己的享受范围，有较多的衣服、家具等消费基金，并且积蓄一小笔货币准备金。但是，吃穿好一些，待遇高一些，持有财产多一些，不会消除奴隶的从属关系和对他们的剥削，同样，也不会消除雇佣工人的从属关系和对他们的剥削"[1]。

二、阶级斗争是阶级社会发展的直接动力

阶级斗争是社会基本矛盾在阶级社会的体现，并在社会发展中起着重要作用。

所谓阶级斗争，就是指经济利益根本冲突的阶级之间的对抗和斗争。一切阶级斗争，归根到底都是围绕经济利益展开的。历史上一切剥削阶级总是凭借它们所占有的生产资料和在生产体系中所处的统治地位，对被剥削阶级实行经济剥削。同时，为了维持和加强它们在经济领域中的统治地位，又必然对被统治阶级实行政治统治和思想控制。被剥削阶级为了维持自己的生存，摆脱受剥削、受压迫的地位，就不得不起来进行反抗。阶级斗争是阶级社会客观存在的现象，自始至终贯穿在阶级社会的发展过程之中。"当文明一开始的时候，生产就开始建立在级别、等级和阶级的对抗上，最后建立在积累的劳动和直接的劳动的对抗上。没有对抗就没有进步。这是文明直到今天所遵循的规律。"[2]

阶级斗争是阶级社会发展的直接动力。在阶级社会中，生产力与生产关系、经济基础与上层建筑的矛盾必然通过阶级斗争表现出来。阶级社会发展的经济动因与阶级斗争的动力作用是联系在一起的。"一切重要历史事件的终极原因和伟大动力是社会的经济发展，是生产方式和交换方式的改变，是由此产生的社会之划分为不同的阶级，是这些阶级彼此之间的斗争。"[3]

---

① 《马克思恩格斯文集》第5卷，人民出版社2009年版，第714页。
② 《马克思恩格斯全集》第4卷，人民出版社1958年版，第104页。
③ 《马克思恩格斯文集》第3卷，人民出版社2009年版，第509页。

阶级斗争对阶级社会发展的推动作用首先表现在社会形态的更替中。当社会基本矛盾尖锐化，旧的生产关系不能适应生产力的发展，变成生产力发展的桎梏时，维护旧的生产关系的落后阶级，必然同代表生产力发展要求的先进阶级形成激烈的对抗。这时，只有通过先进阶级反对落后阶级的社会革命，才能推翻反动阶级的统治，建立新的经济基础和上层建筑，建立新的社会形态，从而解放生产力。

阶级斗争对阶级社会发展的推动作用还表现在同一社会形态的量变过程中。被统治阶级反对统治阶级的斗争在不同程度上打击了统治阶级的统治，迫使统治阶级调整某些经济关系和政策，使社会矛盾得到一定程度的缓和，从而或多或少地推动了生产力的发展和社会的进步。历史上著名的斯巴达克起义，陈胜、吴广起义，以及其他无数次的奴隶起义和农民起义，都不同程度地打击了奴隶主阶级或地主阶级的统治，都在一定程度上动摇了奴隶制度或封建制度的根基。无产阶级反对资产阶级的斗争沉重地打击了资本主义制度，迫使资产阶级不断调整生产关系和其他社会关系，从而在一定程度上推动了生产力的发展。当代西方发达国家就在资本主义制度允许的范围内，"在税收、福利政策、企业组织结构以及加强国家对经济的干预等方面采取了不少措施，调节并在一定程度上缓解了生产资料私人占有对生产力发展的制约"，"阶级矛盾和社会矛盾也有一定程度的缓和"，"从而使得资本主义的生产关系不仅能够容纳现实的生产力，而且生产力还在发展"。①

更重要的是，阶级斗争的历史作用表现在从阶级社会向无阶级社会的过渡中。与以往所有的阶级不同，无产阶级如果不同时使整个社会永远摆脱剥削、压迫和阶级斗争，就不能使自己从资产阶级的剥削、压迫下解放出来。所以，与以往所有的阶级斗争不同，无产阶级与资产阶级的斗争将导致无产阶级专政，从而导致无产阶级和全人类的解放。马克思指出："无论是发现现代社会中有阶级存在或发现各阶级间的斗争，都不是我的功劳。在我以前很久，资产阶级历史编纂学家就已经叙述过阶级斗争的历史发展，资产阶级的经济学家也已经对各个阶级作过经济上的分析。我所加上的新内容就是证明了下列几点：（1）阶级的存在仅仅同生产发展的一定历史阶段相联系；（2）阶级斗争必然导

---

① 江泽民：《论"三个代表"》，中央文献出版社 2001 年版，第 57 页。

致无产阶级专政；（3）这个专政不过是达到消灭一切阶级和进入无阶级社会的过渡。"①

运用马克思主义的阶级斗争观点去观察和分析阶级社会的历史现象，就是马克思主义的阶级分析方法。列宁指出："马克思主义提供了一条指导性的线索，使我们能在这种看来扑朔迷离、一团混乱的状态中发现规律性。这条线索就是阶级斗争的理论。"② 马克思主义的阶级分析方法要求我们深入考察不同阶级的历史与现状，全面分析现实社会中各阶级的经济地位、政治立场和意识形态，以及阶级关系和阶级力量的对比，正确理解国际阶级斗争与国内阶级斗争的关系，从而把握阶级斗争规律及其在不同历史条件下的表现形式，正确处理阶级矛盾和阶级斗争问题。

三、阶级斗争与社会革命

阶级斗争发展到一定程度必然引起社会革命。历史上曾经出现的推翻奴隶制的地主阶级革命，推翻封建制的资产阶级革命，以及推翻资本主义制度的无产阶级革命，都在不同程度上推动了社会进步。革命是社会发展中的必然现象，是整个社会制度的根本变革，从旧的社会形态向新的社会形态的转变总是通过社会革命实现的。社会革命的实质就是先进阶级推翻反动阶级的统治，用新的社会制度代替旧的社会制度。国家政权从落后阶级手里转移到先进阶级手里，是革命的首要的基本的标志。

"革命是历史的火车头"③。革命在社会发展中的作用表现在：革命是实现社会形态变革的决定性环节，当旧的生产关系严重阻碍生产力发展，旧的上层建筑又极力维护旧的生产关系时，就必须通过社会革命这一手段来摧毁社会发展的障碍；革命能充分发挥人民群众创造历史的积极性和伟大作用，"革命是被压迫者和被剥削者的盛大节日。人民群众在任何时候都不能像在革命时期这样以新社会制度的积极创造者的身份出现"④。社会主义革命将为消除阶级对抗，充分利用全人类的文明成果，促进社会全面进步和人的全面发展创造条件。

---

① 《马克思恩格斯文集》第 10 卷，人民出版社 2009 年版，第 106 页。
② 《列宁专题文集　论马克思主义》，人民出版社 2009 年版，第 15 页。
③ 《马克思恩格斯文集》第 2 卷，人民出版社 2009 年版，第 161 页。
④ 《列宁选集》第 1 卷，人民出版社 2012 年版，第 616 页。

社会革命是先进阶级推翻反动阶级的统治、改变社会形态的实践方式。它根源于社会基本矛盾尤其是生产力与生产关系的矛盾，同时又是解决阶级社会基本矛盾的主要形式。生产力发展到一定阶段，便同它们一直在其中运动的现存生产关系发生矛盾。于是这些关系便由生产力的发展形式变成生产力的桎梏。那时社会革命的时代就到来了。当生产力与生产关系的矛盾达到尖锐化的程度，统治阶级不能照旧统治下去，人民群众也不能照旧生活下去时，就具备了发生社会革命的客观形势，而先进阶级用先进思想发动群众、组织群众、激发群众的革命热情和首创精神，则是社会革命的主观条件。社会革命是一系列客观和主观条件相互作用的结果。

从广义上说，革命就是从根本上改变某一事物、某一领域。在这个意义上，社会革命不仅包括政治革命，而且包括经济革命、文化革命、科技革命等。例如，马克思、恩格斯多次提到"工业革命""科学革命""哲学革命"的问题。在当代，新科技革命对社会发展的影响引起人们的关注。为了进一步理解社会革命的性质和作用，需要了解和把握社会革命与科技革命之间的关系。

社会革命与科技革命是两种不同性质的革命。把社会革命与科技革命联系起来的条件，来自两个方面，即科学技术的社会功能和社会制度对科学技术的制约功能。科学技术的社会功能首先体现为科学技术是生产力，"随着一旦已经发生的、表现为工艺革命的生产力革命，还实现着生产关系的革命"①。在这个意义上，科技革命的社会功能就是直接推动"生产力革命"，并以"生产关系的革命"为中介影响上层建筑。同时，科学技术作为一种社会活动，又必然受到社会制度的制约：社会制度通过科技政策影响科学技术的发展；社会制度制约着科技成果能否转化为生产力以及在多大程度上转化为生产力；社会制度制约着科技成果应用的社会性质；落后的社会制度阻碍科学技术的发展，社会革命正是要改变这种不合理的社会制度。

当代"技术决定论"认为，科技革命把生产力带到了中心地位，"取代了社会关系而成为财产的主要轴心"，科学技术因此成为划分社会形态的主要标志。"技术决定论"的错误不在于肯定科学技术在社会发展中的动力作用，而在于把这种作用绝对化，不理解只有生产关系才是划分社会经济形态的根本标

---

① 《马克思恩格斯全集》第 47 卷，人民出版社 1979 年版，第 473 页。

志，并构成了社会形态的现实基础；不理解科技革命所引起的"生产力革命"并不能取代"生产关系的革命"，"机器只是一种生产力。以应用机器为基础的现代工厂才是社会生产关系"①，而社会关系的变革、社会形态的更替需要通过社会革命或改革才能实现。

第四节　社会主义社会基本矛盾与改革

生产力与生产关系、经济基础与上层建筑的矛盾囊括了社会生活的基本领域，构成了社会的基本结构，决定着社会发展的总体趋势。在社会生活的各个领域中存在着许多矛盾，其中的主要矛盾对社会的基本结构和社会发展的总体趋势具有决定性的影响。社会主要矛盾随着社会基本矛盾的运动发展发生历史性转化，使社会发展呈现出新的时代特征。社会主义社会的基本矛盾仍然是生产力与生产关系、经济基础与上层建筑之间的矛盾，而改革是解决社会主义社会基本矛盾的基本形式。

一、社会主义社会基本矛盾及其特征

社会主义制度的建立为生产力的发展开辟了广阔的社会空间。生产力与生产关系、经济基础与上层建筑从此在新的基础上，以一种新的形式展开其运动过程。这一过程同样是一个矛盾运动过程。物质生产是人类社会得以存在和发展的基础，物质生产过程中的生产力与生产关系的矛盾，以及以此为基础而形成的经济基础与上层建筑的矛盾，构成了任何一种社会包括社会主义社会的基本矛盾。在深刻总结社会发展规律以及社会主义革命和建设经验教训的基础上，毛泽东明确提出："在社会主义社会中，基本的矛盾仍然是生产关系和生产力之间的矛盾，上层建筑和经济基础之间的矛盾。"②

同以往社会的基本矛盾相比，社会主义社会的基本矛盾具有不同的性质。自从人类进入阶级社会以来，生产关系与生产力、上层建筑与经济基础的矛盾运动是以生产资料私有制为前提而展开的，主要表现为阶级矛盾和阶级斗争。

---

① 《马克思恩格斯文集》第 1 卷，人民出版社 2009 年版，第 622 页。
② 《毛泽东文集》第 7 卷，人民出版社 1999 年版，第 214 页。

在社会主义社会，生产关系与生产力、上层建筑与经济基础的矛盾运动是在生产资料公有制的基础上展开的，主要表现为人民内部矛盾。

在社会主义社会，生产关系的主体是生产资料公有制，劳动者同生产资料直接结合，这就从根本上解决了生产资料私有制与生产社会化的矛盾，从而为生产力的发展开辟了广阔的社会空间；以按劳分配为主体的分配制度，从根本上改变了人们之间的剥削与被剥削关系，人民群众的利益得到维护和实现；社会主义意识形态反映了社会发展的规律，人民当家作主体现着社会发展的趋势，真正体现了民主，二者巩固和发展着社会主义社会的经济基础。因此，社会主义制度显示出巨大的优越性和强大的生命力，上层建筑同经济基础、生产关系同生产力之间是基本适应的。

在社会主义社会，生产关系与生产力、上层建筑与经济基础之间的基本适应是在动态中保持和实现的。社会主义制度一经确立，就必然采取相应的经济体制、政治体制和文化体制作为自己的现实表现形式。在社会主义基本制度既定的前提下，社会主义的经济基础、上层建筑在不同国家可以采取不同的经济体制、政治体制和文化体制，在同一个国家的不同发展时期也可以采取不同的经济体制、政治体制和文化体制。任何一种经济体制都在客观上为生产力的发展规定了一定的界限和范围，只能容许生产力在一定限度内发展。因此，随着生产力发展到一定程度，原来适应生产力发展的经济体制同生产力之间就会出现不适应。这就需要对经济体制以及政治体制和文化体制进行改革，从而使生产关系适应生产力的发展，上层建筑适应经济基础的变化。

二、社会主义社会主要矛盾及其转化

"物质生活的生产方式制约着整个社会生活、政治生活和精神生活的过程。"[①] 随着物质生产生活方式的变化，社会基本矛盾，即生产力与生产关系、经济基础与上层建筑的矛盾在不同的历史条件下就会形成不同的社会主要矛盾。社会主要矛盾是社会基本矛盾在特定历史条件下的集中体现，它在特定时期的社会发展过程中处于支配地位，起着决定作用，直接规定或影响着这一特定时期其他社会矛盾的特点，不同的时期会有不同的社会主要矛盾。因此，"对于矛盾的各种不平衡情况的研究，对于主要的矛盾和非主要的矛盾、主要的矛盾方面和

---

① 《马克思恩格斯文集》第 2 卷，人民出版社 2009 年版，第 591 页。

非主要的矛盾方面的研究，成为革命政党正确地决定其政治上和军事上的战略战术方针的重要方法之一"①。正确认识和把握社会主要矛盾，对于正确解决特定历史时期的社会主要问题，完成主要历史任务，具有重要意义。

中华人民共和国成立之前，中国是一个半殖民地半封建社会，社会的主要矛盾就是帝国主义与中华民族、封建主义与人民大众的矛盾。这一社会主要矛盾规定、影响着当时其他的社会矛盾，催生着中国革命。新民主主义革命就是在这一社会主要矛盾的基础上发生和发展起来的，而新民主主义革命的任务，就是实现民族独立、人民解放，实现从封建专制政治向人民民主的伟大飞跃。

中华人民共和国成立之后，经过社会主义改造，建立了社会主义基本制度，作为一个阶级的剥削阶级因此不复存在了，阶级矛盾已不是社会的主要矛盾，社会主要矛盾发生了历史性转化。党的八大明确提出："国内的主要矛盾，已经是人民对于建立先进的工业国的要求同落后的农业国的现实之间的矛盾，已经是人民对于经济文化迅速发展的需要同当前经济文化不能满足人民需要的状况之间的矛盾。"这是符合当时中国社会实际情况的。由于种种历史原因和认识的失误，后来，我们没有坚持这一正确判断，而把无产阶级与资产阶级的矛盾看作社会的主要矛盾，并力图"以阶级斗争为纲"来解决社会矛盾，以致酿成"文化大革命"这样的全局性的严重失误。

十一届三中全会以后，中国共产党重新深入而全面研究中国国情，明确提出："我国社会的主要矛盾是人民日益增长的物质文化需要同落后的社会生产之间的矛盾。"正是依据这一正确判断，我们实现了"从以阶级斗争为纲"转向以经济建设为中心这一历史性转折，取得了改革开放和社会主义现代化建设的巨大成就，体现了社会主义制度的优越性。"社会主义的优越性归根到底要体现为它的生产力比资本主义发展得更快一些、更高一些，并且在发展生产力的基础上不断改善人民的物质文化生活。"②

经过长期努力，中国特色社会主义进入了新时代。我们解决了十几亿人的温饱问题，总体上实现了小康，人民对美好生活的需要日益增长，不仅对物质文化生活提出了更高要求，而且在民主、法治、公平、正义、安全、环境等方

---

① 《毛泽东选集》第 1 卷，人民出版社 1991 年版，第 326—327 页。
② 《邓小平文选》第 3 卷，人民出版社 1993 年版，第 63 页。

面的要求日益增长。同时，我国社会生产水平总体上显著提高，社会生产能力在很多方面进入世界前列，但局部生产力仍然相对落后，城乡差距、区域差距、行业差距仍然较大，从而使发展不平衡不充分成为更加突出的问题，成为满足人民日益增长的美好生活需要的主要制约因素。因此，党的十九大明确提出，当前我国社会主要矛盾已经转化为"人民日益增长的美好生活需要和不平衡不充分的发展之间的矛盾"①。

社会主要矛盾的这一转化是关系全局的历史性变化。我们要立足于社会主义初级阶段这个最大实际，全面深化改革，在继续推动发展的基础上，着力解决好发展不平衡不充分问题，努力实现更高质量、更有效率、更加公平、更可持续的发展，不断促进人民的共同富裕；实现好、维护好、发展好人民的根本利益，把提高效率和促进公平结合起来，既要通过发展增加社会物质财富、改善人民生活，又要通过发展保障社会公平正义；统筹推进经济建设、政治建设、文化建设、社会建设、生态文明建设，推动社会全面进步，不断促进人的全面发展。

三、改革的实质及其历史作用

改革和革命都根源于社会基本矛盾运动。虽然在以往的阶级社会中，一些有远见的政治家为了本阶级的长治久安也实行某些改革，如中国宋代的王安石变法，美国的"罗斯福新政"，但这些改革只是在极为有限的范围内缓解了社会基本矛盾，真正解决社会基本矛盾只能是通过改变社会形态的社会革命。社会主义社会是与以往阶级社会本质不同的社会形态，其基本矛盾的解决途径是改革。改革是社会主义制度的自我完善、自我发展。改革在社会主义社会具有以往社会所不能比拟的重大意义。

"所谓'社会主义社会'不是一种一成不变的东西，而应当和任何其他社会制度一样，把它看成是经常变化和改革的社会。"② 自 1978 年以来，社会主义中国进入了改革开放新的历史时期。中国共产党人和中国人民以一往无前的进取精神和波澜壮阔的创新实践，谱写了中华民族自强不息、顽强奋进的壮丽史诗，中国人民的面貌、社会主义中国的面貌、中国共产党的面貌发生了历史

---

① 习近平：《决胜全面建成小康社会　夺取新时代中国特色社会主义伟大胜利——在中国共产党第十九次全国代表大会上的报告》，人民出版社 2017 版，第 11 页。
② 《马克思恩格斯文集》第 10 卷，人民出版社 2009 年版，第 588 页。

性变化。"改革开放是中国人民和中华民族发展史上一次伟大革命，正是这个伟大革命推动了中国特色社会主义事业的伟大飞跃！"①

社会主义制度在中国确立之后，其经济体制即生产关系的具体形态曾促进了生产力的发展，但这种排斥市场的经济体制后来又阻碍了生产力的发展。改革就是"从根本上改变束缚生产力发展的经济体制，建立起充满生机和活力的社会主义经济体制，促进生产力的发展……所以改革也是解放生产力"②。革命是解放生产力，改革也是解放生产力。"改革的性质同过去的革命一样，也是为了扫除发展社会生产力的障碍，使中国摆脱贫穷落后的状态。从这个意义上说，改革也可以叫革命性的变革。"③

当代中国的改革是社会主义制度的自我完善。如果说"改革是革命性的变革"这个命题规定了改革的作用和地位，那么"改革是社会主义制度的自我完善"这一命题则规定了改革的性质和方向。社会发展道路是曲折的，但社会发展有其总趋势，正如邓小平所说，"封建社会代替奴隶社会，资本主义代替封建主义，社会主义经历一个长过程发展后必然代替资本主义。这是社会历史发展不可逆转的总趋势"④。改革不是改向，不是改变社会主义制度，而是坚持社会主义发展方向，破除一切妨碍科学发展的思想观念和体制机制弊端，构建系统完备、科学规范、运行有效的制度体系，使各方面制度更加成熟、更加定型，从而进一步完善社会主义制度。我们要从社会发展的总趋势，从社会主义制度的自我完善、自我发展的高度来认识改革，始终坚持改革的正确方向。

当代中国的改革是从根本上改变束缚生产力发展的经济体制，建立起充满生机和活力的社会主义市场经济体制。中华人民共和国成立后，我们学习苏联经验，建立起了计划经济体制，促进了当时中国的经济恢复和工业化。但是，这种排斥市场的经济体制到后来越来越不适应经济发展的要求，甚至阻碍了生产力的发展。邓小平指出："要发展生产力，靠过去的经济体制不能解决问题。"⑤ 所以，改革不是对原有经济体制枝节的、细微的修改，而是指向经济体制深层结构的根本变革，即从计划经济体制转向社会主义市场经济体制。改革

---

① 习近平：《在庆祝改革开放40周年大会上的讲话》，人民出版社2018年版，第4页。
② 《邓小平文选》第3卷，人民出版社1993年版，第370页。
③ 《邓小平文选》第3卷，人民出版社1993年版，第135页。
④ 《邓小平文选》第3卷，人民出版社1993年版，第382-383页。
⑤ 《邓小平文选》第3卷，人民出版社1993年版，第149页。

使中国实现了从高度集中的计划经济体制到社会主义市场经济体制的历史转折，建立起了充满活力的社会主义市场经济体制，为中国经济发展开辟了广阔的社会空间，生产力得到快速而持续的发展，综合国力大幅度提升，人民生活水平显著提高，国家面貌发生历史性变化。

当代中国的改革是一场深刻而全面的社会变革，激发了全社会的创造力和发展活力。改革既包括经济体制，又包括政治体制、文化体制、社会体制、生态文明体制；既涉及生产力，又涉及生产关系；既涉及经济基础，又涉及上层建筑；既涉及资源配置方式、企业管理方式，又涉及生产组织方式、社会分配方式。改革是一项系统工程，每一项改革都会对其他改革产生重要影响，每一项改革又都需要其他改革协同配合。随着改革的不断深化和拓展，改革的关联性和互动性日益增强。这就需要把经济、政治、文化、社会、生态建设等方面的改革有机衔接起来，从以经济体制改革为主到全面深化经济、政治、文化、社会和生态文明体制改革，紧紧围绕使市场在资源配置中起决定性作用深化经济体制改革，紧紧围绕坚持党的领导、人民当家做主、依法治国有机统一深化政治体制改革，紧紧围绕社会主义核心价值观深化文化体制改革，紧紧围绕促进社会公平正义深化社会体制改革，紧紧围绕建设美丽中国深化生态文明体制改革。

当代中国的改革是一项前无古人的崭新事业。改革越是向纵深发展，发展中的问题与发展后的问题、一般矛盾与深层矛盾、有待完成的任务与新提出的任务就越是交织叠加、错综复杂。改革不仅是广泛的，而且是持久的。改革从实践上回答了像中国这样经济比较落后的国家如何巩固、建设和发展社会主义的问题，其最主要成果是开创和发展了中国特色社会主义，为社会主义现代化建设提供了强大动力。改革是决定当代中国命运的关键抉择，是实现中华民族伟大复兴的关键抉择，"成为当代中国最显著的特征、最壮丽的气象"①，新时代我们必须在新的历史起点上全面深化改革。

思考题：

　　1. 试述生产关系一定要适合生产力状况的规律及其现实意义。

　　2. 试述上层建筑一定要适合经济基础状况的规律及其现实意义。

---

① 习近平：《在庆祝改革开放40周年大会上的讲话》，人民出版社2018年版，第9—10页。

3. 为什么说阶级斗争是阶级社会发展的直接动力？怎样理解我国社会主要矛盾的变化？

4. 为什么说改革是决定当代中国命运的关键抉择，是发展中国特色社会主义、实现中华民族伟大复兴的必由之路？

▶ 本章拓展资源

第九章　生产力在社会发展中的作用

人类社会是在其基本矛盾运动中发展的。在社会基本矛盾运动中，生产力是最终起决定性作用的因素。社会发展的历史是先进生产力不断取代落后生产力的历史。

第一节　社会发展的决定性因素

生产力作为人类改造自然使其适应自身需要的物质力量，不仅直接决定着社会物质生活，而且规定和制约着全部社会生活。整个社会的产生和发展是建立在社会生产力发展的基础之上的。生产力发展是衡量社会发展的主要标准。

一、生产力是社会发展的最终决定力量

社会作为一个活的有机体，其发展是由各种因素的相互作用推动的。在各种因素的相互作用中，生产力是社会发展的最终决定力量。

社会发展是由社会基本矛盾运动推动的，这一矛盾运动归根到底是由生产力的发展决定的。当生产力发展到一定程度时，原有的生产关系难以适应生产力进一步发展的要求，这就必然引起生产关系的相应改变；作为经济基础的生产关系的变革又必然要求上层建筑领域的变革。整个社会基本矛盾运动以至整个社会生活的重大变革，都根源于生产力的发展。一个社会处于什么样的历史时代，它的经济形态、政治形态、观念形态以及整个社会形态具有何种性质，最终是由生产力的状况决定的。不同社会形态的依次更替，反映了生产力发展的客观要求；同一社会形态不同阶段的区分和发展，也是由生产力的发展决定的。

在社会发展过程中，人民群众始终是历史的创造者，而人民群众的重大作用也是根源于生产力的发展：人民群众在历史中的作用是在现实的生产过程中形成和发展起来的；对历史的推动作用是在现实的生产活动中并通过这种活动而具体实现的；作用的大小是受生产力的发展程度即生产的深度和广度制约的。人民群众创造和推动历史的作用不可能离开生产力的发展。

我国现在正处于并将长期处于社会主义初级阶段，从根本上说，是由生产力相对落后的状况决定的。因此，发展依然是当代中国的第一要务，加快生产力发展对于社会主义社会有着决定性的意义。解放和发展社会生产力，是社会主义的本质要求。"社会主义的本质，是解放生产力，发展生产力，消灭剥削，消除两极分化，最终达到共同富裕。"① 在这种本质规定中，解放和发展生产力是首要任务，没有生产力的解放和发展，就不可能消灭剥削、消除两极分化，更谈不上达到共同富裕。因此，加快生产力发展，是社会主义优越性的根本所在。

二、生产力是社会发展的主要标准

社会发展涉及社会生活的各个领域，每一领域都有其特定的衡量标准。就社会发展总体而言，归根到底是生产力标准。正如列宁所说，生产力的发展是"整个社会发展的主要标准"②，在一定意义上也可以说是"社会进步的最高标准"③。

所谓生产力标准，就是把是否有利于生产力的发展作为衡量社会发展进步的标准。衡量一个社会发展进步与否，从根本上说，就看它是否有利于生产力的发展。凡是能够解放和发展生产力的社会，就是进步的社会，反之，就是落后的社会。从历史发展来看，一种新的社会形态之所以代替旧的社会形态，就在于它能够创造出更高水平的生产力，能够推动生产力更快地发展。因此，衡量一个社会的发展乃至一个政党的行为，最终要看其对生产力发展的促进程度。毛泽东指出："中国一切政党的政策及其实践在中国人民中所表现的作用的好坏、大小，归根到底，看它对于中国人民的生产力的发展是否有帮助及其帮助之大小，看它是束缚生产力的，还是解放生产力的。"④

生产力标准之所以能够成为社会发展的主要标准，原因在于：

第一，生产力的发展是实现社会发展各种目标的前提条件。任何社会的发展都有多重目标，如经济实力的不断增强，政治文明的不断提高，思想文化的不断进步，人民生活质量的不断改善，社会和谐的不断加强等。这些目标的实

---

① 《邓小平文选》第 3 卷，人民出版社 1993 年版，第 373 页。
② 《列宁全集》第 41 卷，人民出版社 2017 年版，第 82 页。
③ 《列宁全集》第 16 卷，人民出版社 2017 年版，第 209 页。
④ 《毛泽东选集》第 3 卷，人民出版社 1991 年版，第 1079 页。

现，需要从不同方面作出巨大努力，但归根到底取决于生产力的发展。没有生产力发展的物质支撑，经济、政治、文化等所有领域的发展与进步最终都无从谈起。

第二，生产力的发展是社会发展的集中体现。社会发展体现在社会生活各方面的发展中，但主要体现在生产力的发展上。一个社会能够比其他社会有更快的生产力发展，实际上体现了该社会的生产方式更为合理，社会结构更为成熟，社会关系更为先进，社会运行更富有生机活力。社会各方面的进步性突出体现在能够促进生产力的发展上。

第三，生产力的发展是社会发展的客观标志。衡量社会发展的程度，应当具有客观的可度量性。这种可度量性显然不能在思想意识领域来寻找，只能在生产领域来寻找。生产力的发展就具有这样的特性，它反映的是"生产的经济条件方面所发生的物质的、可以用自然科学的精确性指明的变革"[①]。无论是劳动工具的水平和劳动者的技术水平，还是现有劳动生产率的水平以及整个生产力水平，都是可以精确测度的，用这样的标准进行的衡量是比较客观、准确的。

生产力标准的确立无疑为分析评价社会发展进步提供了可靠的依据，但是，对于生产力标准应当予以全面而准确的理解。生产力的发展是社会发展进步的主要标准，但不是唯一标准。在具体评价社会各个领域的发展时，应当正确对待和处理各个领域标准之间的关系，将每种标准都放到应有的位置上。尤其值得注意的是，用生产力标准评价社会发展进步时，必须注意生产关系。因为既然以是否有利于生产力的发展来作为衡量的标准，那就不能仅看生产力水平的高低，更要看生产关系对生产力发展的适合程度。只要生产关系适合生产力的发展，那么，即便是生产力水平暂时低下，也会使生产力以及整个社会快速发展起来。同时，生产力对社会发展的影响总是通过生产关系才能实现。物质财富无疑是由生产力创造的，但物质财富最后落到谁手里，这要取决于生产关系的性质。只有合理的生产关系，才能保证生产力的发展成果惠及更多的劳动者，使生产力发展真正有助于社会进步。

为了更全面准确地理解和把握生产力标准，还应当对"生产力发展"本身作出正确的理解。具体说来，应主要把握两个统一：

---

① 《马克思恩格斯文集》第 2 卷，人民出版社 2009 年版，第 592 页。

首先，生产力发展是经济发展与人的发展的统一。生产力的发展决不仅仅是单纯的经济增长或"物"的增长，而同时是人的本质力量的积极展现，是人的能力的发挥和发展。生产力发展与人的发展归根到底是一致的。就生产力的构成而言，人作为劳动者，不仅是生产力的基本要素，而且是生产力诸要素中最重要和最活跃的要素。因为生产力中"物"的要素只有与作为活劳动的人结合在一起，才能形成现实的生产力；只有通过人的劳动创造，才能使其他生产要素有效地组织起来并充分发挥其作用。所以，人在生产力系统中始终处于主体地位，人是首要生产力，"真正的财富就是所有个人的发达的生产力"①。

其次，生产力发展是发展水平与发展速度的统一。一个社会的生产力发展状况，从静态看表现为生产力的现有水平，从动态看表现为生产力的发展速度。完整意义上的生产力发展，就是发展水平与发展速度的统一。由于各个国家的情况千差万别，因而达到同样的生产力水平，所用的时间有长有短；反过来，同样的发展速度，由于历史的起点不同，最后在生产力发展水平上也会有明显差异。因此，评价一个国家的生产力发展时，不能仅仅以生产力的现有发展水平为依据，而要在生产力的发展水平和发展速度的统一中来把握。相应地，用生产力标准来评价社会发展时，也不能仅仅用生产力的现有水平来衡量，同时要看其发展速度如何。实际上，速度更能显示一个国家生产力发展的生机活力，更能显示该社会对生产力发展的解放和促进。当然，我们所讲的高速度，不是不计任何成本代价的高速度，而是质量与效益相统一的高速度。

确立生产力标准，对于研究和推进社会发展进步有着重要的意义。一方面，它使社会历史评价有了更为科学的基础。马克思以前的历史观，尽管表现形态不同，但有一个共同特点，就是离开生产力的发展仅仅以抽象的"理性""正义"等来考察和评价社会历史，无法对社会历史及其发展规律作出科学的揭示和评价。而生产力标准的确立，彻底克服了这种用观念解释、评价历史的根本缺陷，使社会历史研究有了现实的依据。另一方面，它为我们实际推进社会发展提供了正确的出发点。这就是在制定路线、方针、政策时，要看它是否对生产力发展有利，也就是把"是否有利于发展社会主义社会的生产力，是否有利于增强社会主义国家的综合国力，是否有利于提高人民的生活水平"②，作

---

① 《马克思恩格斯文集》第 8 卷，人民出版社 2009 年版，第 200 页。
② 《邓小平文选》第 3 卷，人民出版社 1993 年版，第 372 页。

为考虑一切问题的立足点和检验一切工作的根本标准。

三、生产力发展的内在动力

生产力的产生和发展是由人的需要与自然界之间的矛盾引起的。人要生存和发展，必须满足自身的需要。人的需要是多方面的，但基本的需要是物质需要。物质需要的对象主要由自然界来提供，但自然界不会自动地满足人，这就必然使人与自然界发生对象性关系，即形成人改造自然界的物质生产实践。正是人的需要与自然界之间的矛盾，成为生产力产生和发展的根本原因。

为了解决人的需要与自然界的矛盾，人的需要不仅向劳动转化，与此同时，劳动也向人的需要转化。"已经得到满足的第一个需要本身、满足需要的活动和已经获得的为满足需要而用的工具又引起新的需要。"① 需要和劳动之间的这种相互作用、相互转化，便构成了生产力发展的内在动力。由于人的需要总是在与劳动的相互作用中不断增长和扩大，因而人类劳动的内在动力必然是持久的、永恒的。在现实生活中，人的需要的产生总是从人们对现存条件和自身的不满开始的。"自古以来'条件'就是这些人们的条件；如果人们不改变自身，而且如果人们即使要改变自身而在旧的条件中又没有'对本身的不满'，那末这些条件是永远不会改变的。"② 这种对现存条件和对自身的不满，以及由此引起的需要和渴望，就是劳动实践活动形成和发展的重要推动力。随着生产和社会的深入发展，人们对美好生活的需要日益增长。正是这种日益增长的美好生活需要与现实生产发展状况之间的矛盾，推动了生产力的不断发展。

人的需要与劳动之间的矛盾作为生产力发展的内在动力，是通过劳动者和生产资料的矛盾得以具体表现的。一方面，劳动者在生产过程中，通过主体力量的发挥，对劳动对象加以改造，从而促进生产力水平的提高；另一方面，劳动对象化的结果，又使得劳动者和劳动工具得到新的改造和提高，进而引发劳动方式新的变化。生产力就是在这种人与物的相互作用中向前推进的。就实际情况来看，劳动者在生产实践过程中，不仅通过改造对象世界提高了劳动生产力，而且促进了自身素质、能力的提高，形成新的劳动技能，开辟出新的生产

---

① 《马克思恩格斯文集》第 1 卷，人民出版社 2009 年版，第 531 页。
② 《马克思恩格斯全集》第 3 卷，人民出版社 1960 年版，第 440 页。

领域。当原有的生产工具与技术不适应新的生产状况时，劳动者就会改进原有的或创造出新的生产工具与技术。而新的生产工具与技术的出现，又反过来造就出具有新的劳动技能、能够运用新的技术和工具进行生产的新型劳动者。劳动者与劳动工具就是这样彼此影响、相互促进、相互转化，推动生产力不断向前发展。

生产力的发展是一个系统运动。在生产力的发展过程中，各种要素是有机联系在一起的，某一要素的重大变化必然会影响到其他要素，从而引起生产力的整体变革。在生产力的整体运动过程中，各种要素的地位和作用是不一样的，是随着生产的发展而不断变化的。在一定历史阶段，某种要素在生产力发展中的作用日趋突出，这种突出的作用就是该时期生产力发展新的生长点。不同时期、不同阶段，生产力具有不同的生长点。如在资本主义社会发展过程中，"生产方式的变革，在工场手工业中以劳动力为起点，在大工业中以劳动资料为起点"①。现代生产力发展的生长点则是现代科学技术及其运用，科学技术的发展水平及其运用程度直接决定着生产力发展的快慢。生产力各要素发展不平衡的特点，要求我们具有高度的判断力和预见力，善于选择生产力发展的生长点，并以此实现生产要素的重新组合和优化配置，以形成一种新的生产力。

第二节　科学技术在生产力发展中的作用

随着人类认识世界和改造世界的能力不断提高，科学技术在社会生产以及整个社会的发展中占有越来越重要的地位，起着越来越突出的作用。在当代，科学技术已经成为第一生产力。研究生产力在社会发展中的作用，必须重视研究科学技术与生产力以及与整个社会发展的相互关系。

一、科学技术的社会功能

科学与技术是两个不同而又密切相关的概念。一般说来，科学是关于自然、社会、思维各个领域的具体规律性知识的理论体系，包括自然科学、社会

---

① 《马克思恩格斯选集》第 2 卷，人民出版社 2012 年版，第 216 页。

科学、思维科学等。技术是人类在利用自然、改造自然的劳动过程中所掌握的各种活动方式、手段和方法的总和。二者相互依赖、相互促进、相互转化。科学上的突破往往引起技术上的发明，而科学又总是从技术和社会需要中获得发展动力。随着科学技术的快速发展，科学与技术日益趋于"一体化"，以致"科学技术"成为一个总体性的概念。

科学技术是在人们的社会实践过程中形成和发展起来的，它一经形成，便对社会发展产生重大影响。尤其是在科技革命迅猛发展的今天，科学技术的社会功能尤为突出。科学技术主要是通过促进人们的生产方式、生活方式、交往方式、思维方式、社会组织方式等的深刻变革来促进社会发展的。

第一，科学技术促进生产方式的变革。近代以来，科学技术的每一次重大突破，都引发了产业的革命。蒸汽机的发明和应用，引发了第一次产业革命，将人类带入蒸汽时代；电的发明和应用，引发了第二次产业革命，使人类进入电气化时代；在当代，新能源的发现和利用，电子计算机和自动控制系统在生产和生活中的推广应用，生命科学和遗传工程的发展，已经和正在改变着生产的方式和性质，使人类迈入信息时代。现代科学技术对劳动者、劳动工具、劳动对象和生产管理等方面的影响尤为明显：科技型人员日益成为劳动者的主体；以电脑控制的智能型机器体系逐渐成为重要的劳动工具；由高科技开发的再生性和扩展性资源正在成为主要劳动对象；以电子计算机、信息技术、控制论、系统工程为手段和工具的科学管理对生产力发展发挥着越来越重要的作用。这些新技术、新手段的广泛应用，使人们的劳动方式正在由机械自动化走向智能自动化、由局部自动化走向大系统管理和控制自动化。与自然科学、技术对生产方式的影响方式不同，社会科学对生产方式的影响主要是通过对生产主体力量的发挥、主体积极性的调动、劳动者素质的提高、劳动方式的合理组织、劳动要素的合理配置等方式进行的，其作用同样是巨大的。

第二，科学技术促进生活方式的变革。科学技术极大地改善了人们的物质生活和精神生活条件，提高了人们的生活质量。科学技术创造了巨大的物质财富和精神财富，不仅满足了人们最基本的生存需要，而且大大扩展了人们的享受需要和发展需要。科学技术的发展深刻地触动着社会生活的内容和形式，使人们的工作方式、学习方式、消费方式、娱乐方式等发生全方位的改变。现代信息技术的广泛应用，为人们提供了收集、处理、储存和传递信息的新的手段，提高了学习、工作的效率；互联网的产生，移动支付的广泛使用，使消费、服务间的关系发生重大改变，给人们的日常生活带来极大便利；科学技术发展带来劳动生产率的提高，使人们自由支配的时间增多，为人的全面发展创造了更多的机会和条件；各种社会科学的普及与推广，使得人们的自主意识、社会参与意识、管理意识等明显增强，生活的需求与满足以至整个生活方式大为改观。

第三，科学技术促进交往方式的变革。现代通讯、信息技术的普及应用，大大压缩了社会时空，拉近了人们交往的距离。借助互联网，每个人都可以根据自己的需要进行广泛的交往。各种电子媒介将人类社会连成了一个传播与交流的共同体，每个人都可以通过利用信息资源获得行动的主动权，寻求更好的发展机会。随着通信技术、信息网络技术的发展，网络空间使人们获得了全新的生活体验，增添了新的发展平台。交往方式的改变，大大扩展了人们的视野，增强了人们对社会环境的适应能力和自主发展能力，从而有助于人的全面发展。

第四，科学技术促进思维方式的变革。思维方式往往受制于相应的社会环境和文化环境。在古代社会中产生的狭隘封闭的思维方式，与当时科技不发达的状况直接相关，科技落后使人的头脑局限于狭小的范围，人们成为迷信的驯服工具，成为传统规则的奴隶。近代科学技术的发展，摧毁了过去落后的生产方式，打破了地域的局限，扩大了人们的交往，深化了人们对自然与社会的认识，从而使人们的思维方式逐渐具有开放性和现代性。科学技术的每一次重大发展，都对原有思维方式产生重大冲击，进而促成新的思维方式。社会科学对于思维方式变革的作用更是直接的、重大的。尤其是在历史转折时期和历史发展的关键时期，社会科学所产生的巨大思想解放作用和价值导向作用，对于思维方式的变革以至社会发展都是影响巨大而深远的。

第五，科学技术促进社会组织方式的变革。工业文明产生之前，人们主要以个体方式从事手工劳作，生产的社会化程度很低。近代科学技术的兴起打破了这种分散生产的局面，出现了生产社会化，进而导致人们之间的关系越来越社会化。现代信息技术的发展，使人们之间的社会联系更为紧密，社会的组织化程度大为提高。自动控制技术、互联网技术等的广泛使用，使信息的产生、传播和反馈明显加快，同时使社会生产、生活的各个环节之间的联系更加密切，从而深刻地改变了原有的社会组织协调方式。管理学、经济学、社会学等学科研究成果的推广和运用，不仅提高了社会管理的效率，而且促进了社会组织方式的调整和变革。

科学技术社会功能的日益增强主要源于科学技术的不断革命。科学技术革命是科学技术的根本性变革，是科学革命和技术革命的有机统一。科学革命表现为科学认识、科学观念的革命，如科学理论、科学概念、科学思维方式的根本改变。科学革命的出现，要求抛弃过去在科学中占统治地位的具有严重缺陷的思想和观点，同时要从以往占统治地位的，现在却变得僵化、保守的思维方式转变到新的、更符合实际的思维方式。所以，就其实质而言，科学革命是思想革命。技术革命是人类改造世界的技术手段的重大变革，具体体现为技术性质、技术结构、技术体系等方面的变革。在古代，石器的制造和火的运用；在近代，蒸汽机、内燃机的出现和电力的运用；在现代，电子技术、激光技术、航天技术、信息网络技术、生物技术、新材料技术、新能源技术等的产生和运用，都是重大的技术革命。任何一次技术革命都是劳动手段的根本变革和全新技术体系的建立，因而表现为生产力革命。在现代，科学革命与技术革命的关系越来越密切，已至形成科学与技术高度一体化的科学技术革命。现代科技革命就是现代科学革命与技术革命在更高基础上的融合和统一。

当前世界范围内新一轮科技革命和产业变革蓄势待发，一些重大颠覆性技术创新正在创造新产业新业态，信息技术、生物技术、制造技术、新材料技术、新能源技术广泛渗透到几乎所有领域，带动了以绿色、智能、泛在为特征的群体性重大技术变革，大数据、云计算、移动互联网等新一代信息技术同机器人和智能制造技术相互融合步伐加快，科技创新链条更加灵巧，技术更新和成果转化更加快捷，产业更新换代不断加快，促使社会生产和消费从工业化向自动化、智能化转变，社会生产力将再次大提高，劳动生产率将再次大飞跃。科技革命的这种迅猛发展，给人类提供了新的知识和手段，深刻影响和改变着我们周围的世界。把握科技革命的新特点、新趋势，对于把握当代社会发展是非常重要的。

二、科学技术是第一生产力

科学技术是生产力构成中一个重要的因素。随着现代科技革命的深入发展，科学技术在生产力中的地位和作用日益突出，成为第一生产力。

马克思主义经典作家一向重视科学技术的作用。马克思把科学看成"一个伟大的历史杠杆""按最明显的字面意义而言的革命力量"，① 特别是在分析现代资本主义社会的发展时，非常重视科学技术的作用。因为科学是一种生产力，"生产力中也包括科学"②。如近代以来的生产过程，实际上成了科学的应用，科学反过来成了生产过程的内在要素，每一项发现都成了新的发明或生产方法新的改进的基础。科学成为生产财富的手段，成为致富的手段。③ 20 世纪中叶以来，科学技术的发展开始进入全面突破、综合创新的阶段。科技与经济的结合日益紧密，产业技术升级加快，高新技术产业在整个经济中的比重不断增加。科学技术在生产力发展中的作用发生显著变化，成为决定生产力总体水平高低的首要因素。因此，邓小平明确指出："马克思讲过科学技术是生产力，这是非常正确的，现在看来这样说可能不够，恐怕是第一生产力。"④

科学技术成为第一生产力，主要原因在于：

第一，现代科学技术成为生产力发展的突破口。科学技术的每一次重大发现和发明，都促成了生产力发展的重要突破。蒸汽机的发明和应用，导致产业革命；电的发现和应用，使人类进入电气化时代；信息科学技术的发展，不仅形成一个新的产业——信息产业，而且成为带动传统产业升级换代的突破口和生长点。由生产力发展的突破所带来的发展速度和效益是非常显著的。自蒸汽机出现以来，资本主义在其不到 100 年的统治中所创造的生产力，比过去一切世代所创造的全部生产力还要多、还要大。19 世纪下半叶，由于以电力的发明和应用为中心的第二次科技革命的兴起，生产力又比以前得到空前迅猛的发展。从 20 世纪 40 年代以来，以信息科学技术为标志的现代科学技术的兴起和运用，使劳动生产率空前提高，生产力得到飞速发展。

第二，现代科学技术对生产力发展具有主导作用。在生产力发展过程中，科学、技术、生产相互依赖，形成一个相互作用的发展链条。在不同历史时期，三者在这一链条中的地位和作用是不同的。在人类社会早期，由于生产力发展水平十分低下，作为理论形态的科学还没有形成，因而科学、技术、生产尚无明确区分。随着生产力的发展，开始出现分工，科学作为一种经验性知识和精神生产活动开始从物质生产过程中分离出来，并在一定程度上影响生产和

---

① 《马克思恩格斯全集》第 25 卷，人民出版社 2001 年版，第 592 页。
② 《马克思恩格斯全集》第 31 卷，人民出版社 1998 年版，第 94 页。
③ 《马克思恩格斯文集》第 8 卷，人民出版社 2009 年版，第 357 页。
④ 《邓小平文选》第 3 卷，人民出版社 1993 年版，第 275 页。

技术。但总体说来，科学滞后于生产和技术。到了近代，由于人们认识世界、改造世界的能力明显提高，因而科学技术和生产均得到了较快的发展，科学技术对生产的影响日益增大。但是，在整个近代，科学技术与生产的联系还不像后来那样紧密，科学的出现往往不能及时转化为生产技术、应用于物质生产。因此，科学技术引导生产的趋势虽然已经形成，但其主导地位并不十分明显。从 20 世纪中叶以来，由于新技术革命的出现，科学技术不仅得到前所未有的发展，而且转化为生产力的速度也大大加快，以至任何一种生产力的重要变革，都是科学技术应用的结果。在"科学—技术—生产"的链条中，科学显然处于主导地位、超前地位。科学技术确确实实成了第一生产力。

第三，现代科学技术对其他生产要素的渗透和作用日益强烈。生产力是由各种要素组成的，其发展是各种要素相互作用的结果。当科学技术作为生产力的内在要素渗透于生产力的其他要素之中时，它的变化必然会引起其他要素的变化，进而引起生产力整体质量和水平的提高。科学技术为劳动者所掌握，无疑会转化为劳动者的生产经验和劳动技能，从而提高生产能力；科学技术渗透于劳动工具，不仅是对原有工具的改进和改造，更重要的是推动新工具的诞生；科学技术作用于劳动对象，不仅能够开发和利用新的自然资源，扩大劳动对象的范围和用途，而且还能开发已有资源的新用途，并能把一些废弃的材料和原料重新投回到物质循环中去加以利用。当劳动者的素质、劳动工具和劳动对象的科技含量普遍提高时，生产力水平就会发生重大的跃迁。虽然科学技术对其他生产要素的渗透和作用在以往时代都存在，但这种渗透和作用从来没有像当代这样更为明显和强烈，以至现在任何一种生产要素的变化及其作用的增强都是由现代科学技术引起的，生产力的整体水平直接决定于科学技术水平。

对于科学技术是第一生产力的思想，应当予以全面的理解和把握。强调科学技术是第一生产力与肯定人是生产力中的能动因素，二者是一致的。因为科学发现和技术发明不是外在于人的社会现象，而完全是人活动的产物，是人的创造。没有人的主体性、能动性的发挥，就根本不会有科学技术的重大进步；没有人的现代化，就不会有科学技术的现代化。科学技术作为第一生产力，主要是就科学技术在现代生产力发展中的作用和功能的意义而言的。

伴随科技革命的迅猛发展，科学技术一方面促进了生产力的极大提高，另一方面又由于不合理的使用，带来了一些不容忽视的负面效应，由此引发了对科学技术的新的反思。当代西方一些思潮、学派出于对西方社会"现代病"的高度关切，往往对现代科学技术予以片面的理解和评价。如法兰克福学派的重要代表哈贝马斯就提出，科学技术在现代社会生活中的作用越来越强，不仅成了"第一位的生产力"，而且成为新形式的"意识形态"，并造成了社会的异化和消极的社会效应。在哈贝马斯的视野里，对资本主义工业社会的批判变成了对科学技术的批判。应当说，哈贝马斯对科学技术作用的分析以及所提出的问题是有益的，但把资本主义社会异化的根源归因于科学技术，进而否定科学技术的进步意义，则是片面的。现代科学技术发展的种种负面效应确实值得关注并应尽力予以消除，但不能因此否定科学技术本身的重大价值。

三、科学技术创新与生产力的跨越发展

要加快社会发展，关键是要加快生产力发展，力求实现生产力的跨越发展。对于我国来说，"大力推动科技进步和创新，不断用先进科技改造和提高国民经济，努力实现我国生产力发展的跨越"①，尤为重要。

生产力的跨越发展，简要说来，就是生产力超越常规的发展。它不同于一般的快速发展，而是表现为特定时期、特定阶段中生产力发展的某种"突进"，其发展速度、发展质量超出常态。作为一种特殊的超常发展现象，跨越发展在不同的国家和地区、不同的历史条件下有其不同的表现，但就其一般情况而言，生产力跨越发展主要体现为这样几种形式：一是提高发展起点。生产力的跨越发展具有质变的性质，它不是在原有水平上的量的扩张，而是高起点、高水平的发展，是先进生产力代替落后生产力的发展。正是新质生产力和新的生产力结构的出现，形成了新的发展平台，引发了生产力的跳跃发展。二是提升发展速度。跨越发展具有经济增长异常快速的显著特征，具体表现为经济增长率的大幅提高、国民经济总量的急剧增加等。然而，这种发展速度上的提升又区别于一般意义上的快速增长，是一种"台阶式"的发展。它反映了生产力发展已经进入新的阶段，具有明显的阶段性特征。三是打破常规顺序。即生产力在其发展过程中跨过某一或某些技术阶段，以独特的方式直达较高的技术层次，从而带动经济加速发展。如一些新兴工业化国家、地区并没有亦步亦趋地沿袭西方国家工业化的老路，而是根据实际情况，适时调整产业结构和技术结构，较快地进入了高新技术产业领域，加快了工业化和现代化进程。

---

① 《江泽民文选》第 3 卷，人民出版社 2006 年版，第 275 页。

跨越发展作为生产力发展的一种特殊形式，虽然在历史上也曾出现过，但它作为一种常见的现象，还是在近代以来尤其是当代社会形成的。随着历史向世界历史的转变，生产力的跨越发展不再仅仅是一种偶发的现象，而是日益具有普遍性的现象；相应地，这种跨越发展也不能被视为生产力发展规律之外的"特例"，而是合乎规律的社会现象，生产力的跨越发展已成为生产力发展的一种重要形式。

生产力的跨越发展有其特定的参照系。也就是说，在讲生产力发展的跨越时，必须明确生产力是何种范围、何种意义上的生产力。如果就整个人类社会的生产力来说，它的每一个发展阶段都是不可跨越的。因为生产力是一种既定的物质力量，人们只能继承、利用和改造它，而不能随意跳过它，每一代人都只能在继承上一代生产力的基础上"拾级而上"。如果就某一国家、民族的生产力而言，在一定历史条件下，借助于国际、国内的各种因素和力量，吸收各种先进技术和文明成果，实现某种跨越发展是完全有可能的。

生产力的跨越发展有其内在根据和前提条件。跨越的内在根据就在于生产力自身中现代科学技术发展的跳跃性质。一方面，科技发明的数量日益呈"爆炸"的趋势，知识更新的速度越来越快；另一方面，科学技术用于生产的周期越来越短。科学技术的这种快速发展为经济落后的国家创造了超越某些生产、技术阶段的机会，这就使供选择的科学技术范围日益扩大，由此可以使这些国家根据本国的情况选择那些最有利于自己发展的先进技术，从而缩短以至跨越某些生产和技术阶段。跨越的前提条件主要是经济交往的普遍化。"当交往只限于毗邻地区的时候，每一种发明在每一个地域都必须单另进行。"① 而在经济交往普遍化的条件下，技术发明创造的重复性则会被打破，某些国家可以通过向其他国家学习，直接吸收、借鉴新的科技成果，从而绕过单独进行或重新开始的阶段，实现生产力的跨越发展。

生产力跨越发展主要依靠创新。习近平指出："创新是引领发展的第一动力，是建设现代化经济体系的战略支撑。"② 我国要走在世界发展前列，必须确立创新发展理念，实施创新驱动发展战略。创新已成为决定我国前途命运的关键、增强我国经济实力和综合国力的关键、提高我国国际竞争力和国际地位的

---

① 《马克思恩格斯文集》第1卷，人民出版社2009年版，第559页。
② 习近平：《决胜全面建成小康社会 夺取新时代中国特色社会主义伟大胜利——在中国共产党第十九次全国代表大会上的报告》，人民出版社2017年版，第31页。

关键。这就要求把创新放在发展全局的核心位置，让创新贯穿发展的各项工作之中，不断推进理论创新、制度创新、科技创新、文化创新。生产力跨越发展就其实质来讲，就是科技创新的产物。在传统农业社会，各个国家、民族的生产基本上都是依据世代相传的经验来进行的，因而很少有跨越发展。只有在科技进步明显加快的条件下，才可能出现这样的发展。科学技术创新，可以冲破发展面临的资源环境制约，实现生产力新的突破；可以降低成本，提高发展的效率与效益；可以使产业结构跃迁到新的层次。增强科技创新是实现生产力跨越发展的必由之路。在新的历史条件下，加强科技创新，是我国迈向现代化强国的内在要求，是抢抓科技革命和产业变革历史机遇的战略举措。

加强科技创新，应当正确处理自主创新与模仿、学习的关系。创新不同于模仿，但二者又不是截然对立的关系。在模仿中创新，在创新中模仿，这是经济、技术发展中非常普遍的现象。创新不同于学习或对已有知识的接受，但二者又是内在地联系在一起的。任何创新都是通过学习而使知识积累到特定阶段的结果，任何创新都需要借助学习中的自由探索。在学习中融入自己的理解和领悟，经过消化吸收和创造性转化之后，可以形成新的知识，达到创新的目的。

第三节　发展先进生产力

社会发展的状况，归根到底取决于先进生产力的发展程度。社会发展过程实际上是先进生产力取代落后生产力的历史进程。随着现代科学技术的快速发展，这种取代的进程明显加快。

一、社会发展与先进生产力

人的需要是不断变化的，满足需要的各种生产也是不断变化的，因而生产力不会永远停留在一个水平上。按照生产力的性质和水平，可以将生产力区分为先进生产力和落后生产力。一般说来，体现新的生产技术、代表同时期最高发展水平、充分反映生产力发展必然趋势的生产力，就是先进生产力。反之，就是落后生产力。发达的科学技术是先进生产力的集中体现和主要标志。

先进生产力具有这样一些明显特征：一是先导性。突出地表现为对整个社会生产力发展的带动作用。在一个社会的生产力体系中，各种生产力的水平参差不齐，只有先进生产力才代表了整个社会生产力的发展趋势和方向，正是通过它的影响和渗透，带动了其他生产力的发展。这种先导性主要是通过先进生产力中新技术、新工具的推广使用以及由此引起的生产力变革而体现的。当一种新技术、新工具被发明使用而大大提高了生产效率时，它很快会取代落后的技术和工具从而为社会所普遍推广。二是创新性。先进生产力主要是由先进技术的发明引起的，本质上是科技创新的产物。特别是近代以来，科学技术在生产中的作用越来越重要，以至生产力的任何一种重要变革都是科学技术直接作用的结果，科技创新性的特征尤为明显。三是高效性。主要表现为先进生产力使得劳动生产率和经济增长率大幅度提高。由科学技术促进的劳动生产率的提高与手工劳动促进的劳动生产率的提高不可同日而语。

先进生产力的划分是具体的、历史的。在一定历史时期是先进的生产力，随着社会的发展，在另一个历史时期就成了落后的生产力；同一种生产力，在一个国家可能是先进的，而在另一个国家则是落后的。因此，在看待先进生产力问题时，应当有纵向与横向的双重比较，既要把现有的生产力同以往生产力加以比较，又要把本国现有的生产力放到国际格局中加以比较。通过这样的比较分析，可以明确地划分出某种生产力是何种意义的先进生产力，这就不仅要历史地看待生产力，更要特别注意从世界历史的视野中考察生产力。

中国是一个发展中的大国，要加快社会主义现代化进程，推进社会全面进步，就必须大力发展先进生产力。正是基于这样的现实，中国共产党明确地把自己的先进性确定为代表先进生产力的发展要求，并把解放和发展生产力作为执政兴国的第一要务。

二、先进生产力的发展与生产关系的调整

发展先进生产力，必须合理调整生产关系。

第一，建立合适的基本经济制度。一个社会的基本经济制度合适与否，不是凭主观判定的，而是根据生产力发展的状况确定的。能够促进生产力发展、代表先进生产力发展要求的基本经济制度是最为合适的制度。在一个社会中，由于各种生产力发展并不是平衡的，发展水平有高有低，因而要使各种层次的生产力都能在先进生产力的带动下向前发展，并将落后生产力转变和提升为先进生产力，客观上就要求建立能够适应这种多层次生产力发展需要的基本经济

制度。就我国现阶段的实际情况来说，就是要根据发展不平衡不充分的特点，坚持和完善社会主义基本经济制度，毫不动摇巩固和发展公有制经济，毫不动摇鼓励、支持、引导非公有制经济发展，使市场在资源配置中起决定性作用，更好发挥政府作用，推动新型工业化、信息化、城镇化、农业现代化同步发展。

第二，形成合理的分配制度。分配是由生产决定的，但分配采取什么样的形式，则会强烈地反作用于生产的发展。合理的分配制度，应当是有助于激发各种生产活力、促进先进生产力发展的制度。在我国，分配制度的合理改革，就是要坚持按劳分配原则，完善按要素分配体制机制，促进收入分配更合理、更有序。鼓励勤劳守法致富，扩大中等收入群体，增加低收入者收入，调节过高收入，取缔非法收入。收入分配要充分体现社会公平，无论是初次分配还是再分配都要处理好效率和公平的关系，尤其是再分配要更加注重公平。通过合理的收入分配，切实形成全社会的有效创业机制，让一切劳动、知识、技术、管理和资本的活力竞相迸发，让一切创造财富的源泉充分涌流。

第三，处理好经济社会发展过程中人与人之间的关系。人们在社会生产和社会生活过程中处于何种地位，形成何种社会关系，对于生产力的发展有着重大影响。只有在生产和生活过程中建立起公正、合理的社会关系，切实保障人们的正当权益，才能使全体社会成员各尽所能，各得其所，迸发生机和活力，促进先进生产力的形成和发展。因此，在经济社会发展过程中，既要通过发展增加社会财富、不断改善人民生活，又要通过发展保障社会公平正义。实现社会公平正义，关键是处理好各种利益关系，积极化解各种社会矛盾，充分调动各种积极性、创造性。为此，必须加强社会治理，创新社会治理体制，改进社会治理方式，构建全民共建共治共享的社会治理格局。

三、先进生产力的发展与劳动者素质的提高

生产力是由人和物两类因素组成的。人作为生产劳动的主体，始终是生产过程中能动的、起主导作用的因素，因而是首要的生产力。伴随知识经济的发展，劳动者的素质尤为重要。世界范围的经济竞争、综合国力的竞争，关键是科学技术的竞争，实质是人才的竞争、劳动者素质的竞争。劳动者的素质直接关系到一个国家的生产力发展以至整个社会的发展。

人的素质，简要说来，就是指人的"质量"或"品质"，它是相对于人的

"数量"而言的。加快发展先进生产力，必须提高人的素质，充分开发和利用人力资源。任何社会的生产力发展都离不开一定的资源。在人类文明发展的初期阶段和生产力比较落后的情况下，人们往往更多关注和依赖的是自然资源。而在当代历史条件下，人力资源成为第一资源。提高劳动者的素质，使人口资源变为人力资源，这是发展先进生产力的迫切要求。

提高劳动者的素质是一项系统工程。首先是发展教育。教育是社会遗传的重要方式，在提高全民族素质过程中处于基础性地位。教育的发展水平，决定着人才培养的数量和质量，关系一个国家的生产力状况和综合国力。只有把教育放在优先发展的战略地位，才能提高全民族的文化素质，适应先进生产力的发展要求。其次是健全人才培养、使用机制。要适应经济社会发展的需要，建立健全人才竞争、激励机制，激发人们的求知欲望，激活人们的创造潜能，从而使整个民族的整体素质得到提高。再次是营造良好的社会环境。社会环境是个人素质形成的土壤和条件。良好的社会环境，应当是一个尊重劳动、尊重知识、尊重人才、尊重创造的环境。只有这样的环境，才能使高素质的人才得到鼓励，才能引导、激励人们自觉向高素质的方向发展。总之，要通过各种方式，在全社会努力形成人人渴望成才、人人努力成才、人人皆可成才、人人尽展其才的良好局面，让各类人才的创造活力竞相迸发、聪明才智充分涌流。

四、先进生产力的发展与经济社会的全面发展

发展先进生产力，离不开经济社会的全面协调发展。经济社会的全面协调发展，最根本的是确立新发展理念，坚持创新发展、协调发展、绿色发展、开放发展、共享发展。创新发展注重的是解决发展动力问题。新一轮科技革命带来的是更加激烈的科技竞争，如果科技创新搞不上去，发展动力就不可能实现转换，我们在全球经济竞争中就会处于下风。为此，必须把发展基点放在创新上，通过创新培育发展新动力、塑造更多发挥先发优势的引领型发展。协调发展注重的是解决发展不平衡问题。在经济发展水平落后的情况下，一段时间的主要任务是要跑得快，但跑过一定路程后，就要注意调整关系，注重发展的整体效能，否则"木桶效应"就会愈加显现，一系列社会矛盾不断加深。为此，必须正确处理发展中的重大关系，不断增强发展的整体性。绿色发展注重的是解决人与自然的和谐问题。我国资源约束趋紧、环境污染严重、生态系统退化问题突出，制约着生产力的健康持续发展，影响着人民群众生活质量的提高。

为此，必须坚持节约资源和保护环境的基本国策，坚定走生产发展、生活富裕、生态良好的文明发展道路，加快建设资源节约型、环境友好型社会，推进美丽中国建设。开放发展注重的是解决发展内外联动问题。经济全球化是推进发展所要面对的时代潮流。要加快发展，必须主动顺应经济全球化潮流，坚持对外开放。为此，必须奉行互利共赢的开放战略，发展更高层次的开放性经济，提高对外开放的质量和发展的内外联动性，以扩大开放带动创新、推动改革、促进发展。共享发展注重的是解决社会公平正义问题。经济发展不仅需要把"蛋糕"做大，而且需要分配公平。让广大人民群众共享改革发展成果，是社会主义的本质要求，也是发展先进生产力的本质要求。为此，必须坚持发展为了人民、发展依靠人民、发展成果由人民共享，使全体人民朝着共同富裕的方向稳步前进。

创新发展、协调发展、绿色发展、开放发展、共享发展这五大发展理念是相互贯通、相互促进的，是具有内在联系的集合体。哪一个发展理念贯彻不到位，发展进程都会受到影响。要发展先进生产力，推进经济健康持续发展，必须使新发展理念落地生根、变为普遍实践。这就需要增强贯彻新发展理念的本领，把新发展理念融入建设现代化经济体系中，加快形成落实新发展理念的体制机制。

思考题：

1. 为什么说生产力是社会发展的最终决定力量？
2. 怎样理解生产力的发展是社会进步的最高标准？
3. 怎样理解"科学技术是第一生产力"？
4. 如何理解"创新是引领发展的第一动力"？

▶ 本章拓展资源

第十章 人民群众在社会发展中的作用

生产力是社会发展的最终决定因素，生产力的主体是人民群众。历史唯物主义从生产力决定社会发展的基本观点出发，科学地回答了人民群众在社会历史发展中的地位和作用问题。人民是历史的创造者，是决定历史前途命运的根本力量。

第一节 人民群众的历史地位

在马克思主义哲学产生之前，唯心主义的英雄史观长期占据支配地位。与此相反，马克思主义哲学认为，人民群众是创造历史的主体。人民群众作为社会生产的直接承担者，始终是社会物质财富和精神财富的创造者，是社会变革的决定性力量。

一、英雄史观与群众史观的对立

社会历史是人的活动的历史。围绕着人在历史上的作用问题，始终存在着两种根本对立的观点，即英雄史观和群众史观。前者认为历史是由少数英雄人物创造的，后者认为历史是由人民群众创造的。这种对立，从根本上说，是同历史观上如何解决社会存在和社会意识的关系问题密切地联系在一起的。

人民群众是相对于少数杰出人物而言的。在人们通常的感觉和直观中，广大群众似乎默默无闻，少数英雄则叱咤风云，划时代的思想体系往往以某些伟大人物来命名，历史时代也往往以某些英雄人物作为标志。于是就产生了这样的问题：是少数英雄人物创造历史，还是广大人民群众创造历史？对这一问题的不同回答成为历史唯物主义和历史唯心主义的一个原则区别。

英雄史观从社会意识决定社会存在的观点出发，片面夸大少数历史人物的意志和思想在社会发展中的作用，认为历史上少数英雄豪杰、帝王将相的思想智慧、品格才能、愿望意志等，是决定社会发展进程的最终原因，英雄人物是历史的创造者，人民群众不过是消极的、被动的因素，是英雄人物的"盲目追随者"。

英雄史观在历史上的形成和传播，有着深刻的社会历史根源和认识论根源。其社会历史根源在于：随着物质劳动和精神劳动的分工以及阶级对立的出现，劳动群众长期处于被统治、被支配的地位，他们的才能和创造力遭到严重的束缚和摧残。统治阶级为了巩固其统治地位，总是将人与人之间地位、才能等社会的、历史的差别说成是永恒的、自然的差别，极力贬低物质生活资料的生产活动在历史中的作用，从而贬低劳动群众的历史作用。英雄史观的认识论根源在于：一般来说，历史的必然性总是深藏于内，历史的偶然性则显露于外。历史活动直接的主观动机总是与个别人物相联系，而这种主观动机背后的物质动因却是间接的和隐而不显的。在这种情况下，体现历史必然性的人民群众的作用往往会被遮蔽、忽视，而引人注目的则是给某些具体历史事件、历史情节打上特殊印记的少数历史人物。如果人们的认识仅仅停留于历史的表面和外观，仅仅关注在历史前台活动的英雄豪杰，就必然会夸大个别人物的历史作用。

唯物史观的创立，是对英雄史观的否定。马克思、恩格斯在《神圣家族》中批判了以鲍威尔等青年黑格尔派为代表的英雄史观，明确指出历史不是精神的产物，而是追求着自己目的的人的活动。在这种活动中，人民群众不是"消极的""非历史的"因素，恰恰相反，"历史上的活动和思想都是'群众'的思想和活动"，"历史活动是群众的活动"。[①] 一句话，历史是由人民群众创造的。

历史唯物主义群众史观的确立，具有与唯心主义英雄史观根本不同的理论原则。

首先，历史唯物主义从社会存在决定社会意识的立场出发去考察和说明历史的主体及其活动。坚持社会存在决定社会意识，就必须肯定人民群众创造历史的决定作用。历史唯物主义的这两个基本方面是不可分割地联系在一起的。如果只是停留于促成历史活动的少数人，而不去深究他们思想动机后面的深刻原因，亦即使广大群众、整个阶级行动起来的物质动因，就会在夸大意识作用的同时，夸大少数英雄人物在历史上的作用。相反，只要承认物质生产实践在人类社会发展中的决定性作用，承认人们的社会存在对人们意识的决定作用，就必然承认人民群众在社会历史发展中的主体作用。因此，强调人民群众创造

---

① 《马克思恩格斯文集》第 1 卷，人民出版社 2009 年版，第 287 页。

历史的决定作用，是科学认识和把握历史规律性的正确途径。历史唯物主义关于社会存在决定社会意识的原理，同人民群众是历史主体的原埋是内在一致的。

其次，历史唯物主义从整体的历史过程考察和说明历史的主体及其活动。这意味着不是停留于孤立的个体活动和历史事件来把握历史的主体。如果只是停留于孤立的个体活动和历史事件，就会把个别人物神圣化，认为历史仅仅是由少数杰出人物和英雄人物创造的。事实上，个体的历史活动只有以广大人民群众的历史活动为基础才能形成和发展，只有人民群众的活动才能体现历史主体的整体性。

最后，历史唯物主义从人与历史关系的不同性质、不同层次上考察人的历史活动的作用。每一个社会个体和群体都在历史的发展中起作用，但它们发挥的作用具有不同的性质和层次。其作用有些是积极的，有些是消极的；有些是重大的，有些是一般的。因此，必须对不同个体和群体的历史作用的性质和层次作出严格的区分和科学的阐述。从历史发展的根本动力来考察，只有人民群众才是历史的主体，是历史的创造者。

二、人民群众是历史的创造者

在人类历史进程中，人民群众的活动构成整个社会生活的基础。从量的规定性上看，人民群众是社会成员中的绝大多数。在任何时候，劳动群众都是人民群众的主要成员。从质的规定性上看，人民群众是推动历史前进的社会力量。"人民，只有人民，才是创造世界历史的动力。"[1]

人民群众是一个历史的范畴。在阶级社会的不同历史时期以及同一时期的不同国家和地区，由于社会形态、阶级结构和社会发展的具体进程不同，人民群众有不同的内容。在一定的历史时期和历史条件下，剥削阶级及其成员，也可能成为人民群众的一部分。在中国抗日战争时期，一切抗日的阶级、阶层和社会集团，都属于人民群众的范畴；在解放战争时期，一切反对帝国主义、封建主义和官僚资本主义的阶级、阶层和社会集团，都属于人民群众的范畴；在当代中国，一切赞成、拥护和参加中国特色社会主义建设事业的阶级、阶层和社会集团，以及赞成"一国两制"、拥护祖国统一的爱国者，都属于人民群众

---

[1] 《毛泽东选集》第 3 卷，人民出版社 1991 年版，第 1031 页。

的范畴。

人民群众创造历史，集中体现在三个方面。

首先，人民群众是社会物质财富的创造者。人类历史首先是物质资料生产发展的历史。人类和人类社会要生存和发展，就要有吃、喝、住、穿等必需的物质生活资料。人们只有首先获得这些物质生活资料，满足基本物质生活需要，然后才能从事政治、司法、科学、艺术等其他社会活动，因而物质生活资料的生产是整个社会生活的基础。劳动群众正是社会物质生活资料的生产者。劳动群众在生产实践中不断积累和传播生产经验，不断改进和发展生产工具与生产技术，推动了生产力的发展和社会物质财富的积累与增长，进而促进生产方式的变革以及社会全面进步。因此，整个人类历史的发展过程，都是建立在劳动群众所创造的物质财富基础之上的。劳动群众在物质生产中的主体地位从根本上决定了人民群众是社会物质财富的创造者。

其次，人民群众是精神财富的创造者。在人类广泛的精神生活中，在哲学、科学和文艺等领域里，杰出的思想家、科学家和艺术家对社会精神财富的创造，对人类科学文化的发展，有着十分重要的贡献。但归根到底，一切精神财富得以产生的最终源泉，都植根于人民群众的实践。离开人民群众的生产实践和生活实践，任何思想家、科学家、艺术家的创造性活动就会成为无源之水、无本之木。在谈到文学艺术创作时，毛泽东说："人民生活中本来存在着文学艺术原料的矿藏，这是自然形态的东西，是粗糙的东西，但也是最生动、最丰富、最基本的东西……它们是一切文学艺术的取之不尽、用之不竭的唯一的源泉。"[1] 习近平强调指出："人民是文艺创作的源头活水，一旦离开人民，文艺就会变成无根的浮萍、无病的呻吟、无魂的躯壳。"[2]

人民群众对精神财富的创造，又突出地表现在他们对生活素材进行加工从而提供丰富的初成品，成为许多伟大的艺术作品的直接依据。我国著名的古代诗歌集《诗经》，古典小说《水浒》《三国演义》《西游记》，德国文豪歌德的《浮士德》等，都是在民间口头文学的基础上创作而成的。科学技术的发展也是如此。我国西汉后期的重要农书《氾胜之书》、北魏的《齐民要术》、元代王祯的《农书》、明代徐光启的《农政全书》等，也都是在总结劳动群众的农业

---

① 《毛泽东选集》第 3 卷，人民出版社 1991 年版，第 860 页。
② 《习近平谈治国理政》第 2 卷，外文出版社 2017 年版，第 316 页。

生产经验基础上编写而成的。正如马克思在谈到近代科技的发明时所说："如果有一部考证性的工艺史，就会证明，18世纪的任何发明，很少是属于某一个人的。"①

人民群众对精神财富的创造所起的作用，还表现在他们直接创造出无数优秀的精神产品。例如，古代印度和欧洲的许多史诗作品、古埃及的金字塔文化、我国古代敦煌和龙门等石窟的雕塑和壁画，以及我国蒙古族的《江格尔》、藏族的《格萨尔王传》、维吾尔族的《十二木卡姆》等大量的思想文化瑰宝，都是人民群众的创造。

最后，人民群众是实现社会变革的决定性力量。当社会变革的时期到来时，人民群众决定社会发展前途的巨大作用就突出地显示出来。"革命是被压迫者和被剥削者的盛大节日。人民群众在任何时候都不能像在革命时期这样以新社会制度的积极创造者的身份出现。"② 人类历史表明，一切真正的社会革命运动，实质上都是人民群众组织起来摧毁腐朽的社会制度的斗争。人民群众的斗争始终是推翻旧社会和建立新社会的决定性力量。无论是在革命的时代还是在改革的时代，人民群众都是决定性的社会变革力量。人心所向体现了时代的变革要求，代表了历史的主流，预示着社会发展的基本方向；当人民群众普遍感到不能再忍受陈旧的生活形式，决意创造新的生活形式时，就表明社会矛盾已经极端尖锐化，社会发展的革命性变革即将到来。人心所向同历史发展的大势在本质上是一致的。习近平强调，人民是决定党和国家前途命运的根本力量，新时代中国特色社会主义建设必须坚持以人民为中心，必须坚持人民主体地位，"把人民对美好生活的向往作为奋斗目标，依靠人民创造历史伟业"③。

总之，社会的发展与变革，是生产力与生产关系、经济基础与上层建筑矛盾运动的结果，是人民群众创造性活动的结果。正是人民群众世世代代的实践活动创造着历史，推动着社会前进，并最终决定着社会发展的历史进程。

三、人民群众创造历史的条件

人民群众创造历史的活动总是受一定的社会历史条件的制约。"我们自己

① 《马克思恩格斯全集》第44卷，人民出版社2001年版，第428—429页。
② 《列宁选集》第1卷，人民出版社2012年版，第616页。
③ 习近平：《决胜全面建成小康社会 夺取新时代中国特色社会主义伟大胜利——在中国共产党第十九次全国代表大会上的报告》，人民出版社2017年版，第21页。

创造着我们的历史，但是……我们是在十分确定的前提和条件下创造的。其中经济的前提和条件归根到底是决定性的。但是政治等等的前提和条件，甚至那些萦回于人们头脑中的传统，也起着一定的作用，虽然不是决定性的作用。"①人民群众创造历史的条件大体上可以分为经济条件、政治条件和文化条件。

第一是经济条件。广义上讲，经济条件作为人民群众历史活动最基本的制约条件，包括生产力和生产关系两方面。现实的社会生产力，对人们活动的制约作用是决定性的。在不同的社会生产力状况下，人们进行物质生产的社会规模，彼此之间联系的程度以及他们的创造作用的大小是很不相同的。人民群众创造历史的活动，首先要适应社会生产力状况这一最基本的历史条件。

与一定的生产力相联系的生产关系，也制约着人们的历史活动。处在什么样的生产关系之中，这对人民群众创造能力的发挥具有直接的影响。不同的生产关系为人民群众历史创造活动提供的可能性是很不相同的。先进的生产关系能够调动群众的积极性，而落后的生产关系则束缚积极性。在阶级社会中，人都从属于一定的阶级，各个阶级代表不同的经济利益和经济地位。所谓阶级的局限性，主要就是指特定的社会生产关系对在这种生产关系中处于特定地位的人的活动的制约。

第二是政治条件。社会的政治条件包括广泛的内容，其中政治制度，特别是国家制度同人民群众的历史活动的关系最为密切。在不同的社会政治制度下，人民群众所起的历史作用很不一样。在人压迫人、人剥削人的制度下，劳动群众从事社会活动的积极性遭受压抑，其聪明才智不可能得到充分的发挥。在社会主义制度下，人民群众成为社会的主人，日益广泛地参加政治活动和社会管理，他们的聪明才智得到充分的培养、提高和发挥。

第三是文化条件。马克思所说的"一切已死的先辈们的传统"②，恩格斯所说的"萦回于人们头脑中的传统"③，是制约人民群众历史创造活动的不可忽视的一种文化条件。作为社会精神因素的传统的东西，有进步的也有落后的。对人民群众创造历史的活动，前者起激励、鼓舞的作用，后者起压抑、束缚的作用。继承和发扬优良传统，摆脱落后传统的束缚，以及提高思想觉悟和道德水准等，都是发挥人民群众历史创造性作用不可缺少的重要条件。

---

① 《马克思恩格斯文集》第 10 卷，人民出版社 2009 年版，第 592 页。
② 《马克思恩格斯文集》第 2 卷，人民出版社 2009 年版，第 471 页。
③ 《马克思恩格斯文集》第 10 卷，人民出版社 2009 年版，第 592 页。

在文化条件中，尤其应当重视科学文化的作用。整个社会的科学文化的普及和提高，特别是广大群众的科学文化程度，对于人民群众创造历史的作用有着直接影响。人民群众受教育的程度以及科学文化水平的高低，是其创造能力高低的精神标尺，二者从根本上来说是成正比的。只有具备一定的科学文化水平，才能更好地创造物质财富、精神财富和发挥政治上的主动性。

人民群众的历史活动受制于一定的条件，但他们在这样的条件面前并不是无能为力的。人民群众通过其实践不断地认识条件、改变条件、创造条件，推动历史向前发展。虽然每一特定时代的人民群众创造历史的力量都是有限的，但就其世代延续而言，人民群众的历史创造力又是无限的。

第二节　个人的历史作用

人类社会是由一个个活动着的个人构成的。历史唯物主义肯定人民群众是历史创造活动的主体，但并不因此抹杀个人在历史发展过程中的作用。坚持历史唯物主义的群众史观，要正确地处理历史活动中群体和个体之间的关系，科学地理解普通个人、历史人物和杰出人物在社会发展中的作用。

一、历史活动中的个体和群体

个体，相对于群体而言，指的是一个个具有社会、精神和生理特性的个人。其中，社会的特性居于支配地位，体现个人的本质。单个的人"是特殊的个体，并且正是人的特殊性使人成为个体，成为现实的、单个的社会存在物"①。群体是指一定数量的社会个体通过一定的社会关系所组成的社会集合体。个体和群体是一个矛盾统一体。群体由个体组成。个体是社会群体的"细胞"，没有一定的个体就不可能有群体。"人们的社会历史始终只是他们的个体发展的历史，而不管他们是否意识到这一点。"② 群体的存在和生命力有赖于个体能动性的发挥，有赖于个体对群体的作用和贡献。社会群体只有得到个体的积极支持，并且适应个体发展的需要，将个体联合起来的纽带才会巩固和

---

① 《马克思恩格斯文集》第 1 卷，人民出版社 2009 年版，第 188 页。
② 《马克思恩格斯文集》第 10 卷，人民出版社 2009 年版，第 43 页。

发展。

个体依赖于群体。离开群体和社会，任何个体都无法存在和发展。"人是最名副其实的政治动物，不仅是一种合群的动物，而且是只有在社会中才能独立的动物。"① 群体不是个体机械的、简单的相加。群体作为个体的社会集合体，反映的是这些个体之间的联系和关系。人类个体只有在群体中才有其社会的生存方式，才能凭借这种方式来获得生活资料，拥有使个体发展的各种条件，获得在社会历史中发挥作用的依靠和支持。

个体和群体的关系是历史地变化着的。在以私有制为基础的阶级社会里，个体隶属于一定的阶级，个体和群体的关系表现为一定的阶级关系，这种关系受阶级对抗这个基本事实所制约，造成人与人之间的矛盾和对立。"他们不是作为个人而是作为阶级的成员处于这种共同关系中的。"② 在这种社会分裂的状态中，群体之间，特别是统治阶级与被统治阶级之间，存在着全面的、激烈的对抗，由此形成的社会共同体不过是一个阶级反对另一个阶级的联合。"对于被统治的阶级来说，它不仅是完全虚幻的共同体，而且是新的桎梏。"③

从以私有制为基础的社会群体到以公有制为基础的社会主义社会共同体的转变，是人类历史上个体与群体之间关系的革命性变革。由于社会主义社会从总体上消除了阶级对抗，社会中的群体与群体、个体与群体、个体与个体之间在根本利益上是一致的，在创造历史的活动中基本的努力方向是一致的。其间的差别和矛盾本质上说不具有根本的对抗性质，可以依靠社会主义制度本身的力量，依靠全面的发展和自觉的调整逐步加以解决。

二、历史人物及其作用

历史上每个现实的个人都参与一定的社会生活，并在历史上留下某种痕迹。参与历史活动的个人，由于他们所处社会历史条件和地位的不同以及个人主观条件的不同，因而其作用的范围、影响的程度和性质也不尽相同。据此，可以把个人区分为普通个人和历史人物。

确认人民群众的历史主体地位，从而尊重每一个普通个人在社会发展中的基础性作用，是唯物史观的基本结论。一方面，普通个人作为人民群众中的一

---

① 《马克思恩格斯文集》第 8 卷，人民出版社 2009 年版，第 6 页。
② 《马克思恩格斯文集》第 1 卷，人民出版社 2009 年版，第 573 页。
③ 《马克思恩格斯文集》第 1 卷，人民出版社 2009 年版，第 571 页。

员，虽然通常是历史上的无名英雄，但他们的作用就像无数涓涓细流汇集成推动历史进步的滚滚洪流。没有他们的基础性的活动，任何伟大的历史事业、任何杰出的历史人物都是不可能成功的。另一方面，一切个人首先都是普通的个人，历史上所有杰出的人物都不是天生的，相反，他们都是从普通个人成长起来的。

历史人物是指在历史上产生比较重大影响、给历史事件打上比较深刻的个人印记的人物，包括政治家、军事家、思想家、科学家、艺术家、发明家等。历史人物在社会发展中的作用主要表现在以下三个方面：

第一，推动或阻碍历史进程。从性质上来说，历史人物的作用可以概括为推动或阻碍历史进程两种，并据此将历史人物分为进步人物或反动人物、正面人物或反面人物。前者顺应历史发展的前进趋势，并以其活动推动历史进步；后者则代表历史前进趋势的反面，并以其活动阻碍历史进步。在社会变革的时期，要求推动历史进程和阻碍这一进程的斗争会非常明显。例如，在法国大革命时期，代表解放者等级的历史人物，如马拉、罗伯斯庇尔、拿破仑等，就力图以其活动来推动历史进程；而代表奴役者等级的历史人物，如路易十六等，就力图以其活动来阻碍历史发展的进程。总之，任何一个历史人物，无论是正面人物还是反面人物，都是受一定的社会利益和社会需要的驱使而出场的；在他们之间进行的错综复杂的斗争和许多戏剧性的场面，像一面镜子，反映出各种不同的社会需要和实际利益之间的矛盾冲突。

第二，加速或延缓历史进程。从影响的程度上来说，历史人物能够使历史的进程加速，也能够使这一进程延缓。一般来说，力图推动历史进程的历史人物所起的作用是积极的和进步的，从而使历史进程得以加速；而力图阻碍历史进程的历史人物所起的作用是消极的和反动的，从而使历史的发展进程延缓。历史本身正是在这种推动和阻碍、加速和延缓的矛盾运动中发展的。就某些单个的历史事件而言，历史人物不仅对它有重要的影响，而且有时甚至起着决定成败的关键作用。但是，即使历史人物能够左右个别历史事件，也并不意味着他们能够决定历史的整个进程和一般方向。"俾斯麦能不能把德国拉回到自然经济时代去呢？这是他在他威势最高的时候也做不到的。一般的历史条件，要比任何意志坚强的个人更为强大。"[①] 在社会革命中，那些革命的党派尤其是其

---

① 《普列汉诺夫哲学著作选集》第2卷，生活·读书·新知三联书店1962年版，第348页。

领袖人物无疑会在整个历史进程中打上自己鲜明的印记，但真正支配党派兴起和制度更替的仍然是一般的社会历史条件，是最广大人民群众的基本要求。

第三，局部改变历史进程的面貌。从历史人物所起作用的结果来说，由于他们以其独特的个人活动来影响、号召和领导一定的历史活动，所以他们往往能赋予历史事件以独特的色彩，局部地改变历史进程的面貌。历史事件在现象上的多样性，是同历史人物的个体特性密切相关的。历史人物作为在历史事件中起重要作用的号召者和领导者直接参与历史事件，并将自己的思想、品质、风格、情感等因素带到历史进程中来。这就使每个历史事件都呈现出它所特有的面貌，以至于当人们提起某个历史事件时，往往首先想到某些主要历史人物的鲜明形象。尽管如此，"个人的性格只有在社会关系所容许的那个时候、地方和程度内，才能成为社会发展的'因素'"①。

三、杰出人物在历史发展中的作用

杰出人物是代表先进阶级、阶层、集团的利益，能够反映时代要求，在历史上起进步作用的历史人物。历史唯物主义在坚持人民群众的历史主体地位的同时，承认杰出人物的重要历史作用。在谈到马克思对人类思想发展的伟大作用时，习近平指出，以他名字命名的科学理论——马克思主义——"犹如壮丽的日出，照亮了人类探索历史规律和寻求自身解放的道路"②。在谈到毛泽东对中国近现代历史的作用时，邓小平说，"没有毛主席，至少我们中国人民还要在黑暗中摸索更长的时间"③。杰出人物的历史作用主要表现在以下三个方面：

第一，发起和探索的作用。杰出人物是一定历史活动的自觉发起者和探索者。他们能够较早地认识和把握历史发展的前进趋势，集中反映人民群众的意愿，并根据这种趋势和意愿自觉提出推动历史前进的任务。这样的历史任务虽然蕴含于客观的历史进程之中，但一开始并不是每个人都能自觉意识到的。在这种情况下，思想变革往往成为历史活动的先导。杰出的思想家、政治家和军事家会以不同的方式揭示时代发展的趋势，表达人民群众的共同愿望，并且把它们提升为一定的历史任务。

---

① 《普列汉诺夫哲学著作选集》第 2 卷，生活·读书·新知三联书店 1962 年版，第 359—360 页。

② 习近平：《在纪念马克思诞辰 200 周年大会上的讲话》，人民出版社 2018 年版，第 6 页。

③ 《邓小平文选》第 2 卷，人民出版社 1994 年版，第 345 页。

第二，组织和领导的作用。杰出人物是一定历史活动的组织者和领导者。社会生活本质上是群体性的，群众创造历史的活动只有组织起来才能更好地发挥作用。当群众有了改变现实的要求时，特别需要有组织和指挥才能的杰出人物出现，以启发群众的觉悟，制定正确的路线和方针。在历史上，任何一个阶级，如果不推举出自己善于组织运动和领导运动的杰出代表，就不可能取得统治地位。杰出的思想家、政治家、军事家作为领袖人物，会以自己特殊的才能和毅力去宣传鼓动、教育引导广大群众，领导群众去实现一定的历史任务。

第三，表率和示范的作用。在历史的前进运动中，由于体现历史发展趋势的历史任务往往是前无古人的，所以杰出人物在发起这样的历史任务时，不仅要创造性地进行组织和领导，而且还要起表率和示范作用。在已经成熟了的历史活动有可能广泛地开展起来时，表率的力量是非常巨大的。通常所谓杰出人物的人格魅力，就是由他们在这样的事业中身先士卒、率先垂范而形成的。

杰出人物历史作用的形成和发挥，是同他们作为人民群众、先进阶级或社会集团的代表，作为一定时代的社会历史条件的产物分不开的。

杰出人物是人民群众、先进阶级或社会集团的代表。杰出人物之所以在历史上起到重要作用，从根本上说，是因为他们的思想和活动符合历史前进的方向，代表先进阶级或社会集团的根本利益，反映并在客观上符合广大人民群众的愿望和要求。创造历史的真正主体是人民群众，杰出人物的历史作用只有在他们与人民群众的联系中才能被确定。这种联系主要表现在以下三个方面：

反映人民群众的愿望与要求。正是由于人民群众、先进阶级或社会集团的实践需要，杰出人物才可能产生出来，成长起来，并且才可能有自己的事业。人民群众是历史的创造者，人民群众的愿望和要求反映着历史发展的方向，而杰出人物作为承担特定历史使命的历史行动的发起者、组织者和领导者，是顺应人民群众、先进阶级或社会集团实现自己愿望和要求的实践需要而产生出来的。

集中人民群众的经验与智慧。杰出人物的思想、理论是对人民群众、先进阶级或社会集团的实践经验的总结和提升。如果没有千百万人民群众提出问题和解决问题的实践活动，就不会有杰出人物的思想和理论，更谈不上对这种思想理论的检验和进一步发展。杰出人物的思想理论和突出成就，是在总结了人民群众的经验，集中了人民群众的智慧的基础上创造出来的，并且是在人民群众的实践中经受检验并不断丰富和发展的。

依靠人民群众的活动与力量。杰出人物的历史作用，他们的才能和智慧的发挥，只有通过人民群众的历史实践才能实现。如果脱离了人民群众，杰出人物的思想理论、组织领导就会失去现实的对象，而他们本人也必将被历史的前进运动所抛弃，成为唐·吉诃德式的滑稽可笑、一事无成的人物。杰出人物提出的革命理论和斗争纲领只有掌握群众，才会变为巨大的物质力量。

杰出人物是一定时代的社会历史条件的产物。杰出人物作为人民群众、先进阶级或社会集团的代表，同样受到一定社会历史条件的制约。这就是人们通常所说的"时势造英雄"。所谓时势，是指在一定历史时期内各种社会条件的总和所造成的社会发展的具体态势。这种具体态势对于杰出人物的制约主要表现为以下三个方面：

时势召唤英雄。当历史任务逐渐成熟时，时势会把人们的注意力吸引到这种历史任务上去，使在这方面有才干的人可能成为杰出人物。如在中国历史上，每当外敌入侵和民众奋起抗击的形势到来时，就会出现像戚继光、林则徐、杨靖宇这样的民族英雄。"恰巧某个伟大人物在一定时间出现于某一国家，这当然纯粹是一种偶然现象。……但是，假如没有拿破仑这个人，他的角色就会由另一个人来扮演。这一点可以由下面的事实来证明：每当需要有这样一个人的时候，他就会出现，如凯撒、奥古斯都、克伦威尔等等。"①

时势锻造英雄。时势如大学校或大熔炉，杰出人物就是在其中被造就出来的。特定的历史条件形成的时势，提供了以往所没有的或罕见的机会，使平时默默无闻的人被培养和锻造成杰出的人物。例如，惊心动魄的法国大革命把一些理发匠、修鞋匠、店员等"小人物"造就成资产阶级的革命家、政治家和军事家。

时势筛选英雄。英雄是在比较和竞争中得到确认的。历史的时势如大浪淘沙，它根据能否满足时代要求以及满足这种要求的程度，把真正杰出的人物推到历史舞台上来。时势的筛选作用，自然而然地把站在历史潮流前面的人物引到前台，从而保障了历史任务的最终完成。中国自近代以来，在为实现救亡图存和振兴发展的长期努力中，在革命、建设、改革的实践中，筛选出一批又一批杰出人物，成长起一代又一代领导核心，为中华民族的伟大复兴贡献力量和

---

① 《马克思恩格斯文集》第 10 卷，人民出版社 2009 年版，第 669 页。

才能。

杰出人物的涌现除了代表人民群众的需要和顺应时代的潮流之外，也离不开他们的个人才能和个人品质，离不开他们自身的顽强奋斗和积极努力。社会历史条件和阶级利益在一定时期需要有才干的人来完成业已成熟的历史任务。杰出人物就是那些比其他人更早、更清楚、更深刻地了解新的历史条件和社会发展需要，并有能力组织和领导群众完成这一历史任务的个人或群体。

四、评价历史人物的科学方法

历史唯物主义关于人民群众创造历史的观点、关于个人在历史上作用的观点，既是科学的历史观，也是科学的方法论。它要求以科学的态度和科学的方法对历史人物作出分析和评价。由于历史人物是一定阶级的代表，是一定历史条件的产物，并且是在不断变化着的、具体的条件下能动地表现自己的，所以评价历史人物，必须坚持阶级分析的方法、历史分析的方法和辩证分析的方法。

阶级分析的方法。在阶级社会中，历史人物总是作为特定阶级的成员，受到一定阶级关系的制约，处于一定的阶级地位。他们的思想、才能和情感等尽管有自己的特性，但本质上都是其所属阶级的属性和诉求的特殊表现。一定的阶级总是要推举出自己的代表人物，以表达自己的利益和愿望，而这些代表人物的命运，也往往同其所属阶级的兴衰沉浮息息相关。阶级分析的方法要求将历史人物同其所属的阶级联系起来，看他所属的阶级在当时处于什么地位，他的活动代表这一阶级的哪种倾向。阶级分析可以使我们在纷繁复杂的社会现象中把握主要线索，把握评价历史人物的基本背景。

阶级社会中的历史人物，无论是思想家、科学家，还是艺术家、政治家；也无论是主张进步的和革命的，还是主张保守的和反动的，其活动的社会性质总是取决于他们所服务的那个阶级，取决于不同阶级之间的阶级斗争。阶级分析要求对各阶级的基本性质和历史人物的阶级归属作出一般的区分，对各阶级在特定历史阶段的相互关系、各阶级内部的相互关系以及历史人物在这些关系中的特殊性格和实际表现作出恰当的说明。

历史分析的方法。历史人物生活在一定的社会历史条件下，而一定的社会历史条件既使他们能够有所作为，也使他们的活动受到客观现实的制约。任何历史人物，无论他多么伟大、多么卓越和富有才华，总是时代的产物，是一定历史发展阶段的产物。我们不能想象莎士比亚的作品出现在荷马时代，也不能想象程朱理学出现在汉代，更不能想象牛顿的物理学出现在中世纪。尽管历史人物可以十分杰出，但他们的所思、所言、所行，都必然地包含在一定历史阶段所提出的历史任务中。因此，任何一个历史人物，在其取得历史性成就的同时，也都有一定的历史局限性。

历史分析的方法要求将历史人物置于他们所处的具体的历史环境中予以评价，根据历史人物活动的时代条件衡量其功过是非。既不能把历史人物说成是超越时代限制的无所不能的人，也不能以后世的标准苛求前人。在前一种情况下，就会把历史人物神化；在后一种情况下，就会以超历史的抽象标准来要求历史人物，苛求前人干出只有后人才能干出的业绩来。歌德和黑格尔，是他们那个时代极其伟大的人物，但他们都拖着一条"德国庸人的辫子"，这就是他们的历史局限性。列宁说："判断历史的功绩，不是根据历史活动家没有提供现代所要求的东西，而是根据他们比他们的前辈提供了新的东西。"①

辩证分析的方法。阶级分析方法和历史分析方法，构成正确评价历史人物所起作用的社会坐标和历史坐标。依靠这样的坐标，我们可以对历史人物的活动作出准确的"定位"，也就是说，确定他们在社会历史过程中的"位置"。但是，历史人物又是在不断变化着的、复杂而具体的条件下能动地表现自己的，因而他们在社会历史过程中的"位置"不仅会发生游移和变化，而且还会根据其非常独特的个人活动被具体化。因此，为了能够对历史人物及其活动作出实事求是的评价，就需要辩证分析的方法。

坚持辩证分析的方法，就是在对历史人物进行考察和评价时避免抽象化、简单化和脸谱化等形而上学的错误。在评价一个具体的历史人物时，既要看到其主要方面，也要看到其次要方面；既要看到其开端和初始，也要看到其变迁和终局；既要看到其成就，也要看到其缺陷和局限。我们时常遇见这样的情形：有些为近代哲学打下基础的大哲学家却具有神学的不彻底性；有些在自然科学中作出重要贡献的科学家却沉溺于通灵术之类的迷信。同样，有些历史人物在其早年是相当激进的，到了晚年却极端保守；而有些历史人物则反之。要对历史人物作出准确的、实事求是的评价，就一刻也离不开辩证的方法，离不

---

① 《列宁全集》第 2 卷，人民出版社 2013 年版，第 154 页。

开对具体情况的具体分析。

第三节　群众的组织与作用的发挥

人民群众作为历史主体，必须有效地组织起来。合理调动群众的积极性，充分发挥群众的创造作用，重要的是坚持群众观点和群众路线，正确认识和处理群众、阶级、政党、领袖之间的关系。

一、历史活动与群众队伍

历史活动不是外在于人的纯客观运动。人类社会发展史既是物质生产不断发展的历史，也是人民群众自身不断发展的历史。"历史活动是群众的活动，随着历史活动的深入，必将是群众队伍的扩大。"[1]

历史活动的不断深入，人类创造活动的不断向前推进，主要表现为社会活动范围的扩大、发展程度的加深和发展速度的加快，显著特点是群众队伍不断扩大，创造作用日益增强，积极性不断提高。

在不同历史条件下，历史活动的深入程度是不同的，因而群众的组织程度也是不同的。在原始社会，由于生产力水平十分低下，人们只能靠血缘纽带联结起来以氏族、部落等共同体的形式进行活动，人们的社会组织化程度很低。进入奴隶社会之后，伴随各种新式工具的出现以及分工、交往的发展，社会生产和生活的组织化程度有所增强，有组织的群众队伍有所扩大。奴隶阶级的组织化实质上是被奴隶主阶级强制的结果。在封建社会，个体生产的发展使农民获得了一定程度的自由，提高了他们的生产积极性。但这种建立在自然经济基础上的经营分散、规模狭小的个体生产，又使农民无法形成一个有严密组织的整体力量。在资本主义社会，机器大工业生产和商品经济的发展，一方面造成以物的依赖性为基础的人的独立性，另一方面形成一个人数众多的无产阶级。由于无产阶级是和现代大工业生产相联系的新生产力的代表，具有较强的组织性和纪律性，因而可以团结成一个统一的阶级力量；而且，它还可以团结一切可以团结的力量，形成一个坚强的革命阵营。

---

[1] 《马克思恩格斯文集》第1卷，人民出版社2009年版，第287页。

在社会主义社会，由于社会制度的深刻变革和生产力的重大解放，人民群众队伍日益壮大。社会主义是人类有史以来最为深刻的历史活动，必然会吸引最广大的人民群众投身其中。社会主义之所以具有这样的影响，原因在于：第一，社会主义是为绝大多数人谋利益的事业。"过去的一切运动都是少数人的，或者为少数人谋利益的运动。无产阶级的运动是绝大多数人的，为绝大多数人谋利益的独立的运动。"① 既然无产阶级及其政党代表的是最大多数人的根本利益，那就必然会唤起广大人民群众的热情和行动。第二，社会主义是人民群众自己的事业。列宁指出："社会主义不是按上面的命令创立的。它和官场中的官僚机械主义根本不能相容；生气勃勃的创造性的社会主义是由人民群众自己创立的。"② 以往一切剥削制度在其创立时，往往需要借助人民群众的参加，但当其统治地位确立之后，便会转而排斥和压制人民群众。社会主义与此不同，无论是创立还是巩固、发展，都离不开人民群众的自觉参与。人民群众是社会主义社会的主人。第三，社会主义是世界历史性的事业。只有以生产力的普遍发展和与此相联系的交往的普遍发展为前提，社会主义才能得到充分发展。社会主义作为世界历史性的事业，必然要依靠最广大的人民群众。

随着历史活动的深入，不仅群众队伍不断扩大，而且群众的历史作用也越来越大。人民群众在任何社会中都是推动历史发展的决定性力量，但是，人民群众的创造作用在不同的时代是不尽相同的。就总体而言，随着历史活动的深入，人民群众在历史中的作用呈现出不断增强的趋势。也就是说，人民群众对于历史进程的影响不仅是决定性的，而且这种决定性作用是不断增长的。这种增长和群众活动的性质、形式以及影响能力是一致的。充分理解和把握人民群众作用不断增长的规律，对于正确对待人民群众，促进社会发展，有着非常重要的意义。

历史活动不断深入的过程，也是群众积极性不断提高的过程。历史活动的深入之所以能够提高群众的积极性，就在于它为群众积极性的调动和发挥创造了基本的条件、环境和动力。在不合理的社会制度下，由于人民群众处于被奴役、被统治的地位，因而其积极性很难得到充分的发挥。只有在推翻不合理的社会制度后，人民群众摆脱了被奴役、被压迫的地位，成为社会的主人，才激

① 《马克思恩格斯文集》第 2 卷，人民出版社 2009 年版，第 42 页。
② 《列宁全集》第 33 卷，人民出版社 2017 年版，第 57 页。

发出巨大的热情和干劲。随着社会主义建设事业的深入发展，这种积极性日益高涨。

群众作用的发挥和群众积极性的增强，既依赖于历史发展的状况，也依赖于群众发动、组织的状况。群众的活动不能完全是自发的。在同样的历史条件下和历史活动中，有没有明确的主体意识、阶级意识，对于调动群众的热情关系重大。群众自觉意识的形成需要先进意识的启迪和引导，需要正确的理论指导，需要自觉地宣传群众和组织群众。历史与现实不断证明，"没有革命的理论，就不会有革命的运动"[①]。

历史活动的发展与群众队伍的变化是相互影响、相互促进的。历史活动的深入引起群众队伍的扩大、群众作用的增强和积极性的提高，而这些变化又会推动历史活动走向深入。社会发展和变革的广度、深度和速度，直接依赖于人民群众参与历史过程的规模和程度。没有人民群众的广泛关注和参与，历史活动不可能产生全局性、广泛性的社会影响；没有人民群众的高度认可和支持，社会发展很难闯过许多难关、突破许多难题；没有人民群众积极性的充分发挥，社会生活就失去生机活力，社会发展的步伐也就不能加快。扩大群众队伍，充分调动人民群众的积极性和创造性，是推动历史发展的重要因素。

既然历史发展与人民群众活动有着这样不可分割的内在联系，那么，在对待历史发展和人民群众的关系问题上，就必须坚持尊重社会发展规律与尊重人民历史主体地位的一致性，坚持为崇高理想奋斗与为最广大人民谋利益的一致性，坚持完成社会各项工作与实现人民根本利益的一致性。尊重人民主体地位，发挥人民首创精神，使全体人民都满腔热情地投身建设祖国的美好未来和自己的幸福生活中去，这是又好又快地建设和发展中国特色社会主义的客观要求和必然途径。

二、群众、阶级、政党、领袖

随着历史活动的深入，人民群众的组织方式和发挥作用的方式也会经历不同的变化。从总的趋势来看，人民群众要更好地发挥创造历史的作用，必须有效地组织起来；而要有效地组织起来，必须正确处理好群众、阶级、政党、领袖的关系。

---

① 《列宁选集》第 1 卷，人民出版社 2012 年版，第 153 页。

对于群众、阶级、政党、领袖之间的关系，列宁作过精辟的阐述："群众是划分为阶级的；……在通常情况下，在多数场合，至少在现代的文明国家内，阶级是由政党来领导的；政党通常是由最有威信、最有影响、最有经验、被选出担任最重要职务而称为领袖的人们所组成的比较稳定的集团来主持的。"[①]

首先，群众是划分为阶级的。在阶级社会里，群众不是一个绝对同一的整体，而是由不同的阶级构成的。一个阶级在群众中乃至在社会生活中的地位，主要取决于该阶级在生产关系体系中的地位。各个阶级由于其所处的经济地位不同，在社会历史发展中的作用也不相同。因此，对群众在社会历史发展中的作用，要进行具体的阶级分析，并通过这种阶级分析说明在群众中究竟哪个阶级是新的生产力和先进的生产关系的代表者，是革命和建设的领导阶级。否则，就会把人民群众创造历史的真实关系遮蔽，变为一个空洞的抽象。

其次，阶级通常是由政党领导的。一个阶级要作为整体来行动，积极参与社会活动，就必须形成自己的组织。组织依其成员构成和内部联系的紧密程度等，有多种形式。在近代社会，政党是阶级组织最严密、最高级的形式。作为阶级的政党，是由本阶级中最有觉悟、最积极的活动分子组成的，它有集中代表本阶级利益的政治纲领，并成为本阶级的实际组织者和领导者。阶级只有在自己的政党领导之下，才能形成统一的意志和行动，才能使活动更有成效。近代以来人民群众越来越积极的、有组织的历史活动，是与构成群众队伍的阶级的发展、阶级组织的发展，特别是政党的发展分不开的。中国革命的胜利，社会主义建设和改革事业的发展，就是中国共产党领导全国各族人民艰苦奋斗的结果。历史已经并将继续证明，没有中国共产党的领导就没有中华民族的伟大复兴。

最后，政党是由领袖来主持的。一个阶级的政党要领导本阶级进行有组织的活动，维护本阶级的利益，必须有自己的领袖。没有领袖的组织，群众和阶级的活动就会处于涣散、无序的状态，不可能取得预想的成果。领袖是一定社会阶级集团中最有威信、最有影响、最有经验、被选出担任最重要职务的领导者，是对社会发展有重大影响的人物。无产阶级领袖是在长期的群众斗争、群众实践中产生的，是无产阶级和人民群众利益的忠实代表，其历史作用和历史

[①] 《列宁选集》第4卷，人民出版社2012年版，第151页。

贡献是重大而深远的。在总结中国共产党的成功经验时，邓小平特别强调了领袖的核心作用，认为"任何一个领导集体都要有一个核心，没有核心的领导是靠不住的"①。

群众、阶级、政党、领袖的相互关系是四者之间依次递进和内在需要的关系。这一关系充分反映出人民群众在历史活动中越来越需要先进的阶级及其政党和领袖的领导，显示出群众、阶级对政党、领袖的客观要求。伴随历史的深入发展，这种关系不断得到强化。要使群众的历史活动能够顺利地开展下去，必须有政党和领袖的正确领导；政党、领袖则必须能够代表历史活动的方向并维护群众、阶级的利益。列宁指出，无产阶级政党要是"不学会把领袖和阶级、领袖和群众结成一个整体，结成一个不可分离的整体，它便不配拥有这种称号"②。在社会主义发展过程中，人民群众活动和运动的成败，实际上都与能否正确解决群众、阶级、政党、领袖的相互关系密切相关。对于政党、领袖来说，只有将这几方面的关系处理好，才能成功地领导人民群众进行历史创造，推动历史前进。

正确认识和评价无产阶级领袖的作用，对于正确解决领袖与人民群众的关系，顺利推进社会主义事业至关重要。无产阶级领袖的威信是在群众的长期实践活动中形成的。无产阶级和人民群众所取得的每一个伟大胜利，都是和无产阶级领袖的杰出贡献分不开的，他们必然会在群众中享有崇高的威望，受到群众的爱戴。群众对领袖的尊敬，"本质上是表现对于党的利益、阶级的利益、人民的利益的爱护"③。形成坚强有力的领袖，树立和维护领袖的核心地位，是中国共产党历史上十分宝贵的成功经验。否定一切权威，否认政党、领袖的重要作用，必然给群众的事业造成重大危害。对领袖的尊敬与盲目的个人崇拜不同。个人崇拜是过分地突出个人，夸大个人的作用，以致将个人完全神化。它颠倒了领袖与群众、领袖与政党、领袖与领导集体之间的正确关系，实质上是一种英雄史观。根据唯物史观，承认领袖的重要作用与反对个人崇拜是统一的。

三、群众观点与群众路线

中国共产党把人民群众创造历史的观点运用于具体工作中，形成了独具特

---

① 《邓小平文选》第 3 卷，人民出版社 1993 年版，第 310 页。
② 《列宁选集》第 4 卷，人民出版社 2012 年版，第 160 页。
③ 《邓小平文选》第 1 卷，人民出版社 1994 年版，第 235 页。

色的群众观点和群众路线。群众观点和群众路线是马克思主义中国化的重要成果，是对唯物史观的重要贡献。

群众观点是无产阶级政党的根本观点。共产党最基本的一条经验是一刻也不能脱离人民群众。群众观点的基本内容是：

第一，相信人民群众能够自己解放自己的观点。历史是人民群众自己创造的，人民群众是历史的主人。人民群众的解放不是任何政党和英雄、伟人的"恩赐"，而是人民群众自己的事业。人民群众决定历史的命运，同时也决定着自己的命运。党对于人民群众的领导作用，只在于给人民群众指出正确的发展方向，帮助人民群众自己行动起来，争取和创造自己的美好生活。因此，无产阶级政党必须相信人民群众的伟大创造力，紧紧依靠人民群众，尊重人民群众的首创精神，积极支持和正确引导群众的创造活动，反对任何形式的包办代替和强迫命令。

第二，全心全意为人民服务的观点。全心全意为人民服务，是无产阶级政党的宗旨。习近平指出："全心全意为人民服务是我们党的根本宗旨，千方百计为人民谋福利是我们党一切工作的出发点和落脚点。"① 除了无产阶级和广大人民群众的利益之外，无产阶级政党没有自己任何的私利。人民的利益高于一切。实现好、维护好、发展好最广大人民的根本利益，是共产党一切工作的出发点和落脚点。因此，必须尊重人民的主体地位，保障人民的各项权益，真正做到发展为了人民，发展依靠人民，发展成果由人民共享，努力促进人的全面发展。

第三，一切向人民群众负责的观点。全心全意为人民服务，在实际工作中就是要一切向人民群众负责。人民群众的利益就是无产阶级政党的利益，是否符合人民群众的利益是党的一切言行的基本准则。毛泽东指出："我们的责任，是向人民负责。每句话，每个行动，每项政策，都要适合人民的利益，如果有了错误，定要改正，这就叫向人民负责。"② 向人民负责与向党的领导机关负责是一致的。因为人民的利益也就是党的利益，向人民负责也就是向党负责。要做到向人民负责，就要敢于坚持真理，修正错误，就要转变作风，自觉把人民的利益放在首位。

①　习近平：《干在实处走在前列——推进浙江新发展的思考与实践》，中共中央党校出版社2016年版，第528页。
②　《毛泽东选集》第4卷，人民出版社1991年版，第1128页。

第四，一切向人民群众学习的观点。党的路线、方针、政策来自人民群众的实践。党的各种正确意见和主张，本质上都是群众经验的总结、群众智慧的结晶。个人的才能和力量总是有限的，人民群众是真正的英雄。要真正做到全心全意为人民服务，一切向人民群众负责，就必须虚心向人民群众学习，问计于民，甘当群众的学生。

把马克思主义的群众观点贯彻和运用到具体工作中去，就形成无产阶级政党的群众路线：一切为了群众，一切依靠群众，从群众中来，到群众中去。

一切为了群众，一切依靠群众，这是由无产阶级政党的性质决定的。无产阶级政党是人民群众利益的忠实代表，其宗旨就是为人民谋取最大利益，实现人的全面发展。为此，必须立党为公，执政为民；权为民所用，情为民所系，利为民所谋。要忠实地代表人民群众的利益，党的一切工作又必须紧紧依靠广大人民群众，依靠他们的智慧，依靠他们的力量，依靠他们的信任和支持。党的理论、路线、方针、政策以及全部工作，只有顺民意、谋民利、得民心，才能得到人民群众的支持和拥护，才能永远立于不败之地。

从群众中来，到群众中去，这是领导工作的基本方法。毛泽东指出："在我党的一切实际工作中，凡属正确的领导，必须是从群众中来，到群众中去。这就是说，将群众的意见（分散的无系统的意见）集中起来（经过研究，化为集中的系统的意见），又到群众中去作宣传解释，化为群众的意见，使群众坚持下去，见之于行动，并在群众行动中考验这些意见是否正确。然后再从群众中集中起来，再到群众中坚持下去。如此无限循环，一次比一次地更正确、更生动、更丰富。"① 群众的实践是最丰富最生动的实践，群众中蕴藏着巨大的智慧和力量。正确的领导方法，就是使群众的意见能够真正及时反映上来，化为领导的意见，又使领导的意见能够为群众所接受，在群众中坚持下去并接受群众的检验。只有经过这样"来"与"去"的循环往复，才能不断提高领导水平，增强领导的正确性。群众路线是党的根本工作路线，是党的生命线。坚持群众路线，是无产阶级政党区别于其他政党的显著标志。人民群众是我们党的立党之本、执政之基、力量之源，能否始终保持同人民群众的血肉联系，直接关系到党和国家的盛衰兴亡。

群众路线既体现了唯物史观的基本观点，又体现了马克思主义认识论的基

---

① 《毛泽东选集》第3卷，人民出版社1991年版，第899页。

本原则。"从群众中来，到群众中去"的过程，也就是认识从个别到一般，再从一般到个别的过程；就是认识来源于实践，又反过来指导实践的过程。

思考题：

1. 为什么说人民群众是历史的创造者？
2. 怎样理解历史活动中个体与群体的关系？
3. 如何正确认识政党、领袖在历史发展中的重要作用？
4. 试从唯物史观论述以人民为中心的发展观。

▶ 本章拓展资源

第十一章　文化在社会发展中的作用

文化是一个国家、一个民族的灵魂。文化的力量深深地熔铸在民族的生命力、创造力和凝聚力之中。在当代，文化越来越成为民族振兴和社会发展的重要源泉，越来越成为综合国力竞争的重要因素，丰富精神文化生活越来越成为人民群众的热切愿望。促进社会发展、实现中华民族伟大复兴，必须发展中国特色社会主义文化。

第一节　文化与社会意识

文化属于社会意识范畴，其内涵随着人类历史的演进而不断丰富。人类对文化的本质、结构及其历史演变的认识，经历着不断深化的过程。文化包含社会心理和社会意识形式两个层次。

一、文化的内涵与特征

从词源上看，西方语言中的"文化"一词起源于拉丁语的 cultura，意指对土地的耕耘、加工和改良。汉语中的"文"原指纹理，"化"指变易、生成。"文"与"化"并用是在战国末年："（刚柔交错，）天文也。文明以止，人文也。观乎天文，以察时变；观乎人文，以化成天下。"[①] 这里，"天文"是指天道自然规律，"人文"是指人与人之间的人伦关系。通过观察人文，以文教化，使天下人达到文明状态，这就是汉语中的"文化"一词的最初含义。可见，无论是在古代西方，还是在古代中国，"文化"一词都突出了"人为的"或"教化的"性质，都是指人所确立的不同于外部自然与生物本能的行为规范和价值体系。

一般说来，人们在两种意义上使用"文化"这一概念。

广义的文化是指人所创造的不同于自在自然和自身生物本能的东西，如生

---

① 《易·贲卦·传》。"刚柔交错"四字各本俱无，朱熹《周易本义》曰："先儒说天文上当有刚柔交错四字，理或然也"，据补。

产工具、社会制度、观念习俗等。文化即人化，它是相对"自然"而言的。马克思认为，在历史的早期阶段，人类主要使用"自然产生的生产工具"，人的生存主要依靠提供生活资料的自然资源；在历史的较高阶段，人类主要使用"由文明创造的生产工具"，人的生存主要依靠提供生产资料的自然资源。"在文化初期，第一类自然富源具有决定性的意义；在较高的发展阶段，第二类自然富源具有决定性的意义。"① 马克思在这里所说的文化，就是这一意义上的文化。

广义的文化包括物质文化、制度文化和精神文化三种基本形态。其中，物质文化涵盖了人类文化的所有物化形式，主要是指直接满足人的生存需要，维持个体生命再生产和社会再生产的那些文化产品，包括经过加工的自然物品以及加工这些产品的生产工具。制度文化是人类为了自身生存和社会发展的需要创制出来的有组织的规范体系，社会的各种制度以及人与人之间的各种关系准则等，都是制度文化的体现。精神文化是指个体、群体和社会所有精神活动及其成果的总称，是由符号系统所构成的观念形态。

狭义的文化主要指精神文化，其中既包括社会心理、风俗习惯等自发形态的文化，也包括科学、艺术、宗教、哲学等自觉形态的文化。这一意义上的文化是指与经济、政治相对应的文化，是毛泽东所说的以社会心理和意识形式为主要内容的"观念形态的文化"。

从总体上看，文化具有人为性、群体性、历史性三个基本特征。

首先，文化具有人为性。文化不是天然给定的，而是人类超越自在自然和生物本能而形成的人为的行为规范、价值体系、理论形式，等等。纯粹的自然运行只服从自然规律，而人的生存和发展不仅受自然规律的制约，而且要遵循人类所创造的行为规范和价值体系。

其次，文化具有群体性。文化所代表的是历史积淀下来的、被一定群体所共同认可和遵循的行为规范和价值体系，它对个体的存在具有先在的给定性和约束性。个人的偶尔的行为，或者只被某个人所运用而不为群体认可的行为方式构不成文化；个人如果明显背离生活于其中的文化，其生存和发展就将陷于困境。

最后，文化具有历史性。文化是历史的产物。文化的生成并不是一次性给

---

① 《马克思恩格斯文集》第 5 卷，人民出版社 2009 年版，第 586 页。

定的，相反，任何文化模式都存在着内在的超越性和进步的可能性。社会形态的变化和文化自身的内在矛盾推动着文化的自我更新，呈现出历史性。

从根本上说，文化是人类活动的产物。在文化发展过程中，物质文化、制度文化、精神文化都不是孤立进行的，而是相互影响、相互作用的，其中精神文化是整个文化体系的核心和灵魂，引领着文化的发展。因此，在文化问题上，重点是加强对精神文化的研究。我们在这里所讲的文化主要是指精神文化。

二、文化与社会心理

文化包括社会心理和社会意识形式两个层次。社会心理属于自发形态的文化，是指一定的民族、阶层中普遍流行，没有经过系统化、理论化的精神状态，通常表现为情感、情绪、愿望、性格，其中蕴含着普遍的社会动机、社会态度和价值取向。

社会心理是人们对涉及自身利益的重大问题的直接感受，带有明显的直接性。同时，社会心理又是人们在日常生活中对社会活动和社会制度的经验感受，具有明显的自发性。与个体心理不同，社会心理是在一定的民族和社会集团中具有普遍性的心理特征和性格结构，属于一定的民族和社会集团在历史演化中长期积淀的心理特征。

社会心理是社会结构中的一个特殊的层次。在社会结构中，社会心理是经济基础以及政治制度的直接反映，并由经济基础以及政治制度所决定，同时，它又构成了意识形态的心理基础。这就是说，经济基础与政治制度通过社会心理对意识形态起决定作用，意识形态又通过社会心理对政治制度与经济基础起反作用。

社会心理是人们在日常生活条件的直接影响下形成的非系统化的观念的总和，在形成和发展过程中又受到意识形态这种系统的观念的影响。要了解特定社会的思想体系，不仅要了解该社会的经济关系和政治关系，而且要了解该社会的社会心理。只有这样，才能了解社会存在是如何转化为社会意识的。普列汉诺夫指出："要了解某一国家的科学思想史或艺术史，只知道它的经济是不够的。必须知道如何从经济进而研究社会心理；对于社会心理若没有精细的研究与了解，思想体系的历史的唯物主义解释根本就不可能。"①

---

① 《普列汉诺夫哲学著作选集》第 2 卷，生活·读书·新知三联书店 1962 年版，第 272 页。

社会心理对于社会发展具有重要的影响。这种影响主要体现在作为实践主体的人民群众对社会活动、社会制度、社会变革的情绪、态度等。在社会发展中，一种积极进取、勇于创新的社会心理会成为一种巨大的推动力量，而一种消极颓废、不思进取的社会心理会成为一种严重的阻碍力量。在信息化和经济全球化时代，随着社会交往和大众传播技术的快速发展，社会心理成为越来越重要的文化力量。意识形态的建构、社会的制度安排，都要特别关注人民群众的心态、意愿和价值取向，并积极引导社会心理的变化，使之成为社会发展的积极推动力量。

三、文化与社会意识形态

社会意识形式作为自觉形态的文化，包括政治法律思想、道德、艺术、宗教、哲学以及科学。其中，政治法律思想、道德、艺术、宗教、哲学属于意识形态。

"意识形态"一词是法国哲学家德·特拉西在19世纪初首先使用的，其意是揭示人们的偏见和倾向根源的"关于观念的科学"。之后，意识形态这一概念在多种含义上被使用。马克思主义把意识形态作为与经济形态、政治形态相对应的范畴，指反映经济形态和政治形态，以及一定阶级或社会集团利益和要求的思想体系。政治法律思想、道德、艺术、宗教、哲学所反映的内容与经济形态、政治形态以及一定阶级或社会集团的利益要求和价值取向密切相关，因而属于意识形态。社会科学反映社会关系，重在揭示社会运动规律，因而大部分学科具有意识形态属性。自然科学只是从自然界本身揭示自然界运动变化的规律，并不反映社会关系，不具有阶级性，因而不属于意识形态。

政治法律思想是对社会的管理和控制机制进行理论概括的意识形态。其中，政治思想是人们关于社会政治制度、国家政治权力、社会集团利益等问题的观点和理论的总和；法律思想是关于法的关系、法律规范和法治思想的观点和理论的总和。政治法律思想是经济关系的集中体现，它一方面对于人们的社会生活具有强制性的规范作用，另一方面对道德、艺术、宗教、哲学等其他社会意识形式具有很大的影响力。

道德是通过行为规范和伦理教化来调整个人之间、个人与社会之间关系的意识形态，是以善恶评价的方式调整人与人、个人与社会之间相互关系的准则、标准和规范的总和。道德规范的调控作用几乎体现于人们的所有活动领域，既体现在日常生活中，也体现在有组织的社会活动中。

艺术是用形象表达人们对社会生活的理解，表达人生的情感体验和价值追求的意识形态，包含戏剧、绘画、雕塑、音乐、舞蹈、电影等，其特点就在于具体的形象性。在现代社会，随着广播、电影、电视、报纸、杂志、广告、互联网等大众传播媒介的日益发达，丰富多彩的艺术作品纷纷闯入人们的日常生活世界，成为人们情感世界和闲暇时间满足精神需求不可或缺的要素。

宗教是一种信仰和崇拜超自然、超社会的神秘力量或境界的意识形态。宗教有专门的设施、系统的组织、专职的神职人员和宗教教义，通过祈祷、诵经、斋戒等宗教仪式来组织信徒的信仰活动和生活。"一切宗教都不过是支配着人们日常生活的外部力量在人们头脑中的幻想的反映，在这种反映中，人间的力量采取了超人间的力量的形式。"① 马克思主义坚持无神论，反对有神论，积极引导宗教与社会主义社会相适应。

哲学是对人与世界关系进行总体性把握，主要关注人与自然、人与社会、人与自身的最一般关系，是以最抽象、最普遍的形式出现的意识形态。哲学的形式是抽象的，但哲学的问题却是现实的。哲学以抽象的概念反映人的现实的活动，表现出一定的社会关系，体现着一定的阶级或社会集团的利益、愿望和要求。

各种意识形态都是对经济基础、社会生活的反映，但它们反映的形式不同，同经济基础的密切程度不同，对社会生活的作用也不同。各种意识形态在内容上相互补充、相互渗透，在形式上相互交叉、相互作用，在发展过程中相互影响、相互制约，构成了观念形态文化的整体，形成了强大的精神力量，从而支配人们的行动。毛泽东指出："一定的文化（当作观念形态的文化）是一定社会的政治和经济的反映，又给予伟大影响和作用于一定社会的政治和经济。"②

意识形态决定文化前进方向和发展道路，对一个政党、一个国家、一个民族的生存和发展至关重要。因此，必须牢牢掌握意识形态工作领导权。在当代中国，就是要巩固和发展社会主义意识形态，不断增强意识形态领域主导权和话语权，把全体人民的理想信念、价值理念统一起来，进而紧密团结在一起，

---

① 《马克思恩格斯文集》第 9 卷，人民出版社 2009 年版，第 333 页。
② 《毛泽东选集》第 2 卷，人民出版社 1991 年版，第 663—664 页。

为实现中华民族伟大复兴提供坚强思想保证和强大精神力量。

第二节 文化的社会功能

文化作为社会生活的一个重要组成部分，既是对社会经济、政治生活的反映，又对全部社会生活有着巨大的影响。随着科学技术的快速发展和人类文明水平的不断提高，文化在社会生活中的作用日益突出。正确把握文化的发展方向，充分发挥文化的积极作用，对于引领社会发展至关重要。

一、文化与文明

任何民族、国家都有自己的文化。文化就其性质来说，有先进和落后之分。先进文化就是反映先进生产力发展要求的、符合广大人民群众根本利益的、体现社会进步方向的文化。判断文化先进性的标准，就是看这种文化是否有利于生产力的解放和发展，是否有利于社会的进步，是否有利于人的全面发展。凡是适应并促进生产力发展、推动社会进步、有利于人的全面发展的文化，就是先进文化；反之，阻碍生产力发展、社会进步和人的自由全面发展的文化，则是落后的甚至是腐朽的文化。人类社会和人们的文化需求是不断发展的，文化的先进性也是在不断提高的。先进文化是一个历史的范畴。

先进文化主要有这样一些基本特征：一是具有科学性。文化所包含的理论与知识只有反映事物发展的客观规律，才具有先进性。科学的理论、知识植根于社会实践，揭示了自然界和人类社会的发展规律，因而为人们认识和发展真理开辟了道路，为人们正确认识世界和改造世界提供了科学的工具。二是具有时代性。先进文化必然是能够反映时代脉搏、体现时代精神、引领时代发展的文化，是能够推动社会发展的文化。突出文化的时代性，是以承认人类历史与文化的发展原则和进步原则为前提的，而发展和进步就是在一个时代向下一个时代的演进中展示出来的。背离时代要求的文化不可能是先进文化。三是具有创新性。文化在其发展中，具有超越现实的局限性，创造出新思想、新观念的特性和能力。文化在反映社会生活的同时，又创造出在现实中还未存在或还未如此存在的事物的观念形态，这是文化在内容上的创新；伴随文化在内容上的创新，又产生出新的文化表现方式，这是文化在形式上的创新。通过这样的创新，文化被赋予新的生机与活力，从而真正体现出先进性。

坚持先进文化，就必然要求抵制落后、腐朽的文化。任何一个民族的文化，都是受特定经济关系尤其是利益关系制约的，在阶级社会中是受阶级关系制约的。这样，就必然会形成代表不同阶级、不同利益的文化，由此产生先进文化与落后、腐朽的文化。而且，任何一个民族的文化，都是由多种成分构成的，其中既有反映现存社会经济生活、政治生活的文化，又有以前社会遗留下来的文化，还有从外部传输进来的文化。在一个社会的文化中，总会有一些落后的甚至是腐朽的文化，如极端个人主义、拜金主义、享乐主义以及崇洋媚外、封建迷信、游戏人生等思潮和现象的出现。因此，自觉坚持先进文化，坚决抵制落后、腐朽的文化，这是社会进步的内在要求。

文化与文明既密切相关又相互区别。首先，文明与文化是密切相关的。任何文明总是蕴含在一定的文化之中，并体现了一定的文化观念和文化精神；任何文化的发展也总是表现了一定的文明程度，并依文明程度的高低显示出文化发展水平的不同。其次，文化与文明又存在着区别。文化是人类创造成果的总和，其中既包括积极的成果也包括消极的成果，而文明则是指文化的进步方面，特指人类文化活动的积极成果。文明发展的程度，既反映了文化发展的水平，也体现了一个民族、国家、社会发展的水平，文明是社会进步程度的标志。文明具有多样性。不同的历史和国情，不同的民族和习俗，孕育了不同的文明。每一种文明都是在特定的自然环境、历史背景、民族传统中生长起来的，体现着独特的生产生活方式，代表着一方文化的沃土和绿洲，都是人类文明的重要组成部分。文明是多彩的，人类文明因多样才有交流互鉴的价值；文明是平等的，人类文明因平等才有交流互鉴的前提；文明是包容的，人类文明因包容才有交流互鉴的动力。不同文明只有交流互鉴、取长补短，才能推动人类社会和人类文明进步。因此，"要尊重世界文明多样性，以文明交流超越文明隔阂、文明互鉴超越文明冲突、文明共存超越文明优越"[①]。

推进先进文化的发展，旨在提高文明的水平。由于文明主要是通过人与社会得以具体体现的，因而文明集中体现为人的文明与社会文明。就人来说，发展先进文化，就是要通过文化的教育和熏陶提升人作为历史主体的价值，提高

---

① 习近平：《决胜全面建成小康社会　夺取新时代中国特色社会主义伟大胜利——在中国共产党第十九次全国代表大会上的报告》，人民出版社 2017 年版，第 59 页。

人的素质，塑造人的自由个性，促进人的全面发展，使人变得越来越文明。就社会来说，发展先进文化，就是要通过先进思想观念、价值导向的影响和引导，使社会的制度安排更为合理，社会关系更为和谐，社会风气更为净化，社会公德更为高尚，一句话，使社会发展得越来越文明。

二、文化与人的塑造

文化对于人的塑造具有重要作用。以"文"化人，以"文"育人，是文化的基本功能。在现实生活中，文化与人是相互创造、相互促进的。一方面，文化作为一定社会的共同财富，是由社会成员创造的。另一方面，社会成员在实践活动中，通过掌握作为共同财富的文化，又会形成具有个性的"自我"。社会文化转化为个人生活的内在要素，意味着个体局限性的克服，意味着"新人"的塑造。

文化对人的塑造主要是通过对人的教化而实现的。文化通过广泛的传播和社会认可，形成一种社会文化环境。每个人一出生就无可选择地生活于一个特定的社会文化环境之中，并受到其重要影响。人的社会化过程，就是接受文化的培育和熏陶的过程。一个人即使没有受过正规的学校教育，从小到大的耳濡目染，也会使他为这种文化所同化。"橘生淮南则为橘，生于淮北则为枳，叶徒相似，其实味不同。所以然者何？水土异也。"① 实际上蕴含的就是这个道理。人与人之间的差异，在很大程度上取决于他所处的文化环境的不同。

文化对人的教化作用主要是通过如下方式得以具体实现的：

第一，对人的行为的规范。每一种文化都提供特定时代公认的、带有约束性的、起普遍制约作用的个体行为规范体系。每个社会都会通过家庭启蒙、学校教育、社会示范、榜样引导、公众舆论等文化手段，将系统的行为规范体系加之于个人，实现文化的规范和约束作用。同样，每个人只有适应和习得这种行为规范体系的基本要求，才可能成功地生存和发展。文化作为行为规范体系在不同的历史条件下发挥作用的方式是不同的。一般说来，在传统社会，人们的行为更多地受自发的文化规范的支配，例如风俗习惯、传统礼仪、家规家法、乡规民约等，构成了行为规范体系的主体；在现代社会，人们的行为越来越多地受理性知识、价值准则、法律契约等自觉的文化形式和文化精神的影响

---

① 《晏子春秋·内篇杂下》。

和制约。

第二，对人的活动的调控。文化可以确定人的活动的目的和方式，对活动作出可行性分析；可以对人的活动加以必要的、适时的调节，部分调整乃至完全停止不适当或不可行的计划，或全力以赴完成预定的计划；可以在实践的基础上超越现实，创造出新的思想观念，指导人的活动，并通过人的活动创造出新的事物。科学文化还是人们摆脱愚昧、破除迷信的有力工具，通过掌握现代科学知识、方法，抛弃一切陈腐观念，按照客观规律办事，致力于科学发展。

第三，对人的能力的培养。文化包含着不断积累并不断更新的经验知识和理论知识体系，通过教育启蒙和知识传递，为人们认识和处理人与自然、人与社会的关系提供可资借鉴的思想资源，有助于提高人的认识水平和实践水平。不断更新的科学知识、富有创造性的理念、日益丰富的科学方法的普及和运用，使人的认识视野、活动方式大为扩展和改观；各种科学知识通过教育内化为人的知识储备和内在素质，促进思维方式和行为方式的变革，全面提升人的认识能力和实践能力。

第四，对人的境界的提升。人不仅是自然存在物，而且是文化存在物。文化的作用就在于通过思想观念和思维方式的引导，提高人们的道德情操、审美水平和认识水平，提升人们的精神境界。文化作为价值体系和行为规范体系，提供给人们关于是与非、善与恶、美与丑、真与假、好与坏等判断标准，通过社会教育内化为人们的正义感、审美感、羞耻感、是非感、责任感，从而形成人们的人格素质。特别是文化中所包含的人文精神，对于提升人的精神境界有着更为重要的作用，它深刻地影响着人们的心灵和精神追求。精神境界的高低很大程度上取决于人文修养的多少。在市场经济条件下，加强人文教育，对于克服片面的功利主义，提升人的精神境界，有着非常重要的意义。

文化塑造人，同时新人的塑造和形成又会推动文化的发展。在这种互动过程中，人和文化都得到了相应的发展。

三、文化与社会发展

人类发展史也是一部文化发展史。人类社会历史的发展不同于自然界的演化，它是人的实践活动的结果。实践创造了社会历史，同时创造了人类文化，这是一个内在统一的过程。

文化从根本上说源于社会生活，但它一经形成，便会对社会生活以至整个社会发展产生重大影响。恩格斯指出："政治、法、哲学、宗教、文学、艺术等等的发展是以经济发展为基础的。但是，它们又都互相作用并对经济基础发生作用。"[①] 这种影响和作用在其性质上，表现为促进或阻碍社会的发展；在其程度上，表现为加快或延缓社会的发展。在同样的经济、政治条件下，坚持什么样的文化，对于社会发展至关重要。

文化对于社会发展的推动作用主要表现在以下几个方面：

第一，为社会发展提供思想保证。作为经济、政治的反映，文化必然具有维护或批判现实社会的功能，维护同自身性质相同的东西，批判同自身性质相反的东西。正是通过这样的维护和批判，文化为社会发展提供了有力的思想保证。先进的思想理论能够指导人们自觉建构起适应生产力发展要求的社会制度和体制，妥善地协调和处理各种经济关系、政治关系以及其他社会关系，从而促进生产力发展和社会发展。

第二，为社会发展提供精神动力。每一种文化都有其独特的文化精神和价值观念，这种文化精神和价值观念不仅营造了一定的社会文化氛围，而且直接决定着生活于其中的人们的心理特征、精神面貌和行为取向。文化中所培育起来的人格意识、民族情怀、价值取向、理想信念等，常常会汇聚为社会发展的精神力量。特别是文化中的核心价值观，对社会发展的影响尤为重大。作为一种精神动力，文化主要是通过其激励功能实现的。在顺境、正常的情况下，文化能够激发人们的自尊心和自豪感，鼓舞人们的斗志，增强人们的信心和力量；在逆境、非常的状态下，文化能够唤起人们的忧患意识，促使人们自强不息、变革图强。

第三，为社会发展提供智力支持。社会发展的状况很大程度上依赖于文化发展的状况，尤其是社会生产力的发展直接取决于文化中的科学技术水平。先进生产力的发展就是通过科学技术创新而实现的。科学技术的创新意味着生产工具的改进和新生产工具的发明创造；科学技术的创新与普及可以转化为劳动者的生产经验和劳动技能，提高劳动者的素质；科学技术的创新还可以扩大劳动对象的范围、改进生产管理方法、提高劳动生产率。生产力就是随着科学技术的不断进步而发展起来的。文化的智力支持功能不仅表现在对生产力的推动上，而且体现在文化作为社会内在的经济理念、政治理念、思想观念等，形成

---

① 《马克思恩格斯文集》第 10 卷，人民出版社 2009 年版，第 668 页。

社会发展的内在驱动力和创新的机制。如在实际生活中，经济运行和政治发展所要解决的问题并不仅仅是具体的经济、政治问题，还有深层次的文化机制问题。

第四，为社会发展提供凝聚力量。社会力量的凝聚有赖于民族认同，而民族认同主要来自文化认同。一个民族的文化体现了该民族在价值观念、信仰追求、思维方式、心理习惯等方面的共性，因而能在本民族内产生强烈的共鸣。它可以凝聚广大民众的共同利益和理想追求，表达和反映民众的公共意志，从而形成较强的感召力和向心力。正是通过这样的力量，可以将整个社会的民众凝聚、动员起来，自觉维护民族利益，积极推动民族振兴。随着现代社会各种利益、组织等的日益分化，特别是随着全球化的深入发展，文化认同的问题越来越突出，因而加强文化认同成为推动社会健康发展非常重要的一环。

文化为社会发展所提供的思想保证、精神动力、智力支持和凝聚力量，综合和融汇在一起，便形成一个国家的软实力。文化软实力是相对于经济、技术、国防等硬实力而言的。它是综合国力的重要组成部分和显著标志，代表着一个国家的发展水平，对社会发展有重要影响。提升文化软实力，是增强综合国力、实现民族振兴的必然要求。

随着经济全球化的深入发展和科学技术的快速变化，文化在社会生活中的地位和作用越来越重要。文化与经济、政治相互交融的程度不断加深，与科学技术的结合更加紧密，经济的文化含量日益提高，文化的经济功能越来越强，文化已成为国家核心竞争力的重要因素。谁占据了文化发展的制高点，谁就能在激烈的国际竞争中赢得主动。为此，必须适应时代和实践新的变化与要求，坚持社会主义先进文化前进方向，弘扬中华优秀传统文化，加强文化创新，推动社会主义文化大发展大繁荣，建设文化强国。

第三节　文化的发展与创新

每一种文化都有自己的特色，各具特色的民族文化构成了丰富多彩的世界文明体系。发挥文化在社会发展中的作用，重要的是在积极吸收世界先进文化的条件下，繁荣和发展民族文化。实现中华民族伟大复兴，必须坚持和发展中国特色社会主义文化。

一、文化的民族性与世界性

在世界文明体系中，每一种文化都具有鲜明的民族性。文化都是特定民族根据自己的需要在特定的自然环境中和社会历史条件下形成的。不同的环境、条件，造就了不同民族文化各自独有的风格、特征。恩格斯指出："每一时代的社会经济结构形成现实基础，每一个历史时期的由法的设施和政治设施以及宗教的、哲学的和其他的观念形式所构成的全部上层建筑，归根到底都应由这个基础来说明。"① 而且，每种文化总是通过不同的民族语言、习惯、情感等表现的，"语言本身是一定共同体的产物，同样从另一方面说，语言本身就是这个共同体的存在，而且是它的不言而喻的存在"②。掌握了一种语言，就意味着取得了"进入"一种民族文化的通行证。像中华文化、印度文化、希腊文化、俄罗斯文化等民族文化就是在各自特定的环境、条件下发展起来的并有着各自不同的民族风格、特征、语言等，具有鲜明的民族性。

文化既具有民族性，又具有世界性，是个性与共性的统一。不同的民族文化尽管千差万别，但总是包含着某些关于人类生存和发展的共同认识、理解以及精神追求，因而具有共通性。不论哪个民族的文化，作为人所特有的把握世界的方式，都要遵循同样的规律，因而具有普遍性。这些共通性和普遍性就体现了文化的共性，即文化的世界性。文化的世界性主要根源于社会实践的普遍性品格。人类社会实践中所包含的矛盾及其解决方式往往具有普遍性，这就使得不同民族可以相互交流、相互理解。文化的共通性和普遍性就是在解决实践中这些共同的矛盾的活动中形成和发展起来的。伴随人类实践活动范围的扩大，特别是交往的发展，文化的普遍性会不断增强。在交往普遍发展的条件下，"过去那种地方的和民族的自给自足和闭关自守状态，被各民族的各方面的互相往来和各方面的互相依赖所代替了。物质的生产是如此，精神的生产也是如此。各民族的精神产品成了公共的财产。民族的片面性和局限性日益成为不可能，于是由许多种民族的和地方的文学形成了一种世界的文学"③。世界性的普遍交往不仅使各民族的文明成果迅速广为流传，而且经过交流、传播，获得世界性的意义。

文化的民族性和世界性是相辅相成、内在统一的。一方面，文化的世界性

① 《马克思恩格斯文集》第 9 卷，人民出版社 2009 年版，第 387 页。
② 《马克思恩格斯文集》第 8 卷，人民出版社 2009 年版，第 140 页。
③ 《马克思恩格斯文集》第 2 卷，人民出版社 2009 年版，第 35 页。

存在于文化的民族性之中。失去了文化的民族个性，文化共性也就失去了存在的基础。不存在独立于各种民族文化之外的世界文化。另一方面，文化的民族性包含着文化的世界性。不同民族文化在展示自己个性的同时，都以某种方式体现出世界性的蕴涵，完全不包含、不体现人类文化共性的民族文化是不可能长久存在下去的。文化的民族性与世界性相互依存、相互影响，共同推动文化发展与进步。

正确把握文化民族性与世界性的辩证关系，对于推进文化的健康发展具有重要意义。既然文化的世界性存在于民族性之中，那么，文化的发展必须是多样化的发展，不能以一种模式取代各种文化的丰富个性。在文化领域，没有了差异，没有了竞争，也就没有了生机活力，自然也就没有了整个人类的文化进步。随着经济全球化的发展，特别是数字化、网络化以及各种大众传播媒介的快速发展，各民族间的文化交流越来越频繁，文化的世界性越来越增强。然而，文化世界性的增强，并不排斥文化的多样性，二者是并行不悖的。每一种民族文化都是世界文化的一个有机组成部分，在世界文化体系中扮演着特殊的角色，发挥着独特的功能。各种民族文化都是平等的，各民族都有权保持和发展自己的文化特性。如同自然界需要多种多样的生物物种才能保持生态平衡一样，世界文化的正常发展也有赖于多样性文化的存在及其相互影响。文明因交流而多彩，文明因互鉴而丰富。强调文化的民族性并不是要排斥文化的世界性。由于文化的民族性包含并体现着文化的世界性，那么，民族文化要发展，就必须参与世界文化的交流与合作。只有在与世界各种文化的积极交流和对话中，才能不断提高自己的文化竞争力，才能真正保持住民族文化的自主性和先进性。因此，在民族文化发展问题上，一方面要反对无视文化民族性的历史虚无主义和妄图以某种文化一统天下的文化霸权主义，另一方面又要反对拒斥文化世界性的狭隘民族主义。

二、文化的传承与创新

文化要引领社会发展，需要文化自身的不断发展与创新。社会历史就是在文化的传承与创新中不断向前推进的。

文化传承是指文化的世代延续与传递现象。任何一种文化要保持连续和发展，必然依靠文化传承。文化传承通过文化特有的社会遗传方式构成了人类历史演进的内在机制。文化的传承形成了历史的连续性，使人类的文明成果得以世代相传，形成不同于自然过程的人类历史进程。文化创新是指文化在传承过程中，突破原有文化的局限，赋予新的内容与形式，即通过新的创造为文化增添新的成分。历史就是在各个世代文化的依次更替中形成的，并通过文化传承与创新得以维系的。

文化传承的方式是多种多样的，基本的方式有两种：一是自发的文化传承。那些与人们日常生活密切相关的风俗、习惯、传统、规范、礼仪等的传承通常采取自发的、经验模仿的、潜移默化的方式进行。特别是在传统社会，人对特定文化的习得，往往是通过家庭和共同体的自发的文化教化而完成的。二是自觉的文化继承。一般说来，科学、艺术、哲学等知识形式和文化精神，往往需要采取自觉的、理性的方式才能得以传承。特别是在现代社会，学校的教育已经成为文化学习和文化教化的主渠道，科学知识、思想观念、文化价值、道德规范、人生态度、世界观等要通过学校的教育、社会的文化建设和个体的自觉学习，才能作为人的重要生存方式得以传承。

文化创新是多方面的，主要表现为科学的突破和理论的创新。科学的本质在于发现，在于对原有的认识和知识结构的改变和完善。科学的每一次重大突破，都不仅通过技术转化为现实的生产力，而且深刻地改变人类的知识结构，提升人类的认识能力，更新人类的价值观念。理论创新是对关系到人类生存和发展重大问题的认识突破和观念超越，包括对原有理论认识的修正和完善，对新问题的科学理解等。理论创新往往是实践创新的先导，从世界观、价值观等层面上发挥文化的指导功能，对社会实践以及人们的思维方式、价值观念、行为取向有着重大的影响。

文化传承和文化创新不是彼此分离的两种进程，而是文化发展过程中有机统一的两个方面。一方面，文化的传承和创新相互包含、相互交织。任何文化传承都不会是对原有文化的简单延续和重复，而必然包含对原有文化的某种更新。同样，任何文化创新都不会是对原有文化的全盘否定，而必定是在原有文化基础上的某种突破。另一方面，文化的传承和创新相辅相成、互为条件。文化传承为文化创新奠定了基础，文化创新为文化传承注入了新的动力，二者相互促进，共同发展。文化就是在传承与创新的相互作用中向前发展的。

在文化发展过程中，文化创新尤为重要。文化发展无疑以文化传承为前提，但文化传承决不是把过去的东西原封不动地拿来用于现在，而是需要经过提炼改造。马克思主义主张对文化遗产采取批判继承的态度，取其精华，去其糟粕，推陈出新。事实上，一种文化要想生存下来并持久地延续下去，就必须不断地自我更新，以适应现实的需要。

三、弘扬和培育民族精神

任何一种民族文化，都蕴含特有的民族精神。民族文化对社会发展的作用，突出地体现为民族精神对社会发展的影响。要使民族文化更好地引领社会发展，关键是弘扬和培育民族精神。

民族精神是一个民族在共同生活和共同的社会实践基础上形成和发展起来的，为民族大多数成员所认同和接受的思想品格、价值取向、理想信念、道德规范，是一个民族的心理特征、思维方式和思想情感的集中反映。民族精神深深植根于一个民族的文化传统之中，由文化传统积淀孕育而成。民族文化是民族精神的基础和依托，民族精神是民族文化的核心和灵魂。

民族精神对民族的历史发展有着重大而深远的影响。首先，它是民族生存的支柱。民族精神以其特有的文化价值观念塑造了本民族的人格意识、价值取向和理想信念，并由此形成了全民族的自尊心、自信心和自豪感，成为鼓舞民族奋进的巨大精神力量。民族精神是一个民族赖以生存和发展的精神支撑。其次，它是民族团结的纽带。民族精神作为一种民族文化的核心理念和价值追求，能够激发社会成员强烈的民族归属感和文化认同感，增强全民族的凝聚力和向心力。对于一个民族和一个国家来说，这种精神就是民族之魂、国家之魂。再次，它是民族发展的动力。民族精神能够把一个民族潜在的和现实的各种能力充分地调动起来和释放出来，能够把所有社会成员的意志和力量统一起来，引导民众齐心协力为实现民族振兴的目标而奋斗，这就是民族发展的强大推动力。尤其在民族危亡的关键时刻，这种力量的作用更为明显。一个民族如果没有振奋的精神和高尚的品格，就不可能自立于世界民族之林。

中华文明是世界文明中始终没有中断的文明。5000 多年连绵不断、博大精深的中华文明，积淀着中华民族最深沉的精神追求，包含着中华民族最根本的精神基因，是中华民族生生不息、发展壮大的丰厚滋养。中华文明顽强的生命力就来源于特有的中华民族精神。"中华文化是中华民族生生不息、团结奋进的不竭动力。"① 中华民族精神是以爱国主义为核心的团结统一、爱好和平、勤劳勇敢、自强不息的精神。它既包括传统精神，又包括时代精神，是一种生生不息的民族精神。推进中国社会发展，必须弘扬中华优秀文化，建设中华民族共有的精神家园。

弘扬和培育民族精神，首先要继承和发扬民族优秀文化传统。文化传统是一个民族的血脉，它凝聚着这个民族文化的精华，积淀着这个民族最深层的精神追求和行为准则。弘扬和培育中华民族精神，应当对中华优秀文化传统进行认真挖掘和深入阐发，并结合新的实践不断加以发扬光大。其次要积极吸收借鉴世界优秀文明成果。弘扬民族精神，应在与外来文化的交流中兼纳百家之精华，融合各种文化之所长，促进本民族文化更加丰富和完善。建立具有民族性与开放性兼备的文化机制，吸纳百家优长，是建设中华民族精神家园的必然途径；积极推动中华优秀文化走向世界，是弘扬和培育中华民族精神的必然要求。再次要面向时代，推进文化创新。民族精神必须体现时代精神。时代精神是反映世界历史潮流和人类历史发展方向的进步观念，是时代脉搏的精神状态。民族精神只有与时代精神相结合，在原有基础上不断拓展其时代内涵，开辟出新的生长点，才能为自身注入新的活力。

四、发展中国特色社会主义文化

文化兴国运兴，文化强民族强。一个国家、民族要屹立于世界民族之林，离不开文化的积极引领；一个国家、民族要实现振兴强盛，需要以文化的繁荣发展为支撑。中国特色社会主义文化，源自中华民族 5000 多年文明历史所孕育的中华优秀传统文化，熔铸于党领导人民在革命、建设、改革中创造的革命文化和社会主义先进文化，植根于中国特色社会主义伟大实践。发展中国特色社会主义文化，就是要弘扬中华优秀传统文化，继承革命文化，发展社会主义先进文化，不忘本来，吸收外来，面向未来，更好构筑中国精神、中国价值、中国力量，为人民提供精神指引。发展中国特色社会主义文化，必须坚持正确发展方向，从各方面加强文化建设。

---

① 胡锦涛：《高举中国特色社会主义伟大旗帜 为夺取全面建设小康社会新胜利而奋斗——在中国共产党第十七次全国代表大会上的报告》，人民出版社 2007 年版，第 35 页。

坚持以马克思主义为指导。旗帜决定方向。马克思主义作为揭示人类社会发展规律的科学理论，为中华文化注入了先进的思想内涵，是指引文化建设正确方向的根本指针。在新的历史条件下，只有坚持以马克思主义为指导，用发展着的马克思主义引领文化建设，才能在纷繁复杂的社会意识和文化生态中，辨析主流和支流、区分先进与落后、划清积极与消极，有效引领各种社会思潮、抵御腐朽文化影响，保证文化健康发展。坚持以马克思主义为指导，不是抽象的而是具体的，应当将马克思主义立场、观点、方法用于文化建设的具体实践中，用于文化建设的全过程。

坚守中华文化立场。不重视马克思主义的指导作用，就不知道当代中国文化向何处去；不理解中华文化，就不知道当代中国文化由何处来。中华文化是中华民族的"根"，丢掉了这个"根"，就割断了中华民族的精神命脉。中华优秀传统文化博大精深、源远流长，这是我们坚定文化自信的深厚基础。发展中国特色社会主义文化，要始终坚守中华文化立场，维护中华文化基本元素，加强对优秀传统文化思想价值的挖掘和阐发，使优秀传统文化成为建设中华民族共有精神家园的重要支撑，成为新时代鼓舞人民奋发进取的精神力量。在对待中华文化问题上，要反对文化复古主义，反对文化虚无主义。

立足中国特色社会主义实践。中国特色社会主义道路，既是一条经济快速发展、社会充满生机活力的道路，也是一条不断孕育、发展新的思想文化的道路。在其发展进程中，中国特色社会主义实践的每一次大的突破，经历的每一次大的考验，取得的每一个重大成果，都孕育着新的思想、新的理念、新的意识。正是中国特色社会主义的伟大实践，为文化建设提供了重要资源和宝贵财富，同时为文化的繁荣发展提供了有力保障。发展中国特色社会主义文化，必须准确把握我国经济社会发展的新要求，准确把握人民群众对文化生活的新期待，坚持为人民服务，为社会主义服务，坚持百花齐放、百家争鸣。在实践创造中进行文化创造，在历史进步中实现文化进步。

坚持创造性转化、创新性发展。创新、创造是文化的生命所在，是文化的本质特征。任何一个国家和民族文化的发展，都离不开继承传统和借鉴外来，离不开创造性转化和创新性发展。创造性转化，就是要对那些至今仍有借鉴价值的内涵和陈旧的表现形式加以改造，赋予其新的时代内涵和现代表达形式，激活其生命力；创新性发展，就是要按照时代的新进步、新进展，对中华优秀传统文化的内涵加以补充、拓展、完善，增强其影响力和感召力，让中华文化充分展现出独特魅力和时代价值。

思考题：

1. 怎样理解文化及其社会功能？

2. 试述文化的民族性与世界性、文化的传承与创新的辩证关系。

3. 如何推进社会主义先进文化建设？

▶ 本章拓展资源

第十二章 认识活动及其规律

人类历史是认识世界和改造世界的历史。如何认识世界获得真理以指导实践，是哲学认识论的基本内容。马克思主义认识论是能动的反映论，它以科学的实践观为基础，揭示了认识的本质和认识的运动过程及其规律。学习马克思主义认识论，最重要的是"要学习掌握认识和实践辩证关系的原理，坚持实践第一的观点，不断推进实践基础上的理论创新"①。

第一节　认识的基础与本质

认识活动是主体在观念上能动地把握客体的活动。马克思主义哲学诞生以前，关于认识的基础和本质，主要有两种不同的哲学理论，一种是旧唯物主义的直观反映论，一种是唯心主义的抽象能动论，二者的共同之处是离开人的实践活动去解释人的认识活动。在批判旧哲学的过程中，马克思主义哲学以科学的实践观回答了认识的基础和本质问题。

一、实践是认识的基础

实践是认识的基础。这主要表现在：实践是认识的来源、动力和目的，是检验认识的真理性的标准。

首先，实践是认识的来源。认识发生的前提，即认识主体和认识客体及其相互作用都是在实践活动中形成的。从种系发生的角度看，劳动创造了人和人类社会，正是在生产劳动实践的基础上，认识的主体和客体得以分化，形成了专属于人的高级反映形式即人的意识活动。从个体发生的角度看，是人的社会活动方式不断重复形成了认识能力。同认识主体一样，认识客体也是在实践活动中构成的。在认识的主客体关系中，客体是相对主体而言的，只有成为主体活动对象的事物才是客体。这表明，作为认识关系的主体和客体都是以实践为

---

① 习近平：《在第十八届中央政治局第 20 次集体学习时的讲话》，《人民日报》2015 年 1 月 25 日。

基础形成的。离开人的实践活动，就没有现实的主体、客体及其关系，也就没有现实的认识活动。

实践是认识的来源，不仅指发生学意义上的认识来源，更主要是指认识的内容是在实践活动的基础上产生和发展的。人是在实践中通过视、听、嗅、触等感官活动接触事物的现象，并透过现象发现本质、透过个别把握一般、透过偶然掌握必然，达到对事物的规律性的认识。人的感性直观只能反映事物的外部联系即现象，只有以实践的方式变革事物，使事物暴露其内部联系即本质和规律，才能达到对事物的普遍性、必然性和规律性的认识，并以这种认识指导人的实践活动。事物的本质和规律是通过人的思维活动把握的，而"人的思维的最本质的和最切近的基础，正是人所引起的自然界的变化，而不仅仅是自然界本身；人在怎样的程度上学会改变自然界，人的智力就在怎样的程度上发展起来"①。毛泽东指出，无论什么人要认识什么事物，除了同那个事物接触，即生活实践于那个事物的环境中，是没有法子解决的。马克思主义认识论肯定实践是认识的来源，并不排斥接受间接知识的必要性。认识来源于实践是就人类认识总体而言的。对于每一个具体的认识主体，其绝大部分知识来自间接经验，任何人都不必要也不可能事事直接经验。但是，在你为间接经验，在他人则是直接经验。所以，人类的一切认识都是来自实践的。

其次，实践是认识发展的动力。实践的需要推动认识的产生和发展，推动人类的科学发现和技术发明，推动人类的思想进步和理论创新。古代游牧民族和农业民族确定季节安排生产活动的需要推动了天文学的产生；农业提水灌溉、城市建筑、手工业等发展的需要促进了古代力学的形成和发展；现代工业对自动控制、自动化、智能化等生产发展的需要推动了计算机科学和技术的产生和进步；基因、克隆技术的产生和运用则不仅推进了生命科学的发展，而且提出了科技伦理的认识课题并促使其不断发展。正如恩格斯所说："社会一旦有技术上的需要，这种需要就会比十所大学更能把科学推向前进。"② 实践的需要是推动认识在广度、深度上不断发展的根本。实践是认识发展的动力，还在于实践为认识的发展提供了手段和条件。恩格斯在论述近代科学兴起的历史时指出，"从十字军征讨以来，工业有了巨大的发展"，工业发展所展示的力学、

---

① 《马克思恩格斯文集》第 9 卷，人民出版社 2009 年版，第 483 页。
② 《马克思恩格斯文集》第 10 卷，人民出版社 2009 年版，第 668 页。

化学和物理学上的许多新的现实"不但提供了大量可供观察的材料，而且自身也提供了和以往完全不同的实验手段，并使新的工具的设计成为可能。可以说，真正系统的实验科学这时才成为可能"。① 认识范围的日益拓展，认识水平的日益提高，知识储备和经验积累的日益丰厚，都与认识手段和条件的不断更新密切相关，而这正是实践活动的结果。

再次，实践是认识的目的。人要生存和发展，首先就要通过实践不断改造自然物和社会关系，以获取物质生活资料和创造其他生活条件。人要在实践中达到预想的目的，就必须对自然、社会和人自身有所认识。各门科学对世界某一领域的探索和认识，并不是为科学而科学、为认识而认识，其最终目的都是为了满足人们某种生产、生活的需要。人的认识活动主要有两方面的基本功能：一是对事物的解释功能，即以规律性的认识解释事物；二是对人的行为的指导功能，即以规律性的认识指导人的所思所想和所作所为。认识活动的两方面的基本功能，都是为了使人能够既"合规律"又"合目的"地改造世界。

最后，实践是检验认识的真理性的标准。人的认识是否符合认识对象，是否具有真理性，既不能从认识本身得到证实，也不能从认识对象中得到判明，只有通过实践，即通过主体和客体的相互作用才能得到检验。

二、能动反映是认识的本质

以实践为基础的认识活动，是主体对客体的能动的反映活动。主体对客体的能动反映是认识的本质。

唯物主义哲学的认识论是反映论。反映论的基本原则是：承认认识对象的客观实在性，承认认识能够如实反映对象固有的性质和规律。马克思主义哲学坚持唯物主义的反映论原则，就是坚持认识论的可知论，坚持认识论的唯物论。马克思主义与旧唯物主义反映论的区别在于，旧唯物主义离开认识活动的实践基础去谈反映，因而它们的反映论只能是消极、直观的反映论。马克思主义哲学以实践的观点阐述人的认识活动及其规律，是建立在实践基础上的能动的反映论。

首先，人的认识是以人的认识结构为前提的具有选择性和建构性的反映活动。认识结构是人的头脑中由知识、经验等各种认识要素所组成的结构系统。

───────────

① 《马克思恩格斯文集》第 9 卷，人民出版社 2009 年版，第 427—428 页。

认识结构不是人脑的生物性结构,而是以此为前提,经过反复实践在人脑中形成的信息性结构。在认识活动中,主体作为能知系统是客体信息的获取者、加工者和组织者,即信宿;客体作为所知系统是信息的发出者和提供者,即信源;主体对客体的反映过程是接受、存贮、加工和输出信息的过程。在具体的认识过程中,认识的能动性主要表现在主体思维对客体信息的建构或重构的活动。主体首先以已经形成的认识结构吸取、选择、加工制作客体的信息,进而找出客体复杂信息间的内在联系,按照主体对客体的要求,把复杂的客体信息重新构造、重新组合成观念信息。只有经过这一重新组合、建构的认识环节和过程,才能实现主体对客体的认识。

其次,人的认识是抽象、概括事物的本质规律的反映活动。马克思说:"观念的东西不外是移入人的头脑并在人的头脑中改造过的物质的东西而已。"[①] 观念的东西不是简单地、直观地移入人的头脑的物质的东西,而是"在人的头脑中改造过的"物质的东西。为了在实践中达到预想的目的,不仅要反映事物的现象,还必须把握事物的本质。为了把握事物的本质和规律,就必须在实践的基础上进行思维操作,在观念中分解、加工和改造对象,运用归纳和演绎、抽象和概括以及联想和想象等各种方法进行创造性的思维活动。列宁指出:"认识是人对自然界的反映。但是,这并不是简单的、直接的、完整的反映,而是一系列的抽象过程,即概念、规律等等的构成、形成过程。"[②] 在人类思维把握事物本质的抽象活动中,认识的能动性、创造性得到鲜明的体现。

再次,人的认识是以实践为基础的创造性的反映活动。"人的意识不仅反映客观世界,并且创造客观世界"[③],即在观念中创造出理想客体。一个蹩脚的建筑师在建筑房屋之前,也能够形成他想要建造的房屋的观念;而无论多么灵巧的蜜蜂,也不可能在建造蜂房之前就有蜂房的观念。人是历史的、文化的存在,是在已有的文明成果基础上以一定的目的去认识世界,是为了把现实改造成理想的现实去认识世界。因此,在人的认识活动中,反映与创造是不可分割的。反映和创造不是人类认识的两种不同的机能,而是同一机能的两个方面。反映内在地包含创造,创造存在于反映之中。只承认认识的反映方面,否认认识能动的、创造的方面,就会成为消极直观的反映论;只承认认识的能动的、

---

① 《马克思恩格斯文集》第 5 卷,人民出版社 2009 年版,第 22 页。
② 《列宁全集》第 55 卷,人民出版社 1990 年版,第 152 页。
③ 《列宁全集》第 55 卷,人民出版社 1990 年版,第 182 页。

创造的方面，否认认识的反映的方面，使能动性和创造性脱离反映论的前提，就会滑向唯心主义的抽象的能动论。这两者都不符合认识活动的实际情况。马克思主义以科学的实践观为基础，把认识的反映特性与创造特性有机地统一起来，以能动的反映论阐明了认识活动的本质和规律。

最后，人的认识是一种不断深化的反映活动。人的思维建构观念客体的过程，既是不断地扩展关于客体的认识的过程，又是不断地深化关于客体的认识过程。它具体地表现为思维运动的双重否定过程：一方面，思维不断地否定自己的抽象性，使自己获得关于客体越来越具体、越来越丰富的规定性，这就是思维自己建构自己的过程；另一方面，思维又不断地反思、批判、否定自己所形成的关于客体的规定性，在更深刻的层次上重新构成思想内容，这又是思维自己反思自己的过程。在这种双重否定的思维运动中，人的认识既表现为思维规定的不断丰富，实现内容上的不断充实，又表现为思想力度的不断深化，实现逻辑上的层次跃迁。这就是人类思维运动的建构性与反思性、规定性与批判性、渐进性与飞跃性的辩证统一。

三、主观与客观的统一是认识的根本任务

以实践为基础的人的认识活动，是主体能动地反映客体，在观念上把握客体和创造客体的活动，也就是在观念中实现主观与客观相统一的活动。认识活动的根本任务是实现主观与客观的统一，即主体正确地反映客体。

认识活动中的主观与客观的关系，直接地表现为客观事物与意识内容的关系，并具体地构成对象与映象的关系。对象是主体认识的客体，映象则是移入人的头脑并在人的头脑中改造过了的对象。作为观念的存在，映象必须具备两个条件：其一，映象是对象的映象，没有对象就没有映象；其二，映象是主体认识活动的产物，没有主体的认识活动也就没有映象。映象作为对象的反映，具有客观性；映象作为主体活动的产物，又具有主观性。认识的二重性，构成人类认识活动的内在的主观与客观的矛盾；实现主观与客观的统一，则是认识活动本身的根本任务。

人的认识之所以能在观念中实现主观与客观的统一，其主要根据在于以下三个方面：

一是认识的物质基础。人的认识能力首先是一种遗传性的获得。人脑是认识机能及其表现形式的物质承担者。人脑的结构和功能是物质自身长期进化过

程的产物，它的运动规律受到物质运动一般规律的支配。正是由于主观的思维与客观的世界在本质上服从于同一规律，认识活动才能具有客观意义。

二是认识的实践基础。人类本身，包括人的各种感觉器官和思维器官，都不仅是自然界长期发展的产物，而且是历史地发展着的社会实践的产物。人的五官感觉就是在以往的全部世界历史中形成和发展起来的。同样，思维的逻辑也是实践的逻辑内化的结果。从总体上看，正是感性实践的逻辑不断地内化为思维运演的逻辑，思维本身才具有越来越扩展和深化的把握现实的力量。

三是认识的科学基础。科学理论不仅以自己所提供的关于世界的规律性的认识成果指导人类扩展和深化对世界的改造，而且历史地扩展和深化了人类用以反映世界的认识系统。人类反映世界的认识活动，绝不是抽象的和空洞的，而是一个各种各样的认识成分相互制约、相互渗透、相互贯通、相互转化，具有一定层次结构而又不断变化的开放系统。科学为人类提供了把握世界的历史地发展着的概念之网。整个科学发展史，是一个科学概念的形成和确定、扩展和深化、更新和革命的历史。科学认识所创造的科学概念，构成了人类认识和掌握世界现象之网的纽结。人类运用这些科学概念去反映世界，人的认识才具有客观意义。科学的发展，历史地改变着人类用以反映世界的认识系统，从而也历史地扩展和深化着人类实践中的世界图景。

认识活动的物质基础、实践基础和科学基础，决定人的认识活动具有客观意义；而人的认识活动中的自主性以及概念的隔离性和凝固性，又使得认识内容具有主观意义。列宁指出，在人的认识活动中，"如果不把不间断的东西割断，不使活生生的东西简单化、粗陋化，不加以划分，不使之僵化，那么我们就不能想象、表达、测量、描述运动"①。这就要求人们以概念的辩证运动来表达和描述事物的辩证运动，从而正确地反映事物的发展规律，达到主观与客观的统一。

人在认识活动中所实现的主观与客观的统一，是具体的、历史的统一。

首先，作为认识主体的人是社会的、历史的存在物，其认识活动具有社会历史性。人的认识及其能力是不能脱离社会关系而产生和存在的。人类的认识活动是由无数个人的认识活动构成的，而任何个人的认识活动又不能脱离人类的以及群体的认识活动而单独进行，人的认识活动是在个人与社会、个体与人

① 《列宁全集》第 55 卷，人民出版社 2017 年版，第 219 页。

类的交互作用中历史地向前发展的。社会实践的规模和水平，决定着人的认识能力的高低、思维方式的变革、认识内容的拓展与深化。恩格斯指出："每一个时代的理论思维，包括我们这个时代的理论思维，都是一种历史的产物，它在不同的时代具有完全不同的形式，同时具有完全不同的内容。"① 人的认识能力的提高和思维方式的变革，推进了主观与客观的具体的、历史的统一。

其次，客体作为主体的认识对象，也是社会性、历史性的存在。人的社会性的需要和改造自然的能力不是一成不变的，而是随着实践的发展而不断发展的。人类的实践活动把越来越多的新事物、新现象纳入自己生存的范围，变为人类认识的客体。正如马克思、恩格斯所说，我们"周围的感性世界决不是某种开天辟地以来就直接存在的、始终如一的东西，而是工业和社会状况的产物，是历史的产物，是世世代代活动的结果，其中每一代都立足于前一代所奠定的基础上，继续发展前一代的工业和交往，并随着需要的改变而改变他们的社会制度。甚至连最简单的'感性确定性'的对象也只是由于社会发展、由于工业和商业交往才提供给他的"②。作为认识对象的客体，是历史性地构成的。主体在历史性的认识活动中，不仅拓宽了认识的对象，而且深化了关于对象的认识，从而在愈益深刻的层次上实现主观与客观的具体的、历史的统一。

最后，认识的中介系统也是社会性、历史性的存在。人的认识是凭借中介系统而实现的反映活动。认识中介可分为物质中介和文化中介，这两种中介都具有社会历史性。物质中介指的是对自然物进行加工改造而形成的认识工具。这类中介是人体器官的延伸，如显微镜、望远镜、高能加速器等，它们延长了人的感觉器官，帮助主体获得对象的状态、属性、结构、性能的信息。作为主体思维器官延伸的认识工具，主要是指智能装置，这类装置在帮助人进行思维操作和信息存贮与加工方面起了极为重要的作用，为人类理性地认识世界开拓了新的前景。文化中介主要是指以语言符号为载体的精神产品，特别是以概念、范畴、公理、法则以及科学方法为内容的科学知识。语言是人类传递、贮存和加工信息的基本工具，是最典型的符号形式。语言符号包括自然语言符号和人工语言符号。自然语言符号是人们相互传递信息的最基本的手段和工具，离开自然语言符号，就没有人的社会生活。人工语言符号是指人们为科学地研

---

① 《马克思恩格斯文集》第 9 卷，人民出版社 2009 年版，第 436 页。
② 《马克思恩格斯文集》第 1 卷，人民出版社 2009 年版，第 528 页。

究某一对象而人为规定和编制的抽象符号系统或代码系统。"语言和意识具有同样长久的历史；语言是一种实践的、既为别人存在因而也为我自身而存在的、现实的意识。"① 通过语言而实现的人的相互理解和自我理解，实现了认识成果的社会遗传和现实交流，推进了认识活动中的主观与客观的统一。

主观与客观的矛盾既存在于人的各种认识活动之中，又贯穿于人的全部认识活动的始终。随着实践的发展和科学的进步以及与此相适应的辩证思维方式的深化，人类就在主观与客观的矛盾中，不断地实现思维向客体的接近，即不断地实现主观与客观的具体的、历史的统一。

第二节　认识的运动过程

在主观与客观的矛盾运动中，人的认识活动既表现为实践基础上的由感性认识到理性认识、再由理性认识到实践的具体的认识过程，又表现为从实践到认识、再从认识到实践的循环反复和无限发展的总过程。

一、从实践到认识

认识活动的辩证过程，首先是从实践到认识的过程。在这个过程中，人的认识活动主要表现为由感性认识到理性认识的飞跃。

人们在实践中，首先是通过自己的各种感觉器官以及作为感觉器官延伸物的各种认识工具，形成对外部世界的直接反映，构成关于事物的各个方面和外部联系的认识，这就是感性认识。感性认识以形象性为特点，以事物的现象为内容。在感性认识中，人脑不仅反映客观对象的个别属性，同时也将对象的各种属性联系起来，形成对客观事物的整体形象的反映，而且还把记忆中曾经感知过的事物形象再现出来或加以重组，从而能够反映此时此刻并未作用于我们的感觉器官的事物。这就是感性认识相互联系的三种形式：感觉、知觉和表象。感觉是人脑对直接作用于感觉器官的客观事物的个别属性、个别方面的反映，它是感性认识从而也是整个认识过程的起始环节。知觉是人脑对直接作用于感觉器官的客观事物的整体的反映。表象是感性认识的高级形式，它是人脑

---

① 《马克思恩格斯文集》第1卷，人民出版社2009年版，第533页。

对过去的感觉和知觉的回忆，是曾经作用于感觉器官的客观对象的形象的再现。

理性认识是认识的高级形式、高级阶段，是人借助于抽象思维对感性认识材料进行加工、整理、概括而形成的关于事物的本质、事物的全体和事物的内部联系的认识。它以抽象概括性为特点，以事物的本质为内容。理性认识也包括相互联系的三种基本形式：概念、判断和推理。概念是对同类事物共同的一般特性和本质属性的概括的反映，是思维的"细胞"，也是最基本的思维形式。理性认识的其他形式，都是在概念的组合和深化的过程中形成和发展的。判断是展开了的概念，是对事物之间的联系和关系的反映，是对事物是什么或不是什么、是否具有某种属性的判明和断定；推理在形式上表现为判断与判断之间的联系，它是从事物的联系或关系中由已知合乎逻辑地推出未知的反映形式。在认识的发展过程中，概念又是判断和推理的升华和结晶，即把判断和推理的内容凝聚为具有更为深刻内涵的概念。

在人的认识活动中，"不仅从物质到意识的过渡是辩证的，而且从感觉到思想的过渡等等也是辩证的"①。在人的感性与理性的矛盾中，人的感性所"表象"的，是对象的个别的、偶然的、现象的存在；人的理性所"思想"的，则是对象的共性的、必然的、本质的存在。因此，在人的感性与理性的矛盾中，认识的对象被把握为个别与一般、偶然与必然、现象与本质的矛盾性存在。正是在感性与理性的矛盾运动中，实现了从感性认识到理性认识的认识运动。具体地说，感性认识与理性认识的辩证关系，主要表现在三个方面：理性认识依赖于感性认识，感性认识有待于发展为理性认识，感性认识和理性认识是相互渗透的。

首先，理性认识依赖于感性认识。感性认识是认识过程的起点，是达到理性认识的必经阶段，没有感性认识，就没有理性认识。"从认识过程的秩序说来，感觉经验是第一的东西，我们强调社会实践在认识过程中的意义，就在于只有社会实践才能使人的认识开始发生，开始从客观外界得到感觉经验。一个闭目塞听、同客观外界根本绝缘的人，是无所谓认识的。认识开始于经验——这就是认识论的唯物论。"② 理性认识对于感性认识的依赖关系，是认识对实践

① 《列宁全集》第55卷，人民出版社2017年版，第243页。
② 《毛泽东选集》第1卷，人民出版社1991年版，第290页。

的依赖关系在认识发展过程中的重要表现。人们认识事物总会经历由现象到本质的过程，只有积累了一定数量的感性材料，把握住一个个事物的现象，继而用科学的抽象思维，才能透过现象抓住本质，从大量个别的事物中发现普遍的一般的规律性。

其次，感性认识有待于发展为理性认识。认识起源于感觉。感性认识是认识的第一阶段，但它还不是完全的认识；只有把感性认识发展为理性认识，才是比较完全的认识。毛泽东说："认识有待于深化，认识的感性阶段有待于发展到理性阶段——这就是认识论的辩证法。"[①] 坚持认识论中的辩证法，既要看到感性认识的重要性，又要看到它的局限性。人的认识不能满足于感性的阶段，认识的真正任务在于经过感性认识而到达理性认识。认识的最终目的，是为了变革现实，改造客观世界。单凭感性认识无法达到规律性的认识并指导实践，不能实现自觉改造世界的目的。为达到有效地改造世界的目的，就必须把感性认识上升为理性认识。

最后，感性认识和理性认识是相互渗透的。在人的认识中，感性认识和理性认识总是相互交织在一起的，既不存在单纯的感性，也不存在单纯的理性，二者没有绝对分明的界限。一方面，感性中有理性。人的感觉与动物的感觉的根本区别就在于，人的感觉是包含着理性的感觉，是渗透着理性的感性。另一方面，理性中有感性。理性认识不仅以感性的材料为基础，而且以具有一定声响或文字符号等感性形式的语言作为自己的物质外衣和表达手段。感性认识和理性认识的相互渗透，在"经验"这个概念中表现得十分明显。经验中总是已经包含理性的成分，是感性和理性的综合。

从感性认识上升到理性认识，首要的是深入实践，调查研究，获取十分丰富和合乎实际的感性材料。这是实现由感性认识到理性认识飞跃的基础和前提。但是，真正做到把感觉经验上升到理论，又不能局限于单纯地描述事实，必须运用理论思维和科学抽象，消化、加工感性材料，形成概念、判断和推理。毛泽东指出："要完全地反映整个的事物，反映事物的本质，反映事物的内部规律性，就必须经过思考作用，将丰富的感觉材料加以去粗取精、去伪存真、由此及彼、由表及里的改造制作工夫，造成概念和理论的系统，就必须从

---

① 《毛泽东选集》第 1 卷，人民出版社 1991 年版，第 291 页。

感性认识跃进到理性认识。"① 在这里，既指出了从感性认识跃进到理性认识的必要性和可能性，也指出了实现这一飞跃的正确途径。

人脑这个加工厂的任务，就是采取科学的思维方法，把感性材料加工成理性产品。人们所搜集到的感性材料，往往是粗精混杂、真伪并存、彼此相隔、表里莫辨的。从感性认识上升到理性认识的过程，就是"去粗取精、去伪存真、由此及彼、由表及里"的过程："去粗取精"，就是去掉无关紧要、可有可无的材料，抓住最能表现事物本质的、典型的、主要的东西；"去伪存真"，就是剥掉虚假的东西发现事物的真象，不要为假象所蒙蔽；"由此及彼"，就是在"去粗取精""去伪存真"的基础上，把零散的、孤立的材料联系起来，不满足于一鳞半爪，更不是抓住一点不及其余；"由表及里"，就是通过事物的外部联系发现事物的内部联系，不要浮光掠影，不求甚解，浅尝辄止，停留在事物的表面。只有通过"去粗取精、去伪存真、由此及彼、由表及里的改造制作工夫"，人的认识才能实现从感性认识到理性认识的飞跃，把握到事物的普遍性、必然性和规律性。

人的认识活动是非常复杂的运动过程，无论是在人的感性认识中，还是在人的理性认识中，都不仅有理性因素的作用，还有非理性因素的作用。人作为认识的主体是有意志的、有情感的、有认知能力的统一整体，人的知、情、意等各要素都对在观念中实现主观与客观的统一起作用。在知、情、意这三大类人的意识要素中，"知"主要是指主体的理性思维等能力，属于人的理性因素；"情"和"意"主要是指情感和意志，被称为非理性因素。广义地看，人们还常把认识能力中不能被逻辑思维包括的认识形式，如联想、想象、猜测、直觉、顿悟、灵感等，也包括在人的非理性因素中。因此，认识活动中的非理性因素可以分为两类：前一类是指作为一种精神力量渗透到主体的认识和实践活动中的情和意；后一类则是指具有不自觉、非逻辑性等特点的"知"的因素。

认识中的理性因素的运动是逻辑的，非理性因素的运动则是非逻辑的。人的认识活动中既有居主导地位的逻辑的循序渐进的过程，也有非逻辑的跳跃上升的过程。在认识的主观与客观的矛盾运动中，逻辑的理性因素和非逻辑的非理性因素，彼此相互作用、相互补充，共同促进认识由不知到知、由浅入深的发展。

---

① 《毛泽东选集》第 1 卷，人民出版社 1991 年版，第 291 页。

作为认知能力的非理性因素对认识的作用，主要是联想、想象和直觉的作用。联想是由于表象间的相似性等所引起的其他表象的再现。想象则有着不同于表象与联想的再现性的创造性。在人的认识活动中，想象力有着举足轻重的作用。爱因斯坦曾提出，在科学研究中，想象比知识更重要。人们不是掌握了全部事实材料再进行逻辑推理，得出所需的结论，而是凭借有限事实的启发，通过创造性的联想，运用大胆的想象，实现对某些复杂事物的本质、结构或规律的认识。联想、想象不仅可以把复杂的对象纯粹化、简约化，更重要的在于创造观念中的新客体。科学史上的重大发现、发明，不只是对实验现象、实验数据进行逻辑分析，有时是在实验和逻辑分析的基础上借助创造性的想象而产生的。

逻辑思维是以语言为工具，以概念、判断、推理为形式，以严格的程序性和规范性为特点的结构性的思维操作。逻辑思维虽然具有稳定的可操作性与交流的公共性、循序渐进性等特点，但它对构成思想具有逻辑的强制性，往往限制了思维的发散性、机动性、创造性，这就需要具有更大灵活性、能动性和非常规性的直觉、灵感来加以补充。直觉、灵感不是循规蹈矩的逻辑运演过程，而是对事情本身的直接洞见。"直觉是思维的望台"，能够不断地开拓思想的疆域。科学史上的重大突破，往往有着直觉、灵感所起的重大作用。

在一般的思维过程中，思维往往表现出按部就班、循序渐进、有理有据的特点。与此相反，灵感具有爆发性、洞见性、暂时性和模糊性的特点。灵感是在人们未曾预料的情况下突然发生的，这就是它的爆发性；灵感的爆发使人的思想瞬间达到意想不到的境界，这就是它的洞见性；灵感的爆发是突然闪现并稍纵即逝的，这就是它的暂时性；灵感爆发所获得的思想是未经论证和朦胧含混的，这就是它的模糊性。灵感和直觉往往能产生在通常情况下不能产生的极有价值的新思想。但是，这种似乎突如其来的灵感并不神秘，也不是凭空而来，而是主体在某一领域长期艰苦探索的结果。"机遇总是奖赏那些有准备的头脑"，灵感和直觉总是属于那些以顽强毅力投入生活和科学实践，并运用自己的全部知识、经验和思维进行艰苦探索的科学家、思想家和艺术家。灵感和直觉所得到的认识是否合乎客观实际，则要通过逻辑的论证和实践的检验才能确定。因此，在认识活动中，既不能忽视灵感和直觉等非理性因素的作用，更不能片面地夸大这些非理性因素的作用。

人的认识由感性认识到理性认识的复杂过程表明，认识活动既不是单纯的逻辑化的循序渐进过程，也不是单纯的非逻辑的思想飞跃过程，而是逻辑的循序渐进过程与非逻辑的跳跃上升过程的有机统一。这是认识辩证法的生动体现。

二、从认识到实践

认识的目的是实践。人的认识从感性认识到理性认识的飞跃，这只是认识运动中的第一次飞跃，认识的结果仍然是观念的存在。把观念的存在变成现实的存在，这是认识运动中的第二次飞跃，即从认识到实践的飞跃。毛泽东指出："马克思主义的哲学认为十分重要的问题，不在于懂得了客观世界的规律性，因而能够解释世界，而在于拿了这种对于客观规律性的认识去能动地改造世界。"① 从认识到实践的飞跃，是更重要的飞跃。

从认识到实践的飞跃，是一个十分复杂的过程，主要包括形成实践理念、制定实践方案、进行中间实验和动员组织群众开展大规模实践等一系列环节。经过这一系列的复杂环节，既实现了认识目的，又检验和发展了认识成果。

从认识到实践的首要环节是形成实践理念。实践理念，是指人们在理性认识的基础上所形成的关于实践的观念模型或理想蓝图。实践的观念模型或理想蓝图，是物的尺度与人的尺度的统一，客观规律性与目的性要求的统一。实践理念既包括主体的理性认识所揭示的关于客体的规律性的认识，又包括主体对客体的目的性要求；它既凝结了主体关于客体的存在状况、内部结构、外部条件和运动规律的认识，还凝结了主体关于自身的需要、能力和活动规律的认识；它既蕴含着主体关于客体是什么、怎么样的事实判断，还蕴含着主体关于客体应当怎样、能否怎样的价值判断，它把对象性的存在变成理想性的存在。

从认识到实践的第二个环节，是把实践理念具体化为实践方案。实践方案是依据实践理念改造客体的计划、措施和手段。实践方案的制定主要取决于实践主体的能动性和实践条件的制约性。它是活动的规律性、目的性与活动的现实可行性的有机结合。首先，实践方案的制定必须以实践条件的制约性为前提。马克思指出："人类始终只提出自己能够解决的任务，因为只要仔细考察就可以发现，任务本身，只有在解决它的物质条件已经存在或者至少是在生成

---

① 《毛泽东选集》第 1 卷，人民出版社 1991 年版，第 292 页。

过程中的时候，才会产生。"① 全面把握实践活动的物质技术条件和文化条件，是制定实践方案的必要前提。其次，实践方案的制定必须充分发挥主体的能动性，最大限度地利用已有的物质技术条件和文化条件。主体的首创精神是制定实践方案，把实践理念变为实践方案的不可或缺的重要前提。最后，实践方案的制定必须具有可操作性。把理论理念转化为实践方案必须具有适当的手段和条件，拥有一定的措施和技术。理论所反映的是客观实际中一般的规律性的东西，而实践所面临的客观实际却是具体而复杂的。把理论付诸实践，就必须使理论具体化，使它更接近于复杂具体的实际情况。

从认识到实践的第三个环节，是落实实践方案的中间实验。实践方案的形成是以实践主体的能动性和实践条件的制约性为前提的，实践方案的实行则需要以小规模的实践，即一系列的中间实验为重要环节。实验是理论向实践飞跃过程中必经的探索性活动，它可以为大规模实践提供经验，为避免失败、争取成功创造经验。在社会活动中，各项方针政策总要先在小范围内进行试点，取得经验，然后逐步加以推广。

从认识到实践的最后一个环节，是在小规模实践基础上，对作为实践主体的群众进行组织和宣传。群众是实践的主体，也是使实践理念转化为现实实践活动的决定力量。理论只有为群众所掌握，才能化为改造自然、改造社会的物质力量。因此，把理论化为路线、方针、政策，动员和组织群众，是实施大规模实践活动的主要内容。

在把理论诉诸实践活动的过程中，总会遇到新的情况，发现新的问题，形成新的认识。这便构成了从实践到认识、又从认识到实践的反复循环和无限发展。

三、实践与认识的循环和发展

认识活动中的主观与客观的统一，是在实践与认识的辩证运动中实现的。毛泽东指出："通过实践而发现真理，又通过实践而证实真理和发展真理。从感性认识而能动地发展到理性认识，又从理性认识而能动地指导革命实践，改造主观世界和客观世界。实践、认识、再实践、再认识，这种形式，循环往复以至无穷，而实践和认识之每一循环的内容，都比较地进到了高一级的

---

① 《马克思恩格斯文集》第 2 卷，人民出版社 2009 年版，第 592 页。

程度。这就是辩证唯物论的全部认识论，这就是辩证唯物论的知行统一观。"①

从实践到认识，再从认识到实践，是人们认识具体事物的辩证运动过程。由于主客观条件的限制，人们对事物的认识，经历两次飞跃并不意味着认识的结束。事物是复杂的、多变的，即使是对于个别的、具体的事物的认识，也往往要经历多次反复。事物是一个过程，认识也是一个过程。"任何过程，不论是属于自然界的和属于社会的，由于内部的矛盾和斗争，都是向前推移向前发展的，人们的认识运动也应跟着推移和发展。"②

从实践到认识，再从认识到实践，更是人的认识无限发展的辩证运动过程。经过由实践到认识、再由认识到实践这样的多次反复，某一思想、理论在实践中达到了预期的结果，这只是对于某一个别事物或某一类事物的认识运动。实践永无止境，认识也永无止境。"社会实践中的发生、发展和消灭的过程是无穷的，人的认识的发生、发展和消灭的过程也是无穷的。根据于一定的思想、理论、计划、方案以从事于变革客观现实的实践，一次又一次地向前，人们对于客观现实的认识也就一次又一次地深化。客观现实世界的变化运动永远没有完结，人们在实践中对于真理的认识也就永远没有完结。"③

认识辩证运动过程的反复性和无限性说明，人的认识活动既不是封闭式的循环，也不是直线式的前进，而是永无止境的螺旋式上升。人类的实践活动是一步步由低级向高级发展的，以社会实践为基础的认识也一步步地由低级向高级发展。实践和认识之每一循环，都比较地进到了高一级的程度。从实践到认识，再从认识到实践，这种运动的无限反复和无限发展，体现了主观和客观、认识和实践的具体的历史的统一。

第三节　认识的思维方法

人的认识活动是能动的反映过程。正确的认识来自实践，来自实践基础之上人的正确思维，即遵循形式逻辑和辩证法所揭示的思维规律。形式逻辑是关

---

① 《毛泽东选集》第 1 卷，人民出版社 1991 年版，第 296—298 页。
② 《毛泽东选集》第 1 卷，人民出版社 1991 年版，第 294 页。
③ 《毛泽东选集》第 1 卷，人民出版社 1991 年版，第 295—296 页。

于思维的形式结构及其规则和方法的科学，是人的思维活动必须遵循的基本的规则和方法。马克思主义哲学作为辩证法、认识论和逻辑学的统一，揭示了认识的基本思维方法的深刻内涵及其内在联系，为我们正确地认识世界提供了科学的方法论。

一、归纳与演绎

在人的认识活动中，归纳和演绎是思维活动的最普遍的方法。归纳是从个别到一般的思维运动；演绎是从一般到个别的思维运动。归纳和演绎在认识活动中的对立统一是客观事物个性和共性的对立统一的反映。

归纳方法是多种多样的，包括传统的归纳法、概率归纳法以及类比等方法。传统的归纳法是从个别事实中归纳共性的过程，而对于大量纷繁复杂的事件和现象，则需要采用概率的统计方法。类比是从一类客体的知识通过比较向另一类客体知识过渡的方法，具有从个别到一般的归纳意义。科学的归纳、统计、类比是从不同角度由个别走向一般的归纳过程。

演绎是借助概念从命题到命题的推理过程，是从一般到个别的思维过程。科学理论体系的建立往往借助于公理法。公理法要求首先找出作为演绎出发点的公理，然后再从公理出发推导出一系列的结论，建立起完整的理论体系。20世纪以来，由于各种理论体系的大量产生，寻找理论体系之间内在的更深层次的逻辑成为现代科学的重大特征之一。爱因斯坦就是在相对性原理和光速不变原理的基础上，推导出狭义相对论的。作为演绎推理工具的数学形成了符号逻辑、数理逻辑等，揭示出演绎法的比较复杂的规律，并为电子计算机模拟演绎思维提供了可能。

在人的认识活动中，归纳与演绎是相互联系、相辅相成的。一方面，演绎以归纳为基础。作为演绎出发点的公理、定律、假设等，是运用归纳方法的结果，演绎是以非演绎方法得出的结果为前提的。演绎得出的结论又必须再经过归纳来证实、修正和不断丰富。另一方面，归纳本身离不开演绎。归纳是从观察和实验中搜集经验材料开始的，搜集材料必须有某种理论原则的指导。对已经搜集到的大量经验材料进行归纳，必须受已知的一般理论的指导。没有演绎，不仅无法开始有目的的搜集材料的活动，也无法进行归纳活动；归纳所得出的结论必须靠演绎来补充和修正。科学史表明，任何重大的科学发现，都必须同时运用归纳和演绎。"不应当牺牲一个而把另一个片面地捧到天上去，应当设法把每一个都用到该用的地方，但是只有认清它们是相互关联、相辅相成的，才能做到这一点。"①

二、分析与综合

人的认识由感性认识到理性认识的飞跃过程，是通过思维的分析与综合的双向逻辑运动来实现的。分析与综合是比归纳和演绎更深刻地揭示事物本质的方法。

分析是在思维中把客观对象的整体分为各个部分、方面、特性和因素的认识过程；综合则是在思维中将已有的关于客观对象各个部分、方面、特性、因素的认识联结起来，形成对客观对象的整体认识的过程。分析和综合是立足于客观对象的整体和部分、统一性和多样性、本质和现象对立统一的思维逻辑和思维方法。

分析方法的核心是矛盾分析方法，通过矛盾分析法使人们获得关于对象的多种多样的内在规定性。不同的科学研究有不同的对象，不同的对象又有不同的矛盾，矛盾的各个方面及其运动过程又有不同的特点，相应也就会有不同的分析方法，而且方法本身又随着人的认识的深化而不断发展。综合是同分析相反的一种思维活动，它通常被理解为在整体分解为各因素的基础上再组合成整体的思维过程。但是，综合并不是把各部分、各要素机械凑合或装配在一起，而是在思维中把对象的各个本质的方面按其内在联系有机地结合成一个统一的整体，达到"许多规定的综合"和"多样性的统一"，即达到"理性具体"。在这个过程中，综合必须探寻事物的内在联系，使事物的本质显现出来。在《资本论》中，马克思在揭露资本的实质——剩余价值——的基础上分析了资本的一切具体表现，如产业资本、商业资本、信贷资本、地租等，并把它们综合成资本的整体，从而全面地、深刻地揭示了资本主义的本质。

在人的思维活动中，分析与综合是相互依存、相互作用的。一方面，综合离不开分析，要以分析作为自己的前提。综合要使其成果能真正反映现实的多样性，把握客观存在着的统一体，必须首先对统一体进行分析，以分析为前提。另一方面，分析又离不开综合，分析中有综合。要对统一体有一个全面正确的认识，就必须知道矛盾的双方是怎样统一的，怎样能够统一的，为此就必

---

① 《马克思恩格斯选集》第 9 卷，人民出版社 2009 年版，第 492 页。

须综合。综合是各个局部认识的概括和升华。列宁把分析和综合的结合规定为辩证法的一个要素，就是为了突出二者的结合。在分析与综合的矛盾运动中，把对象的各种规定性抽象出来的过程以分析为主，但同时也有综合；把对象各种规定性统一起来的过程以综合为主，但同时也有分析。

分析与综合的过程，同时也是思维从抽象到具体的过程。深刻地理解分析与综合的思维逻辑及其方法，就要掌握从抽象到具体的辩证运动的逻辑。

三、抽象与具体

作为认识对象的客观事物都是具体的，都是许多规定的综合和多样性的统一。思维的运动过程，是通过分析活动把握事物的各种规定性，进而使抽象的规定在思维的具体中再现出来。这就是思维从抽象上升到具体的逻辑运动。

关于由抽象到具体的思维运动，马克思曾概括为认识过程中的"两条道路"："在第一条道路上，完整的表象蒸发为抽象的规定；在第二条道路上，抽象的规定在思维行程中导致具体的再现。"[1] 马克思在这里所说的"第一条道路"，是指由感性具体上升为理性抽象的过程。理性抽象揭示了对象不同方面的规定性，但没有揭示出对象整体运动的规律。因此，还必须走"第二条道路"，即从理性抽象上升到理性具体，达到对对象的"许多规定的综合"和"多样性的统一"的认识，[2] 从而揭示出对象整体运动的规律。因此，从理性抽象到理性具体，"是把直观和表象加工成概念这一过程的产物"[3]。

在认识活动中，主体对客体的理性把握首先是一种思维抽象。思维的抽象是对感性具体的否定，是实现理性具体的必经阶段。思维的抽象对感性具体的否定，仿佛是向感性具体的复归，实际上是在思维中达到对客观事物的本质的具体把握，因而是从感性认识到理性认识的飞跃。

由抽象上升到具体，是理性思维的基本逻辑和重要方法。客观对象是具体的，反映事物规律的真理也是具体的。思维抽象的优点是实现了对客体信息的高度简约化，其抽象概念以浓缩的形式反映着客观对象。但是，思维抽象只是反映客体各种片面的规定、各个方面的本质特征。在认识活动中，如果人们只

---

① 《马克思恩格斯文集》第 8 卷，人民出版社 2009 年版，第 25 页。
② 《马克思恩格斯文集》第 8 卷，人民出版社 2009 年版，第 25 页。
③ 《马克思恩格斯文集》第 8 卷，人民出版社 2009 年版，第 25 页。

是把握了客体的某一方面的规定性，就并没有达到关于客体的真理性认识。因此，必须从抽象上升到具体。

从抽象上升到具体，是一个思维不断发展、矛盾不断展开的过程。在这个过程中，各种抽象的规定辩证地统一起来，构成思维中的具体，从而形成对事物的具体认识。

马克思的《资本论》是运用从抽象到具体的思维逻辑及其方法的典范。在《资本论》中，马克思首先把资本主义作为感性具体的"混沌的整体表象"予以科学的"蒸发"，抽象出资本主义的各个侧面、各个层次的规定性，然后又以高屋建瓴的系统思想，从抽象出的全部规定性中找出最基本、最简单的规定性，即包含资本主义全部矛盾"胚芽"的"商品"，将其凝结为科学范畴，确定为整个理论体系的逻辑起点。通过对商品所蕴含着的全部矛盾的层层递进的分析与综合，使概念的规定性越来越丰富、越来越具体，直至达到资本主义"在思维具体中的再现"。这就是人们所看到的《资本论》的一、二、三卷：资本的直接生产过程；资本的流通过程；资本生产的总过程，即资本的生产过程与流通过程的统一。列宁在概括马克思的研究方法时指出："马克思在《资本论》中首先分析资产阶级社会（商品社会）里最简单、最普通、最基本、最常见、最平凡、碰到过亿万次的关系：商品交换。这一分析从这个最简单的现象中（从资产阶级社会的这个'细胞'中）揭示出现代社会的一切矛盾（或一切矛盾的萌芽）。往后的叙述向我们表明这些矛盾和这个社会——在这个社会的各个部分的总和中、从这个社会的开始到终结——的发展（既是生长又是运动）。"列宁认为，"一般辩证法的阐述（以及研究）方法也应当如此"。①

作为人类思想运动的逻辑，从抽象到具体是一切科学研究应当遵循的逻辑和使用的方法。现代结构主义语言学家索绪尔的《普通语言学教程》之所以对后世产生重大而深远的影响，不仅在于它是现代语言学的奠基之作，而且在于这部语言学经典之作体现了从抽象到具体的成对范畴的自我展开：语言与言语；能指与所指；共时性与历时性；结构性与事件性；静态性与动态性；潜在性与现实性；约定性与任意性，等等。正是在从抽象规定到理性具体的逻辑展开中，人们获得了关于语言的"许多规定的综合"和"多样性的统一"的

---

① 《列宁选集》第 2 卷，人民出版社 2012 年版，第 558 页。

认识。

四、逻辑与历史

人的思维从抽象到具体的运动过程，并不是离开认识对象的思维自我运动，而是主观与客观相统一的过程，逻辑与历史相统一的过程。

在各种理论体系中，从抽象上升到具体的思维过程，主要是体现为"比较简单的范畴可以表现一个比较不发展的整体的处于支配地位的关系或者一个比较发展的整体的从属关系，这些关系在整体向着以一个比较具体的范畴表现出来的方面发展之前，在历史上已经存在。在这个限度内，从最简单上升到复杂这个抽象思维的进程符合现实的历史过程"①。这表明，思维从抽象上升到具体的过程，也是思维的逻辑与历史的逻辑相统一的过程。逻辑的东西与历史的东西的统一，既是思维的重要原则，又是思维的重要方法。作为思维的重要原则，它体现认识论的主观与客观、理论与实践的辩证统一；作为思维的重要方法，它是人们把握和描述事物的本质和规律的科学工具。

辩证逻辑中的"历史"这一范畴包含两个方面：一是指客观实在（自然界和社会）自身的历史发展过程，二是指对客观实在反映的人类认识的历史发展过程，即科学史、哲学史、认识史、语言史等。"逻辑"这一范畴则是指概念由抽象到具体的运动，以及逻辑范畴之间的次序、关系等。所谓逻辑与历史的一致，是指理论的概念体系的逻辑顺序是客观历史发展过程的反映。因此，历史的东西是逻辑的东西的基础，逻辑的东西是历史的东西在理论思维中的再现，是由历史的东西派生出来的。马克思主义的辩证逻辑关于逻辑和历史相统一的原则和方法，归根结底是关于思维和存在的关系问题的辩证的、历史的唯物主义原理在认识论、方法论中的体现和贯彻。逻辑是和人类认识发展的历史相统一的。恩格斯指出："在思维的历史中，一个概念或概念关系（肯定和否定，原因和结果，实体和偶性）的发展同它们在个别辩证论者头脑中的发展的关系，正像一个有机体在古生物学中的发展同它在胚胎学中（或者不如说在历史中和在个别胚胎中）的发展的关系一样。这种情形是黑格尔为说明概念而首先揭示出来的。在历史的发展中，偶然性发挥着作用，而在辩证的思维中就像

————————————

① 《马克思恩格斯文集》第 8 卷，人民出版社 2009 年版，第 26 页。

在胚胎的发展中一样，这种偶然性融合在必然性中。"① 个人头脑中思维辩证运动的逻辑，基本上是同整个人类思维发展的历史相一致的；科学的理论体系的逻辑，是与科学发展的历史相符的。

承认逻辑和人类认识的历史的一致，也就必定承认逻辑和客观实在发展的历史相一致。这是因为，主观的东西归根到底是客观的东西的反映。同时，由于事物发展的原始状态最简单、最单纯，因而也使它常常成为我们思想的起点、逻辑运动的起点。恩格斯指出，在理论思维中，"逻辑的方式是唯一适用的方式。但是，实际上这种方式无非是历史的方式，不过摆脱了历史的形式以及起扰乱作用的偶然性而已。历史从哪里开始，思想进程也应当从哪里开始，而思想进程的进一步发展不过是历史过程在抽象的、理论上前后一贯的形式上的反映"②。

逻辑和历史的统一是包含差别的统一。其一，逻辑的东西是反映历史的思维过程和理论体系，历史的东西则是客观存在着的不断运动变化的事物，因而是思想和理论的真实内容；其二，逻辑的东西是"经过修正的"历史的东西，历史的东西则是事物的实际发展过程。实际的历史发展过程，包括无数的细节和偶然性，贯穿于其中的客观必然规律，是以大量的偶然性和曲折性表现出来的。理论思维的任务，是经过抽象概括的加工改造，舍弃细节和偶然性，抓住主流和必然性，逻辑地再现历史发展的必然规律。逻辑作为"修正过的"历史，以逻辑环节的必然性表达历史本身的规律性。

在人的认识活动中，特别是在科学研究中，逻辑的方法必须以历史的实际发展为基础，并在归纳与演绎、分析与综合、由抽象到具体的思维运动中，把历史升华为"思维中的具体"，获得对历史整体的真理性认识。认识的思维方法的现实基础和真实内容，是逻辑与历史的统一。

思考题：

1. 为什么说实践是认识的基础？

2. 怎样理解认识的本质和根本任务？

---

① 《马克思恩格斯文集》第 9 卷，人民出版社 2009 年版，第 485—486 页。
② 《马克思恩格斯文集》第 2 卷，人民出版社 2009 年版，第 603 页。

3. 怎样理解认识的辩证过程?

▶ 本章拓展资源

第十三章　真理及其检验标准

认识的直接目的是获得真理。实践、认识、再实践、再认识的反复循环和无限发展的过程，就是在实践中发现真理、检验真理和发展真理的过程。

第一节　真理的本质和特性

真理是客观的还是主观的，是一元的还是多元的，是具体的还是抽象的，是一成不变的还是不断发展的，对这些问题的不同回答，构成不同的真理观。马克思主义哲学认为，真理是客观的、具体的，是发展变化的，是绝对性和相对性的统一。

一、真理的本质

真理是人的认识活动的产物，是标志主观与客观相符合的哲学范畴。对真理本质的理解，取决于对认识活动中的主观与客观的关系的理解。

自古以来，哲学家们都把真理看作认识所追求的目标，但对真理本质的理解，却一直存在尖锐的分歧和对立。马克思主义以前的哲学家提出过各种各样的真理观，虽然有的包含某些合理因素，但都没有真正解决真理的本质问题。一般来说，旧唯物主义从世界的物质性、客观性和可知性前提出发，认为真理是人的意识与客观事物相符合，却把这种"符合"看成是消极的、被动的、直观的反映的结果。唯心主义从意识、思维第一性前提出发，通过各种方式把真理说成某种精神自身的属性，是意识、思维自身的同一。客观唯心主义者柏拉图认为真理是某种超验的、永恒的理念，黑格尔认为真理是绝对理念的自我显现等；主观唯心主义者休谟认为真理是观念和主体感觉的符合，康德认为真理是思维同它的先验形式的一致，实用主义者认为真理是观念和行为对人有用的效果等。在这些关于真理的看法中，最具代表性的有"符合论""融贯论"和"工具论"三种。

"符合论"认为认识或观念的真理性在于其与对象相符合。在主张符合论真理观的哲学家中，唯物主义者与唯心主义者所提出的是两种不同性质的符合论的真理观。旧唯物主义肯定认识是客观事物在人脑中的反映，真理是与客观事物相符合的认识，在这一点上是正确的；但由于旧唯物主义不了解实践是认识的基础，把认识理解为消极直观的反映，因而对认识的真理性的理解是形而上学的。而赞同符合论真理观的唯心主义哲学家所谓的"符合"，则是指观念与观念相符合。唯心主义的符合论真理观归根到底是一种主观真理论。"融贯论"的基本观点是认为一个命题是否为真，并不在于它是否同事实相符合，而是取决于它在命题系统中是否与其他命题相一致或融贯，即无矛盾性。事实上，融贯性、无矛盾性只是科学理论真理性的必要条件而非充分条件，不包含逻辑矛盾的理论体系并不一定就是真理。"工具论"断言"有用即真理""真理即效用"，认为思想、概念、理论等不过是人们为了达到某种预期目的而设计的工具，如果它们对于人们达到预期目的有用、能够使人们获得成功便是真理。真理确实是有用的，然而有用的却不一定是真理。效用总是与特定主体的需要相联系，带有极大的主观性和相对性。

马克思主义哲学认为，真理就是对客观事物及其规律的正确反映。所谓对客观事物的正确反映，就是关于客观事物的认识，与客观事物的本来面目相符合。与旧唯物主义的符合论真理观不同，马克思主义的真理观认为，真理与客观事物之间的符合关系，是建立在人类能动地改造客观世界的实践基础上的，是通过人的能动的反映活动而实现的，它必然随着人类实践的发展而拓展和深化。从总体上看，随着人类实践的发展和人类认识能力的提高，人类认识会更加符合客观事物及其规律。

真理是标志主观与客观相符合的哲学范畴。真理在形式上是主观的，在内容上是客观的。真理的本质属性是它的客观性。

真理是对客观事物及其规律的正确反映，真理与客观事物及其规律之间的关系是反映与被反映的关系。客观事物及其规律存在于人脑之外，是被反映者，是不以人的主观意识为转移的客观对象。真理则是人脑对客观事物及其规律进行观念加工的产物，通过感觉、知觉、表象、概念、判断、推理等主观形式表达出来。任何真理都是客观真理，主观真理是不存在的。真理的客观性，就是指真理的内容是对客观事物及其规律的正确反映，真理中包含着不依赖于人和人的意识的客观内容。列宁指出："有没有客观真理？就是说，在人的表象中能否有不依赖于主体、不依赖于人、不依赖于人类的内容？"① 真理的主观形式是一切认识所固有的，但使某一认识成为真理的决定性条件，并不在于它采取何种主观形式，而在于它的客观内容，即在于它正确地反映了客观事物，正确地反映了对象的本质和规律，从而能够正确地指导人的实践活动。

　　肯定真理的客观性，是唯物主义认识论的反映论在真理观上的具体体现。一切唯物主义认识论在真理观上都必然承认和强调真理的客观性，坚持客观真理论。正如列宁所说，"认为我们的感觉是外部世界的映象；承认客观真理；坚持唯物主义认识论的观点，——这都是一回事"②。

　　真理的客观性决定了真理的一元性，即在同一条件下人们对同一对象的真理性认识只有一个而不可能有多个。真理的客观内容就是客观事物的实际状况，而特定条件下客观事物存在和运动的实际状况又总是唯一的。在同一条件下，人们对同一客观事物的多种不同的认识中只有一种属于真理性的认识，只有与客观事物的实际状况相符合的那种认识才是真理。因此，坚持客观真理论，必然坚持真理一元论。

　　真理的一元性，是就真理的客观内容而言的。如果从其表现形式看，真理又是多样的，它可以用不同的语言形式、不同的理论形式来表达。例如，在量子力学中，薛定谔创立的波动力学与海森堡等人创立的矩阵力学在理论形式上是很不相同的，但它们在理论内容上都是对微观世界同一个规律的正确反映。真理是内容上的一元性与形式上的多样性的统一。

　　真理的客观性表明，任何人、任何群体要想发现真理和发展真理，都只能采取老老实实的科学态度。人们只有尊重真理并按真理办事，才能在实践中取得成功。

二、真理的具体性与全面性

　　真理的具体性是指任何真理都有自己适用的条件和范围，超出这个条件和范围，它就不再是真理。脱离条件的所谓抽象真理是不存在的。在哲学史上，黑格尔批评了抽象真理的观点，明确提出了具体真理的概念，并认为如果真理是抽象的，则它就是不真的，健康的人类理性趋向于具体的东西。黑格尔说具

---

① 《列宁选集》第 2 卷，人民出版社 2012 年版，第 81—82 页。
② 《列宁选集》第 2 卷，人民出版社 2012 年版，第 89—90 页。

体真理是理性的要求，是他所谓的绝对观念的要求，是建立在唯心主义基础上的。但是他明确了真理的条件性，肯定了真理的具体性，这一点是深刻的。马克思主义哲学批判吸收了黑格尔有关具体真理的思想，从认识论与辩证法统一的高度揭示了真理的具体性。真理是对具体事物的抽象，而"一切科学的（正确的、郑重的、不是荒唐的）抽象，都更深刻、更正确、更完全地反映自然"①。经过这样科学抽象的真理，是反映了事物的条件及其发展变化的真理，不是僵死的教条，不是孤立的抽象的公式，而是具体真理。因此，列宁反复强调："辩证法的基本原理是：没有抽象的真理，真理总是具体的。"②

具体真理是一定条件下的真理，这并不是否定真理的普遍性。任何真理都有普遍性，只是这种普遍性是有其条件和范围的，是在一定条件下、一定范围内的普遍性。只要具备一定条件，它就是正确的、普遍适用的。具体真理是包含着具体历史条件的丰富的普遍性。

真理是具体的，也是全面的。在认识活动中，尽可能地把握对象的一切方面及其相互关系，是达到真理的必要条件。真理的全面性就是指对事物本质规定的综合，如实地反映事物的诸矛盾及其辩证关系。"要真正地认识事物，就必须把握住、研究清楚它的一切方面、一切联系和'中介'。我们永远也不会完全做到这一点，但是，全面性这一要求可以使我们防止犯错误和防止僵化。"③

真理的全面性意味着真理并不是一次完成的终极真理。作为客观事物的正确反映，真理必须如实地反映客观事物的变化。列宁指出："自然界在人的思想中的反映，要理解为不是'僵死的'，不是'抽象的'，不是没有运动的，不是没有矛盾的，而是处在运动的永恒过程中，处在矛盾的发生和解决的永恒过程中。"④ 这就是说，真理是不断丰富和发展的。人们对事物的本质和规律的认识是不断深化的，因此，坚持真理的全面性，也就是把真理理解为过程。

三、真理的相对性与绝对性

作为对客观事物的正确反映，真理既具有绝对性，又具有相对性。任何真理都是绝对性与相对性的统一。

---

① 《列宁全集》第 55 卷，人民出版社 2017 年版，第 142 页。
② 《列宁选集》第 1 卷，人民出版社 2012 年版，第 523 页。
③ 《列宁选集》第 4 卷，人民出版社 2012 年版，第 419 页。
④ 《列宁全集》第 55 卷，人民出版社 2017 年版，第 165 页。

　　所谓真理的绝对性，是指任何真理都标志着主观与客观之间的符合，都包含着不依赖于个人或人类的客观内容，都是人类认识对无限发展着的客观世界的接近，都同谬误有原则的界限。这一点是无条件的、绝对的。承认真理的客观性或客观真理，承认世界的可知性即人类认识能够正确地把握无限发展着的客观世界，也就承认了真理的绝对性。

　　所谓真理的相对性，是指人们对客观事物及其本质和规律的正确认识都是在一定条件下进行的，总是有局限的、不完善的。从对整个客观世界的认识来看，任何真理性的认识都只是对客观世界的某一个部分或某一个发展阶段的正确反映，它不可能穷尽客观世界无限多样的事物及其无限发展的过程；就对特定事物的认识而言，任何真理性的认识都只是对客观事物的某些方面、一定层次和一定程度的正确反映，它不可能穷尽客观事物的所有方面、所有层次及其无限多的变化，必然具有某种局限性。承认认识对象及其变化发展的无限性，承认世界上尚有未被认识的东西和我们的认识有待于拓展和深化，也就承认了真理的相对性。

　　真理的绝对性与相对性是辩证统一的。首先，它们相互依存。人们对于客观事物及其本质和规律的每一个正确认识，都是在一定范围内、一定程度上、一定条件下的认识，必然是相对的和有局限的。但是，在这一定范围内、一定程度上、一定条件下，它又是对客观对象的正确反映，因而它又是无条件的、绝对的。真理的绝对性与相对性就是这样如影随形、相伴共生的。其次，它们相互包含。一方面，真理的绝对性寓于真理的相对性之中。任何真理所包含的客观内容都只能是人们在特定历史条件下所把握到的，都只是对客观世界及其事物的一定范围、一定程度的正确反映。另一方面，真理的相对性必然包含并表现着真理的绝对性。任何真理都与谬误有本质的区别，标志着人们在一定范围内和一定层次上达到了对于无限发展着的物质世界的正确认识，包含着确定的客观内容。

　　真理的绝对性与相对性，根源于人的思维、人的认识能力的矛盾本性，是人的思维的至上性和非至上性或人的认识能力的无限性和有限性的矛盾在真理性认识的形成和发展中的表现。按其本性及其无限发展的可能性来说，人类思维是至上的，人类认识能力是无限的，人类完全能够认识无限发展着的客观世界。然而，人类思维对客观世界的认识又总是通过各个世代的一个一个的具体的人来实现的，而每一个人乃至每一代人的思维都是有限的，它们在主观方面要受到个人的社会地位、知识水平、立场、观点和方法等因素的制约，在客观上要受到认识对象本质的暴露程度、社会实践的水平、科学技术发展的状况以及个人生命的有限性等因素的限制。正如恩格斯所说："人的思维是至上的，同样又是不至上的，它的认识能力是无限的，同样又是有限的。按它的本性、使命、可能和历史的终极目的来说，是至上的和无限的；按它的个别实现情况和每次的现实来说，又是不至上的和有限的。"① 人的思维、人的认识能力是至上和非至上、无限和有限的对立统一，作为人的思维、人的认识成果的真理只能是绝对和相对的对立统一。

在真理的绝对性和相对性的关系问题上，作为形而上学真理观的两种具体表现，独断主义和相对主义的共同特点是把真理的绝对性与相对性对立起来，片面夸大一个方面而否定另一个方面。其中，独断主义片面夸大真理的绝对性，否认真理的相对性。在它看来，任何真理一旦被确立下来，就是永恒不变的，不需要、也不应当随着客观对象的变化和人类实践的发展而丰富、充实和深化。独断主义把人类认识长途中的"里程碑"当成了"终点站"，必然堵塞人类认识进一步发展的道路。与此相反，相对主义片面夸大真理的相对性，否认真理的绝对性。按照这种观点，只要出现了新的更深刻的真理，原来的真理就被推翻了，就不是真理了；既然一切真理都是发展的，也就无所谓真理，一切真理都不过是暂时被人们当作真理的假设罢了。这就完全否认了真理包含着客观的内容，把真理的相对性歪曲成了主观随意性，并由此走向主观真理论，陷入了不可知论和诡辩论。

第二节　真理的检验标准

检验认识的真理性的标准问题，就是依据什么来判断一个认识是否正确地反映了客观事物及其规律，根据什么来判定一个认识是否实现了主观与客观的统一。这是真理观中的重大理论问题，也是人的认识活动和实践活动中的重大现实问题。

一、实践是检验真理的唯一标准

在哲学史上，关于真理标准问题，哲学家们曾经提出各种各样的看法。有

---

① 《马克思恩格斯文集》第 9 卷，人民出版社 2009 年版，第 92 页。

的主张以是否合乎"圣人"或"权威"的意见为标准，如以孔子的是非为是非，以《圣经》来裁判一切；有的主张以多数人的感受或意见为标准，如贝克莱认为"集体的知觉"是"实在性的证据"；有的主张以是否合乎"人类的理性"为标准，如欧洲近代的启蒙思想家们提出一切思想都要在理性的法庭面前接受无情的审判；有的主张以观念是否清楚明白为标准，如笛卡儿、斯宾诺莎等；还有的主张以是否令人满意、是否"有效"或"有用"为标准，如实用主义认为"有用即真理"，如此等等。所有这些主张的共同之处，就在于都是在主观范围内兜圈子，都把某种主观的东西当作真理的标准，因而都属于主观真理标准论。如果按照这类标准去判断认识的真理性，就会出现"公说公有理，婆说婆有理"的局面，从而根本无法划清真理与谬误的界限。

在人类思想史上，马克思主义哲学真正科学地解决了真理的检验标准问题，明确提出实践是检验真理的唯一标准。马克思指出："人的思维是否具有客观的［gegenständliche］真理性，这不是一个理论的问题，而是一个实践的问题。人应该在实践中证明自己思维的真理性，即自己思维的现实性和力量，自己思维的此岸性。关于思维——离开实践的思维——的现实性或非现实性的争论，是一个纯粹经院哲学的问题。"① 毛泽东提出："判定认识或理论之是否真理，不是依主观上觉得如何而定，而是依客观上社会实践的结果如何而定。真理的标准只能是社会的实践。"② 这些论断明确回答了真理的检验标准是实践，唯有实践，才是检验认识的真理性的标准，此外再没有别的标准。在现实生活中，这一标准的确立具有重大的实践意义。1978 年开展的关于真理标准问题的大讨论，重新确立了中国共产党的马克思主义的思想路线，拉开了我国改革开放的大幕。

实践是检验真理的唯一标准，这是由真理的本性和实践的特点两个方面共同决定的。只有从真理的本性与实践的特点的统一中去理解真理的检验标准，才能真正理解实践是检验真理的唯一标准。

真理是对客观事物及其规律的正确反映，它的本性就在于主观认识与客观事物相符合。判断一种认识同客观事物是否相符合以及在多大的程度上相符合，这在主观认识的范围内是无法解决的，因为认识自身不能判明自己的正确

① 《马克思恩格斯文集》第 1 卷，人民出版社 2009 年版，第 500 页。
② 《毛泽东选集》第 1 卷，人民出版社 1991 年版，第 284 页。

性；在认识客观对象的范围内也无法解决，因为作为认识对象的客观事物不会也不可能回答人的认识是否同它相符合的问题。认识本身和客观对象都不能充当检验真理的标准。只有那种能够把主观认识与客观事物联系和沟通起来，从而使人们能够把二者加以比较和对照的东西，才能充当检验真理的标准。具有这种特性的东西，只能是作为主客观联系的桥梁、纽带或"交错点"的社会实践。实践是有目的地探索和改造世界的客观的、感性的物质活动，是主观见之于客观的活动，实践既具有普遍性的品格，更具有直接现实性的特点。列宁指出："实践高于（理论的）认识，因为它不仅具有普遍性的品格，而且还具有直接现实性的品格。"[①] 所谓实践的直接现实性，是指实践不仅直接就是一种现实的物质活动，而且能够把一定的认识、理论变成直接的、实实在在的现实。正是这种直接现实性的特点或品格，决定了实践作为检验真理标准的唯一性。

人们按照一定的认识去实践，其结果必然会产生某种直接的现实。通过将这种作为实践结果的直接现实与人们在实践之前依据一定的认识而预期的实践结果（实践目的）进行比较和对照，人们就能间接地实现主观认识与客观事物之间的比较和对照，从而能够检验认识与客观事物之间是否相符合。毛泽东指出："实际的情形是这样的，只有在社会实践过程中（物质生产过程中，阶级斗争过程中，科学实验过程中），人们达到了思想中所预想的结果时，人们的认识才被证实了。"[②]

坚持实践是检验真理的唯一标准，需要正确地理解已被实践所证实的理论的作用。已被实践证明为正确的理论，对于人们的新的认识活动具有重要的指导作用，但并不能把它作为检验真理的标准。这是因为：第一，正确的理论有它特定的适用范围。超出它的适用范围，以它作为检验真理的标准，就会把人类超出原有范围的新的认识判定为谬误。例如，如果把经典物理学理论作为检验真理的标准，就会把相对论和量子力学判定为谬误。第二，即使是那些适用范围极其广泛的普遍真理，其所反映的也只是事物的普遍本质和一般规律，而不可能穷尽事物的各种特殊规定性，用它来判定对特殊事物的认识是不是真理也是无效的。以正确的理论作为检验真理的标准，实质上仍然陷入了主观真理标准论。

[①] 《列宁全集》第 55 卷，人民出版社 2017 年版，第 183 页。
[②] 《毛泽东选集》第 1 卷，人民出版社 1991 年版，第 284 页。

　　坚持实践是检验真理的唯一标准，还必须正确地理解实践标准的确定性和不确定性，深刻地理解实践检验真理的辩证发展过程。实践作为检验认识的真理性的标准，既是确定性的，又是不确定性的。正如列宁所说："实践标准实质上决不能完全地证实或驳倒人类的任何表象。这个标准也是这样的'不确定'，以便不让人的知识变成'绝对'，同时它又是这样的确定，以便同唯心主义和不可知论的一切变种进行无情的斗争。"①

　　实践标准的确定性主要表现在：第一，唯有实践能够检验认识的真理性，即使有些认识不能为当前的实践所检验，但将来的实践终究能够检验出它是否具有真理性。因此，实践作为检验真理的唯一标准，其"唯一"还包含着归根到底和最终的意思。第二，凡是被实践证实为真理或判定为谬误的认识，它与其反映的客观事物相符合或不相符合的关系就不会被将来的任何情况所改变。牛顿经典力学在宏观低速运动范围内与客观实际的符合，并没有因为相对论和量子力学的出现而被推翻，就是一个典型的例证。假如被实践证实了的真理会被推翻，实践也就根本不能充当检验真理的标准。实践标准的确定性表明，凡是被实践证实了的真理，就应该牢固地坚持；凡是被实践证伪了的谬误，就应该坚决地予以抛弃。

　　实践标准的不确定性主要表现在两个方面：一是任何实践都是具体的，都是在一定的历史条件下进行的，必然要受到各种主客观因素的制约，因而它不可能完全证实或驳倒人的一切认识。二是历史的具体的实践对真理的检验具有一定的历史局限性。当具体的实践证实某种认识是真理的时候，往往也只是从总体上证实了这种认识与它所反映的客观事物相符合。至于这种认识与客观事物在多大的范围内和多大的程度上相符合，真理的有效界限在哪里，任何历史的具体的实践都不可能绝对地、一劳永逸地予以确定。

　　坚持实践是检验真理的唯一标准，既要看到实践标准的确定性，防止和反对否认实践标准的唯心主义、怀疑主义和相对主义，又要看到实践标准的不确定性，防止和反对把被某一具体实践证实的认识绝对化的教条主义和独断论错误。

二、逻辑证明与实践标准

　　肯定实践是检验真理的唯一标准，并不否定逻辑证明在检验真理过程中的

――――――――――

① 《列宁选集》第 2 卷，人民出版社 2012 年版，第 103 页。

作用。逻辑证明是指运用已有的知识并按照逻辑规则进行推理，从而对某一认识的正确性进行论证。这里所说的逻辑推理，主要是指传统的和现代的演绎逻辑推理。无论多么复杂的逻辑证明，都是由论题、论据和推理构成的，其中，论题是待证的命题即推理的结论，论据是推理的前提，而推理则是按照逻辑规则由前提过渡到结论的思维活动。在演绎推理中，只要前提为真、推理过程合乎逻辑规则，那么，从前提推理出来的结论也必然是真的。因此，逻辑证明是解决命题形式之间的必然联系问题，而不是解决命题内容是否真实的问题。

逻辑证明在检验认识特别是科学认识的真理性的过程中具有重要作用。

第一，逻辑证明常常是对认识的真理性进行实践检验的必要先导。任何科学理论都是通过抽象和概括而形成的普遍性的知识，它们都是以全称命题的形式表述的。要对这种具有抽象性和普遍性的科学理论的真理性进行实践检验，首先必须运用假说，从待检验的理论出发，加上关于先行条件的陈述，推导出关于事实的陈述，或者是演绎出关于已知事实的陈述（解释事实），或者是演绎出关于未知事实的陈述（预测事实）。从待检验的理论和先行条件推导出关于事实的结论后，人们就可以通过观测和实验即通过实践来检验这些被推断的事实结论，并由此实现对理论本身的检验。例如，人们对爱因斯坦的广义相对论的实践检验，就是通过对从它演绎推导出来的水星轨道近日点的移动、光线在引力场中的偏转、光谱在引力场中的红移三个预言的观测证实而实现的。

第二，逻辑证明也是对认识的真理性进行实践检验的必要补充。在对认识的真理性进行实践检验的过程中，实践结果的意义并不是自明的，确定它究竟是证实了还是证伪了某一认识往往需要借助于逻辑证明。例如，如果观测和实验即实践证伪了从理论和关于先行条件的陈述演绎出来的事实结论，我们一般是借助于证伪演绎法来确定实践结果的意义的：根据充分条件假言推理的规则即否定后件就要否定前件，既然从理论和关于先行条件的陈述推导出来的事实结论不正确，那么，或者是理论本身不正确，或者是关于先行条件的陈述不正确。而要判定关于先行条件的陈述是否正确，又要进行相关的实践检验和逻辑证明。

第三，逻辑证明能够发现和校正对认识的真理性进行实践检验中出现的误差。实践标准本身具有不确定性的一面，对认识真理性的实践检验可能会出现这样那样的误差。在发现和纠正具体的实践检验的误差方面，逻辑证明的力量得到了充分展现。例如，门捷列夫曾经从他所发现的元素周期律出发，通过逻辑推理而预见"类铝"的存在，并推断出"类铝"的某些物理和化学属性。1875 年法国化学家布瓦博德朗发现了元素镓，这种元素的物理和化学属性与门捷列夫所预见的"类铝"完全符合，只是比重有较大的出入。门捷列夫立即发表文章，指出布瓦博德朗对于镓的比重的测定存在误差。据此，布瓦博德朗检查了自己的实验，发现原来镓的纯度有问题。他在将镓提纯后重新测定了镓的比重，结果证实了门捷列夫的预见。

第四，有些认识的真理性主要是靠逻辑证明来论证，而不是直接地诉诸实践来检验。例如，在逻辑和数学中，命题的正确性一般只能通过公理系统的演绎法来证明。这种演绎法的特点，是从作为前提的理论命题必然地推导出作为结论的理论命题，从而对作为结论的理论命题的正确性进行证明。在纯演绎科学中，定理就是以公理为原始论据推导出来的，定理的正确性靠公理的正确性来保证。数学中的一些复杂公式、哲学上的一些普遍性命题，其正确性也要依靠严密的逻辑推演来加以证明。

逻辑证明在检验真理过程中具有重要作用，但它并不能充当检验真理的标准。

首先，逻辑推理所展现的仅仅是命题形式之间的必然联系，它并不涉及命题的内容。逻辑推理所证明的仅仅是前提和结论在思维的形式结构方面的蕴含关系，即如果肯定了前提就必然肯定结论。至于前提和结论是不是与某种客观对象相符合、是不是真理，逻辑是不能证明的，只有实践才能回答。

其次，逻辑推理规则本身的正确性也是逻辑所不能证明的。人们之所以对逻辑推理规则深信不疑，是因为它们的正确可靠性是由人类历史实践反复检验过的。正如列宁所说："人的实践经过亿万次的重复，在人的意识中以逻辑的式固定下来。这些式正是（而且只是）由于亿万次的重复才有着先入之见的巩固性和公理的性质。"①

最后，逻辑证明的结论是否正确，最终也还要由实践来检验。在科学理论的检验过程中，逻辑证明往往只能作为对科学理论的真理性的预言或推测起作用，只有在这种预言或推测为实践所证实的情况下，科学理论的检验才算完成。

总之，逻辑证明在检验认识真理性的过程中具有不可缺少和不可替代的作

① 《列宁全集》第 55 卷，人民出版社 2017 年版，第 186 页。

用，轻视逻辑证明的作用是错误的。但这种作用无论如何巨大，也还是辅助作用，逻辑证明不能作为与实践并列的另一种检验真理的标准。

三、科学预见与实践标准

科学预见是认识活动中的一种重要形式，特别是科学研究活动中的一种重要形式。在科学研究活动中，人们从已有的理论出发，从某种具有普遍性的科学理论和先行条件出发，推导出关于未知事实的认识活动，通常被称作科学预见。科学预见对于人的认识和实践发展具有重要作用，但科学预见的内容是否为真理，最终只能由实践来检验。

科学预见是科学发现的重要形式。现代科学具有高度的抽象性和数学化特征，凸显了科学预见在科学发现中的作用。爱因斯坦在谈到现代科学的特点时说："一个理论可以用经验来检验，但是并没有从经验建立理论的道路。像引力场方程这样复杂的方程，只有通过发现逻辑上简单的数学条件才能找到，这种数学条件完全地或者几乎完全地决定着这些方程。"① 这显示了科学预见在科学发现中的重大作用。就对人类社会的认识而言，科学预见同样是科学发现的重要形式。例如，马克思在科学概括人类历史发展规律的基础上，运用唯物史观和剩余价值学说分析资本主义社会，作出了资本主义必然灭亡、社会主义必然胜利的科学预见。毛泽东在总结中国革命实践经验的基础上，作出了中国社会将由新民主主义社会转变为社会主义社会的科学预见。

科学预见又是真理发展的重要形式。在科学研究中，如果人们从科学理论和先行条件中推导出来的关于未知事实的结论为观测和实验所证实，就意味着人们借以进行科学预见的科学理论已被实践证明为真理，同时也意味着人们通过科学预见发现了关于未知事实的新的真理。显然，这一过程既是检验真理的过程，也是发展真理的过程。在科学研究中，由演绎推理而实现的科学预见常常在揭示出新的真理的同时，还在广泛的范围内为科学发展带来革命性的变化。例如，麦克斯韦从电磁场方程组的偏微分形式中预见到了电磁波的存在，并证明光也是一种电磁波，从而把电、磁、光统一起来，实现了物理学理论的一次大综合。

作为科学真理发现和发展的重要形式，科学预见是建立在一定的实践基础

---

① 《爱因斯坦文集》第 1 卷，商务印书馆 1976 年版，第 40 页。

上的。离开实践基础，人们既不可能作出科学预见，也不可能对科学预见作出真正的检验。首先，人们借以进行科学预见的科学理论是来源于实践的。科学预见是一个演绎推理过程，但作为这一系列演绎推理的最初前提的科学理论却不是演绎推导的结果。它们或者是对人们某一方面实践经验的总结（如经验科学中的普遍命题），或者是对全部人类以往实践经验的概括（如纯演绎科学中的公理），归根到底是来源于实践的。其次，科学家们的科学预见能力是在长期的科研实践中形成的。科学预见是一种创造性的科学活动，不仅需要精通有关的科学理论，而且需要具备丰富的科研实践经验。最后，科学预见是否正确必须接受实践的检验。科学预见是从科学理论和先行条件中推导出关于未知事实的结论，它本身属于一种逻辑证明，其正确与否不能靠另一种逻辑证明来保证。只有经过实践检验，科学预见才会为人们所承认。

第三节 真理的发展规律

真理是对客观事物及其发展规律的正确反映。发现真理和发展真理的过程，就是在实践与认识的矛盾运动中"实事求是"的过程。坚持实事求是，就是坚持在实践活动中发展真理，在同谬误斗争中发展真理，在解放思想中发展真理。这是真理发展的基本规律。

一、在实践活动中发展真理

实践是认识的源泉，因而也是发现真理和发展真理的源泉。实践是发展的，因而真理也是发展的。

对于在实践的基础上发现和发展真理的认识活动，毛泽东精辟地概括为"实事求是"。他指出："'实事'就是客观存在着的一切事物，'是'就是客观事物的内部联系，即规律性，'求'就是我们去研究。我们要从国内外、省内外、县内外、区内外的实际情况出发，从其中引出其固有的而不是臆造的规律性，即找出周围事变的内部联系，作为我们行动的向导。"[①] 实事求是集中体现了马克思主义认识论的基本要求：它一方面强调从"实事"中"求是"，必须

---

① 《毛泽东选集》第3卷，人民出版社1991年版，第801页。

努力使我们的认识、理论如实地反映实际、反映客观规律，从而保证认识、理论的真理性；另一方面强调必须用从"实事"中所"求"到的"是"即规律性的认识去指导实践，严格按照客观规律办事，使实践避免盲目性而获得成功。"实事求是"是中国共产党的思想路线。这条思想路线在真理观的意义上深刻地揭示了：真理是在实践过程中被发现的，也是在实践过程中被发展的；发现和发展真理的实践过程，就是在实践活动中实事求是的过程。

真理本身是一个过程。任何真理都要经历一个不断拓展和深化的发展过程。发现和发展真理的过程，就是在实践活动中不断地实现主观与客观的统一的过程。这主要表现在：首先，发展真理的过程是对客观事物的反映程度不断深化的过程。人们对事物的认识，不仅会经历从现象深入到本质的过程，而且还会经历从不甚深刻的本质深入到更深刻的本质的过程。人类追求真理的过程，首先是不断地深化对世界的本质和规律的认识过程，即不断深入地"求是"的过程。其次，是对客观事物的反映范围不断拓展的过程。人类对客观规律的最基本的反映形式是判断，而人类认识客观规律的一般秩序是从个别判断到特殊判断再到普遍判断。从个别判断到特殊判断再到普遍判断的发展，意味着真理对客观事物的反映在范围上的不断拓展，也必然使真理的普遍性程度不断提高。人类追求真理的实践过程，是不断地扩展对世界的规律性认识的过程，即不断拓展的"求是"的过程。

在实践活动中发展真理，是一个由相对真理走向绝对真理的过程。相对真理是指人们在现实的认识活动中所获得的一个一个的具体的真理，绝对真理则是指人们对整个客观世界及其事物的正确认识的无限发展过程。绝对真理好比是一条无尽的长河，相对真理则是构成这条长河的"河段"和"水滴"。人类已经获得的每一个真理，都是绝对真理长河中的一个成分、一个阶段，都是无穷的绝对真理链条中的一个环节，无数相对真理的总和构成绝对真理。正如毛泽东所说，"在绝对的总的宇宙发展过程中，各个具体过程的发展都是相对的，因而在绝对真理的长河中，人们对于在各个一定发展阶段上的具体过程的认识只具有相对的真理性。无数相对的真理之总和，就是绝对的真理"[1]。

---

[1] 《毛泽东选集》第 1 卷，人民出版社 1991 年版，第 295 页。

人类的实践活动是不断深化发展的，人类在实践的基础上所获得的真理性认识也是不断深化发展的。"实践没有止境，理论创新也没有止境。"① 人类追求真理的过程，就是坚持不懈地实事求是的过程，就是理论创新的过程，也就是在实践中由相对真理走向绝对真理的过程。

二、在同谬误的斗争中发展真理

真理是同谬误相比较而存在、相斗争而发展的。人的认识是一种复杂的精神活动，在反映客观事物及其发展规律的过程中，往往产生正确和错误两种不同的结果，即真理和谬误。所谓谬误，就是与客观事物的实际情况相背离的认识，是对客观事物及其发展规律的歪曲反映。坚持和发展真理，就必须同谬误作斗争。

在人的认识活动中产生谬误，有客观和主观两方面原因。谬误产生的客观原因，主要在于认识对象的复杂性和认识条件的局限性：一方面，作为人的认识对象的客观事物是极其复杂的，不仅具有无限多样的形式，而且其本质常常为现象所掩盖，甚至仅仅通过假象表现出来，因而人们要正确地认识它们十分困难；另一方面，人们对客观事物的认识，必然受到特定时代的认识条件如实践水平、认识手段等的制约。"我们只能在我们时代的条件下去认识，而且这些条件达到什么程度，我们就认识到什么程度。"② 如果尚不具备相应的认识条件，或没有找到变革对象的途径和方法，或缺乏必要的认识手段，人们要正确地认识客观事物就会相当困难。产生谬误的主观原因，主要在于特定主体认识能力的有限性、思维方式的片面性和认识立场的褊狭性。任何具体的认识活动都是由特定主体来进行的，而任何特定主体的认识能力都是有限的，其思维方式也会出现这样那样的片面性。如果主体认识活动的目标超过了其认识能力，或者主体在认识活动中陷入某种片面的思维方式，就不可能形成关于客观事物的正确认识。此外，人们对客观事物的认识还要受到其认识立场的制约，特别是对社会历史的认识，往往与主体自身的利益和需要密切相关。如果主体囿于自身的特殊利益而执著于某种褊狭的认识立场，不敢或不愿正视客观实际，其认识也必然会歪曲客观事物的本来面目，形

---

① 习近平：《决胜全面建成小康社会　夺取新时代中国特色社会主义伟大胜利——在中国共产党第十九次全国代表大会上的报告》，人民出版社 2017 年版，第 26 页。

② 《马克思恩格斯文集》第 9 卷，人民出版社 2009 年版，第 494 页。

成错误的认识。

对认识中所产生的谬误必须采取正确的态度。承认人在认识过程中难免会犯这样或那样的错误，绝不是为错误辩护、宽容错误，而是为了提高防止错误和克服错误的自觉性，尽可能少犯错误、不犯错误。毛泽东说："任何政党，任何个人，错误总是难免的，我们要求犯得少一点。犯了错误则要求改正，改正得越迅速，越彻底，越好。"① 坚持真理、修正错误，是在同谬误的斗争中发展真理的基本前提。

在人的认识活动中，既要划清真理和谬误的界限，又要辩证地理解真理与谬误的关系。一方面，真理与谬误是对立的。就确定的对象和范围来说，真理与谬误的对立是绝对的。一种认识同对象相符合，就是真理；同对象不相符合，就是谬误。在确定条件下，一种认识不能既是真理又是谬误。否认了这一点，就会混淆是非、颠倒黑白。另一方面，真理与谬误在一定条件下又是相互转化的。恩格斯指出，真理和谬误的对立"只有相对的意义，今天被认为是合乎真理的认识都有它隐蔽着的、以后会显露出来的错误的方面，同样，今天已经被认为是错误的认识也有它合乎真理的方面，因而它从前才能被认为是合乎真理的"②。因此，"真理和谬误，正如一切在两极对立中运动的逻辑范畴一样，只是在非常有限的领域内才具有绝对的意义；……如果我们企图在这一领域之外把这种对立当做绝对有效的东西来应用，那我们就会完全遭到失败；对立的两极都向自己的对立面转化，真理变成谬误，谬误变成真理"③。

真理向谬误转化，主要是由于真理脱离了其所反映的对象或超出了其所适用的范围。任何真理都是与特定对象相符合的认识，都有其所适用的范围，只有相对于特定对象和特定范围来说才是真理。如果张冠李戴，把关于某一对象的真理生搬硬套地运用于另一对象，或者超出特定的适用范围，对真理作以偏概全的运用，真理就会变成谬误。谬误向真理转化，则主要表现为同谬误作斗争有利于真理的发展。首先，同谬误作斗争，可以帮助人们找出谬误产生的原因，提高探索真理的能力。正是在这个意义上，毛泽东指出，"错

---

① 《毛泽东选集》第 4 卷，人民出版社 1991 年版，第 1480 页。
② 《马克思恩格斯文集》第 4 卷，人民出版社 2009 年版，第 299 页。
③ 《马克思恩格斯文集》第 9 卷，人民出版社 2009 年版，第 96 页。

误常常是正确的先导"①。其次，同谬误作斗争，可以从中吸取某些合理的因素，用以丰富和发展真理，使真理更加完善。有的认识或思想从总体上看是谬误，但其中也包含着某些合理的成分，经过分析批判，它们可以成为丰富和发展真理的思想材料。最后，同谬误作斗争，可以使真理经受考验和锤炼，提高真理的战斗力和影响力，使其为越来越多的人所接受。真理是愈辩愈明的。通过同谬误作斗争，真理终将战胜谬误并为人们所普遍接受和掌握。

真理与谬误相互对立、相互转化的关系表明，真理是与谬误相比较而存在、相斗争而发展的。毛泽东指出："正确的东西总是在同错误的东西作斗争的过程中发展起来的。真的、善的、美的东西总是在同假的、恶的、丑的东西相比较而存在，相斗争而发展的。当着某一种错误的东西被人类普遍地抛弃，某一种真理被人类普遍地接受的时候，更加新的真理又在同新的错误意见作斗争。这种斗争永远不会完结。这是真理发展的规律，当然也是马克思主义发展的规律。"②

三、在解放思想中发展真理

马克思主义的真理观要求人们在实践中发现真理，并且坚持在实践中检验真理和发展真理。这就不仅要求我们在与谬误的斗争中发展真理，而且要求我们坚定不移地解放思想，从而不断推进真理的发展。

解放思想，就是使思想和实际相符合，使主观和客观相符合，就是实事求是；就是在马克思主义指导下，打破习惯势力和主观偏见的束缚，研究新情况，解决新问题。实践在发展，人的认识应该随之而发展。如果人们的认识停留在已获得的认识结果上，停留在以往的水平上，就会由于主观与客观不再相符合而导致认识的错误。人们在认识上超越旧观点、旧理论，不仅要进行思想理论争论甚至思想斗争，而且要与自己头脑中的旧观点、旧思想进行斗争，因而这是一个超越以往认识，进入新境界的思想解放的过程。没有这个过程，就不能保证一贯地做到实事求是。"一个党，一个国家，一个民族，如果一切从本本出发，思想僵化，迷信盛行，那它就不能前进，它的生机就停止了，就要

---

① 《毛泽东选集》第 3 卷，人民出版社 1991 年版，第 803 页。
② 《毛泽东文集》第 7 卷，人民出版社 1999 年版，第 230—231 页。

亡党亡国。"① 马克思主义之所以能保持蓬勃的生命力和强大的现实力量，根本原因就在于它始终严格地以客观事实为根据，在实践中不断发展自己和完善自己。

解放思想，就要坚持理论和实际相结合的学风，反对教条主义和经验主义。教条主义把理论看作固定不变的教条，以为在实际工作中只要一切照着"本本"上写的原则去做，就万事大吉。教条主义学风是与实事求是的原则相对立的。教条主义者不懂得，理论源于实践，具有普遍意义的理论只有与具体的实际、与人们的特定的实践活动相结合，才具有指导实践的现实力量。经验主义则是理论脱离实际的另一种表现形式。经验主义者轻视理论，把个别的成功经验看作是具有普遍适用性的原则而照搬照用。他们不懂得，经验只有上升到理论层次，概括出以往成功经验中具有普遍意义的内容，形成规律性的认识，才能指导实践获得成功。坚持理论与实际相结合，反对教条主义和经验主义，才能获得真理性的认识和取得实践的成功。

解放思想是一种开拓进取的精神状态。思想解放或不解放，都与人们的精神状态密切相关。解放思想就是要改变因循守旧、不接受新事物的精神状态，就是要形成勇于探索、开拓进取的精神状态。马克思主义的世界观，不只是承认物质第一性的世界观，而是以此为基础的实事求是的世界观；不只是承认物质运动的世界观，而是以此为基础的与时俱进的世界观；不只是承认人的认识能动地反映世界的世界观，而是以此为基础的变革世界的世界观。解放思想，实事求是，与时俱进，是马克思主义世界观的题中应有之义。当今世界正在发生广泛而深刻的变化，当代中国正在发生广泛而深刻的变革。变化中的世界和变革中的中国是当今的最根本的实际。思想与实际相符合，主观与客观相符合，就必须使思想与变化中的世界相符合、与我国人民的波澜壮阔的创新实践相符合。解放思想的过程，就是使思想不断与变化中的实际相符合的过程，就是坚持和发展真理的过程。

马克思主义的真理力量，就在于它赋予人民群众历史创造活动以最坚定的理想信念，就在于它赋予生机勃勃的社会主义运动以最坚实的理论支撑，就在于它赋予人类文明形态的变革以规律性的道路指引。"时代是思想之母，实践是理论之源。只要我们善于聆听时代声音，勇于坚持真理、修

---

① 《邓小平文选》第 2 卷，人民出版社 1994 年版，第 143 页。

正错误，二十一世纪中国的马克思主义一定能够展现出更强大、更有说服力的真理力量！"①

思考题：

1. 怎样理解真理的本质和特性？

2. 为什么说实践是检验真理的唯一标准？

3. 怎样理解逻辑证明、科学预见与实践标准的关系？

4. 怎样在实践中坚持和发展真理？

▶ 本章拓展资源

---

① 习近平：《决胜全面建成小康社会　夺取新时代中国特色社会主义伟大胜利——在中国共产党第十九次全国代表大会上的报告》，人民出版社 2017 年版，第 26—27 页。

第十四章　价值与价值观

在实践活动中，人们不仅认识真理，而且创造价值。马克思主义哲学立足于科学的实践观，揭示了价值的本质和特性，说明了评价的特点和标准，阐述了价值观的形成和功能。作为科学的世界观，马克思主义哲学是真理观与价值观的有机统一。社会主义核心价值观是当代中国精神的集中体现，需要我们积极培育和践行。

第一节　价值的本质与形态

作为哲学范畴，价值是指在实践基础上形成的主体和客体之间的一种意义关系。主体及其需要的复杂性，客体及其属性的丰富性，决定了价值形态的多样性。

一、价值的本质

在人的现实实践活动中，主体总是根据自己的需要自觉地掌握和占有客体，利用客体的属性和功能满足主体的需要，以实现主体的目的。也就是说，在主客体的相互作用中，存在着一种主体按其需要对客体的属性和功能进行选择、利用和改造的关系，或客体的属性、功能对主体的需要满足和实现的关系。这种关系就是价值关系，即人们通常所说的意义关系。某事、某物能够满足主体需要，就是有意义、有价值的；不能满足主体需要，就是没有意义、没有价值的。价值的大小，说到底就是客体满足主体需要程度的大小，客体对主体意义的大小。

在价值的本质问题上，存在着客观主义和主观主义两种对立的观点。客观主义价值论只是从客体自身的属性和功能来规定价值，认为价值是客体本身所固有的某种东西，与人无关，与主体无关。主观主义价值论认为价值就是主体兴趣、欲望、情感的表达，与事物无关，与客体无关。这两种观点都是片面的。价值不是某种实体，也不能归结为主体的兴趣、情感和欲望。价值是一种关系，是主体和客体在实践和认识关系中存在着的一种特殊关系。主体和客体都是价值关系的承担者。

主体及其需要是价值关系形成的根据。价值是相对于主体而言的，只有人才是价值主体，是价值的创造者、实现者和享有者。在人类出现之前，在人的现实活动之外，世界不过是按照自然规律运行的自在之物，本身并无美丑、好坏、有用无用之分。只因为有人和人的活动，才形成了事物与人之间的价值关系，才有了自然界原本不具有的价值现象。所谓环境危机实际上是对人的危机，环境友好是对人的友好。益虫害虫、水利水灾，莫不如此。世界万事万物的价值及其等级次序都是由作为主体的人按照自己需要的尺度排列的。

客体及其属性是价值关系形成的又一根据。价值总是一定的客体对主体的价值。没有客体，就无所谓主客体关系，也就没有价值关系。客体的属性和功能影响着客体能否对主体有意义以及意义之大小。正是由于客体具有满足人的某种需要的属性和功能，它才具有对人的积极意义，成为对人的生存、享受和发展有益的东西。正如马克思所说，"一物之所以是使用价值，因而对人来说是财富的要素，正是由于它本身的属性。如果去掉使葡萄成为葡萄的那些属性，那末它作为葡萄对人的使用价值就消失了"①。

实践是价值关系形成的基础。主体及其需要是在实践中形成和发展的。人是实践的存在物，实践使人成为现实的主体。人的需要不是纯粹的动物性的需要，而是"从社会生产和交换中产生的需要"②，是实践的产物。随着实践水平的提高，满足需要手段的丰富，人的需要也不断发展和丰富，"已经得到满足的第一个需要本身、满足需要的活动和已经获得的为满足需要而用的工具又引起新的需要"③。客体及其属性也是在实践中被发现、规定和改造的。客体是进入人的活动范围的对象。人在需要的推动下从事实践活动，把自身之外的存在变成自己活动的对象，变成自己的客体。事物能否成为现实客体，不仅依赖于它自身的属性，还取决于主体的实践能力和实践水平。"对象如何对他来说成为他的对象，这取决于对象的性质以及与之相适应的本质力量的性质……因为我的对象只能是我的一种本质力量的确证"④。

----

① 《马克思恩格斯全集》第 35 卷，人民出版社 2013 年版，第 138 页。
② 《马克思恩格斯全集》第 30 卷，人民出版社 1995 年版，第 524 页。
③ 《马克思恩格斯文集》第 1 卷，人民出版社 2009 年版，第 531 页。
④ 《马克思恩格斯文集》第 1 卷，人民出版社 2009 年版，第 191 页。

主体和客体的价值关系是在实践中实现的。没有实践，就没有主体和客体，就没有主体和客体之间的价值关系。正是通过实践活动，一方面，客体按照主体的需要和要求发生结构和形式上的变化；另一方面，客体从客观对象的存在形式转化为主体生命结构的因素或主体本质力量的因素，变成主体的一部分。实践在改变客体存在形式的同时，实现了主体的预期目的，满足了主体的需要，使主客体的价值关系由潜在成为现实。

二、价值的基本特性

价值的本质表现为价值的特性。价值具有主体性、客观性、相对性。

第一，价值的主体性。

价值的主体性是指价值关系的形成依赖于主体的存在。没有主体，就没有价值关系；同一客体对不同的主体具有不同的价值。价值的性质、特点及其变化，都是同价值关系中的主体直接相联系的。

价值的主体性还表现为现实价值关系的形成依赖于主体的创造。自然存在物不能直接地、现成地满足人的需要。即使事物存在对人的某种有用性，在人们未发现和掌握对它的使用方法时，它对人仍不具有现实的价值。因此，主客体之间的价值关系不是一种自然形成的关系，而是主体在实践基础上确立的同客体之间的一种创造性关系。无论是主体在与客体的相互作用中发现客体的潜在价值，还是通过实践发明或发现掌握客体的方式，乃至改造客体以实现价值目标，都贯穿着主体的创造性活动。

第二，价值的客观性。

价值的客观性是指在一定条件下客体对主体的价值是一种客观存在，它不依赖于主体的主观意识，独立于人们对它的认识和评价。认识和评价可以反映价值，但不能创造和取消价值。

价值之所以是客观的，就在于价值形成的基础和结果都是客观的。价值产生于主客体的相互关系之中。在这种关系中，客体的存在、属性及其作用是客观的，主体的存在、需要是客观的。人的需要与人的社会存在相联系，与人的社会实践相联系，有着不依人的意志为转移的特点。主客体相互作用的结果也是客观的，在一定条件下，某一客体对某一主体有没有价值、有什么价值、有多少价值，不依主体是否认识、如何认识为转移。承认价值的客观性，也就承认了价值的绝对性。价值的绝对性是指价值的确定性。虽然客体在不同条件下对不同主体具有不同价值，但在一定条件下对一定主体来说，价值的有无及大小则是客观的，也即确定的。

第三，价值的相对性。

价值是随主体、客体和主客体关系的变化而变化的，因而价值具有相对性。人们认识价值，既要认识它的内容，即有无价值，还要认识它的条件，即在何种条件下具有何种价值。

价值的相对性表现在主体和客体的多样性决定的价值的多样性。价值主体是多层次的，既有个人，也有群体、人类。不同层次的主体，其需要并不完全相同，甚至常常相距甚远。同一层次的主体，他们的需要也往往是不同的，即使同一个主体也有着多种需要。价值客体也是丰富多样的，同一客体有着多种属性和功能，"每一种这样的物都是许多属性的总和，因此可以在不同的方面有用"①。多样的客体及其属性和多层次的主体及其需要之间形成了多样的价值关系。在多样的价值关系中，同一客体相对于不同的主体需要产生不同的价值。价值的相对性还表现在主体和客体的不断变化决定的价值的历史性。随着实践和历史的发展，主体和客体以及主客体之间的关系经常发生变化，人们对客体价值的判断也经常发生变化。马克思认为，发现事物的不同方面的属性，"从而发现物的多种使用方式，是历史的事情"②。过去许多未被发现或者被视为神秘的事物及其属性，现在被人们发现和利用了；过去被认为是对人无用，甚至是有害的东西，现在变成了人们所需要的有用之物。人们同外部世界建立越来越多样的价值关系，并不断变化着它们的历史内容。价值是相对性和绝对性的统一，价值的相对性不同于价值相对主义。价值相对主义片面夸大价值的相对性，否认价值的客观性、确定性，主张世界上无所谓真假、善恶、美丑之分，把价值选择仅仅视为个人的偏好问题，人们无法对其作出对与错的价值判断。

三、价值的形态

价值的形态是指价值的存在类型。依据主体的需要，价值可以区分为物质价值、精神价值和交往价值三种基本形态。

---

① 《马克思恩格斯文集》第 5 卷，人民出版社 2009 年版，第 48 页。
② 《马克思恩格斯文集》第 5 卷，人民出版社 2009 年版，第 48 页。

物质价值是指客体满足人的物质需要的价值。人是有生命的自然存在物，人通过与自然之间的物质和能量的交换，满足自己的物质需要，保证自己的生存和发展。自然是人的物质生活的前提，人们的生产生活资料无不直接或间接地来自自然界。自然以各种物质形态之间的相互联系、相互制约，形成人的生存和发展的生态环境，与人构成生命共同体。

精神价值是指客体满足人的精神需要的价值。人是有意识的存在物，具有包括知、情、意在内的特殊心理结构，有着自己的精神需要，包括求真、向善、尚美的需要。尽管物质生产、社会政治活动以及家庭日常生活也包含有满足人们的某种精神需要，但人们主要是通过创造特定的精神文化，丰富自己的精神世界，满足其精神需要，实现其对精神价值的追求。精神价值的基本形式有道德、艺术、哲学以及科学等，它们从不同方面扩展人的精神视野，提高人的精神品位，丰富人的精神生活。

交往价值是指客体满足人的交往需要的价值。人是社会存在物，人的本质在其现实性上是一切社会关系的总和。"人们从一开始，从他们存在的时候起，就是彼此需要的，只是由于这一点，他们才能发展自己的需要和能力等等，他们发生了交往。"① 交往是人们从事一切活动的社会条件，也是发展人自身需要和能力的社会形式。人们的物质需要和精神需要的满足是通过他们的交往活动来实现的。交往始终是人生存和发展的基本需要之一，交往价值是相对独立的价值形态。凡是有利于人的发展的交往活动，满足人们的交往需要的事物，都具有交往价值。制度是人们交往活动的产物，也是交往价值的重要体现。要使人与人之间的交往成为可能，就需要一定的制度来规范人的行为，调节人们之间的关系，为人们的交往提供模式和秩序。这里的制度，既包括正式的社会经济、政治、法律、伦理制度等，也包括非正式的制度，如社会的风俗、习惯等，它们因为能够满足主体交往需要而具有交往价值。

物质价值、精神价值、交往价值既互相区别，又互相联系。物质价值是最基本的价值，离开它，人类就不能生存。精神价值和交往价值则是在创造物质价值的实践基础上发展起来的，同时又影响着物质价值的生成和发展。随着科学技术的进步和社会的发展，人们的物质需要、精神需要、交往需要越来越密切地结合起来，物质价值、精神价值、交往价值也越来

---

① 《马克思恩格斯全集》第 42 卷，人民出版社 1979 年版，第 360 页。

越密切地交织在一起。它们共同存在于人的实践活动之中，构成社会生活的价值系统。

人的价值是一种特殊的价值形态。人既是价值的主体，又是价值的客体；人不仅具有满足他人的需要的价值，而且自身的存在和发展就是一种价值。人的价值与物的价值存在着根本的区别。物的价值在本质上是由人所创造、赋予的，人具有一种任何物都不具有的价值，即创造价值的价值。从根本上说，人具有目的性价值，物的价值是一种从属于人的目的的工具性价值。因此，人的价值是一切价值形态中最高级的价值，如毛泽东所说，世间一切事物中，人是第一个可宝贵的。

第二节　评价及其科学性

评价是一种特殊的观念活动，人们通过评价来揭示和把握价值。评价总是依据一定的标准进行的，评价标准的多样性、评价活动的复杂性使得评价的科学性问题成为评价的核心问题。

一、评价与认知

评价是人对事物价值的一种观念性把握，是主体对客体的价值及其大小所作的判断，因而也被称作价值判断、价值评价。评价通过揭示客体对主体的意义，形成和表达主体对客体的态度，诸如喜欢还是厌恶、亲近还是拒斥、肯定还是否定等。

评价渗透在人类生活的各个方面。人们总是对进入自己活动范围的事物进行着各种形式的评价，如功利的、道德的、审美的评价等。人们正是依据评价的结果确定对事物的态度和自身的行为，调控活动过程，实际地创造价值和享受价值。没有评价，人们就不会有实际的价值追求和选择，就不会给自己提出认识世界和改造世界的任务。

评价和价值紧密联系在一起，但评价和价值是不同的。价值是一种客观存在的社会现象，评价是关于客观价值的主观判断。评价揭示价值，但并不直接创造价值。评价必须以价值为基础，随着客观价值的变化而变化。评价可能符合客观价值，也可能不符合客观价值。但无论符合与否，都不能改变价值的实际状况。所谓"越之西子，善毁者不能闭其美；齐之无盐，善美者不能掩其丑"①，说的就是这个道理。把价值和评价等同起来，或把价值看作评价的产物，最终必然因否定价值的客观性而滑向主观唯心主义。

评价是人类认识的一种特殊形式。评价在本质上属于认识，是对客观价值关系的主观反映，具有认识的一般特性。人类认识包括认知和评价两个方面。

认知以客观事物及其规律为对象，反映的是事物本身的属性、关系和发展过程；评价以价值为对象，反映的是事物的属性、关系以及它们的变化过程与人的需要、目的、利益之间的关系，揭示事物对于人的意义。在这里，价值是价值主体和价值客体之间的一种关系，同时又成为评价主体的评价对象。评价主体和价值主体可能是同一的，也可能不是同一的。一个人可以评价一事物对自己的价值，也可以评价一事物对其他人的价值。

认知活动是主体趋向于客体的活动。它要把握客体的本来面目，真实地反映客观事物本身的发展状况和规律，总是力图从认识内容中排除人的主观因素，主体的情感、意志等主观因素干预得越少，认知结果越可信。评价活动是使客体趋向主体的活动，它要揭示客体对于主体的意义，总是运用主体的评价标准去衡量对象，评价标准是评价活动的前提条件和主导因素。评价主体的情感、兴趣、爱好等在评价中起着十分重要的作用。

认知最终获得关于客体及其规律的知识，其功能是为实践提供客体尺度。这是使自然物产生有利于人的变化的基本前提。评价最终揭示客体对人的意义，形成人看待事物的态度，指导人们的选择，确定实践的方向和目标，使实践符合主体尺度，在使自然物发生形式的变化的同时，在"自然物中实现自己的目的"②。

评价和认知既相互区别，又相互联系。首先，它们相互包含、相互渗透。认知中包含着评价。认知对象的确立，认知目标和手段的选择，认知程序的安排，认知结果的理解等，都不能离开评价因素的参与。评价中包含着认知。评价不仅要以认知提供的事实材料为基础，而且在评价对象、评价标准、评价结果的各个环节中都渗透着认知的因素。在实际生活中，人们的认知活动和评价活动总是交织在一起的，既没有不包含认知因素的纯粹评价活动，也没有不包

---

① 《三国演义》第 65 回。
② 《马克思恩格斯文集》第 5 卷，人民出版社 2009 年版，第 208 页。

含评价因素的纯粹认知活动。其次，它们相互制约、相互作用。认知为评价提供必要的前提条件。认知提供事实性材料，这些材料有助于主体了解客体的属性和本质以及它在一个更大系统中的地位，帮助评价主体准确确定评价的范围和坐标，完整地把握客体的意义。认知可以扩大主体的视野，提供多侧面、多维度地评价客体的可能性，特别是对于价值主体需要的了解，包括评价主体所不曾经历或想象过的他人的价值标准，以防止评价中出现经验主义、教条主义，以及以自我为中心的片面性错误。评价又制约着认知。评价的正确与否，深刻地影响着认知活动的方向、过程和结果。认知只有通过评价才能把事物的规律和人的需要结合起来，把客体尺度和主体尺度结合起来，形成实践观念，发挥对实践的指导作用。

二、评价的标准

人们对事物的评价都是按照一定的标准进行的。评价标准在评价活动中起着极其重要的作用。正如同没有尺子就难于判断事物的长度，没有秤或天平就难于判断事物的重量一样，没有一定的评价标准人们就无法判断事物的价值。不同的人对同一事物会有不同的评价，一个重要原因就是他们的评价标准不同。

评价标准是主体评价客体有无价值以及价值大小的尺度。价值的本质规定决定了人的需要是最根本的评价标准。价值是客体对于主体需要的满足，因为有了人和人的需要，才有了事物对人的价值。正是主体的需要使客体的属性、功能与主体构成一定的价值关系，显示出客体的价值性质和大小。也就是说，价值虽然体现在物身上，价值关系所负载的却是人的需要。社会生活实践表明：能够满足主体需要的就被认为是有价值的，反之就被认为是没有价值的。因此，评价标准说到底是人的需要，每个人、每个阶级、每个社会，都自觉或不自觉地以其需要来评价事物。对同一事物，人们的评价不同，归根到底是因为人们的需要不同。

在实际的评价活动中，由于主观或客观的原因，人们未必都能自觉地直接按照需要去评价客体。在许多情况下，人们的评价往往受到偏好、规范、理想等因素的影响。

偏好是人们在长期活动过程中产生的某种偏爱和喜好。在主体评价对象时，它作为主体所具有的一种心理倾向发生作用。规范是人们活动的准则或规则，它不仅指导着人们的行为，而且影响着对人的行为的评价。理想作为人的活动的目标，也直接影响着人们对事物价值的看法。在现实社会生活中，人们常常自觉或不自觉地把符合自己的偏好、规范和理想的事物判断为有价值的，反之就是没有价值的。

偏好、规范和理想最终根源于人的需要，是主体的不同层次需要的反映。它们分别反映了主体的个体化需要、群体需要和长远需要。人的需要作为一种根本的尺度以间接的、潜在的形式存在于偏好、规范和理想之中，成为它们的根源和依据。

作为评价标准的需要，以及影响评价的偏好、规范和理想等因素，都是在社会生活中产生的，归根到底是由人们的物质生活条件所决定的，始终体现着人的社会关系及其发展变化，在阶级社会中甚至带有阶级对立的性质。因此，确立科学的评价标准，便成为对各种事物和现象进行评价的重要任务。

三、评价的科学性

评价是一种复杂的价值判断活动，既可能同客观的价值关系相一致，也可能与之相背离。在社会生活中，评价有着科学与非科学的区分，评价结果有着正确与错误的差别。科学的评价，能够正确地揭示、把握客观价值关系，为实现价值提供可靠的前提和保证，为人的实践活动提供正确的方向和目标；非科学的评价则会歪曲、遮蔽客观的价值关系，甚至善恶不分，美丑颠倒，进而把人的行为引向歧途，导致严重的实践后果。

科学的评价是客观公正、全面有效的评价。要实现科学的评价，必须正确地认识客体的属性和规律，正确地把握主体的需要，科学地确立和运用评价标准。

第一，正确地认识客体的属性和规律。客体及其自身的属性是价值的承担者，人们对客体价值评价的正确程度，是与人们对它的事实认识的广度和深度成正比的，对客体及其规律认识越全面、越深刻，对它的评价就可能会越准确。

正确认识客体就必须了解客体各个方面的总和，把握它的一切方面、一切联系和中介。同时，人们又不可能在一个具体阶段上达到对事物各个方面毫无遗漏的认识和把握，因此，认识客体最根本的就是要把握客体最本质的方面，

"一定要抓住要点或特点（矛盾的主导方面）"，如毛泽东所说，十样事物，"如果你调查的九样都是一些次要的东西，把主要的东西都丢掉了，那末，仍旧是没有发言权"。① 正确认识客体还必须把握客体的历史过程并且在历史的过程中认识客体。要把客体放到当时的历史环境中进行评价，反对用超历史的观点去评价历史人物或事物。"马克思主义理论的绝对要求，就是要把问题提到一定的历史范围之内"②。

第二，正确地把握主体的需要。只有当人真正自觉意识到并正确地反映主体的需要时，才会自觉地以此为尺度，从而正确地去判断客体是否具有意义以及意义之大小。

主体的需要，包括质和量两个方面。主体需要的质就是主体需要的内容。对同一客体，由于主体需要的内容不同，其具有的价值也不同。人的需要不仅有质的不同，还有量的差别。认识人的需要不仅要认识需要什么，还要把握具体需要的合理限度。只有掌握适度原则，才能准确把握客体的意义。科学把握主体的需要，还必须认识人的需要是多方面、多层次的复杂系统。从主体对客体需要的内容来说，有功利的、认知的、道德的、审美的等方面的需要；从需要的时空维度看，有局部的、暂时的需要和整体的、长远的需要；从需要的等级看，有低层次的需要和高层次的需要等。所以，认识主体，应尽可能地把某一方面的需要与其他方面的需要，局部的、暂时的需要和整体的、长远的需要，低层次的需要和高层次的需要等结合起来，并以此去评价事物，否则就不可能正确评价事物的价值。

第三，科学地确立和运用评价标准。科学的评价除了正确认识客体的属性和规律、正确认识主体的需要之外，更关键的在于科学地确立并正确运用评价标准，特别是处理好个体评价标准和社会评价标准之间的关系。

评价的标准归根到底是主体的需要。主体有个体、群体、社会等不同形式，主体的需要也具体包括个人需要、群体需要、社会需要等不同形式。因此，当判断某一客体有无价值时，我们必须明确是"对谁的价值""以谁的需要"为尺度。当判断客体对某个人的价值时，其尺度只能是某个人的需要，凡是符合这个人正当需要的就是对他有价值的。当判断客体对某一阶级、民族的

① 《毛泽东文集》第 2 卷，人民出版社 1993 年版，第 382 页。
② 《列宁专题文集　论马克思主义》第 25 卷，人民出版社 2009 年版，第 302 页。

价值时，其尺度只能是这个阶级、民族的需要，凡是能满足这个阶级、民族正当需要的就是对这个阶级、民族有价值的。同样道理，当判断客体的社会历史的价值时，也只能以社会历史的需要为尺度，凡是能满足社会历史进步需要的就是对社会历史有价值的。

个人需要和社会需要并不总是一致的。"随着分工的发展也产生了单个人的利益或单个家庭的利益与所有互相交往的个人的共同利益之间的矛盾"①，符合个人需要的不一定符合社会历史发展的需要，对个人有价值的不一定对社会有价值。价值评价不仅要判断事物对个人的意义，更要认识事物对群体、社会的意义。人是社会的人，不能脱离社会而存在和发展。每一个人从其出生的那一天起，就置身于一定的社会历史条件下和生活于一定的社会关系中。人们的需要的产生、发展和满足，都要通过社会得到实现。因此，把握客体的社会价值，是价值评价的重要任务。

评价客体的社会价值的尺度，不是某个人的需要，也不是某个群体的需要，而是社会的需要，也就是反映社会发展规律、符合社会发展趋势、推动社会历史进步的需要。社会生产力是人类全部历史的基础，是促进社会发展的根本动力。因此，能推动社会生产力发展的，也就是符合社会进步需要的，就是好的。生产力的发展是社会进步的主要标准。先进阶级和人民群众始终是先进生产力的代表，是推动社会历史进步的革命力量，其根本需要和利益同社会进步、生产力发展在本质上是一致的。所以，以社会需要、生产力发展为尺度，实质上也就是以先进阶级和人民群众的需要和利益为尺度。正如毛泽东所说，"我们是无产阶级的革命的功利主义者，我们是以占全人口百分之九十以上的最广大群众的目前利益和将来利益的统一为出发点的……任何一种东西，必须能使人民群众得到真实的利益，才是好的东西"②。

个人的需要和群体的需要，作为尺度评价事物对个人和群体的价值，具有正当性和合理性。对于事物的社会价值而言，如果个人的、群体的需要同社会需要是一致的，它们无疑具有客观的评价标准的意义，因为它符合社会需要，是作为社会需要而起作用的。一旦个人需要、群体需要与社会需要相冲突，它便失去了正当性和合理性。以此为尺度评价事物的社会价值，就会不可避免地

---

① 《马克思恩格斯文集》第1卷，人民出版社2009年版，第536页。
② 《毛泽东选集》第3卷，人民出版社1991年版，第864—865页。

造成混乱和错误。

第三节　价值观的形成与选择

人们在长期的价值评价和实践过程中会形成一定的价值观。价值观是人们关于价值的根本观点。它是世界观和人生观的重要组成部分，具有重要的社会功能。价值观存在着先进与落后、积极与消极之分，在现代社会多样化价值观及其冲突中，人们需要选择和树立正确的价值观，社会主义社会需要建设先进的核心价值体系。

一、价值观的形成

价值是一种客观存在的社会现象，人们在生活中不断地追求和创造价值，同时也在不断地认识和评价价值。在价值认识和实践活动中，人们逐渐形成了关于各种价值的一些看法，并形成一定的价值观。价值观不是关于某一个别的、具体的事物具有什么价值的看法，而是人们基于生存、享受和发展的需要，对某类事物的价值以及普遍价值的根本看法，是人们所持有的关于如何区分好与坏、对与错、符合与违背意愿的总体观念，是关于应该做什么和不应该做什么的基本见解。

作为一种观念，价值观不是孤立存在的，它是世界观的重要组成部分。世界观是人们对整个世界的根本观点，不仅追求某种客观真理，而且总是试图找到一种能够赋予人的生活以目的的价值。它不仅要回答人与世界的实际关系是什么的问题，而且要回答人与世界的关系应该怎么样的问题。前者属于真理观，后者属于价值观。世界观包含并体现为自然观、历史观、人生观，世界观以及自然观、历史观、人生观又都包含真理观和价值观两个方面的内容。

价值观就其内容来说，主要包含三个方面：其一，价值理想。它是人们所追求的、具有现实可能性和合乎自己愿望的价值目标。它以对未来应然状态的把握和规定为内容，具有强烈的感召力和凝聚力。价值信念、信仰是和价值理想同一序列的范畴。价值信念是关于价值理想的信念，是人们对价值理想抱有深刻信任感的精神状态。价值信仰不仅表示人们对价值理想的认同和确信，还意味着感情的皈依、真诚的信奉，表现了主体的最高价值追求。价值理想、信念、信仰是价值观的典型表现形式。其二，价值原则。它是关于什么是价值，为什么有价值，以及价值秩序的基本观点，是形成价值理想和价值规范的基本准则。一种价值观的性质是由它所包含的价值原则来规定的。基督教价值观以上帝为一切价值的源泉和最高价值，为衡量一切价值大小的标准。个人主义价值观以个人的存在、权利、利益为核心价值原则和其他一切价值的根据。马克思主义价值观以个人与社会的辩证统一为基本原则，以人的自由全面发展为最高价值。其三，价值规范。规范的本意就是规则、标准或尺度。价值规范是人们为实现自己的价值理想制定的行为规则和标准，它明确规定人应该怎样，不应该怎样。一切价值观都要通过规范，诸如风俗习惯、伦理道德、法律等，化为在一定具体情境中如何行动的规则，才能具体指导人们的活动。一个社会有什么样的价值观，就必然有什么样的价值规范。

价值观总是和特定的主体相联系，是一定主体的价值观。无论是个体的价值观还是社会群体的价值观，都不是先天固有的，也不是人们头脑中主观自生的，而是在一定的社会环境和活动中逐步形成的，是主体在实践活动中，通过自我意识对社会存在、社会生活的创造性把握。

主体的需要和自我意识是价值观形成的逻辑前提。价值观的形成依赖于主客体的分化、自我意识的形成和对需要的把握。需要是价值关系形成的主体依据，自我意识是关于主体自身存在的意识。对需要的意识本身是自我意识的重要内容。主体基于意识到的需要对各种价值关系进行判断、反思和整合才形成一定的价值观。不同的主体，需要不同，自我意识不同，价值观也不相同。人的需要和自我意识的多层次性，决定了价值观的多层次性；人的需要和自我意识的社会历史性，决定了价值观的社会历史性。价值观是在需要的驱动下，在自我意识的引导下，在价值活动基础上形成的。

物质生活和文化传统是价值观形成的社会条件。价值观作为意识的重要内容，是人们的社会生活过程和条件在观念上的反映，归根到底是社会物质生活过程及其条件在观念上的反映。社会生活，以及包含着价值观的各种社会意识具有历史的延续性和传承性，在社会发展中积淀为一种文化传统。这种文化传统对于生活于其中的所有人来说是一种客观的、无所不在的力量，成为影响与决定他们价值观形成的社会条件。因此，每一特定时代人们的价值观都来自他们所生活的社会，是一定社会的物质生活方式、政治法律制度、观念文化传统等因素潜移默化地濡染、熏陶和塑造的结果。事实上，任何社会都给其成员和群体提供了一套价值观。一方面，社会通过法律手段、社会舆论和学校教育，有目的、有计划地把某种价值观灌输给每个社会成员，不断地培养、调整或矫正他们的价值观，由此使个人的价值观和社会的价值观协调一致起来，维护社会的稳定和发展。另一方面，社会也通过文化传统，如风俗习惯、社会心理等形式，将其价值观在潜移默化中传递给每个社会成员，促使他们的价值观的形成和发展。

主体的实践活动是价值观形成的现实根据。实践活动是创造价值、实现价值的活动，人们也是在实践活动中认识、评价和体验价值的。一个人关于某类事物的价值判断一旦被实践所证实，他的价值体验、价值情感就会得到强化，就会形成一种稳定的态度和看法。人们接受社会价值观的过程，也是通过自己的实践活动加以选择和内化的过程。在各种具体的实践活动过程中，主体不断形成对社会物质生活方式、政治法律制度以及文化传统的理解和体会，基于自己的经验选择、接受和认同它们所内涵的价值观。没有经过实践活动的内化和吸收，社会所提供的价值观仅仅是外在的规范，还不能成为主体自觉的价值意识。

价值观的形成过程表明，价值观具有时代性、民族性和阶级性。人们的社会存在和社会生活是具体的、现实的，是属于一定时代的，反映社会存在和社会生活的价值观总是表现出鲜明的时代特点。它回应着特殊的时代性问题，表现着一定时代人们的需要和利益诉求，体现为时代要求的价值原则、价值规范和价值理想，表征着特定的时代精神。有什么性质的社会存在，就会有什么性质和内容的价值观。"随着每一次社会秩序的巨大历史变革，人们的观点和观念也会发生变革。"① 抽象的、超历史的、一成不变的价值观是不存在的。一个民族在长期的共同生活和共同实践的基础上，逐渐形成具有该民族特色的价值原则、价值规范、价值理想，并通过历史的积淀和升华，使之成为该民族文化传统的核心和灵魂。价值观的民族性表现着一个民族区别于其他民族的精神气质。恩格斯说："善恶观念从一个民族到另一个民族……变更得这样厉害，以致它们常常是互相直接矛盾的。"② 在阶级社会中，人们自觉或不自觉地，归根到底总是从他们的阶级地位所依据的实际关系中，从他们进行生产和交换的经

---

① 《马克思恩格斯全集》第 10 卷，人民出版社 1998 年版，第 253 页。
② 《马克思恩格斯文集》第 9 卷，人民出版社 2009 年版，第 98 页。

济关系中，获得自己的价值观念，因而价值观总是带有阶级的特性。不同阶级由其阶级地位和经济利益所决定，有着不同的价值原则、价值规范、价值理想。作为阶级的价值观，它或者为统治阶级的利益辩护，或者代表被统治阶级对统治阶级的反抗和被统治阶级的未来利益。每一时代占统治地位的价值观都是统治阶级的价值观，因为"占统治地位的思想不过是占统治地位的物质关系在观念上的表现，不过是以思想的形式表现出来的占统治地位的物质关系"①。

二、价值观的功能

价值观是文化的核心，"在一定社会的文化中是起中轴作用的"②。文化的本质是"人化"，是人的主体性本质力量的对象化，物质文化是人的活动"做什么"的结果，制度文化意味着人的活动"怎么做"，精神文化特别是价值观则是解决人的活动"为什么做"的问题。价值观渗透于人的活动及其成果之中，影响和制约着人们"做什么"和"怎么做"。正是价值观的不同，最终决定了人们"做什么"和"怎么做"。人的活动及其成果，说到底，不过是人的价值观的外在表现。所谓文化，本质上就是指社会中的价值观，是人们对于理想、信念、取向、态度所普遍持有的见解。中西文化不同，古今文化不同，最根本的是价值观的不同。"文化的影响力首先是价值观念的影响力。世界上各种文化之争，本质上是价值观念之争，也是人心之争、意识形态之争。"③

价值观的功能是多方面的，它贯穿于人们每一活动的始终，渗透于社会生活的各个领域。作为世界观的重要内容的价值观，是人的自我意识的核心，构建着个人的精神家园，回答着人生的价值和意义，引导、制约、规范着人的实践活动和全部社会生活，直接而深刻地影响着社会的凝聚力和创造力。价值观的功能具体表现为：

第一，导向功能。价值观是价值关系、价值存在的应然状态的展示和期盼，从而在主体的活动中具有引导和定向作用。目的性是人的活动的内在规定性，人们的实践和认识活动首先要解决做什么和认识什么的问题。面对纷繁复杂的事物和现象，价值观为人们提供了价值理想、价值目标，进而提供了价值选择标准，为人的行为选择提供了方向和依据。人们在活动中总是根据价值观

---

① 《马克思恩格斯文集》第 1 卷，人民出版社 2009 年版，第 550—551 页。
② 《习近平关于社会主义文化建设论述摘编》，中央文献出版社 2017 年版，第 105 页。
③ 《习近平关于社会主义文化建设论述摘编》，中央文献出版社 2017 年版，第 105 页。

提供的目标选择活动的对象，根据价值观提供的价值尺度和标准评判具体事物，区分什么事物有价值，什么事物无价值，从而明了应该追求什么，应该避免什么，进而作出自己的思想和行为选择，确定行动的方向。社会通过主导价值观不仅为自身提供了最高价值理想和奋斗目标，引领着社会存在和发展的方向，而且引导着个体的价值取向，从而制约着个体的价值选择和活动方向。

第二，规范功能。价值观规定和约束着主体的行为和活动，协调着人们之间的关系，使社会保持一定的秩序。人们在有序的社会中生活，需要一定的自我约束和社会约束。价值观构成个体的心理定势，个体在现实生活中以它为尺度去确定事物的好坏，确定行为的正当与否，内在地规范、约束和调节着自己的行为和活动方式。社会也总是通过自己的主导价值观所包含的价值规范告诉人们能够、应该、必须做什么，也告诉人们不能做什么、禁止做什么，从而为人的活动提供规则、标准和模式。同时，社会还通过主导的价值规范，直接规范着人们之间的关系如权利和义务等，抑制着人际交往中可能出现的任意和投机的行为，防止和化解个人之间、个人与群体及社会之间的冲突。

第三，凝聚功能。价值观是人的社会认同的核心内容，是社会、群体或组织等共同体的黏合剂。人是社会存在物，社会共同体是人类存在和活动的基本形式。社会共同体的建立、维系和作用依赖于共同体成员价值观的相容和一致。每一个社会共同体都有自己独特的价值观，它造就一种氛围，形成一种力量，通过多种渠道，使这种价值观内化成为共同体成员的个人价值观。社会共同体通过这种共同的价值观为自身的存在进行合理性和合法性论证，并通过共同的价值观来塑造和凝聚它的成员，把共同体的成员联结在一起，产生一种团结感，形成一种亲和力、感召力和凝聚力。特别是当这种共同价值观以某种特殊的形式如宗族观念、宗教观念、民族观念、阶级观念呈现出来时，其凝聚功能更容易被人们切实地感受到。这种凝聚力之所以会产生，是因为共同的价值观为其成员提供了共同的价值理想、价值规范，使人们在自己的长远利益和根本利益上有了共同的目标和追求，形成价值共识，从而形成一种强大的向心力。

第四，激励功能。价值观不仅在理智方面给人以引导，而且能够激发主体的情感和意志，是人们活动的精神动力。价值观从根本上反映并强化主体的需要和利益，表现为主体的价值目标和价值追求，以及主体为满足一定的需要和实现一定的价值目标所产生的期望。这种追求和期望能够引发主体的活动动机和激情，激发主体的各种潜在的能力，驱动主体发起实践和认识活动。人们在创造价值的各种活动中往往会遇到许多困难和挫折，坚定的价值理想、信念和信仰能够使主体始终保持饱满的热情、坚强的意志，使之处于积极、能动的状态，并能够激起卓绝的精神力量，不断推动实践和认识活动持续、深入地展开，直至实现价值目标。离开了稳定的价值观的动力作用，人们的活动就可能成为一条断流的河床。价值观无论是对个人还是对社会都具有极其重要的意义。因此，在社会生活中，人们必然重视价值观的选择，社会也必然要注重核心价值体系的建设。

三、价值观的冲突与选择

任何一个社会都存在着多种多样的价值观，它们反映了社会多种多样的文化传统，人们多种多样的生存条件、活动方式和利益等。在传统社会，由于社会生活分化的不充分以及社会关系的狭隘，价值观总体上具有一定的单调性和封闭性。在现代社会，随着世界历史的形成，特别是随着经济全球化、市场经济体系以及科学技术的大发展，价值观的多样性成为一个显著的事实。

市场经济作为现代社会一种主要的资源配置方式和人的生存方式，孕育和生发出一些不同于自然经济所要求的文化精神、价值观念。市场经济的发展带来的社会经济成分和经济利益、生活方式、组织形式、就业结构的多样化，使人们思想活动的独立性、选择性、多变性和差异性不断增强，价值观也呈现复杂的多样性的态势。经济全球化，以信息技术为核心的现代科学技术的迅猛发展，使世界历史快速展开，世界真正进入普遍交往的时代。这不仅深刻地改变了人们的生存方式和生活方式，引起人们价值观的深刻变化，同时还使世界范围内的不同文化、不同价值观的交流和竞争突出地摆在每个人的面前。原来不同历史时期、不同文化背景下存在的价值观被挤压在同一个时空中，相互激荡和碰撞，呈现出错综复杂的局面。

价值观的多样性必然引发和带来价值观的冲突。现代社会价值观的冲突具有广泛性和复杂性。它表现为个人与个人之间，个人与群体、社会之间，以及群体与群体之间的价值观冲突。在效率与公平、自由与平等、利益与道义、环境价值与经济价值等一系列重要问题上，不同主体常常得出不同的乃至截然相反的看法；同一个主体在不同领域、不同方面的价值取向也往往呈现出多变性与矛盾性。这种矛盾和冲突实质上源于不同形态的价值观，如传统价值观与现代价值观、本土价值观与外来价值观、主导价值观与非主导价值观、宗教价值观和世俗价值观、精英价值观与大众价值观等之间的一系列的矛盾和冲突。

现代社会价值观的复杂多样及其冲突，打破了传统社会价值观的单调、封闭、僵化的状态，使人们的价值生活呈现出色彩斑斓、生动活泼的局面，增强了社会的生机和活力。同时它也带来了价值失序等方面的社会后果。面对现代社会不同价值观之间的冲突，人们需要积极地进行价值观选择。苏格拉底说，未经省察的人生是没有价值的，这对现代社会的人们来说更是如此。我们要进行合理的价值观选择，树立正确、先进的价值观，必须正确处理好价值与真理、自我价值与社会价值、物质价值与精神价值的关系。

第一，坚持价值与真理的统一。

真理与价值是人的各种活动中两个相互关联的尺度和因素。马克思说："动物只是按照它所属的那个种的尺度和需要来构造，而人却懂得按照任何一个种的尺度来进行生产，并且懂得处处都把固有的尺度运用于对象；因此，人也按照美的规律来构造。"① 这里，"任何一个种的尺度"是指任何对象、客体自身的规定性和规律。"固有的尺度"是指人、主体自身的需要和目的。真理是主体对客体的本质和规律的正确反映，价值是客体对主体需要的满足。实践活动的两个尺度实际就是真理的尺度和价值的尺度。人的实践活动是主体通过对客观规律与主体需要两个方面的把握，在使客体合乎规律地发生变化的同时，满足主体的需要。

真理和价值在人的活动中是相互制约的。一方面，真理的被确认有赖于价值在实践中被实现的状况。价值的实现表明在实践中所遵循的关于客观事物的本质和规律的认识是真理。另一方面，价值的实现依赖于对相关真理的把握，真理的意义在于它"提供在必然性中、在全面关系中、在自在自为的矛盾运动中的客体"②。真理和价值在人的活动中还彼此贯通，互相引导。真理总是有价值的，价值判断总是存在着真或假的问题；真理推动人们去发现和创造价值，价值激励人们追求和探索真理。因此，人的活动不仅要追求价值，还要服从真理。服从真理是追求价值的前提条件，违背真理的价值追求在实践中最终不可能实现。价值和真理在实践基础上的辩证统一，是人类社会进步发展的内在条

① 《马克思恩格斯文集》第 1 卷，人民出版社 2009 年版，第 163 页。
② 《列宁全集》第 55 卷，人民出版社 2017 年版，第 181 页。

件，也是我们选择正确价值观的基本依据。

第二，坚持自我价值与社会价值的统一。

价值观的重要内容是回答人在社会生活中的价值和人生意义的问题，也即人的价值问题。就个人而言，人的价值包括自我价值和社会价值。自我价值是个人及其活动对自身的意义。社会价值是个人及其活动对社会的意义。作为人的价值的两个不可分割的方面，自我价值和社会价值互相依存，互为条件。自我价值是社会价值的必要基础和前提。社会历史的第一个前提就是有生命的个人的存在，个人只有获得自我需要的必要的满足，才能生存、发展，成为价值的创造者，为他人和社会进行创造和奉献。自我价值不能脱离社会价值。个人是在社会中并通过社会才成为现实的个体，"人对自身的任何关系，只有通过人对他人的关系才得到实现和表现"①。因而，人的自我价值也要通过人的社会价值来实现和表现，人要通过对社会的贡献去显示自己的人生意义。从根本上说，人与社会的基本关系决定了人只有在社会中，并且只有通过社会才能实现自己的自我价值和社会价值。为他人服务，为社会奉献，为人类造福，不仅与人的自我完善、自我实现不相冲突，而且还是人的自我完善、自我实现的根本途径，"人只有为同时代人的完美、为他们的幸福而工作，自己才能达到完美"②。

自我价值与社会价值的统一意味着目的与手段、权利与义务的统一。自我价值是个人对自身的意义，是个人主体地位的肯定，而个人主体地位的确立意味着个人自身成为目的，具有独立的人格和人的尊严。同时，每个人都是主体与客体的统一，目的和手段的统一。马克思指出："每个人是手段同时又是目的，而且只有成为手段才能达到自己的目的，只有把自己当作自我目的才能成为手段。"③ 一个把自己作为目的的人，要在两个方面把自己作为手段，一是作为自己本身的手段，二是作为他人、社会的手段，在满足他人、社会需要的过程中满足自己的需要。权利是人的主体地位的社会确认，是人在社会关系中应当享有的利益以及实现这种利益的权力。承认个人是目的，就要承认作为主体的个人的权利。这种人权是社会对个人的最基本需要的肯定和满足，也是自我价值的重要体现。人权并不是天赋的，而是个人作为特定社会成员的权利，也

---

① 《马克思恩格斯文集》第 1 卷，人民出版社 2009 年版，第 164 页。
② 《马克思恩格斯全集》第 1 卷，人民出版社 1995 年版，第 459 页。
③ 《马克思恩格斯全集》第 30 卷，人民出版社 1995 年版，第 198 页。

是具体的历史的权利,"权利决不能超出社会的经济结构以及由经济结构制约的社会的文化发展"①。有权利,必有义务。义务是指人在一定社会关系中对他人、社会应尽的责任。权利和义务不可分割,"没有无义务的权利,也没有无权利的义务"②。个人权利,相对社会、集体来说,则表现为社会、集体的义务;个人的义务,相对于社会、集体来说,则表现为社会、集体的权利。任何权利的实现总是以义务的履行为条件,任何权利主体都同时要承担相应的义务。

第三,坚持物质价值与精神价值的统一。

人的需要是有层次的,价值也是有层次的。物质价值和精神价值既是两种不同形态的价值,也是不同层次的价值。物质价值是保障人们生存和发展的基本价值,具有基础性地位。精神价值是满足人的精神需要的价值形态,包括真、善、美三种基本的价值形式。真、善、美相互影响、相互作用,最后达到统一。

物质价值的创造是人生存和发展的基础,也是创造和实现精神价值的前提。人们首先必须从事吃、穿、住等物质资料的生产,然后才能从事政治的、文化的以及其他方面的活动。没有一定的物质价值的基础,就不可能有人们的现实存在,也就不会有精神价值的追求和实现。但人生不是一个纯粹追求物质功利的过程,没有了精神追求,人就把自己变成了纯粹的自然存在物。正如马克思所说,"动物只是在直接的肉体需要的支配下生产,而人甚至不受肉体需要的影响也进行生产,并且只有不受这种需要的影响才进行真正的生产"③。我们不能离开物质价值讲精神价值,更不能抛开精神价值沉溺于物质价值。只有以崇高的精神价值来引导物质价值,才能不断提升人生价值。正确的价值观追求物质价值和精神价值的结合与统一,功利与真、善、美的结合与统一,最终达到自由这一最高层次的人生境界。

四、培育和践行社会主义核心价值观

任何稳定有序的社会都有自己的核心价值观。在一个社会实际存在的多种

---

① 《马克思恩格斯文集》第 3 卷,人民出版社 2009 年版,第 435 页。
② 《马克思恩格斯文集》第 3 卷,人民出版社 2009 年版,第 227 页。
③ 《马克思恩格斯文集》第 1 卷,人民出版社 2009 年版,第 162 页。

价值观中，总有一种价值观处于主导和支配地位，这就是核心价值观。习近平指出："核心价值观，承载着一个民族、一个国家的精神追求，体现着一个社会评判是非曲直的价值标准。"① 核心价值观，其实就是一种德，既是个人的德，也是一种大德，即国家的德、社会的德。人类社会发展的历史表明，对一个民族、一个国家来说，最持久、最深层的力量是全社会共同认可的核心价值观。它是一个社会意识形态的主体和灵魂，不仅作用于经济、政治、文化、社会生活的各个方面，而且对每个社会成员的世界观、人生观、价值观产生深刻的影响。它是社会系统得以运转、社会秩序得以维护的基本精神依托，集中表现出一定社会独特的精神气质，构成了社会的精神支柱。

不同的民族、国家，由于其自然条件和发展历程不同，核心价值观也各有特点。一个民族、一个国家的核心价值观必须同该民族、国家的历史文化相契合，同该民族、国家的人民正在进行的奋斗相结合，同该民族、国家需要解决的时代问题相适应。社会主义社会有着自己的核心价值观，即社会主义核心价值观。社会主义核心价值观表现为社会主义根本的价值理想、价值原则和价值规范。富强、民主、文明、和谐，自由、平等、公正、法治，爱国、敬业、诚信、友善，是社会主义核心价值观的基本内容。其中，富强、民主、文明、和谐是国家层面的价值要求，自由、平等、公正、法治是社会层面的价值要求，爱国、敬业、诚信、友善是公民层面的价值要求。社会主义核心价值观实际上回答了我们要建设什么样的国家、建设什么样的社会、培育什么样的公民的重大问题。它把涉及国家、社会、公民的价值要求融为一体，既体现了社会主义本质要求，继承了中华优秀传统文化，也吸收了世界文明有益成果，体现了时代精神。

社会主义核心价值观具有强大的道义力量，它所昭示的前进方向体现了中国人民的美好愿景。首先，社会核心价值观是社会主义本质的重要内容。它是中国特色社会主义道路、理论和制度的价值表达，是中国特色社会主义文化的核心和精髓，从价值层面上回答了什么是社会主义，是实现中华民族伟大复兴的中国梦的价值引领。其次，社会主义核心价值观是当代中国社会价值秩序的关键要素。通过社会主义核心价值观，人们能够对多样化价值予以批判性整

---

① 《习近平谈治国理政》第 1 卷，外文出版社 2014 年版，第 168 页。

合，对价值之间的冲突加以调解，以此理解和统摄社会生活，找到全体社会成员在价值认同上的最大公约数，在具体利益矛盾、各种思想差异之上最广泛地形成价值共识，有效引领、整合纷繁复杂的社会思想意识。再次，社会主义核心价值观是当代中国文化软实力的核心要义。这一核心价值观是在全球化背景下，对当代中国发展问题在价值层面上作出的创新性解答，既具有中国特色，又具有世界历史意义。它不仅是当代中国的文化标识，对外展示着国家和民族的文化形象，构成国际文化对话、交流、互动的基础，也是当代中国对人类文明的独特贡献。"培育和弘扬社会主义核心价值观，增强中国特色社会主义道路自信、理论自信、制度自信、文化自信，这是保持民族精神独立性的重要支撑。"①

社会主义核心价值观作为当代中国精神的集中体现，需要我们去积极培育和践行。通过教育引导、舆论宣传、文化熏陶、实践养成、制度保障等，使社会主义核心价值观像空气一样无处不在、无时不有，成为全体人民的共同价值追求，成为我们生而为中国人的独特精神支柱，成为百姓日用而不觉的行为准则。其中，优秀传统文化的涵养、制度的保障和实践的养成是培育和践行社会主义核心价值观极其重要的路径。

培育和践行社会主义核心价值观，需要通过中国优秀传统文化来涵养。牢固的核心价值观，都有其固有的根本。抛弃传统、丢掉根本，就等于割断了自己的精神命脉。中华文明绵延数千年，有其独特的价值体系。中华优秀传统文化已经成为中华民族的基因，植根在中国人内心，潜移默化影响着中国人的思想方式和行为方式，是涵养社会主义核心价值观的重要源泉。深入挖掘中华优秀传统文化蕴涵的思想观念、人文精神、道德规范，如"民惟邦本""天人合一""和而不同""天下为公""仁者爱人""自强不息"等，结合时代要求继承创新，让中华文化展现出永久魅力和时代风采。中华传统美德是中华文化的精髓，具有鲜明的民族特色，永不褪色的时代价值，坚持古为今用、推陈出新，不忘本来、辩证取舍，充分运用传统文化中的道德教化资源，引导人们不断提升道德水准。

培育和践行社会主义核心价值观，需要通过制度来保障。人总是生活在一定的社会制度中，制度规范并塑造着人们的活动以及人的个性。当价值观

---

① 《习近平关于社会主义文化建设论述摘编》，中央文献出版社 2017 年版，第 132 页。

转化为现实的制度安排，它必然会真正成为社会占主导地位的价值观，并通过制度的稳定性和强制性，使制度内涵的这种核心价值观转化为人们的自觉的价值意识和行为方式，从而真正为人们所认同和践行。因此，要将社会主义核心价值观与社会主义制度体系进行深层融合，转化为现实的国家治理体系。要发挥政策导向作用，使经济、政治、文化、社会、生态等方方面面政策都有利于社会主义核心价值观的培育。要把社会主义核心价值观的要求转化为具有刚性约束力的法律规定，用法律来推动核心价值观建设。各种社会管理要承担倡导社会主义核心价值观的责任，注重在日常管理中体现价值导向，使符合核心价值观的行为得到鼓励、违背核心价值观的行为受到制约。

培育和践行社会主义核心价值观，需要通过实践来养成。主体的实践活动是价值观形成的现实根据。"道不可坐论，德不能空谈，于实处用力，从知行合一上下功夫，核心价值观才能内化为人们的精神追求，外化为人们的自觉行动。"① 必须把社会主义核心价值观融入社会生活，使之日常化、具体化、形象化、生活化，使人们在日常生活实践、道德实践中感知领悟，躬行践履。特别是对于广大青少年，要积极开发实践课程和活动课程，建立完善师生志愿服务体系，深化主题社会实践和志愿公益活动等，引导他们树立远大志向，培育美好心灵，勤学、修德、明辨、笃实，扣好人生第一粒扣子，打牢价值观之基。核心价值观的养成绝非一日之功，要坚持由易到难、由近及远，引导人们在参加社会实践、服务他人、奉献社会中升华对社会主义核心价值观的体验感受和认知理解，使之转化为人们的情感认同和行为习惯。无论什么时候，我们都要坚守在中国大地上形成和发展起来的社会主义核心价值观，在时代大潮中建功立业，成就自己宝贵人生。

思考题：

1. 怎样理解价值的本质和基本特性？

2. 什么是评价标准？如何做到科学评价？

3. 怎样理解价值观在人们社会生活中的作用？

---

① 《习近平谈治国理政》第 1 卷，外文出版社 2014 年版，第 173 页。

4. 如何培育和践行社会主义核心价值观?

▶ 本章拓展资源

第十五章 人类解放与人的自由全面发展

实现无产阶级和人类的解放是马克思主义哲学的主题。无产阶级和人类解放有赖于社会的全面发展。社会全面进步、人的自由全面发展的社会理想，是一个逐步实现的历史过程。

第一节 社会发展与人的发展

社会发展是由人的实践活动推动的，社会发展史就是人类活动发展史。人的发展状况是社会发展的重要标志；人的自由全面发展，是社会发展的根本体现。

一、社会发展的内涵与实质

社会发展不是通常意义上的运动、变化，也不是自然界发展在社会领域的简单延伸，而是具有价值内涵的前进、上升运动，是人类在创造、实现自身价值的实践中所引起的社会生活各方面的进步过程。

首先，社会发展是人的自我创造活动。社会发展并不是外在于人的纯粹客体运动过程，而是人的自我创造过程，是人的活动的结果。历史不过是追求着自己目的的人的活动而已。正是在实践活动中，人不仅改造了世界，而且也改变了自身，推动了人的发展和社会发展。

其次，社会发展是一种由低级到高级的前进性、上升性运动。人类社会的发展是曲折的、复杂的，但总的趋势是前进的。随着实践的发展，人们认识世界、改造世界的能力也在不断地提高。社会从一个阶段到另一个阶段的转变，总是既保留了此前的积极因素，又增添了新的创造成果，并在新的形式中得到整合，使社会发展跃迁到新的水平。

最后，社会发展是包含着价值理想的历史运动。在社会历史领域，发展或不发展不仅是以社会客体发展的程度来界定的，而且是以发展的结果对主体的价值关系来确定的。完整意义上的社会发展，是同人的发展及其价值理想的实现直接相关的发展。人正是在改造世界的活动中，不断丰富和发展自身，创造和实现自身的价值，这种追求和创造活动便形成了社会发展。

马克思主义研究社会发展，始终是同对人类命运的深切关怀联系在一起的。追求人类解放，实现人的自由全面发展，是马克思主义的社会理想。这样的社会理想决定了马克思主义对社会发展的研究必然要从现实的人出发，对人的现实生活及其发展予以特别关注。探讨社会发展的内在矛盾及其运动规律，实际上就是在寻求人的解放的途径。人之所以要改变现实世界，促进社会发展，为的是改变人的现有生存状态，使自己的本质力量得以充分发展和实现；社会发展的合理性也就体现在它能为人的生存和发展提供有利的社会条件，保障人的价值能够得到正常实现，促进人的发展。因此，人的发展与社会发展是交融在一起的。由于人的发展的需要是多方面的，因而为满足需要的社会发展不单纯是经济的发展，而是经济、政治、文化、社会、生态等各方面的全面进步。

人的发展状况是社会发展的重要标志。人的发展与生产力的发展具有内在的统一性，其统一的基础就是人们的社会实践。在社会实践过程中，人们通过改造自然和社会，既推动了生产力的发展，又促进了自身的发展。而且，生产力的发展与人的发展在根本上是一致的。生产力的发展并不仅仅是一种纯粹的物质力量的增长，实际上也是人的本质力量的一种展现，生产力的发展水平内含着人的发展水平；人的发展也不仅仅是人的身心方面的发展，更重要的是人的实践活动能力的提高。因此，生产力的发展与人的发展在内容上是相互渗透、相互影响的。

二、人的发展是社会发展的最终体现

社会发展的实质是人的发展，社会发展应当坚持以人为本。"坚持以人为本，就是要以实现人的全面发展为目标，从人民群众的根本利益出发谋发展、促发展，不断满足人民群众日益增长的物质文化需要，切实保障人民群众经济、政治、文化权益，让发展成果惠及全体人民。"[1] 以人为本，就是要坚持人民主体地位，发展为了人民，发展依靠人民，发展成果由人民共享。

马克思主义以人为本的思想与西方人本主义和中国古代民本思想有着本质的区别。

---

[1] 《胡锦涛文选》第 2 卷，人民出版社 2016 年版，第 166—167 页。

　　西方人本主义是产生于 14 至 16 世纪欧洲文艺复兴时期的哲学思潮。它主要针对的是神本思想，主张用人性反对神性，用人权反对神权，强调人的价值、肯定人的地位、重视人的作用、保障人的权利、维护人的尊严。这无疑具有积极的进步意义，特别是在反对宗教神学和封建专制统治的斗争中发挥了重要作用。但是，这种人本主义以抽象的人性论为理论依据，离开具体的历史条件，离开人的社会性，以抽象不变的人性来解释和评判历史。这同马克思主义的历史观是对立的。马克思主义不是从抽象的人和人性出发研究历史，而是从现实的人和一定社会的经济关系出发来考察社会的发展及其内在矛盾，从而科学地揭示出社会发展规律与人的发展规律。而且，马克思主义不是从抽象的人性伸张来寻求人的发展，而是强调通过社会实践来实现人的发展。

　　中国古代的民本思想源远流长。从《尚书》的"天视自我民视，天听自我民听"到《管子》的"以人为本。本理则国固"，从孔子的"仁者爱人""泛爱众""修己以安百姓"到孟子的"民贵君轻"，都是对"民为邦本，本固邦宁"思想的阐发。这些思想含有许多积极的思想因素，在历史上对限制皇权、抑制过度的剥削和压迫、保护生产力的发展具有一定的历史进步性。但就其思想实质而言，它是为了巩固剥削阶级的统治，而不是代表人民群众的根本利益。

　　重视人的地位和价值，是马克思主义哲学的重要原则。马克思主义哲学作为一种新的哲学，不仅彻底坚持了唯物主义的哲学基础，而且突出了人的重要地位与价值，使唯物主义发展到一个新的水平。

　　首先，在人与物的关系上，马克思主义哲学凸显了人的主体地位。马克思以前的旧唯物主义，主要特点是从纯粹客体的观点来理解"物"。它始于古希腊哲学，而后在霍布斯那里达到系统化的程度，并一直延伸到法国的机械唯物主义。它确认了世界的物质统一性，但抹煞了人的主体性和能动性。与这样的理解不同，马克思在《神圣家族》中深刻批评了旧唯物主义的机械性和对人的蔑视，赋予唯物主义以新的内涵。在《关于费尔巴哈的提纲》中，马克思正式树起"新唯物主义"的旗帜，提出新唯物主义的立脚点是"人类社会或社会化的人类"[①]，并要求从实践、主体方面去理解事物、现实。

　　其次，在人的全部活动中，马克思主义哲学突出了人的实践活动。社会生

---

① 《马克思恩格斯文集》第 1 卷，人民出版社 2009 年版，第 506 页。

活是由人的各种活动组成的，但最基本的活动是人的实践活动。"全部社会生活在本质上是实践的。"① 正因如此，对于社会历史理论，马克思、恩格斯既将其视为关于社会历史及其发展规律的学说，同时又认为它是"关于现实的人及其历史发展的科学"②。这两种表述是一致的。所谓历史，就是人的实践活动的历史；所谓历史规律，就是人的实践活动的规律。不能离开人、离开人民群众的实践活动抽象地谈论社会历史及其规律，也不能把无主体的社会物质运动过程作为研究的对象和内容。马克思主义哲学的任务，旨在通过对现实的人的实践活动的研究，阐明社会生活的内在联系及其发展趋向，从而为人类的解放和发展指明前进的方向。

最后，在人的实践活动中，马克思主义哲学强调了人的价值追求。实践观是马克思主义哲学的核心观点。人的实践既是一种合规律性活动，也是一种合目的性活动。作为实践活动的目的，不仅包含主体对客体的认识关系，而且包含主体对客体的价值关系。恩格斯指出："推动人去从事活动的一切，都要通过人的头脑……外部世界对人的影响表现在人的头脑中，反映在人的头脑中，成为感觉、思想、动机、意志，总之，成为'理想的意图'，并且以这种形态变成'理想的力量'。"③ 这里所讲的"理想的意图"就是作为实践目的而出现的，它充分反映了主体对客体的价值要求。人们就是在这种"理想的意图"的支配下，将其激情、热情和欲望变为"理想的力量"，去从事认识和改造活动，以满足自身的需要，实现自己的价值。

重视人的地位和价值，也是马克思主义社会发展理论的内在要求和重要原则。人在社会发展中的地位和作用就在于：其一，人是社会发展的主体。历史是人们自己创造的，人的实践活动构成了全部社会关系的本质和基础；"创造这一切、拥有这一切并为这一切而斗争的，不是'历史'，而正是人，现实的、活生生的人"④。其二，人是社会发展的推动力量。历史不是由什么神秘的力量左右的，而是由人民群众推动的。社会的进步、文明的发展，正是在世世代代人民群众的积极创造活动中向前推进的。其三，人是社会发展的根本目的。在社会主义社会，社会发展不仅要依靠人，而且是为了人。增进人民福祉，促进

---

① 《马克思恩格斯文集》第 1 卷，人民出版社 2009 年版，第 501 页。
② 《马克思恩格斯文集》第 4 卷，人民出版社 2009 年版，第 295 页。
③ 《马克思恩格斯选集》第 4 卷，人民出版社 2012 年版，第 238 页。
④ 《马克思恩格斯全集》第 2 卷，人民出版社 1957 年版，第 118 页。

人的全面发展，是社会发展的出发点和落脚点。

社会发展必须突出人的发展，并最终体现于人的发展。这是因为，社会发展的所有成果最终都要通过人的发展来反映，其成败得失最后也只能由人的发展状况来检验。人的发展作为一种综合状态，集中地体现了社会发展的状况：其一，人的发展的全面性反映了社会发展的全面性。人的自主程度、需要的满足程度、能力的发展程度、素质的提高程度、社会关系的扩展程度等，均反映了社会发展的程度。人正是从社会发展的全面性中获取自己发展的全面性。其二，人的发展的快慢反映了社会发展的快慢。人的各方面的发展水平和速度均体现了社会发展的水平和速度。在传统社会，人的发展之所以缓慢，主要原因在于社会生产力发展水平低下，社会文明水平不高。在现代社会，人的发展之所以取得长足进展，主要原因在于社会生产力的快速发展和社会文明水平的整体提高。当然，在现代社会，人的各方面的发展也并不是均衡的，其中有快有慢，这样的发展其实恰好反映了社会发展的不平衡性。其三，人的发展的总体状况反映了社会发展的进步状况。人的生存、发展状况主要取决于社会发展对人的利益的维护和实现程度。人的发展总是通过利益的维护和肯定而得以实现的。只有当人民的根本利益不断得到实现，各种权益得到保护，人的发展才能真正落到实处。利益被维护到什么程度，人的发展也就达到什么程度。所以，必须切实实现好、维护好、发展好人民的根本利益。

社会发展的目标就是要促进人的全面发展和社会全面进步。这就要求坚守以人民为中心的根本立场，坚持新发展理念。"创新、协调、绿色、开放、共享"发展理念作为一个整体，贯穿的一条主线和围绕的一个核心就是"以人民为中心"。人民至上是新发展理念的价值取向和基本原则。坚持新发展理念，目的就是促进人的全面发展和社会全面进步。

人的发展既充分反映和体现了社会发展，同时又会促进社会发展。这是一个双向互动的过程，二者互为前提与基础。从实际发展过程来看，人越是发展，社会物质文化财富就创造得越多，社会发展就越趋于进步。全面发展的社会，要求全面发展的人。促进人的全面发展，是促进社会健康发展的必然要求。

三、人的全面发展及其过程

人的全面发展尽管有多方面的表现，但就其基本内涵而言，主要指人的素质的全面提高。"促进人民素质的提高，也就是要努力促进人的全面发展。"①

人的素质是由多种因素构成的。由于人是自然存在物、社会存在物和精神存在物的统一，因而人的素质包括自然素质、社会素质、精神素质。根据这些素质的内容，人的素质又可划分为身心素质、思想道德素质、科学文化素质等。促进人的全面发展，就是要使人的各种素质得到提高和完善。

素质的提高主要体现为能力的发展。素质是能力的基础，能力是素质的表现。人的全面发展意味着全面地发展自己的一切能力，即全面发展自己的体力和智力、潜在能力和现实能力等，使自己的才能得到充分的发展和实现。全面发展的个人，也就是能够在实践中使自己先天和后天的各种能力得到合理的自由发展的个人。

素质的提高又体现于个性的发展。人的个性的发展主要表现为个人主体性水平的提高、自主性和创造性的增强以及独特的人格、气质、精神的塑造等。要实现人的真正解放和发展，要推动社会进步，就必须解放人的个性。诚如毛泽东所说，"没有几万万人民的个性的解放和个性的发展……要想在殖民地半殖民地半封建的废墟上建立起社会主义社会来，那只是完全的空想"②。

人的本质在现实性上，"是一切社会关系的总和"③。人的全面发展，需要劳动活动的全面发展、社会关系的全面发展。

劳动活动的全面发展就是要克服劳动的固定化、片面化，使其成为真正的自由劳动。这就是在劳动过程中，人们不再屈从于被迫的分工和狭隘的职业，每个人都能根据社会的需要、按照自己的特长和爱好自由地选择活动领域，进行自由创造。

社会关系的全面发展是人的全面发展的必要条件。"个人的全面性不是想象的或设想的全面性，而是他的现实联系和观念联系的全面性。"④ 社会关系的全面发展，首先要克服不合理的社会关系对人的限制，使联合起来的个人能够实现对他们的社会关系的全面占有和共同控制；同时要扩大人们的普遍交往，使每个人能够在广泛的社会交往和社会联系之中丰富和发展自己。

人的发展的各个方面是内在地联系在一起的。作为全面发展的个人是具有

① 《江泽民文选》第 3 卷，人民出版社 2006 年版，第 294 页。
② 《毛泽东选集》第 3 卷，人民出版社 1991 年版，第 1060 页。
③ 《马克思恩格斯文集》第 1 卷，人民出版社 2009 年版，第 505 页。
④ 《马克思恩格斯文集》第 8 卷，人民出版社 2009 年版，第 172 页。

自由个性的人，自由个性的形成有赖于素质、能力的提高，能力、素质的提高有赖于一定的劳动生产实践，而新的劳动生产实践的形成和发展又离不开社会关系的合理调整。事实上，马克思在谈及人的全面发展时，固然也涉及人的方方面面的发展，但更主要的是从克服不合理的社会关系对人的限制和旧式分工对人的强制来提出问题和考虑问题的。按照马克思的观点，不改变不合理的社会关系与旧式分工，人的全面发展就不过是一句空话。

人的全面发展不能脱离社会的全面发展。实现人的全面发展，其途径和条件主要有以下几个方面：

一是社会生产力的巨大增长。生产力是社会发展的最终决定力量，也是人的全面发展的最终决定力量。社会生产力的不断发展，物质文明水平的不断提高，使人民的物质生活能够得到日益改善，从而为人的全面发展提供坚实的经济基础。事实表明，当人们还不能使自己的吃穿住行得到基本满足的时候，根本不可能获得全面发展，甚至很难提出全面发展的目标和任务来。马克思指出："人们每次都不是在他们关于人的理想所决定和所容许的范围之内，而是在现有的生产力所决定和所容许的范围之内取得自由的。"①

二是社会关系的合理构建。人不是生活在社会之外，而是生活在社会之中。"只有在共同体中，个人才能获得全面发展其才能的手段，也就是说，只有在共同体中才可能有个人自由。"② 社会制度与社会关系合理与否，直接决定着人的需要的满足程度、能力发挥和实现的程度以及人的发展的协调程度。要促进人的全面发展，必须扫除社会关系中的障碍。

三是社会交往的普遍发展。"一个人的发展取决于和他直接或间接进行交往的其他一切人的发展"③。人的发展的全面性必然包含着社会交往的普遍性。扩大社会交往，自觉参与交往，这是人丰富自己的社会关系，扩展自己的发展舞台的重要途径，也是加强相互学习、相互交流，进而发展自己、完善自己的有效方式。尤其在经济全球化背景下，要促进人的全面发展，必须促使社会交往普遍发展。

四是教育的充分发展。教育是社会遗传的基本方式。教育可以使人获得全面发展所必需的知识，可以提高人的素质和能力，可以帮助培养健全的人格。

---

① 《马克思恩格斯全集》第 3 卷，人民出版社 1960 年版，第 507 页。
② 《马克思恩格斯文集》第 1 卷，人民出版社 2009 年版，第 571 页。
③ 《马克思恩格斯全集》第 3 卷，人民出版社 1960 年版，第 515 页。

加强教育，这是造就人的全面发展的必由之路。

人的全面发展既是一种社会理想，又是一个逐步实现的历史过程。人总是在现有的条件下来促进其全面发展，并积极创造条件、改变条件来加快其全面发展。总体来看，人的发展状况是同社会发展状况相适应的，随着社会的发展，人的发展程度也在提高。资本主义社会及其以前的社会尽管客观上也在一定程度上促进了人的发展，但真正自觉地把人的全面发展作为追求的目标和行动的纲领，是从社会主义社会开始的。努力促进人的全面发展，是社会主义新社会的本质要求。要促进人的全面发展，必须顺应人民对美好生活的向往，不断满足人民日益增长的美好生活需要。只有使人民的各种需要不断得到满足，人的全面发展才能切实推进。

第二节　人的发展与人的自由

人的发展与人的自由是不可分割的。人追求自由的过程，也就是人的发展过程；自由的不断实现，也就是人的不断发展。要推进人的发展，必须正确处理自由与必然的关系。

一、自由与必然是人类存在和发展的永恒矛盾

自由是标识人的活动状态的范畴。物与物之间没有什么"自由"问题，动物与自然环境之间也谈不到自由。

对于人的自由来说，外在的制约主要在于客观的必然性。必然是指不依赖于人的意识而存在的自然和社会发展所固有的规律。客观世界的运动变化有其固有的规律，而客观世界的规律同时也是支配人自身的规律。规律作为一种客观必然性，对人的活动具有强制性。自由与必然的关系贯穿于人类存在和发展的始终，并成为人类存在和发展的永恒矛盾。这一矛盾是由人类特有的存在方式决定的。

人的存在，无疑是人的"生命存在"。但人的生命存在并不仅仅是自然肉体的存在，同时是生命意义的存在，即人要不断追求自身的发展与完善。从某种意义上说，后者更深刻地体现了人的生命存在的真正内涵。人与动物不同，人不会把自己的自然存在当作自己生命存在的全部，总是要在维持自然生存的

基础上有所追求，力求实现自由和人生价值，从而使自己的生命存在达到更加完满的状态。所以，完整的生命存在并不仅仅是自然性的存在，同时也是超越自然性的存在。作为自然存在物，人不可能离开自然界和社会，其活动肯定要受制于自然必然性和社会必然性，必须服从客观规律。作为超越自然性的存在物，人又不会满足现有的生存条件，不会完全屈从于现有自然、社会条件的限制，而是力求获得思想和行动的自由。人既不能脱离自然界和社会，又不能没有自我实现和自我追求，这就不能不产生自由与必然的矛盾。只要有人类存在和发展，这一矛盾就会存在。也就是说，自由与必然的矛盾并不会随人类活动能力的提高而消除，只能是随着实践活动的发展而不断形成新的矛盾关系。在实践发展过程中，人们会在更大程度和更高水平上获得新的自由，但与此同时，人们也在更大范围和更新领域遇到新的必然。自由与必然的矛盾运动是与人的实践活动紧密交织在一起的。

自由与必然既是人类存在和发展的永恒矛盾，也是人类存在和发展的永恒动力。人类就是在不断追求自由中完善自己的，也是在不断解决自由与必然的矛盾过程中实现发展的。自由与必然原有矛盾的解决，新的矛盾的产生和提出，促使人们不断探索创新，由此提高了自身的素质和能力，实现和提升了自身的价值。与此同时，借助于自由的扩展和人的发展，社会也在加速发展与进步。从一定意义上说，社会发展过程就是人类不断向自由迈进的过程。

二、自由是对必然的认识与对世界的改造

古往今来，众多哲学家对自由问题给予高度关注并作了大量探索，但在其理解上却存在着严重分歧。大致说来，在看待自由及其实现的问题上，主要有两种不同的思维方式：一种是否定人的主体性，倡导消极地顺应自然来获得自由；另一种是否定客观必然性，片面强调主体性来获得自由。与这两种思维方式不同，马克思主义哲学从人的实践活动出发来理解自由，认为人类认识和改造客体的实践活动既是自由的基础，也是实现自由的条件。人的自由就是人在活动中通过认识和利用必然所表现出的一种自觉、自为、自主的状态。自由实现的程度同人的认识与实践水平是相一致的。

自由是对必然的认识。人不能摆脱必然性的制约，不能超出必然性所限定的范围去寻求自由。这是人的自由的限度。然而，必然既是自由的限度，也是自由的根据。正因为事物运动有必然性可循，人的判断才有可靠性，人的意识

才有预见性，人的行为才有主动性；正因为必然性要通过偶然性表现出来，并通过偶然性为自己开辟道路，人才有选择的可能性，才能通过实践将可能变为现实。人的自由不在于摆脱必然性，而在于正确地认识和把握必然性。人们一旦认识了必然性，把握了规律，就能比较准确地判断事物，确定行动计划，把握和利用这种必然性为自己的目的服务。因此，从外在限制转化为自由，始于人们对必然的认识。对必然性的认识越全面、越深刻，对事物的判断就越准确，行动就越主动，自由的程度就越大。"自由不在于幻想中摆脱自然规律而独立，而在于认识这些规律，从而能够有计划地使自然规律为一定的目的服务……自由就在于根据对自然界的必然性的认识来支配我们自己和外部自然"①。

自由是根据对必然的认识而对世界的改造。认识必然只是取得自由的前提。认识了必然并不等于实际上达到自由，只有利用了必然改造世界，达到了预想的目的，才是真正得到了自由。因此，从必然的限制走向自由，必须是在认识了这种必然之后，自觉地在实践活动中利用它来能动地改造世界，从改造的成果中获得实际的自由。毛泽东强调指出："欧洲的旧哲学家，已经懂得'自由是必然的认识'这个真理。马克思的贡献，不是否认这个真理，而是在承认这个真理之后补充了它的不足，加上了根据对必然的认识而'改造世界'这个真理。'自由是必然的认识'——这是旧哲学家的命题。'自由是必然的认识和世界的改造'——这是马克思主义的命题。"②

对必然的认识和对客观世界的改造并不是分离的，而是统一于人的实践创造过程之中。任何实践都是一定历史阶段的具体实践，由这样的实践所制约的自由也必然是历史的、具体的，超越实践能力与实践发展水平的自由是不可能实现的。因此，人的自由是相对的而不是绝对的。随着实践的深入发展，自由会不断扩大。正如毛泽东所说，"人类的历史，就是一个不断地从必然王国向自由王国发展的历史。这个历史永远不会完结……人类总得不断地总结经验，有所发现，有所发明，有所创造，有所前进"③。

在对待自由与必然的关系问题上，应当注意处理好两个关系：首先是自由与选择的关系。自由总是和选择联系在一起的，没有选择就没有自由。但是，

---

① 《马克思恩格斯文集》第 9 卷，人民出版社 2009 年版，第 120 页。
② 《毛泽东文集》第 2 卷，人民出版社 1993 年版，第 343—344 页。
③ 《毛泽东文集》第 8 卷，人民出版社 1999 年版，第 325 页。

选择并非是绝对自由的。选择是有条件的，受到必然和各种因素的制约。一个人"如果他要进行选择，他也总是必须在他的生活范围里面、在绝不由他的独自性所造成的一定的事物中间去进行选择的"①。真正能够体现自由的选择是理性的选择、尊重必然的选择。人要在自然领域和社会领域实现自由，其选择决不能脱离条件，违背必然。其次是主体尺度与客体尺度的关系。自由就意味着主体性的高扬，主体性发挥的程度直接影响着自由的程度。但是，主体性的发挥不能轻视或无视客观性，主体内在尺度的运用必须以客体外在尺度为基础。只有尊重和认识事物的客观必然性，才能把握主体内在尺度可能运用的范围。"人对一定问题的判断越是自由，这个判断的内容所具有的必然性就越大。"②同样，越是包含必然性的判断，就越是自由的判断。

三、自由时间与人的发展

时空问题不仅存在于自然领域，而且存在于社会领域。社会时空固然以自然时空为前提，但又明显不同于自然时空。社会的时间和空间是通过人的实践活动形成的。与自然时空相比，社会的时间和空间发展变化特别明显：自然界基本上是在相对稳定的时空内按照特定的速度不断变化、发展着；社会则不同，随着发展速度的日益加快，其时间和空间也在发生重大改变。"日新月异""天涯若比邻"等就是这种变化的写照。

在社会历史领域，时间和空间在一定条件下是可以相互转化的。社会的快速发展，使社会成员可自由支配的时间日益增加，这就使知识进步、科技创新的进程不断加快，从而为发展生产力、发展先进文明开辟了更为广阔的空间。反过来，社会活动领域的开放与扩展，又可以促进个人、群体、民族和国家之间各方面的交往、交流，从而通过相互学习、借鉴，加快社会发展的步伐，缩短发展所需要的时间。社会的时间与空间就是这样在人类社会发展过程中相互转化和相互促进的，这就是时间的空间化和空间的时间化。

时间在人的发展中起着非常重要的作用。"时间实际上是人的积极存在"③，而这种积极存在是和人的实践活动紧密联系在一起的。马克思指出：

---

① 《马克思恩格斯全集》第 3 卷，人民出版社 1960 年版，第 355 页。
② 《马克思恩格斯文集》第 9 卷，人民出版社 2009 年版，第 120 页。
③ 《马克思恩格斯全集》第 47 卷，人民出版社 1979 年版，第 532 页。

"劳动时间本身只是作为主体存在着，只是以活动的形式存在着。"[1] 正是劳动使人的生命活动的时间内容和结构发生了深刻的变革，使时间的因素具有了能动的意义；正是劳动赋予时间以生命和活力，使时间成为人的积极的存在、主体性的存在。时间作为人的积极存在与劳动实践活动作为人的积极存在，二者在本质上是一致的。伴随劳动实践活动的发展和分化，人的活动空间也在不断扩大。在生产力水平低下的条件下，人的各种活动如物质活动、精神活动、娱乐活动等是浑然一体的，人的活动空间也是非常有限的。随着生产力的发展，人的活动逐渐产生分化，从生产活动中分化出交往活动，从物质交往活动中分化出精神交往活动，等等，而每一种活动又不断分化出新的活动领域。活动不断分化和活动领域不断扩大的结果，便是人的活动空间的不断扩展。而每一次活动的分化和交往的扩大，都促进了人的发展。

时间"不仅是人的生命的尺度，而且是人的发展的空间"[2]。时间之所以是人的发展的空间，其原因就在于：自由时间的多少直接决定着人的发展空间的大小。人的活动时间是由两部分构成的：一部分是必要劳动时间，另一部分是自由时间。必要劳动时间是为维持劳动力所必需的生活必需品所花费的时间。自由时间是在必要劳动时间之外可供人自由支配的时间，是直接用于个人自由发展的时间。直接决定人的发展空间大小的是自由时间的多少。而自由时间在量上又直接取决于剩余劳动时间，"剩余劳动一方面是社会的自由时间的基础，从而另一方面是整个社会发展和全部文化的物质基础"[3]。发展生产力，提高劳动生产率，就等于缩短必要劳动时间，增加自由时间，扩大个人的社会发展空间。就个人来说，自由时间的扩大等于提供了一个新的自由发展的舞台，舞台越大，发展的可能性也就越大。由于生产力发展为所有的人腾出了自由时间和创造了手段，个人可以在科学、艺术等方面得到发展。就社会来说，整个人类的发展，就其超出对人的自然存在直接需要的发展来说，无非是对这种自由时间的运用，并且整个人类发展的前提就是把这种自由时间的运用作为必要的基础。有了更多的自由时间，才有人类能力的全面发展，才有整个文明的更大进步。

由于人的发展空间的大小取决于人的各种活动在时间上所占的比重，因而

① 《马克思恩格斯文集》第 8 卷，人民出版社 2009 年版，第 65 页。
② 《马克思恩格斯全集》第 47 卷，人民出版社 1979 年版，第 532 页。
③ 《马克思恩格斯全集》第 32 卷，人民出版社 1998 年版，第 220—221 页。

时间节约的规律便成为社会生活的重要规律。这个规律不会因为社会制度的改变而被推翻，能够改变的只是这一规律实现的社会形式。"因此，时间的节约，以及劳动时间在不同的生产部门之间有计划的分配，在共同生产的基础上仍然是首要的经济规律。这甚至在更加高得多的程度上成为规律。"[①] 正因为如此，时间因素在人的发展中具有首要意义。通过提高劳动生产率而节约劳动时间，实际上等于创造了人的发展的时间和空间。

第三节　人的发展与人类解放

人的发展离不开人类的解放，人的发展程度与人类的解放程度直接相关。虽然人的发展与人类的解放相互依存、不可分割，但在特定历史条件下，人类解放的程度对于人的发展程度具有决定性的意义。

一、无产阶级解放与人类解放

人类解放就是要使整个人类实现真正的平等、自由，使每个人得到自由全面的发展。实现人类解放，关键是要实现无产阶级解放。如果无产阶级不能得到真正解放，人类解放就不过是一个空洞的口号。无产阶级解放同整个人类解放是完全一致的。

首先，无产阶级只有解放全人类，才能最后解放自己。资产阶级革命开始时也是以全人类解放为旗帜，但由其阶级利益决定，它最终解放的不是全人类，而是资产阶级自身。无产阶级的解放则不然，它只有彻底消灭阶级对立，才能最终解放自己。

其次，无产阶级没有自己的特殊利益，更不是狭隘的利益集团。它不像以前的剥削阶级那样，摧毁了一种狭隘的统治利益，又形成一种新的狭隘的统治利益，而是要从根本上铲除这种不合理的利益关系，真正实现全人类的利益。为此，它决不谋求自己对社会的统治，而是要消灭一切统治，因为奴役他人的人自己也不可能真正获得自由、解放。

要实现无产阶级解放和全人类解放，必须变革资本主义旧制度，建立社会

---

① 《马克思恩格斯文集》第 8 卷，人民出版社 2009 年版，第 67 页。

主义和共产主义新制度。这就是无产阶级的历史使命。无产阶级在资本主义社会生产力发展中的作用、经济地位和阶级特性，决定了它必然能够承担起这样的历史使命。

应当看到，随着资本主义的发展，当代资本主义国家的经济关系和工人阶级已经或正在发生着新的变化，一定程度上缓和了社会对立和阶级冲突，有助于资本主义较为平稳的发展。但是，这些新变化并没有消除劳资对立这一根本矛盾。既然劳资矛盾没有发生实质性的变化，那么工人阶级解放的任务就绝对不可能放弃。

无产阶级推翻旧的社会制度，从政治上获得统治地位，这是获得人类解放最重要的条件，但不是人类解放的全部。由于人的活动主要涉及自然、社会、人自身三大领域，因而人类解放就意味着人在这些领域中摆脱束缚。这些领域中获得解放并不是彼此孤立的，而是相互依存、相互促进的。只有从社会关系的束缚下获得解放，才能形成合理的社会结合，摆脱自然界对人的盲目控制，同时摆脱异己力量，实现人的自我控制；只有从自然中不断获得解放，才能强化社会解放的物质基础，提高改变社会关系以及改造人自身的能力；只有实现人的自我解放，才能使人真正成为自身的主人，进而通过自由的联合，成为社会的主人和自然的主人。

人类解放是一个历史过程。马克思指出："'解放'是一种历史活动，不是思想活动，'解放'是由历史的关系，是由工业状况、商业状况、农业状况、交往状况促成的。"[①] 就实际进程来看，解放是一个从全面受束缚到部分解放再到更全面、更彻底的解放的过程，也是一个由众多人受束缚到少数人的解放再到多数人的解放，最终实现整个人类解放的过程。实现这一解放必须通过积极创造各种条件来稳步推进。社会主义就是要解放和发展生产力，尊重人民的主体地位，保障人民的各项权利，从而不断促进人的全面发展，加速人类解放进程。

二、每个人的自由发展与一切人的自由发展

人的发展不只具有个体的意义，而且具有社会的意义。人的发展是个体发展和社会发展的统一。在谈到未来社会时，马克思和恩格斯明确指出："代替

---

① 《马克思恩格斯文集》第 1 卷，人民出版社 2009 年版，第 527 页。

那存在着阶级和阶级对立的资产阶级旧社会的，将是这样一个联合体，在那里，每个人的自由发展是一切人的自由发展的条件。"① 这是马克思主义关于人的个体发展与社会发展关系的基本观点。

实现一切人的自由发展，必须使每个人都得到自由发展。假如每个人的自由发展受到阻碍和限制，一切人的自由发展就无从实现。近代以来，不少资产阶级思想家都公开主张人类自由、平等、解放，并将其作为思想旗帜。这些思想家虽然也提出了个人自由发展的问题，但真正的着眼点不是所有人的自由发展，尤其不是劳动者个人的发展，而是资产阶级的自由发展。他们往往是打着"人类"的旗号，掩饰其本阶级的真实意图。与此相反，马克思和恩格斯所强调的每个人的发展，显然不同于资产阶级所说的"个人自由"，而是作为摆脱了阶级对立的个人自由而全面的发展。

实现每个人的自由发展，又必须使一切人得到自由发展。个人自由发展的充分实现，是以社会的发展即"自由人联合体"的形成为前提的。只有在集体中，个人才能获得全面发展其才能的条件和可能。但是并非任何形式的集体都可以实现个人自由，只有真正的集体才有助于实现个人自由。在资本主义社会那种以代表"普遍利益"为幌子的"虚假的共同体"中，个人自由只属于统治阶级范围内的个人。对于被统治的大多数人来说，这个共同体完全是作为某种异己的东西而与之对立的。而在真实的共同体即"自由人联合体"中，由于消除了阶级对立、阶级差别，因而个人与共同体之间这种异化和对立的关系也随之消除。在这样的联合体中，一方面，每个人不是特定阶级的成员，而是作为社会的个人，每个人都是平等、自由的；另一方面，实现个人自由发展的各种条件置于全社会的控制之下，每个人都可以在联合体内获得充分发展其才能的手段，从而实现其自由。

在以往的历史时代，人类发展与个人发展并不是一致的。在私有制条件下，只有那些掌握和控制生存条件和发展条件的少数人，才能顺利地发展自己的个性，而那些失去起码生存条件支配权的多数人不得不受少数人的控制和支配，不得不接受一种非人的存在，从而丧失发展个性的自由。少数人的自由发展就是建立在多数人不自由发展的基础之上的，人类发展是以牺牲某些人乃至某些阶级的发展为代价的。推翻私有制、消除阶级对立，将会为人的自由发展

----

① 《马克思恩格斯文集》第10卷，人民出版社2009年版，第666页。

开辟广阔的道路，每个人的自由发展与一切人的自由发展不再是对立的，而是互为条件、相互促进的。这就使"每个人的自由发展"和"一切人的自由发展"由可能变为现实。

从人类社会发展进程看，每个人的自由发展在总的方向上离不开人类整体的发展和社会发展，因而，社会的每一进步，对人来说都具有解放的意义。人的自由、解放程度在历史上是变化发展的，在不同历史时期具有不同的内容，表现为不同的水平。在社会发展的早期阶段，由于生产力和社会分工水平低下，那时的个人显得比较全面和自由，但这只是原始的丰富和自由。这种近于动物式的"自由"生活，其实是极不自由的表现。伴随社会分工和私有制的形成、发展，人的发展步出了原始状态，但又进入了片面化的境地，导致与社会物质生产、精神生产发展共生的个人畸形发展。这种畸形发展在资本主义社会达到极致。社会主义社会第一次自觉地以人的自由全面发展为目标，在充分吸收人类历史上伟大的文明成果的基础上寻求新的发展道路与发展方式，不断满足人民日益增长的美好生活需要，推进人的全面发展和社会全面进步。

人的自由发展依赖于社会发展，但也取决于人自身的努力。人不可能离开社会发展所提供的可能性范围来寻求自由发展，但是，不能因此而否认人的能动选择的重要性和主体性发挥的必要性。对发展的自觉程度如何，对现实可能性的认识如何，对条件的利用如何，以及努力的程度如何，都直接影响到一个人的具体发展状况。在同样的条件和环境中，有的人发展快，有的人发展慢，一个重要原因，就在于此。也正因如此，客观上要求在全社会形成有利于人才成长、人才发展的局面，让各类人才的创造活力竞相迸发、聪明才智得以充分发挥。

三、共产主义远大理想与中国特色社会主义共同理想

理想是人们对未来美好生活事物的向往、追求以及由此确定的坚定不移的信念。理想的力量是巨大的，它集中表现为社会价值的导向作用、社会力量的凝聚作用和社会发展的推动作用。一个国家、民族不能没有理想，一个人也不能没有理想。要促进人的自由全面发展，进而实现整个人类解放，必须坚持共产主义远大理想，树立正确的世界观、人生观、价值观。共产主义既是一种崇高的社会理想、一种未来的社会制度，也是一种现实的运动。理想、制度、运动三者相互联系、相互影响，不断推进共产主义实现的进程。"实现物质财富极大丰富、人民精神境界极大提高、每个人自由而全面发展的共产主义社会，

是马克思主义最崇高的社会理想。"① 共产主义理想不是空想，它是建立在现实生活基础之上的。它源于资本主义社会现实，通过对资本主义内在矛盾的分析，深刻揭示了共产主义取代资本主义的历史必然性，并通过资本主义社会阶级矛盾的分析，阐明了无产阶级的历史使命和实现人类解放的具体道路。因此，共产主义并不是什么虚幻的"乌托邦"，而是以人类社会发展规律以及资本主义社会基本矛盾发展为依据的，共产主义是理想与现实的统一，是一个不断发展的过程。

坚持共产主义理想，就要坚持中国特色社会主义共同理想。共产主义远大理想是通过各个发展阶段人们的共同理想逐步实现的。共产主义是我们的总目标，任何时候都不能偏离与放弃，否则就会失去正确的方向。但是，这一总目标又是通过一系列阶段性目标来实现的。所谓阶段性目标，就是特定历史阶段的主要任务与要求。不同的阶段有不同的任务与要求，不同的国家、民族在同一阶段也会有不同的任务与要求。在当代中国，坚持和发展中国特色社会主义，就是共产主义在现阶段的目标。坚持共产主义理想，在现阶段就是坚持中国特色社会主义共同理想。

坚持共产主义理想，就要全面实现社会主义现代化。坚持和发展中国特色社会主义，总任务是实现社会主义现代化和中华民族伟大复兴，在全面建成小康社会的基础上，分两步走在 21 世纪中叶建成富强民主文明和谐美丽的社会主义现代化强国。实现现代化是近代以来中国人民不懈的追求，实现中华民族伟大复兴是近代以来中华民族最伟大的梦想。社会主义现代化是中华民族伟大复兴的核心内容，中华民族伟大复兴则是社会主义现代化的目标追求，二者在本质上是一致的。实践一再表明，中国的现代化只有沿着中国特色社会主义道路才能行得通、走得好；中国特色社会主义只有坚持现代化的奋斗目标才能得到更好的坚持和发展。伴随现代化的全面实现，中国特色社会主义必然会发展壮大，必然会展现出巨大的生命力和影响力。

坚持共产主义理想，就要寄希望于青年。共产主义理想需要通过一代代人的努力来实现，青年承担着实现共产主义理想的重要历史使命。习近平指出："青年兴则国家兴，青年强则国家强。青年一代有理想、有本领、有担当，国家就有前途，民族就有希望。中国梦是历史的、现实的，也是未来的，是我们这一代的，更是青年一代的。中华民族伟大复兴的中国梦终将在一代代青年的

---

① 胡锦涛：《在"三个代表"重要思想理论研讨会上的讲话》，人民出版社 2003 年版，第 7 页。

接力奋斗中变为现实。"① 要完成这一历史使命，一要处理好个人理想与国家和民族理想的关系。在现实生活中，每个人都有自己的理想、自己的追求。在追求个人理想时，既要考虑自身的特点和条件、兴趣和愿望，更要关注国家和民族的发展，将个人理想融入国家和民族理想之中，正确处理个人发展与国家、民族命运的关系。只有关注国家富强、民族振兴这一大目标，使个人理想顺应社会发展要求，才能在对社会的贡献中实现自我价值。二要处理好个人理想与社会责任的关系。个人理想往往是同个人选择联系在一起的。在社会生活中，每个人都有选择的权利。没有选择，就没有自由，就没有个人的全面发展。但是，个人选择不能忘记社会责任。一个对国家、社会负责任的人，其选择必然是严肃、慎重的。社会责任感是每一个青年对自己承担的历史使命所应具有的一种强烈的自觉意识和崇高情感。三要处理好理想与行动的关系。千里之行，始于足下。要自觉地把个人理想、个人追求融入坚持和发展中国特色社会主义的伟大实践中，坚定理想信念，志存高远，脚踏实地，勇做时代的弄潮儿，在实现中国梦的生动实践中放飞青春梦想，在为人民利益的不懈奋斗中书写人生华章。

思考题：

1. 怎样理解自由与必然的关系？
2. 怎样理解"每个人的自由发展是一切人自由发展的条件"？
3. 结合学习与生活实际，谈谈如何理解实现共产主义理想与实现"中国梦"的关系。

▶ **本章拓展资源**

---

① 习近平：《决胜全面建成小康社会　夺取新时代中国特色社会主义伟大胜利——在中国共产党第十九次全国代表大会上的报告》，人民出版社 2017 年版，第 70 页。

阅 读 文 献

- 马克思：《〈黑格尔法哲学批判〉导言》，《马克思恩格斯文集》第 1 卷，人民出版社 2009 年版。

- 马克思：《论犹太人问题》，《马克思恩格斯文集》第 1 卷，人民出版社 2009 年版。

- 马克思：《1844 年经济学哲学手稿》，《马克思恩格斯文集》第 1 卷，人民出版社 2009 年版。

- 马克思：《关于费尔巴哈的提纲》，《马克思恩格斯选集》第 1 卷，人民出版社 2012 年版。

- 马克思：《哲学的贫困》，《马克思恩格斯选集》第 1 卷，人民出版社 2012 年版。

- 马克思：《〈政治经济学批判〉导言》，《马克思恩格斯选集》第 2 卷，人民出版社 2012 年版。

- 马克思：《〈政治经济学批判〉序言》，《马克思恩格斯选集》第 2 卷，人民出版社 2012 年版。

- 马克思：《资本论》第 1 卷，人民出版社 2004 年版。

- 马克思：《经济学手稿（1857—1858 年）》，《马克思恩格斯全集》第 46 卷上册，人民出版社 1979 年版。

- 马克思、恩格斯：《德意志意识形态（节选）》（第一卷第一章），《马克思恩格斯选集》第 1 卷，人民出版社 2012 年版。

- 马克思、恩格斯：《共产党宣言》，《马克思恩格斯选集》第 1 卷，人民出版社 2012 年版。

- 恩格斯：《反杜林论（欧根·杜林先生在科学中实行的变革）》（哲学篇），《马克思恩格斯选集》第 3 卷，人民出版社 2012 年版。

- 恩格斯：《家庭、私有制和国家的起源》，《马克思恩格斯文集》第 4 卷，人民出版社 2009 年版。

■ 恩格斯：《自然辩证法（节选）》，《马克思恩格斯文集》第 9 卷，人民出版社 2009 年版。

■ 列宁：《什么是"人民之友"以及他们如何攻击社会民主党人?》，《列宁选集》第 1 卷，人民出版社 2012 年版。

■ 列宁：《唯物主义和经验批判主义》，《列宁选集》第 2 卷，人民出版社 1995 年版。

■ 列宁：《〈哲学笔记本〉片段（1914—1915 年)》，《列宁全集》第 55 卷，人民出版社 2017 年版。

■ 列宁：《马克思主义的三个来源和三个组成部分》，《列宁全集》第 23 卷，人民出版社 2017 年版。

■ 列宁：《论战斗唯物主义的意义》，《列宁全集》第 43 卷，人民出版社 2017 年版。

■ 斯大林：《辩证唯物主义与历史唯物主义》，人民出版社 1955 年版。

■ 毛泽东：《反对本本主义》，《毛泽东选集》第 1 卷，人民出版社 1991 年版。

■ 毛泽东：《实践论》，《毛泽东选集》第 1 卷，人民出版社 1991 年版。

■ 毛泽东：《矛盾论》，《毛泽东选集》第 1 卷，人民出版社 1991 年版。

■ 毛泽东：《关于正确处理人民内部矛盾的问题》，《毛泽东文集》第 7 卷，人民出版社 1993 年版。

■ 毛泽东：《人的正确思想是从哪里来的》，《毛泽东著作选读》下册，人民出版社 1986 年版。

■ 邓小平：《解放思想，实事求是，团结一致向前看》，《邓小平文选》第 2 卷，人民出版社 1993 年版。

■ 邓小平：《建设有中国特色的社会主义》，《邓小平文选》第 3 卷，人民出版社 1993 年版。

■ 邓小平：《科学技术是第一生产力》，《邓小平文选》第 3 卷，人民出版社 1993

年版。

■ 邓小平：《在武昌、深圳、珠海、上海等地的谈话要点》，《邓小平文选》第 3 卷，人民出版社 1993 年版。

■ 江泽民：《科学对待马克思主义》，《江泽民文选》第 3 卷，人民出版社 2006 年版。

■ 江泽民：《高举邓小平理论伟大旗帜，把建设有中国特色社会主义事业全面推向二十一世纪》，《江泽民文选》第 2 卷，人民出版社 2006 年版。

■ 江泽民：《全面建设小康社会，开创中国特色社会主义事业新局面》，《江泽民文选》第 3 卷，人民出版社 2006 年版。

■ 胡锦涛：《树立和落实科学发展观》，《胡锦涛文选》第 2 卷，人民出版社 2016 年版。

■ 胡锦涛：《高举中国特色社会主义伟大旗帜，为夺取全面建设小康社会新胜利而奋斗》，《胡锦涛文选》第 2 卷，人民出版社 2016 年版。

■ 胡锦涛：《坚定不移沿着中国特色社会主义道路前进，为全面建成小康社会而奋斗》，《胡锦涛文选》第 3 卷，人民出版社 2016 年版。

■ 习近平：《紧紧围绕坚持和发展中国特色社会主义　学习宣传贯彻党的十八大精神》，《习近平谈治国理政》第 1 卷，外文出版社 2018 年版。

■ 习近平：《继续推进马克思主义中国化时代化大众化》，《习近平谈治国理政》第 2 卷，外文出版社 2017 年版。

■ 习近平：《加快构建中国特色哲学社会科学》，《习近平谈治国理政》第 2 卷，外文出版社 2017 年版。

■ 习近平：《共同构建人类命运共同体》，《习近平谈治国理政》第 2 卷，外文出版社 2017 年版。

■ 习近平：《决胜全面建成小康社会夺取新时代中国特色社会主义伟大胜利——在中国共产党第十九次全国代表大会上的报告》，人民出版社 2017 年版。

■ 习近平：《在纪念马克思诞辰 200 周年大会上的讲话》，人民出版社 2018 年版。

■ 习近平：《在庆祝改革开放 40 周年大会上的讲话》，人民出版社 2018 年版。

■ 习近平：《辩证唯物主义是中国共产党人的世界观和方法论》，《求是》2019 年第 1 期。

人名译名对照表

［德］	阿多诺	Theodor Wiesengrund Adorno
［古罗马］	奥古斯都（盖约·屋大维）	Augustus（Gaius Octavius）
［德］	爱因斯坦	Albert Einstein
［德］	鲍威尔	Bruno Bauer
［法］	布瓦博德朗	L. de Boisbaubran
［德］	伯恩施坦	Eduard Bernstein
［奥地利］	波普尔	Karl Raimund Popper
［古希腊］	毕达哥拉斯	Pythagoras
［英］	贝克莱	George Berkcley
［古希腊］	柏拉图	Plato
［法］	德·特拉西	Destuttde Tracy
［法］	笛卡儿	René Descartes
［法］	狄德罗	Denis Diderot
［美］	杜威	John Dewey
［法］	德里达	Derrida
［法］	德勒兹	Gilles Deleuze
［英］	大卫·李嘉图	David Ricardo
［德］	杜林	Karl Eugen Dühring
［英］	丹皮尔	W. Dampier
［德］	恩格斯	Friedrich Engels
［德］	费尔巴哈	Ludwig Andreas Feuerbach
［奥地利］	弗洛伊德	Sigmund Freud
［德］	弗罗姆	Erich Fromm
［德］	弗雷格	Gottlob Frege
［法］	福柯	Michel Foucault
［法］	傅立叶	Charles Fourier
［德］	费希特	Johann Gottlieb Fichte
［德］	福格特	Karl Vogt
［意］	葛兰西	Antonio Gramsci

［波］	哥白尼	Nicolaus Copernicus
［德］	歌德	Johann Wolfgangvon Goethe
［德］	黑格尔	Georg Wilhelm Friedrich Hegel
［古希腊］	赫拉克利特	Heraclitos
［德］	胡塞尔	Edmund Husserl
［德］	海德格尔	Martin Heidegger
［英］	霍布斯	Thomas Hobbes
［德］	哈贝马斯	Jürgen Habermas
［德］	海森堡	Werner Karl Heisenberg
［德］	伽达默尔	Hans－Georg Gadamer
［意］	伽利略	Galileo Galilei
［法］	基佐	François Pierre Guillaume Guizot
［德］	康德	Immanuel Kant
［法］	孔德	Auguste Comte
［美］	库恩	Thomas S. Kuhn
［德］	柯尔施	Karl Korsch
［德］	开普勒	Johannes Kepler
［德］	考茨基	Karl Kautsky
［比］	凯德勒	Lambert Adolphe Jacques Quetelet
［意］	克罗齐	Bendetto Croce
［古罗马］	凯撒	Gaius Julius Caesar
［英］	克伦威尔	Oliver Cromwell
［俄］	列宁	Владимир Ильич Ленин
［德］	莱布尼兹	Gottfried Wilhelmvon Leibniz
［英］	罗素	Bertrand Russell
［法］	利科	Paul Ricoeur
［匈牙利］	卢卡奇	Lukács György
［法］	利奥塔	Jean－Francois Lyotard
［美］	罗蒂	Richard Rorty
［德］	卢森堡	Rosa Luxembourg
［意］	拉布里奥拉	Antonio Labriola
［法］	拉法格	Paul Lafargue

[法]	拉美特利	Julien Offroy de La Mettrie
[德]	李凯尔特	Heinrich Rickert
[法]	罗伯斯庇尔	Maximilien de Robespierre
[法]	路易十六	Louis XVI
[英]	洛克	John Locke
[德]	马克思	Karl Marx
[英]	密尔	John Stuart Mill
[法]	米涅	François Auguste Marie Mignet
[德]	梅林	Franz Mehring
[法]	马拉	Jean Paul Marat
[俄]	门捷列夫	Дмитрий Иванович Менделеев
[德]	尼采	Friedrich Nietzsche
[英]	牛顿	Isaac Newton
[法]	拿破仑	Napoléon Bonaparte
[英]	欧文	Robert Owen
[英]	培根	Francis Bacon
[俄]	普列汉诺夫	Георгий Валентинович Плеханов
[瑞士]	荣格	Carl Gustav Jung
[俄]	斯大林	Иосиф Виссарионович Сталин
[德]	叔本华	Arthur Schopenhauer
[法]	萨特	Jean Paul Sartre
[古希腊]	苏格拉底	Socratēs
[荷兰]	斯宾诺莎	Baruch Spinoza
[英]	斯宾塞	Herbert Spencer
[法]	圣西门	Claude HenrideSaint-Simon
[瑞士]	索绪尔	Ferdiand de Saussure
[法]	梯叶里	Augustin Thierry
[德]	文德尔班	Wilhelm Windelband
[奥地利]	维特根斯坦	Ludwig Wittgenstein
[英]	威廉·配第	William Petty
[意]	维柯	Giovanni Battista Vico
[英]	休谟	David Hume

[奥地利]　薛定谔　　　　　　　Erwin Schrödinger

[德]　　　谢林　　　　　　　　Friedrich Wilhelm Josephvon Schelling

[古希腊]　亚里士多德　　　　　Aristotle

[德]　　　雅斯贝尔斯　　　　　Karl Jaspers

[英]　　　亚当·斯密　　　　　Adam Smith

[美]　　　詹姆士　　　　　　　James William

第一版后记

　　《马克思主义哲学》教材是马克思主义理论研究和建设工程重点教材。在编写过程中，得到了马克思主义理论研究和建设工程咨询委员会的指导，得到了中央有关部门和有关专家学者的帮助和支持。同时，广泛听取了高校马克思主义哲学课程教师和大学生的意见和建议。

　　本教材由首席专家袁贵仁主持编写。参加统稿和修改的有：杨春贵、李景源、丰子义、陈先达、杨耕、孙正聿、王南湜、吴晓明、吴向东。提出修改意见的有：许全兴、吴元梁、孙伟平、黄楠森、朱德生、赵家祥、庄福龄、李淮春、刘大椿、郭湛、马俊峰、齐振海、李景林、熊立文、董春雨、刘放桐、余源培、冯平、陈晏清、孙利天、张奎良。工程办公室张磊、王心富、邵文辉、宋凌云等参加了审改工作。

2009 年 9 月

第二版后记

组织全面修订马克思主义理论研究和建设工程重点教材，是推动习近平新时代中国特色社会主义思想和党的十九大精神进教材、进课堂、进头脑的重要举措。《马克思主义哲学》（第二版）是在第一版教材基础上修订而成的。在教材修订过程中，得到了马克思主义理论研究和建设工程咨询委员会的指导，得到了中央有关部门和有关专家学者的帮助和支持。同时，也广泛听取了高校专业课程教师和学生的意见和建议。

教材修订课题组由袁贵仁、李景源、丰子义任首席专家，袁贵仁主持修订，杨耕、孙正聿、王南湜、吴晓明、吴向东、王新生、张亮、邢云文、杨春贵、陈先达作为主要成员参加修订。何成主持了工程办公室组织的审改定稿工作。王昆、王勇、石文磊、田岩、冯静、曹守亮、刘小丰、陈瑞来、薛向军、刘一、聂大富、刘志刚、张明等参加了审改。参加集中审阅并提出修改意见的有：杨金海、颜晓峰、王幸生、王东、王永贵。

2020 年 3 月

郑重声明

高等教育出版社依法对本书享有专有出版权。任何未经许可的复制、销售行为均违反《中华人民共和国著作权法》,其行为人将承担相应的民事责任和行政责任;构成犯罪的,将被依法追究刑事责任。为了维护市场秩序,保护读者的合法权益,避免读者误用盗版书造成不良后果,我社将配合行政执法部门和司法机关对违法犯罪的单位和个人进行严厉打击。社会各界人士如发现上述侵权行为,希望及时举报,我社将奖励举报有功人员。

反盗版举报电话 (010)58581999 58582371

反盗版举报邮箱 dd@hep.com.cn

通信地址 北京市西城区德外大街 4 号
高等教育出版社法律事务部

邮政编码 100120

读者意见反馈

为收集对教材的意见建议,进一步完善教材编写并做好服务工作,读者可将对本教材的意见建议通过如下渠道反馈至我社。

咨询电话 400-810-0598

读者服务邮箱 gjdzfwb@pub.hep.cn

通信地址 北京市朝阳区惠新东街 4 号富盛大厦 1 座
高等教育出版社总编辑办公室

邮政编码 100029

防伪查询说明

用户购书后刮开封底防伪涂层,使用手机微信等软件扫描二维码,会跳转至防伪查询网页,获得所购图书详细信息。

防伪客服电话 (010)58582300